三智文化书院

名誉主编：汤一介
主　　编：王守常

大師說

（第一辑）

儒

人民东方出版传媒
東方出版社

图书在版编目（CIP）数据

大师说. 第1辑 / 汤一介， 王守常 主编. —北京：东方出版社，2014.7
（三智书院丛书）
ISBN 978-7-5060-7675-3

Ⅰ.①大… Ⅱ.①汤… ②王… Ⅲ.①社会科学-文集 Ⅳ.①C53

中国版本图书馆 CIP 数据核字（2014）第 178617 号

大师说（第一辑）
（DASHISHUO）

名誉主编： 汤一介
主　　编： 王守常
责任编辑： 王　艳
特约编辑： 梁　安　陈　默
出　　版： 东方出版社
发　　行： 人民东方出版传媒有限公司
地　　址： 北京市东城区朝阳门内大街 166 号
邮政编码： 100706
印　　刷： 鸿博昊天科技有限公司
版　　次： 2014 年 8 月第 1 版
印　　次： 2014 年 8 月第 1 次印刷
开　　本： 710 毫米× 1000 毫米　　1/16
印　　张： 24
字　　数： 350 千字
书　　号： ISBN 978-7-5060-7675-3
定　　价： 45.00 元
发行电话：（010）64258117　64258115　64258112

三智书院丛书

编委会

凡　例

一、“三智书院丛书”之“大师说”系列，是北京三智文化书院三智道商国学院名师讲义之合集。

二、“大师说”系列采用分辑方式，各辑内容有所侧重，儒、佛、道分列其中，篇章按内容编次，先专论，次分论。

三、国学院每期课程均涉及中华文化、历史之通论，为篇幅均衡及专博相济计，通论之篇章分散编于各辑之中，列于书末。

四、书稿由授课、演讲、访谈等之录音文件整理而成，编辑出版保留讲课时之口语特色，文字生动活泼，易于理解，更贴近读者。

五、所收各文形式不一，有专论，有杂谈，有对话，有访谈等。

六、各篇篇后均有作者简介，供读者深入了解或深度阅读。

七、北京三智书院之讲学仍将继续，我们的工作亦将继续跟进，陆续出版。希望该书不仅惠及现有学员，更惠及对传统文化有兴趣之广大读者。

八、全书文责由主讲者承担，而分类次序之编排，由编辑负责。

目　录

序　言

当前书院教育的兴起是中国文化复兴的一个标志。晚清学者章学诚说过，私学的发展是学术自由发展的必经之路。季羡林先生也一直主张官学、私学要共同发展。从教育制度上来说，孔子对中国古代教育制度的最大贡献就是创办了私学。

古代书院具备讲学、藏书和祭祀等功能，其中一个重要功能就是教育的方法。老师和学生是一个交流对话的状态，教书育人，教学相长。书院传承了一个师生之间共同切磋、因材施教的传统，老师是道德楷模，不仅传授知识，更多的是教给你做人的道理。所以，《大学》说："大学之道，在明明德，在亲民，在止于至善。"韩愈的《师说》有："师者，所以传道授业解惑也。"把"传道"放在首位。因此中国古代推崇"人师"，认为"经师"易求，"人师"难得。而今天制度化的学校就缺失了这些，学校过多关照知识的传授，却忽视了道德人格与理想价值的培养。因此，现代书院对于这些传统的传承，要"温故知新"。

如今学习国学的企业家非常多，我自己也去全国各地几个有名的商学院讲课，可以说现在出现了一个"企业家学国学"的热潮，这大概也说明了企业界需要一些国学方面的知识，来理解自己、认识自己。

三智道商国学院通过自己独特的课程结构和修习方式吸引了众多学员。在课程架构中，以中国传统文化为教学的主要内容，除了知识的传授以外还有道德理念培训，除了道德理念培训还有养生概念的一个传授。同时还开设了史学相关课程，以史为鉴，通过历史的发展演变，探讨天道和人事之间的关系。最终使学员通过在国学院的学习与实修达到“转识成智”是三智道商国学院的办学目标。

三智道商国学院成立五周年以来，已有分别来自北京大学、清华大学、中国社会科学院、中国人民大学、北京师范大学、南京大学、山东大学等国内著名院校的教授、专家、学者为学员传授中国传统文化。学员们进入国学院学习之初，一般都希望提高自己，使企业得到继承和发展，达到基业长青。这对大部分人而言，通过对传统文化的深入学习之后，企业的发展已经不再是最大的苦恼与困惑了，而最主要的目标就变成了自我人格的培养和完善。

为此，我们将五年内诸位专家、教授、学者们在不同的课程项目中，通过授课、讲座、论坛等形式的授课内容进行整理，编辑成“三智书院丛书”，以期对学员能有所帮助，也希望可以泽惠更多的读者。

王守常

传承中华文化　振兴民族精神

汤一介

记者： 您特别早就提到了中国“文化现代化”的问题，我还记得乾元国学博客圈开通的时候，就有一些争论，有人认为国学应该耐得住寂寞，坐得了冷板凳，不能哪儿热往哪儿跑。您当时对于这些说法还发表了一些观点。

汤一介： 从中国的传统讲，无论儒、释、道哪一家都是关注社会的。我并不否认确实有些学者坐冷板凳钻研一门学问，比方说钻研甲骨文，这是可以的。但从儒家来讲，孔子是希望天下有道的，“吾岂匏瓜也哉？焉能系而不食”，也就是说他是要有作为，要改造社会，要为社会献身的。不能说做学问只是单一地坐冷板凳，其实关注社会同样可以对学术发展有很大贡献。从中国历史上看，很多大学者都是关注社会、参与社会的。比如老子讲“我无为而民自化”，是从道德角度来关注社会。庄子也看到了很多问题，比如顺应自然，还有要追求自由等思想都是针对当时的社会而提出来的。所以，我认为，有的学问可以只是为学问而求，还有的可以为关怀社会而做。中国文化主张“道并行而不相悖”，我们可以走很多条道路。

记者： 随着中国经济的发展，经济实力的提升，很多人开始去寻找主体意识。他们发现，其实他们寻找的是在中国文化中能让自己、让国家、让民族安身立命的东西。对这样的观点，您怎么看？

汤一介：这当然是一方面，在自身文化里找力量当然没有问题。但现在是一个全球化的时代，如果不吸收别人文化的长处，就不能适应整个世界发展的节奏和要求。从现代来看，其实文化的发展既是民族的，也应该是世界的。如果仅是民族的，不可能解决全球化的问题，但全球化已经把世界各个国家联系到一起了，不解决全球化的问题，民族化也就得不到真正的发展，我们的文化也不可能被其他国家所接受。因此，文化实际上有一个“源”和“流”的关系。我们的文化有很长的文化流程，同时也有源头，我们的源头就是夏、商、周三代文化，也就是现在的“五经”，《易》《诗》《书》《礼》和《春秋》，《乐经》丢失了，这是我们文化的源头。如果一条大河从源头开始流，一定要有很多支流丰富它才行。长江之所以为长江，是因为有嘉陵江、汉水等各个支流，才可以变得越来越宽阔。从文化上讲，中国在春秋战国时代，文化就已经具有多元性，齐鲁文化、三晋文化、秦文化、楚文化，还有吴越文化等，这些文化组成了春秋战国时期的文化，到汉朝才把它们统一成庞大的汉文化，后来，佛教进入，如今则是西方文化的进入，我们的文化从源头流下来，也正在变得越来越广阔。

记者：您觉得中国文化和西方文化有什么主要的不同？

汤一介：西方文化是一个外在超越型的文化，特别是哲学这方面。中国文化，就中国哲学而言，是内在超越型的文化。西方哲学是从古希腊哲学发展而来，古希腊哲学从柏拉图哲学来看，理念世界和现实世界是二分的，两者没法沟通。这个传统一直发展到西方近代，特别是发展到笛卡尔哲学，它认为人和自然或者说人的精神和物质是两个世界，只要研究一个就可以不研究另一个，这是罗素在《西方哲学史》中讲到的。所以，从西方讲，他们要超越就要靠外力，因为西方是基督教世界，人自身没有超越的力量。

但中国文化恰恰相反，“儒、释、道”三家都主张内在超越。儒家讲，经过自己的道德修养可以超越自我和世俗。比如《大学》中“修身、齐家、治国、平天下”，就是说一切以修身为本。而且，孟子还讲过“上下与天地同流”，是说靠人自身的力量，人的精神境界可以达到跟天地合一，这也不需要外力。再说佛教，中国的佛教实际上与印度佛教有很大不同，能代表中国佛教的是禅宗。印度禅宗主张“静”，通过“静”来体现境界的提高。中国禅主张“觉”，只要觉悟了就可以成佛，“一念觉即佛”，也就是说坐禅、念经这些外在形式并非是最关键的，重要的在于是否觉悟，这就是一种内在超越的东西，完全要靠自身。最后说道家，特别是道教，有一句话表达得非常清晰，“我命在我不在天”。所以，中国哲学和西方哲学有很大的不同，这两套哲学是两个很不相同的路子。

记者：这两套哲学体系可不可以互补呢?

汤一介：我想应该可以互补。我在20世纪90年代就提了这个观点，可当时也没有再继续把它深化下去，因为这是一个很大的难题，不是一两年或十几年、几十年就能做到的。两方面的文化传统都有两千年左右的历史，要把这么长时间的两个传统汇通成一种文化，要花很大力气。不过，我一直在想能不能把这两个哲学汇通起来，形成一个更高层次的哲学。罗素有段话我认为很有道理，他讲不同文化之间的交流是人类文明发展的里程碑。每次人类文化的交流，都使得文化有一个大的提高和飞跃。比方说印度佛教传入中国，我们才产生了宋明理学。西方文化则是在希腊传统下，后来又有希伯来文化等进入。可见它们都要有外力的参与才会有发展。当年，我们遇到了印度佛教是一件好事，今天我们再次处在这样的情况下，只不过现在我们遇到的是西方文化，这就要看我们的本事，看我们能不能很好地消化西方文化，如果消化得好，那我们的文化就会有大发展。所以，现在我们至少不应该害怕西方文化的进入，而要把问题落在如何进行吸收这一点上。我们的能力就是我们对自身文化的主体意识，如果没有，一方面我们不可能发展中国的文化，同时，我们也不可能吸收其他的文化。

记者：您一直主张弘扬国学，一方面要站牢根基，另一方面要吸收外来的先进文化，那么这两点做起来是应该有先后顺序，还是同时进行呢?

汤一介：当然是同时进行，不可能先后进行，特别是现在，因为当下是一个全球化的时代。

记者：在您看来，对于中西方文化的融合之势，现在的主流大环境是大家都已经认识到了这一点，还是有的人对于吸收外来文化还心存顾虑?

汤一介：现在的状况应该算是众说纷纭，百花齐放。比如儒学，到现在为止，还有很多不同的看法。有一位先生叫蒋庆，就曾提议把儒学变成儒教，成为一种宗教并上升到国教的高度，这就比较麻烦。因为原来袁世凯曾想把儒学变成儒教，立为国教已经失败了，这比独尊儒术还厉害。而现在已不是一个单一文化发展的时代，所以这更是一个极端。另一个极端则认为，“五四”运动已经把孔家店砸垮，现在又要恢复儒学那就是历史的倒退，这个思想甚至在北大校园里也有一定的市场。北大的一位教授就曾在一次会议上讲，北大是“五四”运动的发源地，现在要想在这里建国学院或者儒学院，这就是历史的倒退。这两种极端的思想都存在，不过，我个人认为这并不是一个坏事，因为我们就是要在这些不同思想的冲突和撞击中来发掘和找到正确的道路。

根据汤一介先生 2009 年 8 月 18 日在三智道商国学院成立时的访谈录整理

作者简介：

汤一介教授，1951 年毕业于北京大学哲学系。现任北京大学哲学系终身教授，博士生导师，国家重点项目《儒藏》编纂委员会总编纂。1990 年获加拿大麦克玛斯特大学（Mc Master University）荣誉博士学位。1983 年曾任美国哈佛大学访问学者（Luce Fellow），曾任美国俄勒冈大学、澳大利亚墨尔本大学、香港科技大学、麦克玛斯特大学等校客座教授，纽约州立大学宗教研究院研究员（1986 年），1996 年任荷兰莱顿大学汉学院胡适讲座主讲教授，1997 年任香港中文大学钱宾四学术讲座主讲教授。中国文化书院院长、中国哲学史学会顾问、中华孔子学会副会长、中国东方文化研究会副理事长、中国炎黄文化研究会副会长、国际价值与哲学研究会（Research in value and Philosophy）理事，第 19 届亚洲与北非研究会顾问委员会委员、国际儒学联合会顾问、国际道学联合会副主席；曾任国际中国哲学会主席（1992—1994 年），现任该会驻中国代表。国内任南京大学、山东大学、兰州大学、首都师范大学、北京理工大学等大学兼职教授。

著有《郭象与魏晋玄学》《魏晋南北朝时期的道教》《中国传统文化中

的儒道释》《儒道释与内在超越问题》《在非有非无之间》《汤一介学术文化随笔》《非实非虚集》《昔不至今》《郭象》《当代学者自选文库：汤一介卷》《佛教与中国文化》《生死》《*Confucianism*，*Buddhism*，*Taoism*，*Christianity and Chinese Culture*》《*La Mort*》及学术论文两百余篇。

民族崛起与文化复兴

汤一介

文化复兴与新轴心时代

在 20 世纪最末的一两年，也就是 1998 年、1999 年的时候，似乎在世界好几个地方都同时提出新轴心时代这个观念来。比如在美国，哈佛大学提到了新轴心时代的观念；在法国，巴黎大学也提到新轴心时代的观念。恰恰在这个时候，在中国，费孝通先生召开的一次学术会议上，我也提出了新轴心时代的观念。在那之后，香港杂志《21 世纪》也连续发表了三期关于新轴心时代的讨论。

为什么我们会提出新轴心时代的观念来？因为我们看到，在 21 世纪，这个世界可能会有一个大的转变。雅斯贝尔斯曾经讲过一段话，他说，每一次文化上的飞跃都会燃起新的火焰来，像在欧洲、中国和印度等这些地方，会出现一种文化复兴的状态。21 世纪的中国正处在一种民族复兴的状态中，而民族复兴一定要有文化复兴作为精神支柱，所以在中国，可能会有一种新的文化复兴的出现。从 21 世纪初开始，国学逐渐热起来，国学研究得到了比较普遍的重视。不仅在中小学、大学，在社会上，例如一些社区、街道也有国学热的状况。出现这些状况并不是偶然的，因为找到民族精神的支柱，必须要找到自己的文化根基才行，如果不找到自己的文化根基，那就很难实现民族复兴的要求。

在欧洲，前几年出版了一本《欧洲梦》，书中要求一种不同于美国状况的欧洲精神。20世纪的后半期，首先是出现了解构主义来解构现代性，认为现代性中间出现了一些问题，比方说自由经济，如果经济完全没有控制，就会导致像今天的金融危机这样的问题；又如理性主义，理性主义当然是很好的，但是理性主义如果做不好，就可能变成工具理性或者科学主义，认为科学是万能的，可以解决一切问题。这就使得人文精神受到消减，所以《欧洲梦》首先是要解构它，这个是解构性的后现代主义。在20世纪末，又出现了建构性的后现代主义，认为解构性的后现代主义只是把现代新的弊病解构掉，可是并不知道到底要建设什么东西。他们就借助过程哲学，主张人和自然是生命共同体。因为他们看到资本主义的发展中出现了很大问题，战争、工业的发展等事情把地球破坏了，地球被破坏的结果就是人的生存条件受到损害，所以他们主张的建构性的后现代主义提倡人和自然是生命共同体。其中特别有一个观点认为，人只要过相对舒适的生活就可以了，不要过奢侈的生活。因为现在的状况是一部分人过奢侈的生活，从而引起人与人之间很多的矛盾，所以它一方面主张人和自然是生命共同体，另一方面，在人和人的关系上，又主张过舒适的生活，这可能预示着欧洲会有一个大的转变。

印度也是一个很有前景的国家，这从国大党再次当选就可以看出来。国大党的纲领就是要把国家建设成一个印度教的国家，使印度教在生活的各方面都起到一个主导作用，也等于是要回归传统文化。中国要回归传统文化，从传统文化中发展出我们自己的道路，印度也是要从传统文化中发展自己的道路，欧洲是要以区别于美国的形式来发展自己的道路，这就是为什么雅斯贝尔斯最后提到这三个地方有一个文化上的复兴。因为轴心时代指的是轴心文明，因此我看新轴心时代应该会在21世纪逐渐地形成，现在只是萌芽状态，还没有真正地完善或者形成。就中国来讲，虽然国学被大家提倡，但是并没有造成对社会各个方面的巨大影响。“欧洲梦”也还是个梦，并没有实现，因为建构性的后现代主义还不是西方的主流文化，西方主流文化现在还是现象学、结构主义思想等。总体的形势可能是这样一个状况。

中西交流使文化得到新的发展

中国文化与西方文化就哲学上来说有很大的不同。西方文化是外在超越型的文化，中国文化则是内在超越型的文化。西方哲学是从古希腊哲学发展过来的，古希腊哲学从柏拉图哲学来看，理念世界和现实世界是二分的，两者是没法沟通的。这个传统一直发展到西方近代，特别是发展到笛卡尔哲学，认为人和自然或者说人的精神和物质是两个世界，研究一个可以不研究另一个，研究精神可以不研究物质，研究物质可以不研究精神，研究人可以不研究自然，研究自然可以不研究人。罗素在《西方哲学史》中说："笛卡尔的哲学……他完成了或者说极近完成了由柏拉图开端而主要因为宗教上的理由经基督教哲学发展起来的精神、物质二元论……笛卡尔体系提出来精神界和物质界两个平行而彼此独立的世界，研究其中之一能够不牵涉另外一个。"传统主张二分，比较强调利用自然征服自然的方面，所以说是物质和精神或者任何自然是二分的状态。他们要超越，从西方讲，要靠外力来超越，因为西方是基督教世界，人自己是没有超越的力量的，必须靠上帝拯救才能超越。靠人的自身力量是不能超越的，必须要靠外力。

可是中国恰恰相反，中国儒、释、道三家都是主张内在超越的。儒家倡导经过自己的道德修养，可以超越自我，超越世俗。比如《大学》中的"修身、齐家、治国、平天下"，就是说一切以修身为本，身修好了，就可以达到齐家、治国、平天下的目的。而且，儒家认为，通过自己的修身，可以达到天人合一的境界，所以孟子说"上下与天地同流"，人的精神境界可以达到跟天地合在一起了，这是靠人的自身力量，不需要靠外在的力量。再说佛教，中国的佛教实际上与印度的佛教有很大的不同，能代表中国佛教的是禅宗。印度禅和中国禅有很大不同，印度禅是靠禅修来超越自我，所以印度的禅宗是主张“静”，通过静来提高境界。中国禅则是主张“觉”“一念觉即佛”，只要觉悟了就可以成佛，并不需要坐禅，也不需要念经。这就是一种内在超越的东西，完全靠自身的超越。

道家，特别是道教，有一句话非常形象，“我命在我不在天”，我的命运靠我自己，而不靠天，不靠三智道商国学院外在的力量。所以，中国哲学和西方哲学有着很大的不同，西方哲学是外在的超越，因为人和自然是两个世界。而中国认为这就是一个世界，我放下屠刀立地成佛，就在这个世界就可以成佛；修身修好了，就可以治国、平天下了，就可以达到一个很高的人生境界上面；通过养生修炼，我的命运靠我自己掌握，不靠外在。这两套哲学是两个很不相同的路子。

不过，这两套哲学应该是可以互补的。从内在哲学来看，可能会产生一个困难，也是一个问题，对社会的治理是靠人治，而不是靠法治，因为法律是一个外在标准。但是靠人治是靠自己，就会出现问题。所以我们的传统有这样一个大的问题：历代基本上都是人治社会。但是西方是一个外在超越型的社会，人不可能在现实社会里实现理想世界，可是如果人不可能在现实世界里实现理想世界，那么人追求的目标就要落空了。所以，我一直想能不能把这两个哲学汇通起来，形成一个更高层次的哲学。我在20世纪90年代就提出来了，可是也没有再继续把它深化下去，因为这是一个很大的难题，不是一年、两年、八年、十年，甚至二十年、三十年、一百年能做到的，因为这两个传统都有两千年的历史，要把这么长时间的两个传统汇通成一个传统，要花很大的力气。因此，对于中国哲学，要看到我们的优长在什么地方，但是也不能看不到人家的优长在什么地方。如果我们只看到我们的优长而看不到人家的优长，那么我们的发展会受到阻碍。

罗素有一段话很有道理，他说不同文化之间的交流是人类文明发展的里程碑。每一次人类文化的交流，都使得文化有一个大的提高。比方说印度佛教进入中国，我们才产生了宋明理学。而西方，原本在希腊传统下，后来希伯来文化进入西方，又刺激了西方文化的发展，因此我们常常说西方文化是“两希文化”，即希腊文化和希伯来文化。不管中国文化，还是西方文化，都要有外面的力量的参与，然后才有一个发展。可以说，我们遇到了印度佛教是一个很大的幸运，今天我们再次处在这样的状况。现在我们遭到西方文化的冲击，就要看我们的本事，看我们能不能很好地消化西方文化。如果能消化西方文化，那我们的文化会有一个大的发展。所以不要害怕西方文化的进入，问题是要看我们有没有能力进行吸收。我们的能力就是我们对自己的文化的主体意识，如果没有，一方面我们就不能发展自己文化，另一方面也没有能力吸收其他的文化。

用西方理解的方式诠释我们的文化

随着中国经济的发展，经济实力提升，很多人开始去寻找主体意识。他们在中国文化中寻找能让自己、让国家、让民族安身立命的力量。但是同时，现在是一个全球化的时代，在这个时代，如果不吸收人家文化的长处的话，就不能适应整个全球化的要求。其实文化的发展，既是民族的，也应该是世界的。如果仅仅是民族的，不可能解决全球化的问题，因为全球化已经把世界联系到一起了，不能解决全球化的问题，民族化也就得不到真正的发展，我们的文化也不可能被其他国家接受。因此，文化实际上是有一个“源”和“流”的关系，我们的文化有一个很长的文化流程，同时，我们的文化也有我们文化的源头。我们的源头是夏商周三代文化，就是现在的“五经”，《易》《诗》《书》《礼》和《春秋》，以及已经丢失的《乐经》。这是我们文化的源头，就像一条大河从源头开始流，一定要有很多支流丰富它才行，如果它只是一个源头，水不会太大。长江之所以为长江，是因为有嘉陵江进来了，有汉水进来了，很多的支流使得长江越来越宽，越来越大。从文化上讲，中国在春秋战国时代，文化也是多元的，有齐鲁文化、三晋文化、秦文化、楚文化、吴越文化等，这些文化才组成了春秋战国的文化，到汉朝的时候把它们统一成为大的汉文化。后来佛教进入中国，现在西方文化进入中国，我们的文化也从源头流下来，越来越大，越来越宽广。

现在的文化环境，是众说纷纭，百花齐放的。比如对儒学，到现在为止还有非常多的不同的看法。有的学者认为要把儒学变成儒教，也有学者认为恢复儒学就是历史的倒退。这两种极端的思想都存在，我认为不是一个坏的事情，我们就是要在这些不同思想的冲突和撞击中来发掘和找到正确的道路。如果想现在就把哪个定为一尊，恐怕是不行的，时机不成熟，条件也不成熟。首先是现在做不到，而且做到了也没有好处。

我们只能通过各种途径，让人们来了解我们自己的文化，同时也了解世界的形势。如果仅仅是了解我们自己的文化，也容易变得封闭。我们同时也可以借助世界各种学说，比如现在的过程哲学认为人和自然是生命共同体，其实和我们天人合一的思想非常相通，那么我们为什么不借助他们的思想来讲我们的思想呢？比如说到天人合一，西方人就不太理解，我们可以说，其实你们西方也有类似的思想，就是人和自然是生命共同体，这样就比较容易被他们接受。我们提倡和谐社会，从和谐社会推广到和谐世界，这个和谐理念是儒家的基本观念，《易经—乾象》里的“乾道变化，各正性命，保合太和，乃利贞”就是说天道不是固定的东西，是在不断变化的，让所有事物都在自己合适的位置，保持最完满的和谐，乃立身之本。出土的《楚典》对六经各有一个说法，对于《易经》，说的是“易，所以会天道、人道也”，是要把天道和人道汇合起来，不是二分的。这些观念要让西方人接受，也应该从西方类似的观点出发，这样他们接受起来比较容易。所以，我们想要把我们的思想介绍到西方去，也需要做一些现在的诠释才行，否则人家不好理解。

发扬中国文化可以“道并行而不相悖”

我很早就提出中国文化现代化的问题，从中国的传统来说，儒、释、道，都是关注社会的。孔子希望天下有道，“吾岂匏瓜也哉？焉能系而不食”，也就是说他是要有作为的，要改造社会、为社会献身的。其实关注社会同样可以对学术发展有很大贡献，从中国历史上看，很多大学者都是关怀社会、参与社会的。比如老子无为的思想，就是在关注社会。老子说“我无为而民自化”，是从道德的角度，“我不要总去干涉，百姓自己会消化”，“我无事而民自富”则是“我不去干涉百姓，百姓可以自己富足起来”。至于庄子，他的顺应自然，追求自由等思想都是针对社会提出来的。所以我认为，有的学问可以只是为学问而求，有的可以为关怀社会而做，还有的可以是某种政治目的来做，这些都可以。中国主张“道并行而不相悖”，可以有多条道路。

就如现在的“国学热”中，有很多商业化、娱乐化的过程，但好的方面是使国学往一个好的方向发展，被更多人接受。我并不反对这些，但是也确实应该有一些学者踏踏实实坐下来好好做研究。我现在正在主持编撰《儒藏》。明清时期也有很多学者研究《儒藏》，但都没有实行，因为工程太大。我现在可以做，第一是从我们国家财力来看有一些可能了，第二是我们民族复兴的需要。如果没有民族精神、民族文化的复兴，民族复兴就会落空，所以要从各个方面来促使民族精神和文化建设发挥其作用，这些基础的工作必须去做。

《儒藏》现在到了必须做的时候。现在有《佛藏》、有《道藏》，却没有《儒藏》，但是从历史上来看，儒家是中国的主流思想，比佛教和道教对中国社会各个方面的影响更大，若不把这份宝贵的遗产总结出来，是对不起祖先，也对不起后代的。我们现在只是做一个最重要的精华本，大概有两亿字，但是精华本的全部书籍至少也要到2015年才能够完成。2015年之后，我们想再做一个大全本，大概15亿字，比《四库全书》要大很多倍。这可以说是一个坐冷板凳的工作，但是这样的事情总应该做，总要有人做。中国的书是非常多的，比如《论语》这部书，日本人对《论语》的解释有3000多个版本，当然现在散失了很多。我们现在编一个《儒藏》总目，大概了解到的就有600多个版本，那么就要挑选其中有价值的部分去做。古书都没有标点，所以就要把它们标点出来，并且需要校勘记，可是古书各不相同，究竟哪个是正确的，就需要我们做出判断和说明，这些事情是很烦琐并且费时的。但是我们必须做，做出一个好的出来才是有意义、有价值的。

其实，真正能看懂《儒藏》的人并不是很多，但是我们可以做出一个定本。比如《论语》，我们会选出最好的版本进行编辑，呈现出来。我统计过现在至少有24套《佛藏》，比如《大正藏》《龙藏》等，现在主要被利用的版本是日本《大正大藏经》，因为《大正大藏经》是排印本，只有它有校勘记和断句，以高丽藏本作底本，宋元明本作校勘记，所以比较有用，并且做成标点排印本，可以电子化，可以在电脑上用，比较有利于国际化。我们以后做《易经》也要按照这样的方式。

我们在国外有很多孔子学院，主要任务是教语言，但仅仅教授语言是不够的，还应该教授中国文化。中国文化的源头便是《五经》，要探讨的是如何把《五经》翻译成各国文字。《圣经》被翻译成无数版本和文字，可是《五经》并没有一个很好的外国文字翻译。把《五经》翻译成多种文字，让全世界共享，并不是一件容易的事，还需要我们好好努力。

根据汤一介先生 2010 年 1 月 18 日在“三智年会”主题演讲整理

论“以人为本　道行天下”

汤一介

一、“人性”与“天道”

人之异于禽兽的“人性”，它体现在孔子所说的：“仁者，人也……”“仁爱”是人所具有的本质。孔子的《论语》中讨论“人性”的地方不多，但他所关注的最重要的问题就是“人性与天道”问题，“人性”之实现即为“人道”，“人道”体现“天道”，这个问题太大，所以他和他的学生很少讨论，但它实为中国哲学之根本问题。另有“性相近，习相远”一说，此说确立了人之为人者其性大体相同，开创了“人性”之共同性、普遍性之先河。自孔子以后到孟子时代，儒家讨论“人性”的问题多起来，至少有五派（据王充《论衡》），孟子说：“恻隐之心人皆有之”，这就把“人性”规定为“性本善”。所以孟子说：“人之异于禽兽者几希”，人与禽兽之不同就在于人有“恻隐之心”这点上，“恻隐之心”的发挥（实现）就是“善”，据此，儒家展开了他们的“以人为本”的“道德伦理”“政治伦理”“经济伦理”“社会伦理”“天人伦理”等诸多方面关于“人”的学说。

二、儒家的道德理想伦理

樊迟问仁，子曰："爱人。"《中庸》引孔子的话说："仁者，人身，亲亲为大。""仁爱"是"人"本身所具有，爱自己的亲人是"仁爱"的基础。但此种"仁爱"必须推己及人，所以儒家为中国设计了一套道德理想社会的蓝图，这就是它的"天下为公"的"大同"思想。从儒家的"大同"论述可以看出，它是基于"仁者，爱人"而推广于天下，所以孟子说："亲亲而仁民，仁民而爱物。""天下为公"的"大同"这种道德理想的信念，自然就是"以人为本"。基于此而展开的儒家学说都没有离开"以人为本"这一基本理念。我们可以把这种信念称作"道德理想伦理"。然而"道德理想伦理"要落实，需要有儒家的"政治伦理"（政治）、"经济伦理"（经济）、"社会伦理"（人与人的关系）、"天下伦理"（天道与人道的关系）相配合来扩展而实现。

三、儒家的政治伦理

《大学》中说："修身、齐家、治国，平天下""自天子以至于庶人，壹是皆以修身为本"。这就是说，没有"以人为本"的"道德理想伦理"，"政治伦理"是无从谈起的。

如何"修身"，孔子提出要"修德""讲学""徙义""改过"，这样才能"下学上达"，成为君子，才使自己有个"安身立命"处。如何"齐家"？儒家把"孝"作为家庭伦理的基本。《论语·学而》："孝悌也者，其为仁之本与？"王弼注谓："自然亲爱为孝，推己及物曰仁。""孝"是出于"自然亲爱"。《孝经注疏》中说："父子之道，自然慈孝，本乎天性、则生爱敬之心，是常道也。"又说："孝是真性，故先爱后敬也""爱之与敬，俱出乎心"。"爱"与"敬"发乎于人之本性，非外力所加，自然如此。费孝通先生对此有新的解释说：家庭伦理"孝"的意义在今天主要应体现在"尊敬祖先和培养优秀的后代”。这就是说：对祖先要尊敬，对后代要精心培养的家庭责任。这样就做到“齐家”了。

如何“治国”？在中国，如果说“家庭”是个小社会，“国”则是一个大社会。一般认为，中国前现代是专制的“人治”国家，而西方近代则是“民主”的“法治”国家，我认为，这种说法并不全面，应该说在前现代儒家的理想应是以“礼法合治”治国。我们从《二十四史》的“志”中常常看到有“礼乐”和“刑法”两志，这说明儒家不仅注重把国家建成礼乐之邦，同时也对“刑法”的建立颇为重视。《礼记·坊记》：“君子礼以坊德，刑以坊淫，命以坊欲。”意谓“礼”是君子所设立为防止超越道德的界限；如果用“礼”不能防止道德败坏，那么就要用“刑”来制止为非作歹，祸乱社会；如果“刑”还有不足之处，则可以用“法令”来补充，以防止社会贪欲横流。可见，“礼”“刑”“令”三者功能不同，但都带有制度性的意义。《论语·为政》：“子曰：道之以政，齐之以刑，民免而无耻；道之以德，齐之以礼，有耻且格。”这里不仅说明“礼”和“刑”的功能不同，而且说明二者的效果不同。因为用“政令”和“刑法”虽然民可以暂时避免犯罪，但不是自觉地遵守社会规范，因此对犯罪并无羞耻之心；如果用“道德”“礼教”来治理国家，那么人们就会自觉地走正道（自律）。贾谊《陈政事疏》中说：“夫礼者禁于将然之前，而法者禁于已然之后，是故法之用易见，而礼之所生难知也。”这是说：“礼”的作用要在人们犯错之前就加以防范；而“法”是在人们犯错之后加以惩治。“刑法”的作用易见成效，而“礼”的作用难以立竿见影。这说明，“礼”要靠道德教化长期养成（修身），“法”是一种外力所加的不得不备之举，不遵守“礼”的要求，这叫“出礼”（或“越礼”），“出礼”就会“入刑”。所以在中国儒家认为“礼”和“法”有着表里相依的关系，这或不应忽视。《汉书·礼乐志》中说：“礼节民心，乐和民声，政以行之，刑以防之。礼乐政刑四达而不誖，则王道备矣。”“礼”的作用是调节人民心之所求，“乐”的作用是表达人民追求和谐相处的要求，“政”是要求处理“政务”要顺民情而能行通，“刑”是为了防止人民“出礼”而“入刑”所设立。我认为，这也许是儒家“以人为本”的政治伦理所求。

如何“平天下”？此句应理解为“如何使天下平”。此“平”或有三义：

"平"可作"和平"解，如尧对舜说："协和万邦"，各邦国和平相处；"平"也可作"平等"解，如孔子说："四海之内皆兄弟"；亦可作"平安"解，如"仁者安仁""老者安之""修己以安人"。"天下平"，包括国与国、民族与民族之间的"和平"；还包括"人"与"人"之间的"平等"关系；又包括每个人身心内外的"平安""安宁"，这样就真正"天下太平"了。

四、儒家的经济伦理

《论语·子路》："子适卫，冉有仆。子曰：'庶矣哉。'冉有曰：'既庶矣，又何加焉？'曰：'富之。'曰：'既富矣，又可加焉？'曰：'教之。'"孔子看到，卫国的人口众多，这和孔子的"来远人"思想有关，因为众多的老百姓都愿意安家落户于此地，它说明在此处生活能安顿下来，才可以建立家业。有家有业之后，国家就应使人民富裕起来。为什么能生活聚集在一起，《周易·系辞》中说："何以聚人，曰财。"把人民聚集在一起，很重要的是要靠经济的力量。所以孔子并不反对"富与贵"，《论语·里仁》："子曰：富与贵，是人之所欲也。不以其道得之，不处也。"人追求富贵并非不应当，但取得富贵要有正当性，"取之有道"。而如何使"取之有道"具有正当性，这就要靠教化之功能。由此可见，儒家认为经济活动必须是合乎道义的。《二十四史》多有"食货志"，可见当时治国者对农商工的各种政策和制度多以关注人民之经济生活为目的。这个问题颇多，非我能力所及，兹不赘述。

五、儒家之社会伦理

《礼记·礼运》："何谓人义？父慈、子孝、兄良、弟悌、夫义、妇听、长惠、幼顺、君仁、臣忠，十者谓之十义。修十义，讲信修睦，尚辞让，去争夺，舍礼何以治之？”这是说的社会之间“人”与“人”的道义关系。日常生活中，人与人必然发生各种各样关系。相互发生关系的双方即有应有之权力（如“君”要求“臣忠”），但双方也应有承担之相应的责任或义务（如要求“臣忠”时，也就要求“君仁”），这样相互对应关系的合理建立，社会才会“讲信修睦”，“尚辞让”“去争夺”，这是“礼”所要求建立的双向权利和义务之关系，这样社会才能真正安稳，人人安居乐业，生活在“以人为本”的社会中。“人”不能离开他人而单独存在，在“人”与“人”之间总是存在着相互依存的关系，只是在“人”与“人”相对应的较为合理的关系得以建立的情况下，社会伦理才可以达到相对的人与人之间的和谐和安宁。

六、天人关系伦理

朱熹说：“天即人，人即天。天即生此人，则人又在天矣。”天人不相离（天人相即不离），既然“天”产生了“人”，“天道”将由“人道”来彰显，也就是说“天理”（天道）将由“人”（“人道”）来实现。为什么“天道”能以由“人道”来彰显，因为人具有与“天”相关联的“人性”。朱熹说：“仁者”“在天则盎然生物之心，在人则爱人利物之心，包四德而贯四端也”，所以“天道”与“人道”是相通的。朱熹说：“惟仁，然后与天地万物为一体。”《郭店楚简》中说：“易，所以会天道人道也。”这一思想又和西方二四十年代过程哲学怀德海和21世纪初的建构性后现代主义所主张的“人与自然是一生命共同体”有某些相合之处。处理好“天人关系”人们才能真正幸福、社会才能真正安宁，国家才可以真正富庶，老百姓才可以真正富足，以乃“以人为本”所追求。以上，所讨论的儒家“以人为本”的“人性”问题，以及由此展开的儒家“道德理想伦理”“政治伦理”“经济伦理”“社会伦理”“天人伦理”都是说明“以人为本，道行天下”。我用“道德理想伦理”，而未有“体系”“主义”等，盖因“伦”者“常”也，“伦理”者“常理”也。对儒学“常理”（常道）的传承、并给予合乎时代的诠释，也许其“以人为本”之真义可见。但我们必须看到，“理想”往往终归是“理想”，它并不必然会成为“现实”。儒家的“理想”是否一定圆满，是否能见之于现实，这也是一问题。而且从历史上看，儒家为中华民族所设定的理想社会的诸多方面在历史的实际中并未实现，至少是并未能全都实现，这是由于历史发展的各种主、客观条理的限制，但作为一对自己民族以及人类社会抱有责任的真正儒家必须有其理想，此理想是真正儒者身心性命的命脉，是儒家为人处世“良知”的体现。也许人类社会不过是一场悲喜剧，在某些历史枝节问题上可能以喜剧的形式出现，但人类最后在宇宙中消失的时候，它将可能是以大悲剧的形式退出了历史的舞台。但人活着时，作为儒者则必须抱有理想。孔子在春秋时，由于“天下无道”，而却一心一意地努力把“天下无道”改变成“天下有道”，其实孔子也明白这不过是“知其不可而为之”。对于“理想”我们也许常常抱着：“虽不能尔，心向往之”的态度。我想，张载的《西铭》头两句“民，吾同胞，物，吾与也”说得对，人必须有理想，把“人”看作“人”，“以人为本”这是真正儒者可贵的精神；《西铭》最后两句“存，吾顺世，没，吾宁也”，说得也很对。人的一生必须对社会尽伦尽职，追求“道行天下”，在他离开人世的时候可以问心无愧于天地神明。

以上，我对儒家“以人为本”的“人性”问题，以及由此展开的儒家“道德理想伦理”“政治伦理”“经济伦理”“社会伦理”“天人伦理”等都企图说明“以人为本、道行天下”此次讨论之主题。由于近日病重，思考问题困难，记忆力日衰，又无力查书，定有许多错误，请批评指正。

根据汤一介先生2013年10月20日在第六届“三智论坛”主题演讲整理

企业家参与《儒藏》编纂的重要意义

汤一介

三智道商的同学们：

大家好。春节快到了，在这里我先给大家拜个早年，祝大家春节快乐，阖家幸福美满！

在我和你们见面的这一刻，使我想到，在 1988 年的时候我曾提出中国学术界的知识分子和企业界的企业家们，应该携手合作，为中华民族的复兴做出贡献。20 年匆匆过去了，可以看到这样的合作已经开始了，而且正在发展。我认为中国社会应该建成一个合理健康的社会，是要靠各位有现代意识和文化素养的企业家，因为你们是推动社会发展的动力。而这些有现代意识和文化素养的企业家必须深刻理解我们自身文化历史及其精粹思想内涵。

你们正在学习和研究国学。我想说正是因为如此，你们是中国企业家的希望。中国有五千年的历史，有着深厚的积淀，它无疑是中华民族生存发展的宝贵财富。我们必须承认它，我们必须传承它，我们必须发展它。也就是说，继承和发扬。“返本”就是要对我们中华民族的文化的源头及其历史的变迁有深刻的把握；“开新”就是使我们的文化不失时地适应人类社会的发展要求，为中国文化开出新的局面。返本开新，返本是为了开新。中国传统文化有儒、释、道三家，但是有几千年的历史的儒学，在中国历史上一直对中国社会起着主导的作用。我们知道，在历史当中多次编纂《佛藏》《道藏》，而一直没有《儒藏》，这和儒家在历史上的地位是不相称的。五百年来明清两代学者，都曾经提出要编纂《儒藏》，但是因为种种原因，而未能实行。现在北京大学联合27所大学和研究机构，以及日本、韩国、越南的学者一起担当起这一项巨大的学术文化工程，这就是编纂《儒藏》。也就是说，把曾经在历史上起到主导作用的儒家典籍编纂在一起，成为一部比《四库全书》将近大一倍的约有12亿字的大文库。我们今天来做这件事，不仅实现了近五百年来学者的梦想，而且它将是对中国人民和世界人民的一大贡献，我想我们的付出是值得的。

今天我来参加这个会议，是为了向你们各位企业家表示敬意和谢意。因为是你们愿意和北京大学以及中、日、韩的学者一起来完成《儒藏》这一前所未有的巨大国际合作项目。我们能参与《儒藏》工程，是幸运的，也是责任重大的。感谢各位朋友的到来，在这里，我代表北京大学向3位支持《儒藏》工程捐款的企业家颁发捐赠证书，并赠送3位企业家4本《儒藏》和我们编纂的9卷本的《中国儒学史》。这三位企业家是智海企业集团冯建新董事长捐赠100万元、NE·TIGER时装有限公司张志峰董事长兼艺术总监捐款100万元、《精品购物指南》报社和《优品》杂志总编王明亮先生捐款20万元。我代表北京大学《儒藏》中心向他们表示感谢，同时我希望北京大学《儒藏》中心与三智道商国学院同学会俱乐部的各位企业家长期合作，为中华民族的全面复兴做更多的贡献！最后我敬祝各位朋友身体健康，事业兴旺发达。谢谢大家！

根据汤一介先生2011年1月14日在三智同学会《儒藏》捐赠仪式上的讲话整理

人文精神与儒家的核心价值

杜维明

中华民族文化的三大特色

遵照原来我们基本的成规，来这里向大家做一次学术报告，我想要考虑的课题应该是和广义的中国文化有一些关系。虽然我们定义的价值是“儒家的核心价值”，也是最重要的价值。为什么说从广义的立场看这个价值和整个中华民族的精神世界的关系呢？中华民族在文化上有三大特色：第一，是一个学习的文明；因为是学习的文明所以在先秦儒家的发展就不是一枝独秀，就从道家吸收了非常多的资源，后来在孟子的时代和墨子、杨朱，就是极端的个人主义和极端的集体主义，也有很多的对话。不仅批评极端的个人主义、极端的集体主义，也批评一种纯粹的言论，所以儒家的传统从孔子、孟子开始就是一种比较宽的学习《论语》，而《论语》第一个字就是“学”，而“学”就是要获得知识、获得技能，主要是培养人格，培养人格是一个比较宽广的意义。

另外儒家的传统代表着整个中华民族的传统，不仅是学习的文明，也是宽容的文明，因此从古到今就有所谓“三教”，三教汇通，三教交流乃至三教合一，到了明代的时候就叫作“三教合一”。“三教”在东南亚影响非常大，东南亚、马来西亚、新加坡乃至泰国和印度尼西亚都有“三教合一”的庙，到了庙里是祭祀释迦牟尼、老子、孔子，所以他是个宽容的民族。今天我认为中华民族的精神世界除了这三大文明之外，必须也要包括基督教的人民和伊斯兰教的人民，基督教是从唐代的景教在中国开始发展，伊斯兰教我们有几乎上千万的穆斯林，还有数百万的不讲汉语的维吾尔族的穆斯林，所以伊斯兰教也是属于中国文化的部分，那么现在就是五教，将来还会扩大，我们还可以在世界各地方吸收更多的文明，这是中华民族宽容的一个基本精神。

同时，中华民族的文明也是对话的文明，它不是一个矛盾冲突，它是以“合”来对话。当然一个伟大的文化传统，中间是多元多样的，常常有矛盾冲突，变化的情况，但是大的潮流是对话的。同时是一种以天下为家的情怀，这个价值很值得我们注意，比如像美国，有各种不同的移民，所以美国是一个很宽容、多元多样的民族，但是今天的美国政治文化，很难超越国家利益这个观念，奥巴马不能超越，任何人也不能超越，因为整个美国民主制度，经过选举的文化，以美国的利益为最高点，不管怎么样它有一种民族的情绪和民族的氛围。但是在中华民族的这个大的框架里，我认为有超越国家利益的气派，就是“天下”的观念。我们现在在讲民主制度，在讲世界的秩序如何重组，讲能够有涵盖性的人物精神，这是我们的特性，所以不仅是一个学习的文明，是一个宽容的文明，是一个对话的文明，也是“天下一家”情怀的大文明。

文化中国的三个意义世界

在这个大的背景之下，我就提出要了解文化中国，要了解的中国不仅是一个经济的中国、政治的中国，同时是一个文化的中国。在文化中国下有三个意义世界，相对独立，但又希望能够互相的学习，互相的汇通。文化中国有三个意义世界，第一个就是内地、香港、台湾、澳门地区及新加坡为主的意义世界，在这个意义世界之中，包括56个民族，每一位都属于中华民族的大家庭，所以我们要有一个宽容的心态，对文化多样性，刚刚汤先生、陈鼓应先生提到的“有容乃大”的气概。

第二个意义世界就是散布世界各地的华人社会，我用了一个观念，在英文上基本上是描写犹太人的经验，这个字就是“diaspero”，意思就是离散摄取。犹太人在世界上现在有1300万人，他们散布在世界各地，在一千多年的历史里，犹太人有一个很值得我们借鉴的经验，是他们在每一次告别的时候说：“明年我们在耶路撒冷见面。”耶路撒冷是他们的母国，但是一千年来犹太人没有母国，一直到第二次世界大战以后才建立以色列，建立以色列对犹太人的发展是福是祸现在还是未知数。在相当长的时间美国的犹太人是超出在以色列的犹太人，在今年开始以色列的犹太人比美国的犹太人要多了一些。《皇宫五千年》的作者是研究海外华人最重要的学者，当时他反对我提出的“diaspero”观念，他说：“不要用描写犹太人的观念来描写中国，我们的祖国是最壮大的。”全世界都有一种“落叶归根”的观点，就是中华大地或者北京的凝聚力特强。

我的建议，我认为如果要了解中国文化，要从文化来了解散布在世界各方的华人，他们希望在各个不同世界里面能够扎根的，不是一个“落叶归根”，而叫作“落地生根”，美国的中国人就是美国人，马来西亚的中国人就是马来西亚人，在各个地方不同国家的国籍，但是文化的象征是中国，这样中国文化的气概才大。中国这个传统是独一无二的，在世界上各个地方都有很多当地人，有意大利人、俄罗斯人、泰国人、印度人，但他们和他们祖国的向心力非常淡，但是中国散布世界各地的华人和中国的关系，文化的关系甚至政治的关系都非常密切。我们知道如果没有海外华人，没有孙中山所代表的海外华人，辛亥革命和中国的现代发展，包括“五四”运动和建国都会有很多的资源不能运用，这是中国的一个特色，但是还是愿意用离散摄取的观点。

还有第三个意义世界，就是和中国既无血缘又无婚姻关系的外籍人士，可能是英国人、日本人、法国人、美国人，当然，如果他们是从事学术研究，王教授的一个朋友专门研究中国唐代文化，他的中文底子极好，是位汉学家，当然他对中国文化有发言权，他是属于文化中国的一部分。但是我的想法用的更宽，除了汉学家以外，外交家、企业家、媒体工作者、来中国传教的传教士，甚至是旅游者，只要中国关怀和中国的文化关怀是长期的，他可以长期批评中国文化，成为中国文化最恶劣的批评者，他也可以热爱中国文化，这是他的选择，但只要和中国文化有了长期的关系，就属于文化中国的一部分。我举一个例子说明，在波士顿地区有大概一千家美国的家庭收养了中国的女婴，在收养女婴之前，他和中国文化毫无关系，到了中国收养了一个女婴，这个家庭的文化形态就和中国文化结合起来了。在几年以前，美国有一批反华的势力，主持了平面和立体的媒体要对中国的孤儿院进行不合理又不合情的攻击。在波士顿地区的收养中国女婴的家庭知道这些情况，发表了一个简单的声明："我们为了收养我们的女婴，在中国参观了上千个中国孤儿院，我们对孤儿院的评价是一般和美国的孤儿院没什么区别，有很多地方比美国的孤儿院管理得更好，更有人情味。"很简单的一个宣言让整个阴谋就崩溃了，想想假如当时我们知道有这么一个阴谋，我们用官方的媒体来对他们进行批评，这个效果肯定是适得其反。所以文化中国的范围为什么这么宽呢？我很长时间的一个意愿就是希望怎么样形成文化中国的一种我们的观念，说是凝聚力也好，我们的观念有没有这样一种可能，也就是我们能不能够面向未来，建构一个能够体现中华民族的文化认同，这个文化认同希望是开放的、多元的，而且是很深层的自我反思的能力，这个工作是非常艰巨的，至少在我这一代实现的可能性是很小的，是非常难的。

中国文化认同的问题

讲一个特别有趣的事情，在海外教学讲汉语会有不同的组织，也有教日文、西班牙文的，在海外教日文的是从日本来的，他们是非常团结的，日本人的团结是他们的天性，但是日本人排外心情很强。中国不排外，可是中国人不团结，就像两个人挑水喝，三个人没水喝了。但是我认为更深层的一种文化认同力量很大，没有这个酝酿，中国也不可能有五千年的文化，也不可能五千年文化现在仍然生命力旺盛，而且向世界各地在传播，不仅是经济利益的问题，中间还有文化的因素，那么它的困难在哪里？困难就是认同的问题。

在11年以前，我在山东的潍坊参加了一个鲁商和台商文化的对话，鲁商代表山东的商人，台商代表台湾的商人，主要讲儒商的可能性，我们现在三智是道商，道商和儒商是完全同义的，就是在企业界有文化感受、有社会责任、有政治关怀的一批知识分子，就是企业的知识分子。当时在座的嘉宾我是唯一的学术界的，其他都是企业界的，企业界有凤凰卫视电视台的刘长乐做了一个报道，我觉得非常好，我们的企业家对中国文化应该有什么样的承诺，基调是儒家文化，当然中国文化为主，如果儒家文化在世界发展还是要靠企业家。我当然很欣赏这个说法的，我比较认同。他们说："学术界在从事儒学研究或者研究中国文化可能很深刻，但是它是象牙塔，它的影响力是有限的。"在政府方面有很多人愿意推动这个文化，但是有很多的限制，除了政治限制以外还有艺术形态的限制。只有在企业界，因为他们的国际视野比较宽，能掌握的资源包括物质资源和非物质资源比较多，如果也有文化资源，那发展一定好。我一直有这个意愿，就是希望长江管理学院和光华管理学院、中欧管理学院、清华管理学院等所有管理学院在EMBA培训的时候，要把企业界的知识分子责任感、文化问题，能够用课题予以突出，所以在那个时候我就成为了长江人文委员会的主席，那么现在我也想进一步能够来发展，我也很高兴知道三智通过中国文化书院有很多在三智的EMBA、后EMBA都和长江等管理学院有关系，所以我今天的报告基本上也是有这样一个意愿。

仁爱人

我就介绍一个观念，就是"仁爱人"，我讲这个观念是要说明：仁爱人和佛教的慈悲和道家的道都可以共提的，但它有它的独特的价值，这个观念可以算是儒家最核心的价值，简单的说明就是在《论语》里这个“仁”字出现了109次，而这些出现以后有一段话值得注意。在孔子的学生之中，最受尊重也最有影响力的，从我们现在来看又没有钱，又没有权，甚至生活非常清苦的就是颜回，颜回我们值得注意这样一个人，就是他有丰富的内在资源，他有强烈的要成圣成贤的志向，虽然他一无所有，但他好学，他能够“三月不违仁”，能够不迁怒，不二度。所以在孔子一百多次讨论到“仁”的时候，颜回也许是最能够体现孔子对“仁”的价值。最近我完成了一本书，将会出版，就是集中讨论这段话，将来大家有一些问题有机会可以参考一下，这句话说来很简单：“克己复礼为仁。一日克己复礼，天下归仁焉。为仁由己，而由人乎哉？”“克己”，克服你自己，是修身哲学，能够回到“礼”，礼就是礼貌世界，这一点很重要，“一日克己复礼，天下归仁焉”。我的解释和其他以前的人解释不同，对于任何一个人，“仁”就是体现人的全面的光辉，任何一个人只要能够体现“仁”，天下的“仁”就增加了。科斯讲过这句话:“一个人的自由就是所有人自由的先决条件。”一个人能够行“仁”，做善事做好事，不仅是你，你的家庭，你的社会，整个天下的“仁”都会增加了；一个人要破坏“仁”，整个人类的“仁”就会减少，所以“一日克己复礼，天下归仁焉”。

“为仁由己”这是个关键词，为仁是靠自己，“而由人乎哉”，而不是靠人家。所以颜渊就问：“那怎么做呢？”孔子的回答：“非礼勿视，非礼勿听，非礼勿言，非礼勿动。”也就是视、听、言、动，都应符合礼。礼不是一种限制人的规约，礼就是最合情合理的人与人之间沟通的基本原则，这就是礼貌的礼，礼貌的“礼”和后面道理的“理”在宋明理学中是通的，所以不要把礼当作吃人的礼教，礼就是我们人与人之间最正常最合情合理的沟通。我在美国的第一篇学术论文是在1968年出版的，就是讨论“仁”和“礼”的关系，我在写那篇文章的时候，我有强烈的意愿，就是仁爱的“仁”字有主体性，“为仁由己，而由人乎哉？”就是这个意思。另外，《论语》里面有一句话“我欲仁，斯仁至”，我要“仁”，“仁”就来，这是内在的，那么就成为每一个人的主体性，人之所以成人就是靠仁爱的“仁”。

但是在语言上我碰到一个问题，大家知道仁爱的“仁”写法是“从人二”，

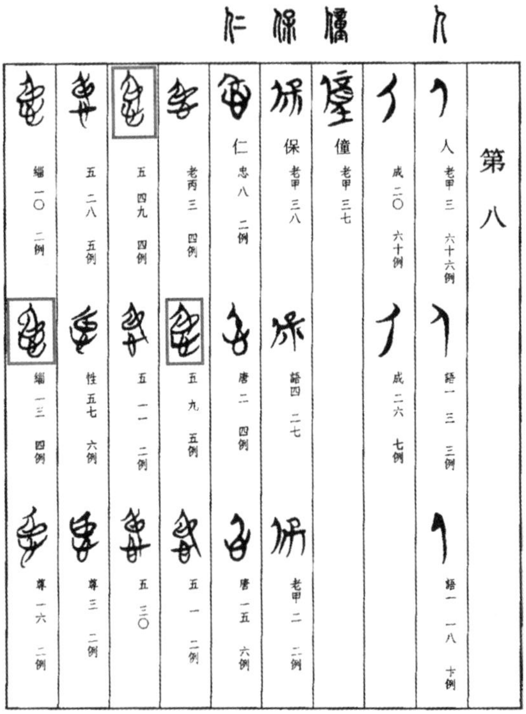

有个“二”在里面，所以有很多人有这样一个说法，就是儒家关于“仁”是一个纯粹的一个社会性的观念，一定要“两个人”才能够有“仁”，“一个人”没有“仁”。我一直对这个说法表示怀疑，但是字是这样写的怎么办呢？有的时候做学问是靠运气，完全不是你自己的，1993年，郭店出现了一批文物，在文物中仁爱的“仁”的写法完全不同，上面是身体的“身”，下面是心灵的“心”，身心为仁，大家看左图有很多的例子。

大家看用框圈起来的都是这样，上面是身体的“身”，下面是心灵的“心”。所以现在北京大学高等人文研究院，我们的LOGO就是这个字，就是身心为仁，当然是讲仁的主体性，这个我想是没什么可争议的，从身心的角度来看“仁”。

为什么说“仁”在儒家的传统是一个核心价值？“仁”在儒家的传统理念中，常常和礼、智、义放在一起，比如说在《论语》里面，“仁”是静，“智”是动，仁者爱山，智者爱水；智者乐，仁者寿，这是“仁”和“智”放在一起。还常常把仁和礼放在一起，“仁”就是内在的价值，“礼”是外在世界所体现的内在的价值。也有人把“仁”和“义”放在一起，《孟子》讲“亦有仁义而已矣”，讲的就是“仁义”，所以“仁”有的时候独立讨论，有的时候和礼、智、义合在一起。在《中庸》里有一个“三达德”，就是“智仁勇”。另外有“四端”，孟子讲的“性善”就是“四端”，意思就是每一个人他都有恻隐、羞恶、辞让、是非之心，也就是仁、义、礼、智。有一段时间大家认为荀子批评孟子，说孟子讲的“五行”荀子很不赞成，但是那时候郭店的文物还没有出现，我们不知道孟子讲五行，所以二三十年代一般国外很多有名学者就把五行当作金、木、水、火、土，所以拼命来了解为什么孟子和金、木、水、火、土也有关系，所以荀子批评孟子为什么讲五行。现在发现是错误的，因为孟子讲的五行是五种行为而不是金、木、水、火、土，五种行为所体现的是仁、义、礼、智、圣。到了汉代，从公元前五世纪到汉代经过几百年的努力，核心价值的出现，所以儒家的核心价值到汉代大家都达成了共识，就是仁、义、礼、智、信，所以我们叫五常。从这方面来看以一个“仁”字突出讲，然后“仁”和“智”，“仁”和“礼”，“仁”和“义”，“三达德”就是这个意思。“四端”就是仁、义、礼、智，五行就是仁、义、礼、智、圣，五常是仁、义、礼、智、信，“仁”都出现了，所以把“仁”当作通德，就是整个儒家传统里面所讲的必要的道德，表示所有其他的价值必须和“仁”的价值配合，假如不能和“仁”的价值配合，那个价值可能会变成非价值，或者是体现价值的力度和范围不够。

一般如果把“仁”当作有爱心或者博爱，比如从基督教的角度，在基督教的传统里面的爱，甚至爱你的敌人，爱的中间是没有恨的，爱是一好，没有恶。但是儒家的“仁”中间是有“好恶”，也就是有价值判断，如果有些人对我们特别不好，我们第一件事情是要自反，如果经过自反以后发现自己没有错，就是他对我们不好，那我们就不能忍受了。因为这个原因儒家走了一条路，就不走“以德报怨”的路，在《论语》有这样一个对话，有人问孔子:“以德报怨，何如？”孔子的回应非常有趣：“何以报德？以直报怨，以德报德。”所以孔子的建议是以直报怨、以德报德，人家对我不好我先考虑是不是我的问题，如果不是我的问题，那么我以直报，也就是正义，送出法律，人家对我好我对人家好，而不说人家对我好坏我一样对人家好，那种兼爱、博爱的精神和儒家要能够为仁者、好人的目的，也要有恨，恨该恨的、不合理的、不平等的，这就是儒家的道德。

中国传统思考问题的方式

从另一方面讲，一方面所有道德要和“仁”的基本精神，“仁”就是同情心或者慈悲或者是恻隐，都要跟它有关系。另外所有价值：义、礼、智、信都能丰富“仁”的内容，所以“仁”的内容是非常宽的。因为这个原因我想介绍一下比较有点哲学意味的，很重要也很容易了解的一些观念。儒家在思考问题，乃至整个中国传统在思考问题时，不用一种叫“排斥性的二分法”，“排斥性的二分法”在现代哲学的发展最重要的就是笛卡尔提出来的心和身的分别。后来在中国发展出了唯心、唯物这种观点，这种二分法就是心和物，是心就不是物，是心灵的就不是物质的，如果是身体的就不是心灵的，如果是主就不是客，如果是人的世界就不是自然的世界。如果是人类的话，就和自然有分别；如果是自我的话，就和社会有分别；如果是凡俗的话，就和神圣有分别。古和今有分别，中和西有分别，理智和信仰有分别（理智和信仰代表西方的两大传统，一个希腊的传统，一个希伯来的传统）。我希望大家注意一点，这些所有的分法在中国大部分传统是拒绝的，不是说不了解分的重要性，而是基本上要超越这种“排斥性的二分法”。也就是说，要考虑一个问题不是心和物的分别，而是心中有物，物中有心的问题，而你的身体的修养就是心灵的修养，你的心灵的修养就是使你的身体更加健壮。另外就是自然和社会和谐，汤一介先生有一篇很重要的文章，就是讲身心如何统一，知行如何统一，主客如何统一，这些是深刻的儒家、道家、佛教代表中国思想的一种思路。

如果看《大学》这本书，它用的本末、上下、左右、先后分层次，所有这个分法都是相互的，有本有末，如果没有“末”，就像是没有根枝叶不能生长，有先有后、有上有下、有深有浅。这里面就牵扯到中国思想方法上的最核心、最关键的阴阳观念。我向大家介绍一个韩国的、从事于儒学研究的女性主义者，把性别从阴阳里解放出来。我们常常受到批评的阴阳思想是歧视妇女的，阴代表女性，没有创造性，阴是恶；阳是光明的、是健康的。他们的建议我觉得很好，阴阳就是创造力，阴是凝聚力，厚德载物；阳是自强不息、生生不息。天行健，君子以自强不息；地势坤，君子以厚德载物。厚德载物的凝聚力就是阴，是团结凝聚的力量，阳就是创造的力量。这两种力量每个人都有，再阳刚的男人也有阴的一面，再阴柔的女人也有阳的一面。假如你的领导是女性，她就是阳，你就是阴。像你们这样的年龄做父亲/母亲的都是阳，你的孩子就是阴。可是当你到了我这个年龄，那我就变成了阴，我的孩子就是阳，因为他们有创造力，我要依靠他们。所以这样看来，在人类社会里任何一个人都有这两种力量，这两种力量之间有交互的消长，之间有矛盾冲突，但又是相辅相成的，所以它要呈现一个辩证的关系。我们非常不喜欢辩证这个观念，因为辩证本身是暴力，是正反和，把正和反都消除了才有和。我讲所谓阴和阳、正和反，它是对话，阴的价值和阳的价值通过对话越来越明显，越来越突出，男的越来越像男的，女的越来越像女的，而不是谁征服谁的问题。

这里面牵扯到一个更宽广的问题，就是个人的了解，我们受到西方文化的影响，都是从定义的方法来了解人的：人是理性动物；马克思说人是利用工具的动物。这些我们都叫作规约主义，就是把一个复杂的东西简单化。我的建议是回到中国的老的传统，对人的了解是全面的了解，人是有感情的，人是属于政治群体中的一部分的，人一定具有社会性，具有历史的记忆，人对世界有美学的欣赏。我对《六经》做了一个简单的描述，《六经》所体现的就是人的六个不可分割的面向，《诗经》体现出人是有感情的；《礼记》体现了人是社会的动物；《尚书》体现了人是属于一个政治团体；《乐经》体现了人是有美学欣赏的可能的；《易经》体现了人是追求永恒价值的；《春秋》体现了人是有历史记忆的。

有公共性的知识分子

什么是一个有公共性的知识分子？他们是代表儒商的，就是他要走孟子的这条路，他是自觉的物质家，以先觉觉后觉，以先知觉后知，也就是一批“无恒产而有恒心”的人。颜回是最好的代表，所以宋明儒学家常常问：颜子所学之道，他学的是什么？所乐，他为什么快乐，因为他有他的内在资源。

第一个资源就是“仁”，这个是每个人都有的，就是你要展现你的善心，展现你的同情。物质讲大体和小体，人与禽兽的不同在于人是“大体”，它是主体的、自得的，但是可以无限扩大。另外，儒家是有社会性的，一个很大的错误说儒家是重农轻商，真正重农轻商的是法家，因为法家讲只有两种人是有价值的，一种是军人，一种是农民，法家讲的“耕战”，就是经济和军事。中国建国以来相当长的一段时间受法家的影响很大，只有在军事和经济上面突出，其他的很多价值不重视。孟子认为，任何一个社会一定要有文人、工人、农民、商人（士农工商）。为什么也应该有“士”——士君子，就是目前的服务阶层，为社会创造价值，同时能够沟通领导阶层和一般的人之间互动，他们不是属于依附于政治的。在明末的时候，三个观念是分开的，一个是“官”，一个是“公”，一个是“私”。在日本，官就是公，但是在中国，从来不把官当作公，官就是朝廷，朝廷如果变成了私欲集团就变成了完全为自己的利益，为宦官、外戚所控制，所以公亦在民间。

我最近到了无锡东林，当时非常重要的观念就是：风声雨声读书声声声入耳，家事国事天下事事事关心，这一批人就是当时东林书院的书生，不是朝廷的官学、不是太学、不是国子监，但是他们就有这个气概。所以真正功利的时代，因为孟子的传统理念，除了主体性以外，人的社会性，就是民本思想，“民为贵，社稷次之，君为轻”，就是为了所有百姓的福祉，我们来做知识分子。那么同时，孟子私塾孔子，它有一个历史的传承，孔子之前是周公，周公之前是尧舜禹。所以在孟子的时代，历史的记忆非常深刻。另外还有超越的一种情感，这是我们现在最缺失的，有一种对天地君亲师的敬畏。

除了这些还有一种“未来性”，就像张载所谓的“为万世开太平”。在这里我引用一句非洲的谚语：“地球不是祖先遗留给我们的财富；地球是无数子孙依托我们善为保存的资源。”这个观念就实现了，在中国出现了真正的属于儒家传统的经济，这个经济不是 economic，而是经世济民。这个经世济民的观念要有一种以天地万物为一体的这种情怀。程颢说：“仁者以天地万物为一体。”仁是一个人类学的观点，它有宇宙论的观点，就是人和天地万物为一体。张载这句话大家也很熟悉：“乾为父，坤为母，余兹藐焉而混然中处。故天地之塞皆吾体，天地之帅皆吾性，民吾同胞，物吾与也。”天是我的父亲，地是我的母亲，我虽然是一个渺小的人，但是在他们之中有一种温暖的感觉，所以塞在天地的是我的身体，使得天地能够大化流行（古人把宇宙无时无刻不在按其自身规律运动变化的这种现象称为“大化流行”）的是我的本性，天下所有的人都是我的兄弟姐妹，天下所有的东西都是我的伴侣。这个观念在生态学上面比现在生态学大家认为最突出的一个观念可能更有意义，这个最突出观念就是：Nature is not a collection of objects but a communion of subjects（自然不是一个外在的结构体，而是我们的一个同伴）。如果大家再进一步看看王阳明在《大学问》说道：“大人者，以天地万物为一体者也。”万物和人联系在一起，比如看到小孩落井有一种震撼，因为小孩子是人啊；但是如果看到牛被祭祀，感到不忍就把牛换成羊（详见《孟子·梁惠王上》），那么你就和牛的感觉融为一体，这种情感使得我们和天地万物联系在一起。

根据杜维明教授2013年5月29日在三智同学会揭牌仪式活动主题演讲整理

作者简介：

杜维明1940年出生于昆明，1961年毕业于台湾东海大学，1963年和1968年相继获得哈佛大学硕士、博士学位。先后任教于美国普林斯顿大学和加州大学伯克莱分校，1981年至今在哈佛大学，讲授中国思想史、中国哲学及儒学伦理。曾担任北京大学、南京大学、台湾大学、香港中文大学及L' Ecole Practique des Haute Etudes访问教授。浙江大学、中国人民大学、中山大学，上海社会科学研究院的名誉教授。先后获得美国理海大学、密西根大谷州立大学、山东大学、台湾东海大学、香港岭南大学、伦敦大学国王学院及澳门大学荣誉学位。并担任国际儒学联合会的副会长及马来西亚拉曼大学的国际顾问。

1988年获选美国人文艺术科学院（American Academy of Arts and Sciences）院士，2006年荣获美国人文学者终身成就奖。2010年获选国际哲学院（Institute of International Philosophy）院士。

出版了9部中英文学术专著，发表了100多篇以中国儒家的人文精神的现代转化为中心的学术论文。五卷本的中文版《杜维明文集》于2001年出版。他是当今最有影响力和前瞻性的哲学思想家之一。

敦礼明伦　儒家的核心思想

楼宇烈

中国传统文化是一个博大的系统，文、史、哲贯通，儒、释、道也是贯通的。

中国传统文化相互贯通

中国文化是一个非常开放的，而又非常包容的系统。除了本土生长起来的思想文化体系，我们还接纳了大量的外来的文化体系。儒、道是先秦诸子百家中的两家，在发展的过程中，兼容并包，逐步形成了具有自己特色的学派和文化的流派。儒、道两家综合了先秦百家的精华而形成了中华文化中的主干。佛家是从外面传进来的，也被中国文化所接受，和中国文化融为一体，成为了中国文化的一个主干性的学派。除此之外，伊斯兰文化、基督教文化等外来文化在中国文化中也有很大的影响。

儒、释、道三教组成了中国传统文化的主体。不过，归根结底来讲，对于整体中国历史上影响最大的还是儒家文化，儒家文化是中国文化最基本的组成部分。

儒、释、道三教的文化是相互补充、相互配合的。我们过去经常听到这样的说法："以儒治国，以道治身，以佛治心"，就是说用儒家的思想治理国家，用道家的思想养身，用佛教的思想治我们的心。这是一个相对的说法，在我看来，三家的重点思想都可以用在治国、治身和治心上。尤其是中国的文化没有像现在这样的学科分类方法，把学科分得非常的精细，并且把各个学科之间相互隔离开来。中国传统文化是相互贯通的，文、史、哲贯通，儒、释、道也是贯通的。

养生的方法同样可以用在治国上，反过来，治国的方法也同样可以用在养生上。从根本道理上来讲，两者是差不多的。就像一个人的身体得了病，常常是因为阴阳失调、气血不通。拿这样的道理来分析国家，社会如果不稳定出了问题，从根本上讲也是一种阴阳失调、气血不通。两极的分化，就是一种阴阳的失调。上下不沟通，就是气血不通。所以，同一个原则既可运用到养生上，也可以运用到治国上。宋代学者范仲淹说过，不为良相，则为良医，这也说明治国和养生是相通的。实际上，不仅治国和养生相通，治国和"炒菜"也是相通的。古人称宰相的工作为调和鼎鼐。鼎鼐就是做饭的锅，意思就是宰相治国就如同做菜一样。和西餐不同，中国饮食最重要的特点就是把各色味道给调和起来，做成美味佳肴，而炒菜本身就是一个调和、中和的过程。不但有酸甜苦辣咸的五味杂陈，还要有五色配合。宰相的工作和建筑工人也是相同的，周总理就曾说过"总理就是八级泥瓦匠"。

所以，中国的文化不是单一的，是综合的，是可以相互贯通的。

智慧就是力量

中国文化最大的特点就是教会人一种智慧，而不是一些简单的知识。《论语》中有这样一句话：不愤不启，不悱不发。这就是我们现在讲的教学生要用一种启发的方式。启发式的教育不同于灌输式的教育，首先要让人有学习的主动性和自觉性。“心里没有聚集学习的欲望不能爆发的时候，我不去启发他”。其后一句是：举一隅不以三隅反，则不复也。意思是这里有一个方的东西，我给你讲了其中的一个角，而你不能通过这个角去联想到其他三个角的话，那么我就不再重复了，也就不再教了。因为没有学习的能动性，不能融会贯通，没有由此及彼的联系思考能力，就不能再教了。所以，启发最重要的是能融会贯通。中国的文化最大的特点就是教会人一种智慧，而不是一些简单的知识。知识是死的，智慧是活的。智慧是知识的一种发现、掌握和运用。知识最重要的是要会运用，否则就是死的，没用的，只有用才能发挥作用。而运用知识不是知识本身的问题，而是一种智慧。

很长时间以来，我们一直引用西方一位哲学家的话：知识就是力量。这句话也是有缺陷的，因为知识自身不能成为力量，只有当知识运用到我们的生活中，才会产生力量，而这种运用就需要智慧。所以，智慧才是力量。中国的文化，儒、释、道三教都是一种智慧学，而不是一种知识学。我们的学习并不只是在学习知识，而是通过学习悟到一些做人做事的道理，并且把这些道理运用到生活和工作当中去。这样的学习才是有意义的。

《礼记·学记》对这个问题早已有了很明确的说法。教育是立国之本，《学记》讲到了教育的意义、重要性、目的和很多教育的方法。其中特别讲到了，教书并不是让人能背诵文章、增长一些知识、晓得一些名物典章，而是要使自己的人生有所受益。在很久以前，我们就强调了教育的根本目的：让人们懂得怎么去做一个人，怎么样才算一个真正的人。儒家的整个思想就是在围绕这样的一个目标来构建它的文化。

儒家文化确立社会的礼制

每个社会都要有秩序，儒家文化的礼就是在探讨究竟要有一个怎样的社会秩序。

中国是一个礼仪之邦，我们常常以此为傲。儒家文化就是要构建这样一个礼仪之邦的文化。儒家文化的核心是确立社会的礼制。把儒家的思想概括起来就是四个字：敦礼明伦。敦，即敦厚，敦礼就是看重礼、重视礼，把礼看作是社会构成的根本。除此之外，还要明伦。各地的孔庙都会有一个殿称为明伦堂。敦礼明伦是儒家文化的核心思想。

那么礼是什么？礼就是礼制，礼制就是一个社会的秩序体系。每个社会都要有秩序，儒家文化的礼就是在探讨究竟要有一个怎样的社会秩序。孔子认为，制礼作乐是从周公就确定了的，当下要做的就是维护周公制定的礼乐。

《论语·八佾》：孔子谓季氏，“八佾舞于庭，是可忍也，孰不可忍也！”按照礼制来讲，各种形式、各种仪式和人的身份是密切相关的。春秋时的大夫季氏用八佾（八人一行，八行）舞，而这种舞蹈只有天子才能用。按照规定，天子用八佾，诸侯用六佾，而身为一个大夫只能用四佾。季氏现在是一个大夫却要行天子之礼，就僭越了。

孔子一生的努力就是要恢复周礼，并让所有人都遵守。所以孔子才提出了仁的思想，儒家讲仁，仁指仁者爱人。仁的核心精神就是恢复礼。孔子在颜渊问仁时说：“克己复礼为仁。”“克”是克制自己、战胜自己，从而恢复、符合礼的要求就是仁。这就是孔子仁的思想的核心。非礼勿视，非礼勿言，非礼勿听，非礼勿动，是孔子进一步的解释，就是从视听言动四个方面来要求自己，一举一动、一言一行都要符合礼的要求。仁是强调人的道德的自觉和自律，自觉遵守社会的秩序、社会的规律。孔子通过对仁的提倡来达到恢复周礼的社会秩序。

荀子论述礼首先是从人和动物的区别说起。人力不如牛，走不如马，而牛马为用，何也？曰：人能群，而牛马不能群也。人能组成有组织的群体，而牛马的群并不是有组织的群。对于一个有组织的群，怎样才能发挥群的力量呢？这个群一定要有所分，有男有女，有尊有卑，有长有幼，有君有臣。只有社会成员的身份分清楚了，每个人都有自己的位置，这个群的力量才能发挥出来。所以荀子说，明分使群。用现在的话说就是，人是一种社会性的动物。动物的群只是一个自然的群，而不是社会的群。所以，可以说荀子最早提出了人是具有社会性的，也就是有组织有分工的。这种分工不只是工作上的分工，而且还是身份上的分工。这个身份里有自然的不同身份，比如父母子女；也有社会所需要的身份的不同，有领导、有被领导。两者的结合就构成了社会必须的秩序。

除此之外，荀子认为礼的起源还有另外一个原因，就是人性的问题。中国古代讲人性的时候有两个不同的看法，也就是性善和性恶。其实，性善和性恶并不是完全对立的，而是从不同的角度阐释人性。性善的说法主要来源于孟子。孟子认为人性可以为善，人性中具有了可以为善的根源苗头。孟子说“乃若其情，则可以为善矣”。人天然地具备四种心：恻隐之心、羞恶之心、辞让之心、是非之心。四心是仁、义、礼、智的四端。性恶的说法来自于荀子。荀子认为，饥而欲食，寒而欲暖，劳而欲息，好利而恶害，是人之所生而有也。人人都有这个天性，如果没有一个规则，就会出现争斗，这是礼的必要性所在。

在五伦中找到定位

明伦就是每个人要明确自己的身份，按照自己身份该做的去做，这也就是我们常讲的尽伦尽职。

礼最后落实到每个人身上，就是要求我们每个人都能够认识到自己在这个社会的整体里是一个什么样的身份的人，就是“明伦”。儒家建立礼的秩序使每个人都能够明白自己在这个社会上是一个什么样的身份，属于哪一类的。要有一个自我的认识，自我的定位，然后按照自己的身份去规范自己的言论、行动。

儒家把人与人之间的关系一共分成五大类。五大类里面实际上有十种身份，每一类里面都是讲两个方面的关系，就是我们经常讲的五伦、五常。哪五种关系？就是君臣、父子、夫妇、长幼、朋友这五种关系。君臣的关系，并不单纯地应用在政治身份地位上，现在体现为一个为主、一个为辅的关系。比如说中医在开药的时候，药里面要分成君、臣、佐、使，哪个是主要的，哪个是次要的，哪个是起辅助作用的，都要分清楚。此外，君臣也是一种上下、领导与被领导的关系。父子、夫妇是一种自然的人伦关系，君臣、朋友则是一种社会的关系，是相对的。总之，儒家把人类关系分成五大类，这五种关系有出于自然的，有出于社会的。有两个完全是家庭的（夫妇、父子），有两个完全是社会的（君臣、朋友），有一个是社会家庭都有的（长幼）。

原始的人伦的分类没有贵贱之分，但在发展的过程当中社会就出现了贵贱，这是一个历史的发展，它不是五伦中的一伦，它不是一个本质性的、人类的伦常的问题。贵贱是可以变化，但是儒家揭示的五伦只要有人类，在任何时候都存在。更重要的，人类并不是都一样的，我们应该承认这个事实，不管是什么人种，人的智能、体能是不一样的，每一个人在智能、体能上是有差异的。其实我们的教育现在存在一个非常大的问题，就是有一个假设的前提，即人的智能是一样的，人都可以达到一样的高度。现在我为什么说社会上到处流传着成功学是一门毒学，是一门毒害社会的学问，就是因为成功学把人的胃口都调到一个高度，好像人只要努力都可以达到这个高度。其实不是这样的，人和人是有差别的，这个人可以达到，那个人不一定能达到，甚至永远达不到。我们一定要知道，人是不同的，我们更应当去帮助智能、体能上面有缺陷的、低下的，智能高的、体能好的要去帮助智能低的、体能差的。每个人能够把自己的智能、体能发挥到他最能够达到的高度，在这点上人人都一样，人人都平等，这是真正的平等。

荀子曾经引用《书经》一句话“唯齐非齐”。我们讲的齐里面是有许多不齐的，反过来讲，只有不齐才能做到真正的齐。形式上的齐可能埋伏着实质上的不齐，而形式上的不齐可能恰恰达到实质上的齐。人在社会上，身份不同，需要不一样，怎么能用一样的标准去衡量呢？所以我觉得这句话是非常深刻的。什么才叫真正的平等，真正的齐？并不是在一个形式上。礼规定了每个人的身份，每个人的身份由于工作的性质不同、地位不同，他的所需、他的欲求也就不同。所以荀子讲礼是为了达到“养人之欲，给人之求”，就是合理地满足社会不同身份人的欲求。荀子认为，能够做到这一点，首先，就不会发生争夺的问题；其次，也不会向天地自然去无限地掘取资源，可以保持资源源源不断地延续下去。

当时荀子已经有这个思想，不仅我们现有的财物能够得到一个合理的分配，满足社会每个层面合理的要求，同时对于环境也不会去无穷地攫取。如果没有这样一些规定，大家都去抢，抢不到再去向自然攫取。我们人类欲望无限地增长不能满足怎么办？我们就向自然去无穷地索取，结果就造成了我们许许多多的环境问题、生存危机等一些问题。

儒家的教育，尤其是五伦的教育，最重要的是要我们每个人“明”自己的“伦”。如孔庙、文庙里面都有明伦堂，明伦堂不光是让大家讲礼貌、讲礼仪来尊敬他人，其实要能够做到尊敬他人首先要尊敬自己，要明白自己的身份。这个问题可以说也是现代人最讨厌的问题，要遵守自己的身份，其实也逃不出自己的身份，但是又永远不安于本分。说本分就是你的身份，认清本分是最重要的，我们人类任何的烦恼都是来源于不安本分，认识不到自己的身份。现在人都讨厌这些，认为这些是封建的、扼杀本性的，其实每个人在社会上都有自己的身份，这个身份是不能违背的。当然这个不能违背并不是说固定在某一个身份，对我们每一个人来讲，五伦关系里面十种身份其实我们每个人都具有，只不过在不同的时间、地点是不同的身份。每个人在不断地变化、变更自己的身份。我们要自觉地意识到这点，所以在不同的场合，我们要以不同的身份来出现，做出合乎自己身份的言行，才是得体的，被人们认同的。如果不是按照自己的身份去做，那就不会得到人们的认同。这就叫作名正则言顺，言顺则事成。

可是身份的认同是非常重要的，是一个得体，有教养，有素养的底线。其实也是成功的法则，也是让自己少烦恼的法则。所以明伦就是每个人要明确自己的身份，按照自己身份该做的去做，这也就是我们常讲的尽伦尽职。社会上都希望每个人能够尽伦尽职，做父母的要尽父母的责任，做子女的要尽子女的责任，那么一个家庭就是和谐和睦的。家和则万事兴，一个社会每个成员都能够尽伦尽职，这个社会就和谐，就会有发展。尽伦尽职的前提就是要认识到每个人属于哪一伦的，那么儒家的所有教育实际上都是让我们来确认自己的身份。确认身份并不是让我们屈服在某一个身份下，而是不断在变，在每个人身上都有这十个身份，所以这十个身份的道德要求是相对的。

根据楼宇烈教授2010年7月19日在三智道商企业家国学高研班首期班授课录音整理

作者简介：

楼宇烈教授，系浙江省嵊县人，1955年毕业于上海浦光中学、同年考入北京大学哲学系哲学专业本科，1960年毕业。北京大学哲学系教授、北京大学哲学系东方哲学教研室主任、北京大学宗教研究所所长、北京大学学术委员会委员、中国传统文化博士生导师。

曾任哲学系中国哲学史教研室副主任，北京大学哲学系副主任，国务院学位委员会学科评议组成员，国家古籍整理出版规划小组成员，全国宗教学会理事、副会长。

同时在学术团体任职的还有教育部人文社会科学研究专家咨询委员会委员，全国古籍整理出版规划领导小组成员，全国高等院校古籍整理研究工作委员会委员，全国宗教学会理事，孔子基金会理事、学术委员会委员，中华炎黄文化研究会理事、学术委员会委员，国际儒学联合会理事等。

此外还兼任中国社会科学院东方文化研究中心特约研究员，中国社会科学院佛教研究中心特约研究员，陕西省社会科学院荣誉研究员，曲阜师范大学客座教授，孔子文化大学客座教授，广西玉林师范学院客座教授，闽南佛学院研究生导师等。

将精神生命置于物质生命之上

钱　逊

读《论语》，学做人

近年来，社会上对国学兴趣很高。那么，学国学应该从哪里入手？我觉得就是从读《论语》开始。为什么读《论语》？因为中华文化的主干是儒学，而儒学的基本精神就涵盖在《论语》之中。当然，不是说学国学只需要学儒学，但是现在人们太想什么都要，没有重点。我认为最重要的，尤其是对普通的年轻人来说，就是选择《论语》来入门。因此，近几年来我在各地讲座，常常是以“读《论语》，学做人”作主题。

讲“读《论语》，学做人”，有两层意思。一、《论语》思想的核心是讲做人的道理。过去人们一提到《论语》就说“半部论语治天下”，其实《论语》的最核心、最精华之处不是“治国平天下”，无论从其内容，还是从其对中国历史的影响来看，主要都是讲做人之道。二、从现在一般人学国学的目的来看，我们不是要学治国平天下的本事。对一个普通人来说，读《论语》的目的是学做人；是要将学到的东西用到自己的修养上去。大家很熟悉《大学》中的“三纲领、八条目”，特别要注意的是后面还有一句非常重要的话："自天子以至于庶人，壹是皆以修身为本"。这句话有两层含义：其一，是要齐家治国平天下，这些的根本是在修身；其二，自天子以至于庶人，所有人都要以修身为本。这是儒学的根本精神。也就是说，要解决社会问题，要齐家治国平天下，最根本的途径是每一个人的提高。用现代的话来说，社会的进步或者健全稳定发展，根本在于人的提高。现代化首先是人的现代化，人才是根本中的根本。儒学把希望寄予人的提升，而且人的提升要靠自己的修养，不是用一套制度来束缚。

孔子看来，要做一个君子，首先就要不断地修养自己。但儒学并不是不顾国家，只顾自己修身。修养自己是为了安人、安百姓。

儒学的核心精神：修身为本

从儒学对中国历史文化的影响来看，儒学的精华也是在做人这方面。现在经常讲民族精神，民族精神是以爱国主义为核心。中国人爱国主义的基础，集中体现在一句话："天下兴亡，匹夫有责。"这是儒学所提倡的最根本的人生价值观。"先天下之忧而忧，后天下之乐而乐""人生自古谁无死，留取丹心照汗青""苟利国家生死以，岂因祸福避趋之"……这些历代仁人志士的名言无不体现了这种人生价值观。

"天下兴亡，匹夫有责"也包含了两个深层的意义。其一，中国人并不是只顾个人，个人与群体（就现代而言是民族、国家）是联系在一起的。中国人有一种自我担当的意识，"风声雨声读书声声声入耳；家事国事天下事事事关心"，这是中国人爱国主义最重要的基础。现在的年轻人多追求个人的发展，在这方面就比较薄弱了。其二，中国人的传统是把精神生命、精神追求放在个体的物质生命之上，而不把物质生命放在第一位。人要有点精神，而不是只追求物质；只要吃好、玩好，这是不可取的。从中国传统来讲，这样就是"近于禽兽"。真正做一个人，就是要有一定的精神品质，要把精神生命的追求放在第一位。这些精神、思想的源头都在《论语》。

曾子说："士不可以不弘毅，任重而道远。"什么是"任重而道远"，就是"仁以为己任，不亦重乎？死而后已，不亦远乎？"所谓仁以为己任，一个人到世界上有自己的责任，而且责任很重。《论语·宪问》中有孔子关于君子的一段话："子路问君子。子曰：'修己以敬。'曰：'如斯而已乎？'曰：'修己以安人。'曰：'如斯而已乎？'曰：'修己以安百姓。修己以安百姓，尧舜其犹病诸！'"在孔子看来，要做一个君子，首先就要不断地修养自己。但儒学并不是不顾国家，只顾自己修身。修养自己是为了安人、安百姓。"修己以安百姓"实际上就是平天下的意思，按现在的语言来说就是建设一个理想社会，理想社会就是大家都过得好。后来的"先天下之忧而忧，后天下之乐而乐""天下兴亡，匹夫有责"等理想的追求都说明仁的内涵不只是个人修养，还包含有社会理想。有"天下为公"的理念，并为此努力，确实是任重而道远，这也成为后来的志士仁人的最高追求。这些历代的诗词语言代表了民族精神，其基础就是《论语》提出的人生理想和价值观。所以，从这个角度来看，儒学最核心的内容，也是做人之道。

儒学注重人的提高，以所有人的修身为本，与我们一般所说的"以人为本"并不相同。常说的"以人为本"更多的是一种管理思想，讲究决策的时候考虑人的利益、要求；"自天子以至于庶人，壹是皆以修身为本"则是指出了人类社会发展的根本途径。"壹是皆以修身为本"指出一切问题的解决在于人的提高，这是基础的基础，一般所说的以人为本则没有涉及人本身的提高；"自天子以至于庶人"强调包括天子之内的一切人都要以修身为本，以人为本则只是说的领导人或管理者如何对待百姓、民众或被管理者，没有包括对领导人、管理者自身修养方面的要求。

当然，依靠每个人的自觉来解决问题，实现社会的健全稳定的发展，这是理想化的。现实中，真正自觉的人是少数。在多数人还不能自觉做到"有耻且格"的情况下，就要依靠法制，依法治国还是根本的治国方略；一定的强制、刑罚都是不可少的。应该说，修身为本是一种根本理念，它并不排除法制等必要的元素；而从学国学的方面讲，就要强调首先最重要的是学做人，启发人们修身的自觉性。要把两个方面结合起来，不应对立起来。

提高中国人的精神，需要做的有很多，但毫无疑问的是，离不开国学，离不开中华文化。

国学热有实在的社会根基

《论语》中提出的中国传统的人生价值观，一点是“义以为上”，认为道德、精神生命高于物质生命；一点是“群己统一”，把个人看作群体的一分子，在群体的发展中求个人的发展。这在近现代，乃至当代仍然得到了传承。从井冈山精神、长征精神、延安精神，直到汶川大地震一方有难、八方支援，其共同的核心是以天下为己任，是与传统精神一脉相承的，同时又赋予了新的时代内容。所以不要把革命精神与传统精神割裂开来，革命精神和古代传统精神是民族精神发展的不同阶段，是传统价值观在不同阶段的体现。

“国学热”的出现不是偶然的，也不只是因为经济发展了，人们有文化的需求；它是社会的需要，有着很深刻的社会基础。当然在发展中不排除具体表现上有些“虚”的现象，有一些商业炒作，但我们要考虑的是其背后深刻的根本原因。例如于丹的书能卖出几百万册，其中或许有炒作的成分，但值得我们研究的关键是为什么在这个时候电视台会推出这样的节目，为什么讲了以后立刻如此轰动？这是有其根源的。从大的背景来说，现在这样的局面绝非偶然。我们曾经有过对传统文化 100 多年的批判，也曾经过 10 年“文革”对传统的彻底否定，近 30 年来，我们感觉中国人缺乏一个精神，存在“信仰危机”。诸如“穷得只剩下钱”“跟着感觉走”等就是其反应。30 年来，人们反思、总结、摸索、探索，所有人都在思考中国人的信仰问题，或者说中国人的精神家园问题，结果都把答案找到了传统上。同时，“亚洲四小龙”的发展，日本的发展都让我们渐渐认识到，传统不一定是不能促进经济发展的。

简单地从一个家庭的诉求来说，年轻的家长最关心的是孩子的成长，孩子成长中有两个重要的问题，一个是进学校，一个是在这个社会别走上歪道。这个问题只能从国学中去解决。弘扬中华文化才是建设我们精神家园的基础，这是社会的需要，不走这条路是不行的。而只要有这一条在，社会对国学的兴趣肯定会长久发展下去。不必担心像一阵风过去，国学就不再“热”了，更不必害怕会不会复古。我们需要的是引导现在的热情，使之得到更持久、健全地发展。应该用积极的态度去引导，使之走得更健康，而不是因噎废食，放弃发展。

现在人们常说构建“软实力”。在我看来，软实力最根本的一点就是提高中国人的素质。把中华文化的优势真正落实到社会上，这才是软实力的最根本。而不只是在于把经典翻译介绍给外国、让电影走向世界来扩大影响。根本的是自己做好，使社会风貌得到改观。我们自己搞好了，才能去影响世界。我注意到，现在一些年轻人就想着做“世界公民”，认为现在做中国人还是做哪国人并不重要，现在是做“世界公民”的时代了。如果年轻人连中国人都不想当了，又何谈什么软实力。文化建设最根本的目的是提高人的素质，要提高中国人自己的精神，而不是开发文化遗址旅游等停留在形式上的东西。提高中国人的精神，需要做的有很多，但毫无疑问的是，离不开国学，离不开中华文化。

现在很多企业界精英对学习国学也有相当高的热情，这是好现象。市场经济的运行规则，企业要追求利润最大化，这与传统的价值观存在冲突。那么，企业家怎么学国学，怎么学传统呢？传统的价值观能不能和如何与现代社会相协调？这是一个值得思考的问题。让学国学、学做人的活动更深入、更广泛。现在，人们越来越重视道德教育。关于孝道、诚信的教育被广泛宣传，许多地方在少年儿童中推广普及《弟子规》等，这些都是好事。这是涉及落实到行为上的各种道德要求，是入门的第一步，非常重要，也容易接受，容易见效果。这是古代讲究的“德”。古时道、德有区分，道是指做人的基本原则，人生理想追求、价值观等这些内容；德是指已经认识到的，道在行为上的落实。从学习修养的步骤来说，总是从德入手，但不能只满足于具体的“德”；特别对于从事国学普及和道德教育的人来说，更要有清醒的认识，要研究、探索如何引导受教育者从具体的德的践行上升到对道的追求。

年轻人学国学有很多方法。现在在儿童中，很多地方推广学习《弟子规》，这是比较成功，也是比较合适的。对于有点文化、有阅读能力的人，我还是要提倡读一两本经典，哪怕是只读一本《论语》。关于经典有很多解读，但这些解读是否符合传统经典的原意却很难说，所以最好的办法还是去读原文。当然，这实现起来有一些困难，例如繁体字、文言文的障碍等，尤其是文言文，能完全读懂的人并不多。但我还是希望能有越来越多人开始读经典，不需要太多量，从《论语》开始。经过对传统文化一百多年的批判，很多人对我们自己的文化都不太了解，现在需要补课，提倡读一点经典。

读经典是一个基础，但并不是唯一的方式。第二个方式是从现实中学习。在古代，儒学的这种思想精神是影响所有人，指导生活实际的，已经成为中国人的一种生活方式。汶川地震中涌现出的英雄人物、感人事迹，每年评选的道德模范身上都能体现很多的传统精神和美德。这是活生生的、现实的传统在现代社会生活中的体现，是学习传统、理解国学的最好教材。

还有传统的文学艺术作品。“先天下之忧而忧，后天下之乐而乐”等名句都不是来自经典，而是来自文学著作、历史著作，这些著作中都渗透了传统文化精神。重要的是阅读时要有一个目标，并不仅仅是为了获取知识而阅读，增加知识固然重要，但增加知识的目的是学到做人的道理。有了这个目标，就可以有不同的途径，根据喜好从文学作品、历史作品或经典入手。

当然，其中有一个重要的问题是需要一批老师来指导，现在的老师也都很年轻，没有普及传统文化教育。现在要将国学普及持久地做下去，这是一个很重要的环节。教育部门也好，民间学术文化团体也好，要注意教师的培训。只有教师培训好了，才能教育更多的人，向更多的人传播和弘扬国学。

现在很多企业界精英对学习国学也有相当高的热情，这是好现象。市场经济的运行规则，企业要追求利润最大化，这与传统的价值观存在冲突。那么，企业家怎么学国学，怎么学传统呢？传统的价值观能不能和如何与现代社会相协调？这是一个值得思考的问题。我想，企业家经营企业，一定要遵守市场经济规律，以赢利为目标，这是肯定的。然而，就企业家个人的人生追求来说，他不应该局限于市场经济的狭隘眼光，把个人物质利益的追求当作唯一的目标。这样做也是可能的。中国古代的儒商就讲究社会责任，修桥补路，回报社会，不完全以个人利益为最高追求。这个问题需要企业界的朋友们共同来思考、解决。

根据钱逊先生2010年3月15日访谈录整理

作者简介：

钱逊教授，1933年生。清华大学思想文化研究所教授。1953—1981年在清华大学任马克思主义理论课教师，1982年后转攻中国思想史，主要研究方向：先秦儒学、中国古代人生哲学。曾任清华大学思想文化研究所副所长、所长。著有《论语浅解》《先秦儒学》《中国古代人生哲学》《中国传统道德》（全书副主编，《理论卷》主编）《〈论语〉读本》《〈论语〉初级读本》等。1999年退休。校外学术兼职：中华孔子学会副会长，国际儒学联合会副理事长、中华炎黄文化研究会理事。

国学着眼未来　而不是复古

余敦康

国学有用吗？改革开放还需要国学吗？

社科院在20世纪90年代，适应当时复兴国学的潮流开始办国学，老教授们搞了国学图书。有领导说，我们改革开放不能复古，搞国学就是复古，不能搞。21世纪，中国经济起飞了，文化也需要复兴。2004年，十六大提出建设和谐社会，和谐一词就来源于国学。为了复兴国学，国学大师季羡林、任继愈等人发起“甲申文化宣言”。尽管如此，去中国化的人还是很多，反对国学复兴，反对“复古”。几家报社首先撰文指出国学是复古。季羡林“三十年河东，三十年河西”的观点也遭到很多批评。北大哲学系办乾元国学教室，被批为商业炒作，后来只好“中西合璧”，又办了乾元西学教室。

我们今天三智道商国学院的成立大会也要看媒体怎么宣传。要思考的是：是去中国化，还是要中国化？要中国特色就是复古？国学要不要复兴？复兴是为了什么？

吴敬琏写《何处寻找大智慧》，何处寻找？在三智里寻找。国学最重要的是智慧。中国人是全世界最有智慧的人。我们为什么这么长的历史没有断裂，为什么三十年就能创造世界发展奇迹，就是因为智慧。智慧集中于“商”。李光耀提出“华商”，他认为华人在海外虽然人数不多但掌握经济发展命脉，就是因为有智慧。世界华商大会去年在韩国首尔召开，可见中国文化智慧的影响。三智道商国学院着重于中国智慧，把中国传统智慧与现代企业的管理结合起来，面向未来，走向世界。国学着眼未来，而不是复古。

根据余敦康先生2009年8月18日在三智道商国学院成立仪式上的讲话整理

作者简介：

余敦康教授，1951年考入武汉大学哲学系，1952年转入北京大学哲学系，1955年毕业。1956年在北京大学哲学系读研究生。1978年调入中国社会科学院宗教研究所工作，历任助理研究员、副研究员、研究员。1987年调入南京大学思想家研究中心。1989年返回中国社会科学院宗教研究所，任研究员至今。自1993年起至2002年历任第八届和第九届全国政协委员。

长期从事中国哲学史的研究工作，曾参与任继愈先生主编的《中国哲学发展史》先秦卷、秦汉卷和魏晋南北朝卷的写作，在各种刊物上发表论文多篇。已出版的著作有《何晏、王弼玄学新探》《易学今昔》《内圣与外王的贯通——北宋易学的现代诠释》《中国哲学论集》，主编《易学与管理》等。

中国的智慧在《周易》

余敦康

易为群经之首

《汉书·艺文志》云："易道深矣，人更三圣、世历三古。"三圣指的是伏羲、文王、孔子。伏羲画八卦，周文王演为六十四卦，孔子作易传。根据研究，伏羲的时代当为新石器时期。《周易》成书历经了上古、中古、下古 2500 多年的时间，由三位圣人共同完成。因此，《周易》早于五经就已出现，把中国文化融入了薄薄一本书中。

春秋战国时代，儒家、道家、墨家等各家学说兴盛，诸子百家争鸣，形成了一个思想文化繁荣的时代，而诸子百家思想都有一个共同的源头，这就是《周易》。也就是说，中国的智慧在《周易》，这是有根据的。

那么，《周易》的智慧又在哪里呢？很多人把《周易》看成算卦的学问，认为《周易》无非就是算卦，算不上什么智慧。实际上，古时候人们对《周易》完全不是这么看。

《周易》是中国智慧的源头，自春秋战国至汉、唐、宋、明、清，《周易》一直都居于中国文化的主流地位。根据《汉书·艺文志》记载，自汉朝开始，

“易为群经之首”，一直到清代编修《四库全书》时仍是如此。《四库全书》分为经、史、子、集四部，头一部经就是《易经》。

为什么“易为群经之首”？因为《周易》一直被认为是智慧的源泉、思想的源头。从汉朝开始，所有知识分子都要读经书，《周易》更是必读。唐太宗时期编纂《五经正义》，第一部就是《周易正义》。清康熙在钦命李光地主编的《周易折中》中亲撰自己读《周易》的心得作为序言，自问读《周易》五十多年，深知为了治国平天下，长治久安，必须从《周易》找智慧的源泉。《周易折中》将《周易》各派的思想综合起来，成为一本易学全书，是清朝知识分子必读之书。

我的老师冯友兰先生晚年曾说：“我搞了一辈子中国哲学，但是对《周易》研究不够。”中国哲学离开《周易》是不完全的，因为中国古代哲学家都是从《周易》中找到思维模式、价值理念、哲学源头。冯先生虽然写了很多关于中国哲学的书，但对很少涉及《周易》感到遗憾。他的大弟子朱伯崑后来继承了他的遗志，历经数十年，与很多学生一起，写成了《易学哲学史》。

“仇必和而解”是《周易》智慧的关键

中国哲学智慧，与西方比不太一样，有自己的特色，这个特色就是来自《周易》，后人则对《周易》内容进行了各个方面的发挥。我与朱伯崑共同创办了国际易学联合会。多年前，我曾经与他讨论“《周易》的智慧在哪里”？朱伯崑以故宫三大殿的名字相答。故宫里面最大的殿是太和殿，“太和”就是最伟大的和谐；中和殿之名就是讲究阴阳、刚柔的互补；保和殿的“保和”则是指保持中和。这就包含了《周易》的核心思想。清朝建制承自明代，最早可追溯到汉朝，和谐二字的应用自古有之。

《周易》的释义词句有“乾道变化，各正性命，保合太和，乃利贞”。推天道以明人事，而保持和谐产生的功效则有“首出庶物”和“万国咸宁”。

冯友兰先生在《中国哲学史新编》第七编中引用宋代张载《太和篇》的

四句话：“有象斯有对，对必反其为，有反斯有仇，仇必和而解。”这四句话总结了一部《周易》的智慧。《周易》的核心思想是讲阴阳。阴阳相对，因此世界上所有的事情总有与其相对的事物存在；既然相对，行为方式相反，应该互相尊重对方，但是难以做到；由于不尊重别人，不承认别人的合理存在，因此有斗争，甚至对抗。前三句话是世界的普遍现象，无论中外、古今，甚至将来，都不外如是。问题是，碰到这些矛盾、斗争、摩擦应该怎么办？中国的智慧就体现出与西方的不同来。

我们都知道有一个“丛林法则”，大鱼吃小鱼，小鱼吃虾子，虾子吃泥巴，谁厉害谁就能称王称霸。西方一般用这种方式处理问题，这就是霸权主义。早在二十年前，冯先生曾经提出应该从斗争哲学转到和谐哲学来。他认为，“仇必和而解”是《周易》关键的关键，中国的智慧就在这里。儒家讲究“王道”，认为“霸道”只能造成口服心不服，最后必然出现无法解决的矛盾，儒家崇尚以德服人，而非以力服人。换句话说，是“仇必和而解”，而不是“仇必仇到底”。

2004年，十六届四中全会提出构建和谐社会，“和谐”二字第一次提出，马上成为各大主流媒体的关键词。同时，中国提出了“和平崛起”，中国的崛起不对世界构成威胁。2005年是世界反法西斯战争胜利六十周年，中国进一步提出“在国内构建和谐社会，在国际上共建和谐世界”。我们看到了“乾道变化，各正性命，保合太和，乃利贞。首出庶物，万国咸宁”，这个中国人早在《周易》就提出的理想。因此，构建和谐社会、和谐世界是有深刻的历史根源的。

中国的智慧在《周易》，《周易》的智慧则在和谐。“仇必和而解”的思想也体现在改革开放三十年的非凡成就之中。中国的发展形成了“中国模式”，为世界所瞩目。和谐，也符合中国泱泱大国的形象，用“仇必和而解”去解决国际关系中的问题。中国有五千年的历史，必然有五千年的文化、智慧。大到国事、天下事，小到家事，都可以用“有象斯有对，对必反其为，有反斯有仇，仇必和而解”这四句话去验证和解决。

自清末开始，我们在寻求生存、发展中遇到了很多磕磕碰碰。百年来，我们向西方学习，并取得了成就。当前，中华民族正处在转折点。中国经济发展到现在的程度，必然要求文化的进步和产生更大影响力。我们要与世界接轨，就需要有主体意识。我们学国学，为的也是这个目的。因为一百多年来，主体意识已经被我们丢了，这是很可悲的。

在《周易》中找到主体意识

现在要找回我们的文化，为时不晚。我们的文化不能从西方去找，我们是炎黄子孙，有中国人自己的文化，有中华文化的根，这个根可以是伏羲、是文王。学国学就是要学习这些文化、智慧，不是要复古，而是要走向世界，要抬头挺胸，告诉别人“我是中国人”“代表着中国文化”“中国有五千年的文化和智慧，有中国自己的核心价值观”。只要我们把“仇必和而解”这句话学会，我们就能走遍世界。如果我们能够在全世界都交朋友，中国的智慧得到广泛传播，这才是真正的复兴，而并不是一定要穿唐装、古服、旗袍等，即使穿着西装，只要“仇必和而解”，照样是有着中国的智慧。

我们自己学习的时候，不要把学习当作时髦，当作炫耀自己的资本，智慧才是最重要的。学习国学是为了未来，首先不是说为了中华民族的未来，从小的来说，首先为了自己的幸福就应该学会“仇必和而解”，至少，要把家庭做到家和万事兴，也要“仇必和而解”。托尔斯泰的《安娜·卡列尼娜》是一部伟大的小说，它的开篇第一句话“幸福的家庭都是相似的，不幸的家庭各有各的不幸”。在我看来，用《周易》的智慧去解读，幸福的家庭只有一句话，就是“仇必和而解”，不幸的家庭则是“有象斯有对，对必反其为，有反斯有仇”。“仇必和而解”这句话无论在古今中外都有其不寻常的价值，值得推广到全世界。

现在西方人老是说中国不讲普世价值，认为中国没有自由、平等、人权这些普世价值，中国的普世价值就是和谐，和谐把这些普世价值都包括在内，甚至中国有的价值观念西方未必有。比如梁启超为清华大学写的校训“自强不息，厚德载物”，学生要有阴阳互补的中和精神。

21世纪的和谐观是面向世界、面向未来的，继承了《周易》的思想，包含了六个方面的内容：民主法治，公平正义，诚信友爱，互惠互助，充满活力，人与自然保持和谐。这里包括了西方的普世价值，也包括了西方所没有的价值，比如人与自然的和谐等。这正是源自于《周易》的哲学思想。所以，我们可以理直气壮地说，《周易》中的和谐思想是中华民族五千年一以贯之的核心价值观，也塑造了我们中国走向世界的形象。

普通人学《周易》不必像我们专业研究的人一样去写专门的研究文章，而是要融入生活中去，有了自己体会，把《周易》思想深入到各个方面，把各种类型矛盾处理好，达到和谐的境界。

进入《周易》大门从认卦开始

《周易》的入门，首先是要认卦。太极生两仪，两仪生四象，四象生八卦，这些都是简单、基本的道理。太极指的是宇宙，太极生两仪，即阴与阳，这其中包含了一个重要的思想，“独阴不生，孤阳不长”，也就是“有象斯有对，对必反其为”，存在分工与合作关系。

乾卦是阳卦，卦象是天，对应的是坤卦，卦象是地，两者相对，运行方式各自不同。比如天是“自强不息”，地是“厚德载物”，二者的关系是构成宇宙，分工合作，产生万物，用现在的话说就是对立统一。同样的，坎卦的卦象是水，离卦的卦象是火，看似水火不容，但二者结合起来，却共同构成现在的生活方式。这象征着世界相生相克、对立统一、互动互补、达到平衡，中国的最高思想太极就是阴阳互补，平衡相宜。

乾坤两卦的组合，乾下坤上与坤下乾上互相颠倒的关系，就蕴含了哲学道理。乾是天，坤是地，乾是阳，坤是阴，“天上地下”与“地上天下”哪个卦更好？一般人们会认为天在上地在下，但哲学概念上并非如此。天在上地在下为否卦，意指不通，不交往，天与地背道而驰，是非常危险、近于崩溃的状态，万物不生。所以在六十四卦中属凶卦。相反，天在下地在上为泰卦。

又如坎卦与离卦的组合，坎上离下，为既济卦，反之则是未济，也就是没有成功。由此可见，《周易》讲究的是如何把阴阳组合，相互产生互补关系，不要产生不平衡、斗争的关系。《周易》通过卦象表现着深刻的道理，而其中的转化过程就考验人们的智慧了。

“乾、坤、震、艮、离、坎、兑、巽”八卦，分别象征天、地、雷、山、火、水、泽、风等代表自然界的8种物质，从而象征这个世界。现在中国人老说“四大皆空”，“四大皆空”其实是来自印度。印度佛教认为“地水火风”四大都空了，就是世界不存在了。中国传统则说“八大”，“八大”中还有各种联系，组成了一个血缘大家族——“乾坤六子”。乾为父、坤为母，有三男三女。整个宇宙、世界就是“乾坤六子”。乾、坤分别为群阳、群阴之首，震、艮、坎为三子，离、兑、巽为三女。阴阳相交、平等、不断组合后仍然达到阴阳平衡的关系。所谓“阴阳合则生，阴阳离则灭，阴阳错则变，阴阳平则恒”。

正如学下棋要认识和研究各种棋谱，有自己的战略思想一样，要读懂《周易》中的智慧，就要学习六十四卦，这是《周易》入门所必需的。

根据余敦康教授2010年3月22日访谈录整理

中国文化特质

王守常

五千年历史发展概述

夏代 600 年、商代 500 年、西周 300 年，仅仅这三个朝代就走了 1000 多年的历史。春秋 300 年，战国 200 年，在这 500 年间，涌现了众多的思想家，是中国文化的黄金时代，这是站在思想史和哲学史的角度来看的（考古系从器质文化来讲，中国文化的黄金时代则应该是在商周时代，商周的青铜器、玉器把中国文化最优秀的、最先进的物质文化方面表现了出来），春秋战国五百多年的时间塑造了中国文化的形态。

从秦始皇到秦二世大概有 19 年，整个秦朝大概有 47 年的时间，这是中国第一个大一统时代，建立了一套制度，其中，受法家思想影响最大。不过从秦二世亡后，法家思想对中国后世的影响逐渐减小，基本看不到，不过法家思想的影响变为了制度化的影响，所以从秦以后建立的法律制度基本上都是以秦律为主的，一直到大清朝。后续的将近两千多年的历史中，律法经历了许多次实践的考验，也做了很多的改变，很可惜这一段法律史在法学界很少有人研究，而早期的学者却做了很重要的研究。思想史忽略了法家，但在法律制度史上是特别应该重视法家思想的，因为它在法律的制度史里一直有很大的影响，它在制度思想的背后回答了儒家和众家讨论的问题。

秦以后，进入了一个大的王朝——汉王朝。早期影响较大的几个学派在这个时期消亡了，如早期奉行的黄老思想（黄帝、老子，道家思想）。汉武帝之后，稳定的汉王朝接受了董仲舒的建议，采取了“独尊儒术，罢黜百家”，儒家思想一转，变为了国家的意识形态，其他思想在制度史里就淹没了，这是中国文化一个特别大的转型。一种思想变为了一种意识形态的思想，马克思说过一句话：“统治社会的思想一定是统治阶级的思想。”如果反过来说统治阶级的思想是统治社会的思想，则是把个人的思想变为了社会的思想，这个社会将走向衰弱，统治阶级先接受统治社会的思想，再变为自己的思想才可以。从中国思想史里可以看出这样的教训，汉王朝的结局就是儒家思想变为了意识形态、变得衰竭，所以汉代经过400年的儒家思想衰亡以后，中国另外一个分裂的时代即魏晋南北朝来到了。魏晋南北朝一共有400多年的时间，从西域来的五个少数民族，进入中原建立了16个国家，即史书上讲的“五胡十六国”。这也是中国历史上最悲惨的一个时代，儒家变为一种意识形态，逐渐衰弱，其他的思想在这个时候并没有发挥更大的作用；再加上战乱、天灾，所以“人吃人”的现象在魏晋南北朝时非常盛行。《三国志》记载说当时有一个大灾年，有客人来了，就把一个十来岁的女孩放在大锅里蒸，然后搁在大盘子里放在餐桌上，撕一条大腿请人吃，这虽然有点夸张，但却是对当时社会的一个印证。这是一个非常混乱的社会，没有一个统一的价值观念，所以中国出现了一批优秀的、继承儒家思想的思想家，这就是魏晋南北朝时期的“竹林七贤”：阮籍、嵇康、向秀等一批人。他们为了表达内心的纠结和焦虑有了“逍遥”的概念，他们读的经书和春秋战国时代不同，兴起了“玄学”，三玄之学：即《周易》《老子》《庄子》。这三部经典成了他们的精神、生命依托，对他们的影响最大。而其他儒家思想的书都搁置在一边了，研读的人很少，儒家思想的影响也就越来越弱。春秋战国时期的道家思想经过了400多年后在魏晋南北朝时期开始盛行，这是因为道家思想给了他们另外一些“安身立命”的东西。道家批评儒家：儒家说“天行健，君子以自强不息”，道家则一定要说“柔弱胜刚强”：最好的东西不是刚强，而是柔弱，所以提出了“上善若水”，最好的东西应该像水一样，“水善利万物而不争”，魏晋南北朝的人就是以这种思想为依托。在这以外，又有一个新的东西要进来。汉代中叶，随着丝绸之路和西域商路的开通，印度诞生的佛教随着商队传入中国，但还主要是在宫廷中的影响。那时大多数人并不了解佛教，把它当成了神仙之术来供奉。魏晋南北朝儒家思想减弱；道家安身立命、返璞归真、不争、去欲的思想安抚了当时混乱的社会；佛教思想则在上层社会流入民间社会，佛经的翻译越来越多，影响也越来越大。

接下来进入了一个短暂的朝代——隋代（27 年）。隋代没有主导的统一思想，但魏晋南北朝的民族文化、哲学、宗教等在这儿得到了一个延续。其实，魏晋南北朝时期特别是在艺术层面上来讲它对中国做出的贡献最大，道家思想开始进入到绘画里面。20 世纪 80 年代西方讨论说中国的画是没有完成的草稿，那是因为他们不懂其中的意蕴——即白当黑，白的就是黑的。这些概念都是从道家思想演绎出来的，“有”是“无”生出来的，“无”不是空无，而是作为一个思想意识存在的一种思考方式，所以魏晋南北朝在艺术方面建构了后面山水画的基本走向。

隋代 27 年之后，又进入了一个盛世——唐（史书记载 289 年）。它并不是简单地以汉族文化作为主体，著名的历史学家陈寅恪先生（清华国学院四大导师之一，学术态度非常严谨，季羡林是他的学生，他们著有《陈门学术》。他们做的后三代隋唐史的研究为我们后来提供了很重要的观点）提出了两个非常重要的观点：第一，一个民族要大胆地向外来民族学习，同时不要忘掉本民族的文化传统。我把这句话概括为四个字：返本开新。这比“与时俱进”要好，早在《易经》里就有记载，叫“与时偕行”，即与时代同时前进，不要被时代落下，对于国家文化的选择，这是最没文化的说法。时，即时尚、时代。谁在这个时代是话语权的代表？还是西方文化。而它还没有经过历史长期的考证，我们就跟着它前进，近百年来我们固然是前进了很多，可也有很多的问题值得我们反思。西方的制度史中好的东西我们没有学习，而不好的我们却全盘接受，可是标准还是要跟时代一块走。金融产品的延伸制度最快，还有好多其他的制度在发挥作用，而不至于像西方经济学变为了数学的模式，没有人的概念，从而引发了经济制度、金融危机的问题。在一个转型的时代，一个思想碰撞的时代里，陈寅恪的说法是最好的，要大胆地向西方学习，同时不忘记本民族的文化传统，这也就是今天的国学热，这是时代兴起的。五千年历史的文明塑造了现在的民族思想。我不太喜欢一个词“软实力”，就是讲的民族文化的精神问题，它不是一句空话，是文化中引绎出来的，如果连三千年的文字，历史五千年的物质文明史加起来，八九千年的历史当中完全没有继承，一味地与时俱进，民族是要出问题的。原因出在20世纪30年代。英国学者汤恩比，被称为“社会学家”或“人类社会学家”，著有《历史研究》。他说人类社会在宇宙、地球上一共出现了22个文明社会，比如希腊、罗马、伊朗、阿拉伯、印度等，可是这个文明体经过了三千年人类历史后逐渐衰落，甚至消亡，例如玛雅文化，其实阿拉伯文化也走向了衰弱，因为它既没有继承传统的文化，又拒绝了西方文化，处在了一个非常尴尬的历史地位，所以连续发生了动乱。为什么会发生这样的情况？他说文明衰落一共有三个原因：第一，少数的创造者不再有创造的动力。文化一定是由少数人来创造的，这就牵扯到一个“文化”的概念，它是从一个文化逻辑的概念来讨论问题，即文明和文化。“文化”是从英文中翻译出来的，这两个字在明代中期就出现了，明代中期天主教传入中国，就要把“教”变为中文，所以他们与中国的一些人编了一部字典叫《英华字典》，不过到了清朝一百年闭关锁国的时候，这部字典在明治维新时落到了日本，所以中国人要向西学开放，不知道翻译了。中国近代衰落了下来，日本却完成了明治维新，一下子强盛了起来。鸦片战争、甲午战争之后，大批的中国人跑到日本去留学，把日本翻译的名词又带回中国，我们现在可以看“文化”“干部”等词，包括“哲学”都是从日本翻译过来的。一个概念必须要有内涵和外延，现在没人能把“文化”和“文明”说清楚，这也是中国文化的一个特点，它不是把认识的东西当作一种外在的、客体的东西去研究，它不像西方文化在语言上、概念上是清晰的，走认识的主体与客体相对峙的研究。中国文化是反求内心，西方文化没有讲到“知”的时候，一定要加上“体认（从心出发的）”。所以“道”在英文里没法翻译，这就是中国文化和西方文化的区别。所以没有创造文化的原动力了，这个文化就会消亡。第二，多数人撤出了支持和效仿。一个文化总是要落地的，是要被大多数人所接受的，可是在一个文明当中，大多数人不再接受这个文化，不再把它作为价值的依托，不再把它作为自己安身立命的东西了，那这个文化就一定要消亡。在座的各位上大学时一定最不喜欢马克思主义哲学课了，更不用说老百姓了，他们也许知道马克思、恩格斯这个名词，而概念蕴含的价值观念多数人不了解，那这种思想就只剩下空壳了。所以大多数人不以这个作为价值标准，也不去效仿，那这个文化就衰落了。第三，只要这个思想能够作为这个社会整体、统一的价值观念，那就可以维系文化的存在。可是这个时候没有一个统一的价值观念，这是一个纷乱的社会，连当政者也没有明确标准，而且又受到前两条的约束，所以少数的当政者也只把“文明”当个招牌，所以是不能维系“文化”的存在的。综上所述，文化的创造者缺乏了创造的原动力，文化下面的百姓不以这个文化作为自己的价值依托，这个社会缺少了统一的文化价值观念，这个文化就一定会衰落、消亡。所以他总结了一句话：“文化不是他杀的，都是自杀造成的。”这个模式可以作为我们今天研究文化的一个标准，可是当政者一定要有意识去认识这个问题。

中国到底怎样才能建立一个统一的价值观呢？它有两个来源：一个是五千年历史、三千年文明中有许多我们重建价值观念的资源，这是一个宝库。另外一个，一百多年的马克思主义也是我们要继承和发展的。“文化”在西方有 160 多个定义，大家比较认同的是美国的一部词典里翻译的：“人类群体和民族世代相传的行为模式、艺术、宗教信仰、其他组织和其他一切人类市场活动的本质特征的总和就叫文化。”它虽然笼统，但大家都比较认同。它可以分三个层面，与中国近代史发生的三件事相联系。三千年的文明史到了近代——18 世纪中叶以后，开始遇到了第一次现代化浪潮的冲击，引发了中国文化的危机。这个危机在明代的末期已经有人提出来了，例如黄宗羲曾提出了两个概念：亡国和亡天下。这对传统的制度来说，亡国是可能的，亡天下却不可能。每一个朝代都是一家一姓制，比如唐代，李世民建的叫李氏王朝；宋代赵匡胤建的叫赵氏王朝，一姓一氏国家的衰亡并不可怕，中国历史延续的三千年不在于外来的什么民族，也不在于谁来主宰中国的文化，每一个朝代都会有改变。诸子百家中影响最大的是儒家的思想，在过去的三千年的文字历史里它没有断掉，构造了中国文化的格局，所以任何人进入中原都没有关系。魏晋南北朝五个民族进入中原，400多年建立了16个国家，400年后5个国家消亡了4个，只剩下了一个突厥。400年间虽然有异族的文化进入了中原，但主体思想还是离不开本土文化的《周易》《老子》《庄子》，后续的历史也是这样。我的先辈完颜女真族，后来被皇太极统一了，就变为了满族。满族统治了200多年，在这200多年间还是接受了中原的主体文化，所以它没有断线，朝代在更迭，但价值文化的依托、传统还没有断线，所以亡国是可以的，但亡天下是不可以接受的。

“天下”概念的另外一个词就是“中国”，在商周时代就已经出现了“中国”这个概念，它与“夷狄”是相对立的，中国在内夷狄在外。商代青铜器最多，还出现了有文字记载的甲骨文，周代最近的考古也发现了甲骨文，“中国”的概念在那时已经出现，文字记载非常清楚，安阳有一个非常大的殷墟发掘地，这里发现了大量的甲骨文，从中可以了解商代文化。安阳当时管辖的范围中，周是一个异族，是从宝鸡一带产生的一个族群，它再往外发展就是今天外蒙地区。商在500年的历史当中从汤王到纣王，商王朝逐渐衰落，标志就是商纣王肉林酒池，他后院的一个池子常常灌满酒，他天天在此饮酒戏耍，不理朝政，荒淫无耻，所以商代的青铜器里有大量的酒器。而周代青铜器里则没有，少量的酒器也是祭祀用的，代表周文化的《尚书》，其中有一篇文章叫《酒诰》（警告国人不能喝酒）。周建立了一套礼仪礼制文化，成为后世中国文化的一个起源。周王朝统治将近三百年以后，各诸侯国开始纷争，从而进入到了“礼崩乐坏”的时代，产生了一大批思想家即“诸子百家”。每一个学派都在不同的立场去设置一个治国的方案，所以有了儒、墨、道、法、兵等诸家思想）。在商周的时候已经开始有了“中国”的概念，周灭商以后，管辖的范围稍稍大了一点，周代分封的南边地带最重要的是长江，楚国、蜀国（在成都出现的殷商文化遗址，青铜器的造型跟中原有非常奇特的区别，它大量地使用金器和玉器，而且象牙成堆）；再往东是吴国、越国。周文化往下一直到现在的印度半岛，这些地方叫“南蛮”。从甘肃的天水一直往西至中亚五国，统称“西戎”。长城是一条标志线，以北包括苏联的贝加尔湖一带，这些都生活在自己的文化范围中。狄，是北狄族群的一支。

这里又涉及“族群”和“民族”的概念。“民族”是第一次世界大战之后使用的而在人类文化史里是没有“民族”的概念的，只有“族群”的概念。斯大林说：“每一个民族的人民都生活在自己的文化范围中。”我把他这句话改为：“每一个族群的人民都生活在自己的文化范围中，他们有自己的语言、信仰、礼仪、习俗、制度规范，在此基础上他们通过学习传授、耳濡目染的方式产生了共同的文化心理，从而对本族群的历史产生了荣誉感，从而形成了族群的凝聚力。”族群在后面也就变成了民族的一个出发点。它不是指一个民族，而是一个族群总的代名词，北有北狄、西有西戎、南有南蛮、东有东夷，所以中国在内，夷狄在外。“中国”开始是一个地理概念，后来逐渐演化，据文献《战国策》里《赵策》讲：“中国者，聪明、睿智之所居。”有人争论《战国策》是汉代的作品，记载的历史应该是春秋战国时期的，所以我们应该把它的历史往前移五六百年的时间，它所描绘的就是商周时代的事情。他讲这个地方居住了一批聪明睿智的人，万物才用之所集（这个地方集中了大量的财富，不仅是地下的，还有人们创造的）；贤圣之所教（这里推广贤圣的教化，周代建立的礼制文化就是在这个地方推行的）；仁义之所施（推广礼仪、制度、文化）；诗书礼乐之所用（礼乐文化在这里推行）；……远方之所观也，蛮夷之所义行也（所以远方的蛮夷应该到这个地方来参观，即落后的地方应该到中国来学习），这样就使“中国”由地理概念变为了文化概念。

宋代将近三百年，分为北宋和南宋。当时从北方来了辽、金进攻中原，北宋两个皇帝都被掠走，被迫迁都到现在杭州的临安县，暂时安定下来，是为南宋。杭州城里大部分是河南人，所以有“直把杭州当汴州”。在这个之间，石介就写下了《中国论》：“夫天处不上，地处不下，天地之中曰中国（天在上，地在下，居天地之中者为‘中国’）。”中国不是一个平面的概念，而是一个立体的概念。居天地之偏曰四夷：中国在内、夷狄在外，这是延续春秋战国时期的地理概念，同时他又接受了后面的文化概念。

什么叫中国？夫中国者，君臣所自立。“君臣”的概念汉代已有，君君臣臣、父父子子，地位尊贵，等级同。没有等级制度、没有尊卑贵贱之分的文化是要出大问题的。《论语》说人有三畏，即畏天命、畏大人、畏圣人之言，也是要有尊卑的概念，但它不是说上级就可以随便侮辱下级。儒家说：君要不义，臣就可以不忠；君以臣为手足，臣以君为心腹；君视臣为土芥，臣视君为寇仇。所以我们一定要有一个等级制度，才能使社会有方圆。古代的“礼乐”不是指音乐，它是一种制度的标志。从宝鸡博物馆的青铜器可以看到，君子是九簋八鼎（过去用于煮肉，现在变为了礼器），诸侯是八簋七鼎、大夫是六簋五鼎，每个级别都有不同的规定。论语中说：八邑（舞蹈）五一亭，是天子能享受的级别。有一个诸侯在家里举行了一个八邑，孔子说：是可忍孰不可忍，不是这个级别就不能超越。衣（衣服）冠（帽子）所制出，（华夏两个字也是在这时出现的，“华”指服装，服装美叫“华”；礼仪之大谓之“夏”）所以在这个地区，中国有自己的服装，它也是一种文化的代表。冠（成年礼）昏（婚的通假字）祭祀（祖先）……当你住洞穴的时候，我已经有建筑了；当你还在游牧的时候，我已经有了农业，这都是在与四夷相比较，这些发生在辽、金第二次进攻中原（第一次在魏晋南北朝）的时候，所以石介写下了《论中国》即：你做你的人，我做我的人；你讲你的习俗，我讲我的习俗；你信奉你的教化，我信奉我的教化；你讲你的礼仪，我讲我的礼仪；你穿你的皮毛，我穿我的服装；你在你四夷的地方，中国在中国的地方；各不相碍，如此而已。“中国”由地理概念逐渐变为了文化的概念，再延伸到了族群的概念，没有种族分别的意思。

晚清著名的改革家谭嗣同说：“旧者夷狄之谓也，新者中国之谓也，守旧者夷狄也，开新者中国也。”所以中国既不是地理概念，也不是种族概念，而是文化概念了。然而西方“国家”的概念是种族，这就引发了一个新的讨论：亡天下。“中国”的概念就是“天下”的概念，“天下”的概念从商周文化来讲，是和平的，没有征伐。而西方不是，西方从中世纪走出来的大国都是向外扩张的，这些都是从“种群”的概念演绎到了今天的“霸权”，他们实行了一些民主制度，考虑了民生的问题。他们的文化基础是种群，而我们则不是，我们没有侵略的概念。康有为有一句话：“夷狄能礼仪则中国之，中国不能礼仪则夷狄之。”犹太人在宋代进入中国，来到开封做生意、读四书五经，后来做了宋朝的官员，这个民族从一开始就是一个流浪的族群，他们进来以后发现这里的文化不排斥他们，并且只有中国不排斥他们。犹太人为什么能长时间在中国留下来并接受了中国文化？这是因为：第一，族概念。第二，宗教概念的影响。虽然中国没有宗教的制度概念，但中国没有偏见，任何宗教都可以传入中国。佛教进入中国以后，它就完全接受了中国的思想文化，特别是到了唐代禅宗的出现，颠覆了整个宗教、佛教的概念。佛教从汉代传到唐代，一千多年的时间完成了中国化的过程，其标志就是禅宗的出现。因为佛教也成了中国文化的一支，特别是到了宋以后，宋儒接受了佛教的很多东西，也接受了本土道教的很多东西，所以宋代以后的中国文化是三教合一的文化。佛教也接受了很多中国文化的概念，我在一次国外讲学的时候说："天主教和道教对中国文化做出了很大的贡献，但是上帝也是有偏见的，因为他说众生有情，没有种族和宗教的区别。"我提了一个很根本的问题：他们都很伟大，但他们会不会爱异教徒？而佛教、中国文化没有异教的概念。从文化角度来讲，中华文明和中国文化与犹太文明有很多相似，在家里要有"孝""尊卑"的概念。第三，两个文化没有交流，产生了巨大的隔阂。所以我们要从文化历史方面去考察与其他文化的交流，这非常重要。"文化"这个概念是非常宽泛的，也很抽象，它们和近代发生的历史有关。明代提出了"亡国""亡天下"，亡国可以，亡天下不可以，中国文化的血脉不可以断，否则会让中国文人痛心疾首。到了近代，特别是第一次鸦片战争，我们输在了西方的手里，接着甲午战争又输了，从而使中国开始思考是不是自己的文化出现了问题，因此有了五四运动。

"文化"首先是物质层面的。西方文化第一次来到中国，就是效率第一；其次，资源的重新组合。中国要前进，必须要与西方文化相比较，一定要在物质文化上取得巨大的发展，所以搞了洋务运动、富国强兵运动，从而产生了中国民族资本主义的先驱。铁路、机械制造等都基本完成，物质文化层面进步得很快，可甲午战争还是败给了日本，南洋、北洋水师全都败了。中国开始再一次震惊，从唐代开始向我们学习的日本一下子战胜了我们，有识之士说这是他们完成了一个制度革命，因此"戊戌变法"一方面接受了中国文化，一方面又接受了西方文化，变法运动建立了法律制度。制度文化建立起来，我们还是没有强盛，所以再进一步去追寻中国文化的方向，“五四”运动要打倒中国文化，全盘西化，要解决文化的价值观念，解决宗教、习俗问题，甚至认为中国的审美都错了。

文化是由外层物质文化构成的，中国文化是由制度文化构成的，文化的核心价值观念是文化的核心问题。文化没有先进与否之分，从物质文化方面可以这样讲，从历史来看，我们是从物质文化开始落后的，而从制度文化方面，就不能用对与错、先进与落后来评价，这要经过历史时代的筛选、沉淀才能这样说。文化的核心问题、价值观念、思维方式都不能简单地说先进或落后。“一分为二”就是对立思考，产生的结果就是对、错。所以20世纪60年代说“宁要社会主义的草也不要资本主义的苗，只要敌人反对的，我们就拥护；敌人拥护的，我们就反对”，这是不对的。物质文化方面可能我们落后于西方国家，但制度文化一定要慎重，思想文化、价值观念、思维方式、宗教习俗、审美观念都不能用简单的先进落后、对与错来评价。西方和中国的审美是不同的，今天我们更喜欢原生态的，不需要那么多复杂艺术的表达。因为我们最终讲的是人的问题，而人在历史中，物质文化、制度文化方面是会变的，思维价值观念也会变，但变得不多，甚至没有变。所以文化是物质、制度、思维方法、价值观念、宗教习俗的一个总和。

《易经》里说文化是由人参与进去的，石头美，那也是因为人参与了进去，人有审美概念才认为它美。从五四以来至今，我们要重新审视一下我们的文化，再不能把她当糟粕一样丢掉。文化不可以简单地说有合理的地方，从孔夫子到孙中山，我们都应该继承。凡是先进的、代表民族的、代表无产阶级的我们要继承；落后的、封建的、代表地主阶级的我们要批判。这话太简单，导致后来我们在文化批判中采取了简单粗暴的态度，所以五四以来我们在文化理论审视方面出现了一个巨大的差异性，走向了一个不知所措的境地。为什么会出现这种情况呢？其实是对中国文化传统缺少深刻的了解，一个主要的问题是不了解语言的背景，传统文化是由文字记载下来的，可是我们不了解文字的背景，把在文字记载里的背景淡化掉了，简单说就是忘记了语境。《论语》中有这样的话：“唯小人与女子难养也！”这句话成为儒家孔子在中国封建历史中迫害女人的始作俑者的一句非常重要的话，但我们一定要注意这句话的背景，才能了解这句话表述的过程。有人瞎猜，小人就是小孩，这是没有根据的。这可能是孔子在和弟子讨论，说小人是特指乡愿：穿着西装革履，内心却非常肮脏的人；或者说这个人今天说这样话，明天又说那样话；这个人制造流言蜚语、说话不负责任，我跟他很难相处。“女”在古代通“汝”，它也是特指，可能是张氏，也可能是他老婆，说跟老婆也很难相处：离她太近，她要不守礼节；离她太远，她老有怨气。我们不理解他的语言背景，其实孔子是说小人与女子不好相处。所以宋代以后，特别是到了近代，反封建，特别是证明妇女被压迫就以孔子这句话做根据。其实是不能摘取一句话就作为定论，不要以语言来判断一个人，决定对错。现实社会也是如此。所以近代我们对自己的文化产生怀疑，那是不了解古代的语言背景，把一句话当成绝对的判断，忽视了自己文化合理的东西。

再者，中国文化的传承方式，是一个不断地注释传义的概念。几千年的历史文化，有那么多的文字载体，这是世界其他民族没有的，像印度，与我们一样古老的民族，它没有历史概念，它的文字的载体传统很少，甚至大部分的佛教经典、梵文都没有了，大部分都变为汉文表达了，可是这几千年的中国文化史是通过不断注释的过程来把思想传达给我们的，不是说我们现在就仅仅是读古代的《论语》。以《论语》为例，它在中国历史中一共有四千多部的注释，于丹有一本叫《〈论语〉心得》，借着《论语》抒发自己的内心感受及思想。里面有一句话：仁者寿，这就是养生了。古人讲养生，先要养心，“仁者寿”就是有德的人能长寿。老子说要让人的生命延长，也要以德延年，他讲：死而不亡者寿。死了，但是不消亡的人就是长寿。有人给它注释，魏晋南北朝时有一位哲学家王弼说：“亡者，忘也。”虽然死了，但气道犹存，道和气是连在一块儿的，它最早出现在《易经》里，说：形而上者谓之道，形而下者谓之器。所以老子说：“道可道，非常道，名可名，非常名。”道不可能用语言去表达，所以老子说“道”是前不见其首、后不见其尾……器中有物，器中有象。孟子说“强以名之”，就是勉强给它一个名字就叫“道”。道是有形上面的东西，它是一个规律、秩序、道德，也是一种境界。这种文化传到日本去了，日本就形成了茶道、书道、花道、柔道、剑道……其实日本的茶道和禅宗接近，它要拿起、放下；拿起、放下……在喝茶的过程中品悟人生的境界，所以“道”就是一种境界。而“器”就是器物，它可以用语言描述，这两者之间的联系是道在器中，器不离道，这两个都是中国文化的重要概念，离开了“道”的“器”就是阴谋诡计，只有方法没有德。死了之后不被人们忘记是因为他的“道”还存在，即他的道德品质还留在人间。所以养生先养心、养心的根本是要了解生死问题。文化就是通过不断地注释出来的，死了还不被人忘记的人就是长寿之人，有人活了 27 岁，但过了 2500 年我们还要去讲他。现在有的人活得长，但没有人去讲，即使讲了也是骂他，这叫老而不死是为贼，没德，这是讲生命的意义和价值。

到了清代有一个学者方苞，他注“仁者寿”：气之温和者寿，质之慈良者寿，量之宽宏者寿，言之缄默者寿，故仁者寿。字面意思好理解，脾气温和、不易纠结；从本质上发自内心地关爱他人，不图名和利；能够接纳朋友的劝告、批评、讽刺，还可以接受不认识的人的批评，有这种度量；古代有“言不尽意”，这是语言的局限性，再加上语言有不同的背景，人的成长背景、家庭背景、生活经历背景、知识结构的背景不同，所以常常就会为一句话产生争论，这是因为角度不一样。所以语言不能表达所有的意思，最好缄默（少说，不便说），这些人就可以长寿。如果做到这四条还不能长寿，那就是死而不亡者寿。中国的注释把中国的文化表达得如此清楚，告诉了我们该如何看待自己的生命。这些都说明我们对传统的东西产生了许多误解，其实传统不是一个时间的概念，不是过去，它是跟现在联系在一起的。传统是“源”，现在是“流”，没有“源”就没有“流”，所以现在的“流”还必须回到传统的“源”，去寻找我们存在的意义和价值。

第三，从“五四”以来我们讨论问题时常常对过去的问题进行狠狠地批判：一个是理论批判，一个是政治批判，同时将两者混合起来，不知道它们是两个不同性质的问题。这里给大家做一个模式：画一个圆，代表一个理论，它必须要满足一个条件，即一个充分论据，各论据之间必须没有悖论。一个具有充分论据而且逻辑性非常强的才能被称为理论，并且会产生一定的社会功能影响，但是这个理论与产生的社会功能这两个圆是不能完全重叠的，而是一部分重叠一部分不重叠，因为它表达对社会影响的时候必须通过媒介传达，这就产生了功能分化。因为媒介可能是政治经济版的，也可能是体育娱乐版的，也可能是社会生活版的，每个不同功能的媒介在解释理论后传达给外界的角度是不一样的，他们将各个理论肢解打开，传达给社会，因而产生的影响不可能跟原始的理论是一样的。理论批判是解决理论本身的逻辑构成的，这个批判不是一个对错的概念，如果前提和结论是矛盾的，就没有说服力，这两个理论是不能互相替换的。所以从“五四”以来我们对自己的传统都是从社会影响的角度去批评的，然后代替了理论批判，对自己的古典历史采取了一概不知和不屑一顾的态度，造成了现在统一的价值观念变成了一个空缺。

“五四”运动批评中国社会后期对妇女的残酷压迫、封建礼教的鲁迅，塑造了一个有悲惨命运的祥林嫂的典型，她的命运是对封建社会一个非常深刻的批评。而这个批评来自清代的一个政治思想家戴震，他批判宋代的大儒——朱熹，因为他讲了一句话：存天理、灭人欲，成为中国封建社会后期妇女遭受封建礼教迫害的依据。到了清代中后期，这个社会就是以“礼”杀人的社会，“礼”就是封建伦理。这所有的批判都是对社会影响的功能性批判，它不能解决理论问题。为什么“存天理、灭人欲”受到后世思想家的批评？这有它的合理性，但它没有从理论上讨论问题，即没有进行理论批判。批判——研究、探讨，它是一个中性词。朱熹说：饮食男女，人之大欲即是天理。“天”在商周时就被广泛使用。“天”就是地、是神、是礼、是一个秩序、道理的问题；“天理”是儒家道德。《尚书》说皇天无亲，唯德是辅：老天爷没有亲疏的分别，只要有德他就会来帮忙。商纣王荒淫无耻，文王、武王要灭他，纣王说我是上天的儿子，你有什么权力灭我啊？周文王说推翻你是替天行道。这里的“道”就是道德、礼仪。大，指自然，自然而然。

“五四”以后妇女成立了一个协会：天足协会。去掉以前裹小脚的习惯，让脚自然生长。天理是自然的，社会的伦理道德是自然而然的，不是强加于人的，人的最大欲望就是天理。但“饮食男女，人之大欲即是天理，求美味（过度）者，人欲也！”需求要有节制，消费也应该有节制。“五四”运动批孔子，打倒孔家店，没有解决问题；“文化大革命”也批评，但还是没有解决问题，因为它们只有政治批判，没有理论批判。这就是中国文化在今天之所以能变热的一个原因。这些理论都有它的合理性，都会对后人产生启发。人类对历史有那么多的感悟和反思，他们留下的精神财富如果我们弃之不顾，民族就没办法发展。“软实力”是讲民族的认同问题、民族文化的素质问题，这些都来自对文化的深刻理解，同时又大胆地向西方学习。所以这两个批判是不同的功能，而“五四”以来我们把它混为一块儿了，用形式的批判代替了内容的批判，只注重形式而不注重内容，这就造成了我们对文化的误解。

中国古代是不分学科的，但“五四”运动之后学科开始分化。一个叫李约瑟的英国人写了《中国科技史》一书，从地理、物理、化学等方面写出了中国的科技史。他在前序写道：“科技，西方领先于中国，但要要追寻科技的历史，我们必须拜倒在中国的门前。”西方的科技发展到今天有两个基本点：一是逻辑，西方从亚里士多德就开始讲逻辑了，其出发点是概念要清楚，能讲清楚就可以复制，同时概念清楚了命题也就清楚了。而中国文化是没法复制的，它是一个不断体认的过程，所以在近一二百年中国的科技落后于西方世界。二是实证，不管理论有多伟大，都必须用实践去验证，证明了大家就相信，证明不了大家就不相信。西方科技领先就基于这两个基本点。

诸子百家中的名家就是讲逻辑的：例如“白马非马”的命题。白马是个别，马是一般，白马在逻辑上是别名，马是兼名。这个学派到了汉代就被灭掉了，罪名是以名乱实。其实，“白马非马”中，“非”即不是，白色的马不是马，因为马的颜色有黑、红等很多种。白马是个别马，就是个别对一般，特殊对普遍，所以名家是从概念说起的，个别不等于一般，特殊不等于普遍。“一般”就是“道”，“道”是讲不清楚的，必须要通过个别而存在、表达，“马”必须要通过白马、黑马、红马等而存在。所以马克思主义必与中国的具体情况相结合才具有意义。

中国历史发展到春秋战国时期，进入到了诸子百家的时代，分封了几百个诸侯国，后来发生了兼并战争，慢慢变为七国，七雄争霸，最后秦统一中国。在这不断的兼并过程中，周文化中的“礼”文化就没人遵守了，所以这就变成了一个“礼崩乐坏”的时代，因为统治者一定要通过战争来保证统治的合法性，有统治者都在找治国的方案。孔子提出“以德治国”“以人为本”，在当时根本没人采纳；法家提出“严刑厉法”；名家说提出的概念一定要与实际相符合，以实证名；道家提出“小国寡民”的思想：鸡犬之声相闻，老死不相往来。所有的学者都急于要把社会安定下来，都给统治者提供了统治的方案。

春秋时期儒、墨被称为显学，在当时的影响最大。《墨子》中有一篇文章《天志》，告诉统治者统治社会一定要有宗教，崇拜神，并且没有任何质疑，让人服从一个绝对权威。儒家说“天何言哉、百物生焉”，天什么话都不说，万物就生长着。从商到周的时候，把一个人文道德植入到神里、宗教里。然而中国文化直到今天也是没有宗教概念的。在人类文化学的研究里，社会分两层：上层社会维护着大传统，世俗百姓是小传统。在大传统的社会里，中国文化从周灭商的时候已经建立一个无神的概念，夏朝是相信有神的，中国信“神”完全功利化。墨子不认为人性本善，儒家否认神是因为他认为人是性本善的，其实孔子并没有这样说，他只说“性相近，习相远”，人生下来性情是差不多的，但因为后来的习惯不同而差别很大。《论语》告诉我们一定要做有德的人；孟子说人性本善，一生下来就有四种心：是非心、羞耻心、辞让心、恻隐心，这叫“天觉”；法家说性本恶，所以必须要建立制度来管理、约束社会。以“礼”服人是大道，以“德”服人是王道，这是孔子在告诉法家要守德，要“克己复礼”，回到一个有秩序的社会。儒家不是建立宗教学，而是要建立一个人文礼制的社会。孔子没有宗教系统，不用人以外的神来管理社会，讲究以人为本；墨家除了宗教统治之外，还有一个政治统治系统，有一篇文章叫《尚同》，“同”即统一思想、统一意志，这是儒家所没有的。儒家说“和为贵”，上面一句是“礼之用”，“礼”就是制度，其根本作用就是必须以“和为贵”，“和”是最重要的。

中国古代开始了对“和”“同”的辩论，这跟儒家的政治理想是有关系的，儒家讲等级制度社会；而墨子想告诉统治者管理社会一定要统一思想，统一意志，这就引起了春秋战国时期的辩论。

《战国策》里有一个故事：齐国的国王齐惠王，他有一个特别喜欢的大臣——梁丘据，他俩关系很密切。惠王问他的外相晏子一个问题：“我和梁丘据的关系是‘和’还是‘同’？”晏子回答说：“大王，你俩的关系是同不是和，因为你俩是‘君说是，臣也说是；君说否，臣也说否’。‘和’

的关系是‘君说是，臣说否；君说否，臣说是’。”“兼听则明，偏听则暗”，这是政治管制的智慧，社会是允许不同声音存在的。从自然界来看，“和”是多样化，多样化的社会才是“和”。君子是“和而不同”，小人则是“同而不和”。现在我们提倡构建和谐社会，就是构建多元的社会，多元化是社会生存的条件。“和”的时候要用“礼”来节制，必须要遵循一个制度。墨子说“非攻”，反对战争，他是小生产者的一个代言人；儒家也反对战争，孔子说立国有三个条件：1. 足够的粮食：足食；2. 强大的军队和国防：足兵；3. 建立一套信用体系：足信。足食、足兵是立国的必然条件，足信是立国的充分条件。孟子对战争的评价是：春秋无义战。战争应该遵循政治和伦理的秩序，上伐下也，敌国不相争也。上：周天子，战争应该遵循尊卑的秩序，周天子才有发动战争的权利；大国不可以欺负小国。儒家讲战争的时候将“道德”的概念附在里面了，在反对战争上的态度和法家是一样的，只不过更加突出讲求“尊卑”的概念。

上面主要讲了儒家和道家的区别，必然要引出兵家，因为兵文化在中国文化中特别重要。儒家成为中国文化的主流以后，兵家文化逐渐被淹没了，从制度上就可以看出，科举考试只考四书，只有文状元没有武状元。其实兵文化既包含了“道”，也包含了“术”，它在山东青州、淄博一带很有名。（“三十六计”既不属于《孙子兵法》，也不属于《孙膑兵法》，它不是确定的一个人写的。）如果一个民族只接受“术”而不接受“道”，那是不行的，“道”要驾驭“术”，所以《孙子兵法》成了“兵圣”。它讲道：战争是一个国家最重要的事情，因为它关乎百姓、国家的存亡规律，不能不去认真地研究：一曰“道”，它让百姓接受发动战争的号令，成为一场人民的战争；二曰“天”（天时地利）；三曰“地”（打的是进攻战还是防守战）；四曰“将”（指挥者的道德素质）；五曰“法”（编制）。古代战争的模式是攻城，死伤三分之一，所以它认为攻城是不好的，这体现了对生命的关爱，同时可以看出他讲的是“谋略”而不是“术”；《孙子兵法》里还讲到“百战百胜不是善”。打了许多次就赢许多次，这不是最好的，最好的是不战而胜，这也是对生命的关怀，了解了战争的正义性。《孙子兵法》如不讲“道”（有德），它就沦落到“三十六计”里了。

儒、墨两家一个需要在礼仪制度上建立国家，一个是从统治思想上建立国家，在这两者辩论的时候出现了道家。早期的道家是春秋战国时期诸侯国的贵族们，他们在自己的国家被灭亡后跑到山林去了，叫“山林处士”，也叫“隐士”。他们以前养尊处优，现在却沦落山林，所以思考的问题是：生命最重要，即贵生、重己。儒家不强调自己，他们说“为天地立心，为生民立命，为往圣继绝学，为万世开太平”。他们想到的是为了“国家民族”“忍辱负重”“杀身成仁”“舍身起义”这些宏大的理论。

《老子》在兵学方面也讲了许多道理，有一章告诉统治者不要以兵强天下，要以德、道管理天下。兵者，不祥之器；有德者，弗处之：战争是一个不吉祥的东西，有德的人是不以这种办法来处理的。老子和庄子从另外一个角度批评了儒家，说不要以强制性的制度来规范这个社会，而要告诉老百姓“去欲、不欲、寡欲”，返璞归真，成为读书人安身立命的依据。道家有它的合理性，其思维方式是：从反面看问题（儒家是从正面看问题），柔弱胜刚强，这也是对儒家的一个挑战。

法家也是诸子百家中的一派，它的老祖宗是荀子，带出了李斯和韩非，成为法家的代表。他提倡要用制度来管理社会，因为人一生出来就是恶的。他有三个重要的概念：法（条理、具体的管理条例，成为中国法制史的起源）；术（管制方法）；势（权势）。在法家思想下秦国建立，完成了统一中国的霸业。“内儒外法”，法家思想被后来的统治者所接受，但它不是作为一种意识形态而出现，它隐藏在中国文化的背后，唐以后就不是很受重视。儒、墨、道、法、兵要回答的问题都是：人是什么人？儒家说：人是性本善的。法家说：人是性本恶的。《易经》说天、地、人三材，人为贵（价值）。《荀子》说草木有生，有气（构成物体的材料）而无知（知觉）；禽兽有生、有气、有知而无义（礼仪原则）；人有生、有气、有知且有义，故为天下贵（价值）。这个可以解答现实的问题，中国文化没有个人价值，只是将天、地、人分为了三类，而西方文化讲的是“天赋人权”，人一生下来除了法律规定之外“我”就是自由的，法律不可以侵犯我的个人权利，有了个人权利才有对个人财富的尊重，这是西方民主社会的基石。

中国文化的核心问题是“一分为三”，要了解这三个字就先要了解“中庸”

（《礼记》中的一篇文章，后来变为了“经”）二字。“中”一开始是一个方位词，后赋予了道德的概念；“庸”就是“用”，俩字合起来就是“用中”。汉代的解释跟这一样，但宋代的解释“中”是不偏；“庸”是不倚。《论语》中弟子说孔子什么都懂，孔子却说不对啊，种地我就不如老农，但我“扣其两端而解焉”（我知道思考问题的方法：敲打钟的两端，我就知道问题所在了）“扣其两端而执中”（敲打两端但能把握“中”，“两端”指的是认识事物的现象和本质，形式和内容，“中”是三，“三”是多的意思，指要从多个角度看事物）“执中无权，犹执一也”（“权”：变，如果不从多个角度看问题，那还是掌握的一端，因为任何事物都是在特定的时空内）。这就是“中庸”的另外一种表达方式，也就是“一分为三”。

中国人讲知识是从“德”开始的：“知之为知之，不知为不知，是知也。”“一分为三”也要讲“德”与“智慧”的问题，大德必有大智，因为“中庸”首先是一个“德”，它是一个思想方法。德有“大德”和“小德”之分，“大德”是民族和社会的责任；“小德”是有自我道德规范。舜是一个大孝子，他的父亲和后母对他都不好，但他没有抱怨，却努力地工作。他做了一件事，“娶而不告”，娶了老婆却不告诉家人，因为“告而不娶”，如果告诉了家人，家人就不会让他娶。他在“告”和“不告”之间犹豫，因为这牵涉到“娶”和“不娶”，他就必须超越两端，从第三个角度想问题，而且要权变。他敢“娶而不告”是因为“不孝有三（大孝尊亲：父母之义不可逆，谏之不从，几谏，劳而无怨；其次弗辱：不能给父母招来屈辱；其下能养：赡养父母），无后为大（没有后代是最大的不孝）”，如果不结婚，哪来的后代呢？这就是“一分为三”来讨论问题。孔子既温文尔雅又很严厉，《论语》中写道：政（管理条例）宽（宽泛不具体），下面的百姓就会变得很散漫；如果将大原则划分为一些具体的可操作的小原则，那条例就越来越严格、细致，但是这种太过严厉的条例会伤害到下属的积极性和原创性，这也是你不愿意看到的，所以你又开始让条例变得更宽泛起来，去掉一些原则。这说明太宽泛了不行，太严厉了又影响积极性，所以要取“宽”与“猛”的中间，宽猛相济，企业既不能受制度管理。也不能受人情管理。所以，所有的讲课就回答一个问题：和。它是一个多元的概念，不牵涉到政治、经济、思维方式、人事处理以及我们的生命、对生命的关照。而思考问题要超越一分为二，因为它是两元对立思考，会出现一种价值观念即“对”和“错”的概念；而“一分为三”是建立在“德”的基础上，这会让我们处理问题时游刃有余，同时有利于身心的健康发展。国学，君子之学美其身；君子之学，变化气质之学。

根据王守常院长于2009年8月在三智道商企业家国学高研班八期班讲课录音整理

作者简介：

王守常教授，1948年8月1日生于北京。1969年至1973年在黑龙江生产建设兵团务农。1973年入北京大学哲学系就读，1976年毕业于北京大学哲学系并留校任教。1985年至1986年任新加坡东亚哲学研究所访问研究员。1991年至1992年任香港中文大学访问学者。2001年至2002年任日本东京大学教授。

现任北京大学中国哲学与文化研所副所长、中国文化书院院长、三智道商国学院院长、中国国际教育交流协会常务理事、国际儒学联合会常务理事。

研究方向：中国哲学、佛教、近代思想史。学术成果：《儒家中庸观之发展》《墨子宗教观辨析》《二十世纪儒佛之争》《中国传统书院制与现代教育》，《十力语要》校点本，熊十力著作《原儒》校点本，编辑《北京大学百年国学文粹——哲学卷》《人间关怀——近代佛教文化论著辑要》，《儒藏》汇编之康有为《论语注》校点。

解读《论语》

王守常

《论语》其书及阅读

《论语》是孔子对弟子的一个话语的记录和孔子的朋友跟孔子的对话记载，我在讲课时也许会在某些章节间跳跃反复，为什么要这样讲呢?《论语》这本书最早有齐国的“齐论语”、鲁国的“鲁论语”。那么当时就发现《论语》有两本，到了东汉初年，有一个叫作张侯的人，把这两本《论语》又重新编排一下，重新编排的就是我们现在看到的这个版本。可以想象过去的《论语》，我们现在考古已经证明公元前380年左右的这个孔子，春秋战国时代的他们把对话变成文化载体的时候基本上是写在竹简上，然后两边打上眼穿起来，大概形成《论语》时就会遇到这个问题，现在考古挖出很多竹简，都是两千多前的，在地上放着，又潮湿，结果一些竹简都粘在一块，然后用药水把它泡开，上下文有时看着也连贯，可是我们通过文献就觉得放在这儿不合适。有位先生说“这是一个物化的文字”，什么叫物化的文字?这原本是对话，有点像佛经的那个概念一样：释迦牟尼圆寂了，百年以后弟子坐在一块说，佛祖都说了些什么呀?你说一句，他说一句，然后又把这佛经记载下来，所以佛经一开始那句话“如是我闻”，这就是好像我听说过的，是大家回忆的，何况隔了两百年再回忆这些东西。当时是在讨论，讨论时候的背景是没有的，在《论语》里看不到讨论背景。但是在一些书中大致可以看到，比如颜渊，有的书描写的也比较具体：“颜渊曲肱而卧。”颜渊躺在胳膊上睡觉；“一箪食，一瓢饮”，喝一瓢水，吃一两口粗粮食；另一句，“不义之财于我如浮云”，“不义”这个“义”在训诂中就是合适，那么合适的东西就是应该的东西，应该的东西就是原则，所以有的时候把“义”翻译成原则。这段话可以想象在一个小陋巷里，颜渊在那躺着，嘴里嘟嘟囔囔也没有什么吃的，说着“不义之财于我如浮云”。那么这种句子在《论语》当中也有。还有一句“唯女子与小人为难养也”，两千五百多年来孔子被定义为对妇女不尊重或者是对妇女残酷的礼教迫害始作俑者就是孔老夫子。这里“难养”就是很难相处，古人和今人在心性方面不会有差别的，只要我们现在人能做的事情，古人其实都懂，但是唯一的不一样就是外界的物质环境可能有了改变。

所以这个论语应该怎么读呢？北宋初期的程颐、程颢，也就是“程门立雪”的典故。那两个兄弟就讲：《论语》有人读了跟没读一样，那显然就是你只读了文字，文字搞懂了，可是跟你的生活离得很远，所以说等于是没读。古人不说“读过”的概念，你读了没有反应，所以有些人读了跟没读一样。说有人读了足之蹈之，非常高兴，说这书太好了，那这个人就是用他的心在读这本书，有一种感悟。有的人读《论语》，真正地读了进去，就把弟子问孔子的话变成你自己问孔子的话。下面我们随便翻一篇，《述而》子曰：“述而不作，信而好古，窃比于我老彭。”“述而不作”：我们去阐述、去描述一个东西，不对它加工发挥，只是说而不是进一步解释它；“信而好古”：“信”是坚信、相信，用一种相信、坚信的态度来对待古代的东西。这里的古代就是周代，周天子分封了上百个诸侯国，后来发生了兼并战争。凡是古代发生的事，在现代都会重演一次，所以有一个西方的历史学家说“所有的历史都是当代史”，过去发生的问题到现在都会出现。当然两百年和两千年不是完全一样的重演，但发生问题的性质是差不太多的。因此读《论语》的时候，不是跨越了两千五百年的历史隧道跑到那去跟孔子对话，而是用现在的东西来理解孔子的思想。

“邦有道，危言，危行；邦无道，危行，言孙。”怎么读这段话？从字面的意思理解，“邦有道”：国家有道，有道就是政治清明，这个“道”字在中国文化里是一个非常重要的概念，它跟“器”是连在一块的。在《易经》里讲的是“形而上者为之道，形而下者为之器”，“器”指的是一个具体的东西，这个“道”指的是一个抽象的东西。这个问题《论语》讲得不清楚，《易经》也讲得不清楚，反而老子讲得比较清楚，“惚兮恍兮，其中有象”，“道”里面好像有个模模糊糊的像，“迎之不见其首，随之不见其后。”所以“道”不可能用语言去描述，因为它是个“无”，无形的东西你用语言没法描述它，这是形而上的东西。那形而下呢？我们说这是形而下（以板擦为例），这是塑料的，这是化纤的，这是长方形的，这是蓝色的，功能作用擦黑板，用语言全部可以描述出来。而“道”是不可以用语言说的，所以老子的第一句话说“道，可道；非常道”，这个“道”你一定要用语言去描述它，它就不是道了。这就把这个“道”的性质说清了。道是一个本体的，用西方的哲学概念说：“本体是在现象后面的东西。”这个概念大概还可以解释清楚。那么中国哲学和西方哲学唯一不同的地方，就是我们不认为在现象后面有一个决定现象存在的本体，因为在中国本体即是现象，现象就是本体。这个概念最清晰是从魏晋南北朝以后，因为这个说法是佛教的一个概念。佛教讲“体用一如”，就是事情的本体和事物的现象是“一如”，就是一个整体，所谓“体用无间”，就是中间没有什么差别。

然后我们说这个“道”用现在的汉语解释有几个概念：第一个它是规律，这个汉字最早的本意就是道路，“道”的第一个概念是规律；第二个概念是次序；还有一个就是道德，所以老子叫《道德经》。有一次我们看到最早出现的竹简本《老子》里，不是《道德经》，是“德”在前，“道”在后，是《德道经》。这个竹简是公元前380年的，也就意味着老子和孔子的年代是差不多的，但具体差多少年不太清楚。在史学学术上有一个辩论，就是到底孔子在老子之前，还是老子在孔子之前？大部分的意见是认为孔子大于老子，孔子在老子之前，30年代有很多讨论的文献，还是比较有说服力的，“德”应在前，“道”应在后。后来我们看的书本大约是在汉代，汉代初年出现的《道德经》，这个“道”其实是道理的引申义。另外“道”有境界的意思，这个在日本表现得最多，日本的餐馆或者禅社里，很远就可以看到挂一大字就是“道”，在他们的语言当中或日常生活各种形态当中都充斥着这个“道”：茶道、花道、柔道，就是通过一个具体的行为活动，从中修炼自己，提高自己的境界。日本这方面学习中国传统文化，对所谓的这个“道”理解比我们要深刻的多。在古代社会和传统社会里，强盗也是道，强盗是“盗亦有道”，就是强盗也是有道的，他们是遵守了黑社会的一定的秩序。“道”也是一个日常生活中的概念，这个概念最终是“道在器，器中道”。“器”是具体的东西，“道”是在具体东西当中存在的，具体的东西是不会离开这个“道”的，所以“道”“器”不能分开，也就是“道在器中，器不离道”。如果你理解了这个概念，就用这个概念去读古代的书，观察现代的人、事都是通的。

回到刚才讲到怎么读《论语》，“邦有道，危言，危行”，这个字面的意思说国家政治清明叫作“邦有道”；“危言，危行”，“危”就是没有任何顾忌了，直接的一种行为或者言语，“危言”就是有什么就说什么；“危行”就是任何一个行为很直接的而不是隐藏起来的。因为国家的太平盛世，政治清明，所以有话就直说，不会因为言行而遭到刑罚。那“邦无道”，国家政治不清明，混乱了，你的行动是直接的，但是语言一定要清晰，也就是“危行，言孙”。或许在《论语》中孔子没说我们为什么要这样，我们大体上猜，可能就是孔子对一个弟子说国家政治稳定，经济社会繁荣，用今天的话说，人们很自由。从一般意义上说，孔子在这里主张一个社会应该政治清明，政治清明了一个社会才能稳定，社会稳定了以后才有统治者和被统治者，可以相安无事地讨论一些民间百姓的一些问题。所以我们说《论语》不是放在案板上的一本书，也不是说正襟危坐地读。古人说“柔日读经，刚日读史”。“柔日”就是单日的时候，阳字 1 月 1 号那天读经，2 号就读史。1 号读《论语》，2 号读《春秋》。这是一个比喻，我们说有人读了《论语》后手足蹈之，而有人读了跟没读一样，因为你没有联系到实际问题，那么你读这个书根本就没有理解概念。《论语》这些话很多都是会这样，我们平时就是拿到手里随便翻一翻，不要正襟危坐地从第一篇开始读起。

《论语》的影响过程及孔子其人

《论语》在历史影响中是最大的，有人统计，把汉语翻译成外国文字，包括英、法、德、俄、日、西班牙语、希伯来语等，最多的有三本书：一个是《易经》，一个是《论语》，一个是《老子》。当然有人说《孙子兵法》，但至少我们说《论语》《老子》《易经》是被翻译成外国多种文字最多的中国文献。《论语》在国际上或在其他国家产生很大的影响，历史当中说法影响最大的就是“半部《论语》治天下”。这个确实是一个夸张的词，论语一万两千字，撕一半六千字，治一个国家，这不大可能。我们会问为什么半部《论语》可以治天下？因为《论语》这部书是一段一段的对话，这个对话没有一个特别的内容，《学而》篇里面有十几条，《阳货》篇里面有二十几条，这十几条跟二十几条之间没有什么逻辑关系。有的地方这几条相关的内容比较近一点，其他的上文下文没有太多的关系。

这里提到一个真孔子与假孔子的问题，把这个概念介绍一下。因为在公元前三世纪到四世纪，儒家学派只是作为诸子学派一个影响比较大的学派，儒、墨、道、法、兵、阴阳家、方术都是春秋时代所出现的学派。各种学派出现的一个根本原因是为了当时的诸侯国的统治而提供的一个治国方案，不同治国的方案源自他们不同的立场，所以有了诸子学派。《六艺略》里有这样一部书叫《诸子略》，当时春秋诸子里面说的是“儒墨显学”，就是儒、墨两个影响最大。春秋时代那么多学派，后人把它归为一个类，就有了《诸子略》。“诸子”是“子书”的一个对立面，《论语》在汉代的时候属于“子书”这一类，不是“经书”这一类。古时候说经纬，纬是横着的那条线，用经纬这两个字比喻国家大事，那“经书”是最重要的书，而“子书”类似我们说的一般的人写的一部书，没有到“经”的地位。过去讲《春秋》《易经》《书经》《礼经》（仪礼和义礼），然后《春秋经》又分出《谷梁传》《左传》《公羊传》，一共就是“七经”，这是“子书”。到了宋代，《论语》《大学》《中庸》《孟子》这叫“四书”，在宋代的大夫朱熹影响之下“四书”进入到“经书”，我们说“十三经”时就会谈到。但在汉朝《论语》就是一般人写的一部书，并没有受到很大的重视。由于在汉代刚成立的过程当中，汉武帝推翻秦王朝建立汉代，开始了一个文化工程，就是收集天下之书。因为在这之前秦始皇“焚书坑儒”把所有的书都烧掉了，他所喜欢的那些术数的东西留了下来，其他的全部烧光了。有一部分人把书藏在墙壁里面，有一部分《论语》就是从墙壁里挖出来的，到了汉代把它献出来，汉武帝收集天下之书重新校对，加上“齐论语”“鲁论语”、其他一些《春秋》文献，然后校对。给我们一个概念，从汉代以后到宋这一段时间差不多一千多年，在那个时候《论语》根本什么都不是，没人去读它，没那么大的影响。

唐代末期，韩愈搞了一个“古文运动”，把古代的东西重新整理。在这个时候他提出了一个“道统”的概念，后来韩愈写了一篇文章《原道》，“原道”就是追求“道”，追求政治排下来的次序，是从商汤王到文王、武王建立的那个道统，是政治的那套传统系统或者是学术的传统系统，所以我说“道统”也可以叫“学统”。韩愈认为从汤王、文王、武王建立的中国的一套文化制度，叫作管理制度，孔子把它传扬发挥出来。中国文王、武王管理天下其实只有三百年左右的时间，诸侯国就开始分崩离析开始兼并战争。孔子的时代是礼崩乐坏的时代，孔子给自己一个事情就是追寻周文化，维护周文化就是他的使命。在这个过程当中，孔子把道统的东西坚持、发挥。一百年后孟子出现，更为具体地发挥了“道统”。汉代以后儒家思想没有成为像韩愈认为的受儒家思想影响的大道，在汉代的时候逐渐被历史形态化埋没，儒家退出历史舞台。魏晋南北朝这四百多年时间，从西部进来了五个少数民族，中原建了十六个国家，也就是历史上的“五胡十六国”。《论语》就没人再讲了，那个时候的知识分子也不读《论语》，不是说完全不读，至少在那个风气之下，他们搞的都是“玄谈”，有时也叫“清谈”。这个“玄”叫“三玄之谈”：《周易》《庄子》《老子》成为魏晋南北朝时期知识分子中读得最多的书。而《论语》在这个时候就很少读。这个时候不起作用的一些儒家的儒生就开始讲《周易》、讲《老子》，那么这个时候“韩愈说”从开始到这就断掉了。从魏晋南北朝开始，道教开始发生影响，因为道教是汉代初期就有的，佛教是汉代中期才传进来的。然后到魏晋南北朝佛教、道教开始形成起来，除了魏晋南北朝的那十六个国家，几乎都是推崇佛教的。到了宋代朱熹开始恢复道统，从朱熹开始实现了道统这个概念。孔子从北宋开始以后，由一介书生逐渐被抬上了大成宝殿。朱熹花了一生的时间为《四书》书作了注解，叫《四书集注》。由于朱熹的推崇，孔子从宋代以后，一步一步到了明代发展成大成至圣先师，地位越来越高。我们说孔子的形象在历史上有两个，一个是一介布衣，一个被塑造成历代统治阶层推崇的一个神。

从历史看，要还原一个真正的孔子，只能通过《论语》。我们能看到他是非常好玩的一个人，他根本就不是那个至圣先师，也不是一脸正气，就是一个很调皮的老头。你看他讲的语言好像很宏大或者是很庄严，看看《论语》的后面，又会发现这人特别的矫情：吃东西、吃肉，肉要是切不正，他是不吃的。他喜欢喝酒，喝得很多，“唯酒无量，不及乱”。肉稍微变色，不吃。可是你要是继续读《论语》，他还是“惶惶不可终日”的，很艰苦，但透过字里行间可以看出来，他是一种很无奈，一种老头那种小调皮的劲儿。所以我们在历史中要有两个概念，一个是真孔子，一个是假孔子。那《论语》是不是真有？我们今天看到的这部《论语》就是孔子当时弟子记载的，但是你在阅读当中会得到启悟、感悟。元代以后的科举考试出的题目就是从《四书》里面出来的。《论语》进一步发挥的内容就是朱熹的解释，然后发展成我们的教科书。历史有孔子这么一个人物，以他为代表的符号形成了中国文化，以他为代表的儒家在历史当中翻来覆去，他是一个圣人的使者。

《论语》的几个重要概念“仁”“礼”

在《论语》中有几个特别重要的概念，一个是论仁，“仁”在《论语》中出现了一百零三次。对于“仁”，孔子有很多不同的解答，比如子贡问他，什么叫“仁”？孔子给他一个解答；然后颜渊问孔子什么叫“仁”？孔子给他了一个解答，解答之间完全不同，所以一百多次就是这么出现的。孔子对学生的教育是“因材施教”，根据不同的材料来施教。子贡脾气暴，那他讲“仁”是怎么能够静下来宽厚地待人，话语不要带着那么多的刺话，这个概念在《论语》中出现过多次。在这一百零三次出现的“仁”中有一个概念，叫作“仁者爱人”，引发了一个不同的解释。在《论语》中还出现过一个概念：泛爱众，就是广泛地关心关爱他人。那么“仁者”在字面上解释就是有德的人，“仁者爱人”就是有德的人是会关爱他人的，那么这就是泛爱众，对其他人没有分别心，这个是孔子给出这样的解答，我们读《论语》可以读到这个“仁者”的解释。

这里有一个问题就是跟孔子同时的墨子有一篇文章讲“兼爱”。“兼爱”的概念怎么讲？不论儒家也好，墨家也好，都有一个对人性的基本判断。孔子对人的基本本性的判断不像后一百年的孟子说得非常明确，“人性本善”孔子没说，孔子只说了“性相近，习相远”，大家本心差不多一样，人和人之间的区别是后天习惯造成的，这里没有明确的说人的本性原本就善。但是《论语》中可以看到孔子所描述的“仁”大部分应该是以善为主，所以孔子对人有三个分类：小人、君子、圣人。小人和君子是对人一种道德方向发展的预测，这是他对人的判断。如果人都是善的，大概就不会出现小人，或者他本性是好的，是后天发展成小人的。然后他又提出什么样的人能成为君子呢？一种人是“知其不可而为之”的“狂人”，可以成为君子；一种人也能成为君子，叫作“狷人”，“狷”就是“有所为而为，有所不为而不为”，这类人比较理性。孔子说这两种人都是本真的，可以成为君子。小人不可以成为君子，小人在《论语》的书里面有一个命名叫“乡愿”，乡愿是什么人物呢？是“德之贼”，就是盗窃德的名誉的人，乡愿就是小人的定位。孔子既然把人分类又为什么讲“仁者爱人”？“仁者”要有宽大的胸怀，是人的道德要求，仁者这种胸怀是不动的，仁者像山一样巩固，像君子那样庄严、伟岸，所以仁者是这样的人。墨子为什么讲“兼爱”？因为他认为人出生以来就是为利益而来的，既然是为利而来，社会发展的资源是有限的，那么大家就会争。人和人之间应该怎么样？应该“交相利，兼相爱”，这是墨子对“仁”的看法。既然每个人都是为利而来，在今天物质不够丰富的时候，我们能不能互相交换，“交相利”就是相互的交换，避免对有限东西的独自占有，从而引起战争的冲突，所以墨子的书名就叫《兼爱》。墨子的书一出来，孔子就开始批判墨家，认为“兼爱”根本就是无君无父，古代要是说一个人无君无父就是禽兽。

儒家为什么说“兼爱”是禽兽？因为儒家除了讲“仁”之外，还讲“礼”，因此“礼”是儒家的另一个重要的概念。“礼”就是一个等级、制度的区分，人与人之间逐渐地推到家，从家推到国，从国推到天下，所以是由此及彼的。读墨子的书，会发现在两千五百年前，西方还没有造出上帝的时候，墨子干的事和基督教干的事是一样的，吃苦就是希望，有鬼神的概念，希望把主体交给自己以外的一个东西，托付给他，然后生活就可以安定了，墨子那个时候就做到了。但儒家说当你关爱他人的时候忘记了“礼”，也就是忘记了等级制度，所以说是墨家是“无君无父”。“兼爱”“泛爱众”字面意思都差不多，但两家讲仁爱的时候，儒家更强调“礼”。墨子说儒家的“礼”太复杂了，浪费了好多百姓的钱财。天子“九簋八鼎”，“簋”是圆的，“鼎”是方的。天子要配九个簋八个鼎，这是天子的级别；到了诸侯，是八簋七鼎。本来都是装肉的容器，结果变成了一个国家的礼器，所以就有这个制度的规定。儒家特别强调制度规定，强调尊卑制度。墨子是什么样的观点？我们都是兄弟姐妹要互相关爱，一个人在家是个大孝子，为官也不可能去贪污。儒家讲的“爱”和墨子讲的是不一样的，在儒家的哲学里，“仁”“礼”这两个概念是非常重要的。“礼”是制度的设立，“仁”是一个道德人性。从这个角度了解就可以了。

孔子对“仁”的阐述

下面我们具体来论仁。“仁”是一种道德修养行为，是自我的期许和自我的评价。第一点就是要说孔子这个“仁”讲的是一个人的内在道德的修养。孔子对自己的一种自我期许和自我评价，我们概括这几段来看。

子曰：“吾十有五而志于学，三十而立，四十而不惑，五十而知天命，六十而耳顺，七十而从心所欲，不逾矩。”

“我十五岁有志于为学”，十五岁是中国古礼里面的一个成年礼，到了十五岁叫“束冠”。孔子有句话“礼失求诸野”，字面上的意思是礼丢了到最野蛮的地方就能找到。这句话很有现实意义，现在这些传统的礼貌都跑到韩国去了，他们的等级制度特别的严肃。日本人也是这样，他们的礼数很讲究。中国人的礼数被韩国、日本继承了，所以孔子这个话，两千五百年前说的今天验证了，礼貌都跑到野蛮的地方去了，“礼失求诸野”这个“野”就是夷狄之族。孔子说“吾十有五而志于学”，在这里就出现一个问题，在中国古代分大学、小学，大学、小学这个词我们今天还用，但和古代完全不一样。“小学”是什么？小学就是洒扫应对，“应对”是来了客人，作为小孩子应该做到哪些礼。小学除了洒扫应对以外，就是词章、考据这些；“大学”就是“大学之道，在明明德，在亲民，在止于至善”。大学的时候就是行有余力，这个时候开始讲大学的道理，大学的道理就是“明明德”，前面那个“明”是动词，后面那个“明”是名词。“明德”是光明的、伟大的道德行为。“亲民”有不同的解法，汉代“亲”是亲近的意思，跟百姓亲近。到了朱熹有另外一个解释，他说“亲”是革的意思，不是革命这个概念，“革”是变，是百姓的心性、道德有所提升。学习第一“明德”，第二“亲民”，第三“止于至善”达到最高的道德境界，这是大学讲的道理。十五岁的时候志于学，开始学德。

十五岁开始到三十而立，立就是站起来了，通过十五年的学习，才有了自我的这么一个道德的要求，四十就不疑惑了。五十知天命，这个“天命”在孔子的《论语》中还出现过一次，叫作“君子有三畏，畏天命，畏大人，畏圣人之言。”孔子是讲礼数的，“圣人”在孔子的《论语》里出现多次，但是孔子一再声明他不是圣人，他要努力地去吸贤成圣，这是他期许的一个概念，并不是他给自己的一个评价。“天”字在春秋战国时期有几个解释，第一个解释叫作“目之天”，就是头顶这个天；第二个解释“天”就是“神”，用“神”“帝”这两个来解释，天有这个概念。这个时候宗教在人类社会最初阶段的时候有两种：一种叫自然性崇拜，刮风下雨也是这种情况，解释不清楚，把它认为后面有一个主宰来控制的。等有了阶级分化，有了统治者出现，就开始有人格崇拜、人神崇拜，就是把神赋予了人的品格，所以就叫人格崇拜，把世间的统治者赋予了神的概念，或者说把神赋予了人格的概念。另外一种解释，天是自然，天是自然而然的。庄子那句话叫“牛马四足之为天”，牛和马长了四个蹄子，那是自然而然长出来的，所以天就是自然而然的一个概念。

那么再谈“命”，命在孔子时代我们看不出一个清楚的解释，可以把这个“命”解释成人的身体生理发展的过程，用肉体所负载的一个人的生命过程。在孔子这个地方没有说得很清楚，但是他把这个命加了一个天，所以“天命”不是主体以外有一个东西决定我们的命，因为这个天是自然而然发生的。孟子这个地方说得很清楚，他说人性本善，因为人有四端之心，有羞耻之心、有恭敬之心、有恻隐之心（恻隐之心就是同情心）、是非之心，这四种心孟子说叫“天觉”。庄子说“牛马四足谓之天，落马首，牵牛鼻”，牛的鼻子拴一环，因为要拉它干活，马套一个笼头，让它拉车，那是人干的事，所以落马首、牵牛鼻谓之人。天觉是什么？天觉是自然而然有的。所以人的四端之心是自然而然产生的，换句话说就是你生下来就有四端之心，天地人是自然而然有的。与“天觉”相对的是“人觉”，人觉是后来形成的，孔子说天命，既然他没有说人性是善的，那么天命就绝对不是你主体以外的东西，一定是一个自然而然的。这个“天命”就是人的命是自然而然的，自然而然做到的东西就叫顺天命。

还有一个问题是“知其为”，你努力了但是做不到，那也是天命，我以坦然的态度对待我的人生，对待我的生命，这个孔子固然有，但不如老子、庄子讲得清楚。但是孔子是背负了一个责任，要克己复礼，要把周代的礼仪继续地发展下去，他说我去努力做，我做不到那就是天意。但这个“天命”不是我们现在后来西方宗教学讲的宿命概念，宿命论还是一个命定论。以儒家说的做一个儒家式的人“知其不可而为之”，应该去努力，努力到了，那就顺了天意；努力不到，那我也不认为我很悲惨或我就命定了，儒家没有宿命这个概念。

四十岁不惑，不惑就是没有那么多的疑惑，因为从三四岁就开始学习《三字经》《百家姓》然后学习《弟子规》，到了十五岁把我们现在在大学讲的都明白了，“四书”“五经”都读完了，到了四十岁又有很多的生活经验当然不会疑惑。到了五十岁，有的事我能做，有的事我不能做。但努力了，没做到，那就是天命。知天命不是认命，不是一种无可奈何的，孔子所说的知天命也有顺天命的意思。孔子以后，在汉代就讲了三种命：一个是随命、一个是寿命、一个是遭命。“随命”有点接近“天命”的概念，我努力的不是我能完全做到的，有一点随顺的概念。在鲁国，儒家确定了一个概念，就是人与禽兽之别，禽兽就是无德的。草木有生有气而无知，没有知觉；禽兽有声有气有知而无义，它不能像人这样建立一套等级尊卑的制度；人有声有气且有义，故为天下贵。所以儒家讲的人和禽兽就是在道德的这个地方去区别，所以有篇文章叫《禽兽论》。“六十耳顺”，“顺”就是人到了六十岁的时候，好话坏话全都听得进去，为什么听得进去？就是我前面讲得那个“和”。“君子和而不同”，君子、有德的人感觉别人对你的批评乃至于挖苦甚至于是一种辱骂，你都不动，因为有德，所以能听得进去。接着到了七十岁，想干什么事都不会越了那个规矩，因为那个规矩已经内在于他的内心了，所以七十岁的时候，是“从心所欲不逾矩”。我想这段话是孔子对自己的一个自我期许和自我评价。

《八佾》篇：子入太庙，每事问。或曰：“孰谓鄹人之子知礼乎？入太庙，每事问。”子闻之，曰：“是礼也。”

这个“子”就是孔子自己，“太庙”是周公庙。孔子到周公庙的时候，什么事情都要问（每事问）。无论从周公庙那些礼数，还有这些摆设什么的，什么东西他都得问。“或”是指他人，另外一个人说，“孰谓鄹人之子知礼乎？”谁说叔梁纥（叔梁纥就是孔子的父亲，应该是宋国人，他们家是宋国的贵族）的儿子知礼呀？每每去了太庙都是去问礼数。孔子是从中希望把周礼的礼数通过他传给下一代，他坚持要恢复周礼的概念就是从这来的。孔子在听到别人这么说他，他说是：我这止是对“礼”的一种尊崇或是学习。

通过这段话可以看到孔子当时的一个重要历史地位，他是要为把从文王、武王所确立的周代的礼数一代一代传下来。这个地方他说自己是知礼，礼在古代那个时候就叫周礼，这个礼后来又分《仪礼》和《礼记》。“仪”是仪式，周天子分封了上百个诸侯国，春秋三百年和战国二百年加起来五百年，在那五百年之后，周礼的礼数就越来越少了，没人懂了。所以在《诗经》里面有这么一句话“周邦虽旧，其命唯新”，周国逐渐衰落，但是坚持的那些礼教和礼数还很常新、长久。孔子一生的责任就是弘扬周礼，克己复礼，怎么样把周礼延续下去。他对周礼的重视和对礼的那种努力地学习，也有一个对自己的评价。

《里仁》，“子曰：事父母几谏，见志不从，又敬不违，劳而不怨。”

“谏”是劝说，“几”是小小的。侍奉父母一定要轻微地、小小地、诚惶诚恐地去劝说父母。“见志不从，又敬不违”，是要恭恭敬敬，不能够不守这个孝顺的礼数，不要违背父母。不孝有三，“孝”分大小，大孝就是“尊亲”。不过《论语》没有讲到尊亲的另外一面，这个到了汉代，孔子的尊亲变成了一个“经”，变成了一个最高的地位。“孝”的概念也开始转型了，转成负面的。其实在这个地方是说为长者的时候你不能够不尊，“为父要尊，为老要尊”。到汉代把“孝”变成“经”就开始说这样一种话“父要不孝，子就不尊；父要不尊，子就不孝；君要不义，做臣的就不忠”。不过在《论语》里更多的是讲“大孝”，是尊亲这个意思。无论父母怎么发脾气，都不能够逆着他，要轻微地去劝，这就是讲孝。“大孝尊亲，其次不辱”，“不辱”就是父母在世，我们为人子女不干那些违法的事，不要辱没父母的名声。“事父母几谏，见志不从，又敬不违，劳而不怨。”这是做子女的要学会尊亲首先的一个原则，在这里孔子没有讲到“为老不尊”的问题。

子曰：“父母在，不远游，游必有方。”

父母在世的时候，不要离父母太远，如果要出远门，游必有方。“方”是说一个方向。这是日常很简单的一个小事情。

“父在，观其志；父没，观其行；三年无改于父之道，可谓孝矣。”

父亲在世的时候，我们要仔细去了解父亲有什么样的志向；“父没，观其行”，父亲过世了，我们要看看他生前做了什么事；“三年无改于父之道，可谓孝矣”，假如你了解了父亲活着的时候有一些什么志向，活的时候他做了什么事情。如果父母过世了就留下很多追忆，父母在世的时候想做什么事没有做，他这一生立志去追寻的东西没做成，作为他的孩子，有责任要继承父亲的遗志，这样就可谓孝了。“孝”不是说父母不在了之后要三年守孝，不是这个概念，讲的是要继承父母的遗志，做到“慎终追远”。儒家讲的“三”不是具体数字，“三”是“多”的意思，也就意味着父母过世的这些岁月里面，我们都不能违背父亲给我们的教导或者我们要帮着继承父亲的遗志。

儒家最终最大的一次改变就是在汉代，汉武帝“罢黜百家，独尊儒术”。那么多的诸子百家争论，到了汉代，其他的全硝烟弥散了，开始大捧孔子。这个时候儒家的那些话语就变成了制度的语言，凡是一个鲜活的语言变成了政治意识形态以后，那么一定死了。因为在那个时代，孔子讲了“三年无改于父之道”并不是说父亲过世了三年不能改，三年是一个多的概念，作为子女要怀念父母，对父母最好的纪念就是继承他们的遗志。而汉代“罢黜百家，独尊儒术”把“三年”改成了守孝三年，在那个时候被立成了意识形态的话语。儒家思想从汉代开始就逐渐不再成为人们安身立命指导人生活的一种道德教化了，然后儒家的影响逐渐减弱。魏晋南北朝四百多年时间已经是无德的社会了，混乱的社会，人吃人。在《三国志》上有“白骨遮天日”的描述，骨头都把天日给遮了，可以想象魏晋南北朝有多混乱。在那个混乱之下，孔子儒家思想变成了一种意识形态没有人去相信，儒家在这个时候已经不能成为他们的安定剂了。于是佛教开始大肆发展，佛教在汉代是在宫廷传播，到了魏晋南北朝就开始在民间盛传。所以经验教训就是：一个鲜活的思想变成意识形态就完了。“三年无改于父之道，可谓孝矣”，孔子说这话并不是叫你守孝三年，结果到了汉代变成守孝三年，变成制度，一旦变成制度，儒家的生命力就被约束掉了。所以从魏晋南北朝四五百年的时间，儒家思想成为不了人们安身立命的一种学问。之后经历隋代三十多年短暂的时代，然后就是李渊父子在太原起兵，然后建立了一个大唐王朝。因为唐代是一个华胡杂交的社会（也就是说异族统治的社会，李渊父子是北齐人，北齐就是拓跋氏），唐代就是少数民族和汉人合造的，甚至是以夷狄之人为主的这样一个社会。可以说唐代是一个鼎盛时期，鼎盛时期的社会非常开放，因为唐代开始在礼教上不太按汉族的概念去讲，所以唐代很开放，容纳不同的文化。到了宋代，朱熹把理学的东西搬出来，就出现“饿死事小失节事大”等这些，又把儒家早期的那种东西搬到历史上来。所以为什么中国社会分成两个阶层？唐以前，唐以后。历史也是这样。唐以后，中国第二次儒家重生就叫“新儒学发生”。新儒学的发生为中国社会找了一个文化支柱，同时把儒学负面的东西，也就是被异族改造的那种比较保守不很现实的东西又作为礼数。

在宋初开始在中国影响，也就有了晚清社会封建的礼教。从宋代开始，儒家比较开放地接受了佛教，接受了道教，所以从宋代以后是三教合一的文化。

子曰：“古者言之不出，耻躬之不逮也。”

孔子说古代的圣明讲话不是很轻易地就出口的，指的是很慎重。为什么不去讲话？因为怕自己的行动跟不上讲的话。说了话却做不到，就会被人耻笑。所以古人说“君子一言驷马难追”。

《述而》：“述而不作，信而好古，窃比于我老彭。”

“述”就是“说”，“不作”不是说不做事情，是不写文章。基本就是只说，不写什么东西。“好古”就是孔子喜欢周礼以来的这些东西，自己偷偷地把自己和老彭相比。孔子真的没留下什么他自己写的东西，除了这个《论语》是弟子的回忆，然后删削《易经》《诗经》《尚书》等，这些东西都是他编过的，他也没写。“古之学者为己”，就是学习学术的研究是为了自己的身心调养，不是为了炫耀。“今之学者为人”，这话是两千五百年前说的，你想想现在是不是这样。

子曰：“默而知之，学而不厌，诲人不倦，何有于我哉？”

“默”是读书的一个方法，“默”是学了东西把它记在自己的心里，这是一个学习的态度，就是安安静静地把学的东西记下来，所以这个“默”不是说缄默不学习，而是一种学习态度，就是说面对这些古典的东西，学它是一种什么态度？踏踏实实，静静地学下来，然后把它老老实实地记在心里，时时了解它、体会它。那学了这些东西是为了“诲人不倦”，“诲人不倦”是老夫子在这里对自我的一个评价。“何有于我哉？”这些事我做到了吗？还得自己反省一下。这是孔子对自己的一个期许，这是一个圣人对自己很严格的一个要求。

子曰：“吾非生而知之者，好古，敏以求之者也。”

我不是生来就有知识的人，我只是爱好古代的文化。“敏”是勤奋的意思，我很勤奋地去追求它，在古典文化里求得它。这是孔子对自己的期许，一个人真的是虚怀若谷，谦虚到我什么都不是，什么都不懂，但我只是努力学习。

子曰：“三人行，必有我师焉；择其善者而从之，其不善者而改之。”

过去按字面解释，有三个人一起走，那其中一定会有一个我的老师。可是在古代，“三”是多的意思，所以你读《老子》的时候“道生一，一生二，二生三，三生万物。万物负阴而抱阳，冲气以为和。”这个“三”就是多的意思。所以应该理解为大家在一起的时候，有人一定能成为老师，我就在这个老师当中选择好的、善的，我就跟他走；我看到那些不是好的，我要对照他看看我有没有犯这样的错误，或者有没有这样不好的习气，从而改正。这些话都是很好理解的，“从善如流”这句话就是从这儿来的。择其善者就向他学习，当然看到不好的，那我就要告诉自己如果我也像他那样就得改正。

子曰：“天生德于予，桓魋其如予何？”

这个就是孔子知其不可而为之，所以他对天命的看法不是把天命当成神，但是这个地方好像他是借助主体以外超越的东西来表达自己，那么“天生德于予”就是天在他身上产生了很多的品格，天就是一个道，天附在他的身上，他就有了这样一个德行。“桓”是一个大的诸侯，一个人在乱世当中，想做什么事情，他不会看那些有权势、有地位的人，因为他已经立志了。孔子后来为什么成为至圣先师，孔子的弟子孟子是亚圣，其实他们都有道德的这种内在的抱负，就是把它当成自己一生的道德使命来考虑。

子曰：“盖有不知而作之者，我无是也。多闻，择其善者而从之；多见而识之；知之次也。”

孔子对“知”的阐述

有的人不了解就凭空创造，孔子说自己不是这样的人。“多闻”就是多听，听得多了，见识多了，选择好的去学习。过去说开卷有益，只要翻书就会从中得到想要的东西而充实自己。“知之次也”，这里的“知”孔子讲的绝对不是我们现代汉语的“知识”，所以那句话就很清楚了。他说“知之为知之，不知为不知，是知也”，字面上来讲，“知道你就说知道，不知道你就说不知道，那就是知道。”显然认识事物，这个“知”不是一个道德概念就是一个老实的态度。“多见而识之，知之次也”，贯通整个《论语》中间的概念，凡是这个“知”都一定是“智”，因此你就会读懂佛教的一个概念，就是“转识成智”，这个“识”就是你对外在事物的认识。因为这个“识”在佛教里讲“心识”“眼识”这都是你看到外界的现象，积累一定的知识。“成智”就是一个道德心境的修养。从这个概念说“知”一个是“知识”的“知”是西方意义上的对外在客观事物的了解；一个“知”就是下面加一个“日”字，那就是“智慧”。所以东方的“知识”和西方的“知识”是不同的。中国智慧里我上课也讲了，前面西周灭商纣王的时候提到一个概念，就是讲“上天无亲，惟德是辅”，老天没有亲属的关系，你要是好人它就帮忙，所以那个天就变成了道德概念。从这个概念讲，中国的智慧，一个有智慧的人必定是一个有大德的人。

比如“三十六计”是不是一种智慧？那就是阴谋诡计，雕虫小技，谈不到智慧。《孙子兵法》为什么是智慧？因为《孙子兵法》讲必须有德，没德就没有智慧。“百战百胜，非善之善者”，打一百场仗，取得一百场胜利，这不是最好的。什么是最好的？“不战而屈人之兵，善之善者也。”不用战争使别人屈服，那就是最善的。所以这是我强调的，兵书绝对是有德的人才有这样的智慧，没德的人那就是讲“三十六计”。有德的人绝对不会把三十六计的“术”当成“道”，而是用“道”来御“术”。三十六计在谋略方面或许有变化或者有智慧，但它前面必须有德，如果没德的人就只讲“术”，不讲“道”了。儒家讲的这个“知”绝对不是西方哲学或是西方文化里的我们对外界知识的认识和把握。古人已经意识到外在的知识不是不存在，但是更重要的是你内在自我道德的修养。所以我们要把它分清楚，在中国古典的传统文化里更多的是告诉你怎么做人的道理，你拥有了这样的一种“德”，那么“术”你就能把握好。所以《孙子兵法》说它是讲“道”的，而“三十六计”只讲“术”。“三十六计”变成了“知”，《孙子兵法》里变成了“智”，两者区别在这个地方。

但是三千多年的文化史是追求自我道德的内在的修养，而不是对外在知识的一个追求，所以演绎到后面的科举考试，也就是《四书》。后来成了八股文，科举考试到辛亥革命废除了，我们就开始接受西方的教育。但科举考试也有它的合理性，任何东西都不能够一概而论地否决它。科举考试就是在一个社会的底层社会和上层社会搭一个梯子。平民百姓可以通过你苦读经书考取功名，然后出仕为官。这是孔子说的这个概念，这是第一个。

第二层意思是对道德的追求的同时不妨碍对外在事物的认识。这个讲的就比较抽象了，中国有一个概念叫作“天人合一”，天、人怎么会合到一块呢？孟子说：“诚者天之道也，思诚者人之道也。”天的运行规律是“诚”。所以意思就是说：诚是这种人间社会的道德品质，就像天的运行规律一样。一年四季，春夏秋冬，二十四个节气，这就是天的一个运行规律。思考的“诚”的规律，那就是做人的规律，所以“天”和“人”是不分的，所以说“天人合一”是这个概念。但我们现在可以扩大，“天人合一”怎样把握自然、认识自然，与自然和谐相处？中国文化更多的是讲人的内在如何修养，国家、家庭的道德建设，这是安邦立国的根本出发点。这就是我刚才说的中国知识和西方的知识在这点上不同，西方是把认识的主体和认识的客体对峙起来，但中国的哲学是反求诸己，是对自己的认识，刚才也讲到“天人合一”。刚才我说这是本质的区别，可是在思维方法上不一定是一个本质上的区别。李约瑟写过一套书叫《中国科技史》。李约瑟是个英国人，他早先对中国的道家特别感兴趣，因为道家讲究炼丹，炼丹有两个，一个是练内丹，一个是练外丹。练内丹是练气，练外丹是练那个长生不老之药。帝王要追求什么长生不老之术，就有一帮道士给他炼丹。炼丹的过程就是化学。所以这一点启发了李约瑟，他就开始对中国科技史着迷。但很惭愧，中国的学者没有一个做中国科学史研究的，所以这就是中国近代落后的原因。但是一个外国人，李约瑟说：“世界科学的发展到今天（这是他六十年代的讲话），如果往前追溯我们还败倒在中国文化的坟前。”七十年代在美国非常流行的一本书，中文翻译成《物理学知道》，就是讲物理学的道。作者是哈佛大学研究高等物理学的一个学者，他结识了两个朋友，一个是印度的瑜伽师，一个是中国的太极师。这个瑜伽师给他讲印度文化，然后这个中国人给他讲《易经》，教他太极拳。突然有一天，这个学者跑到海边日光浴，他躺在沙子里面的时候突然发现自己和海水的律动一致了，就是我们说“天人合一”了。他起身就跑到设计室做了个实验，后来被评为低于诺贝尔物理学奖一级的奖，然后他给自己设立一个奖牌，这是道教的阴阳鱼。

西方哲学通过了欧洲中世纪神学以后有一个文艺复兴，文艺复兴就是否定神。也不是完全地否定，是把神驱除了人的主动性发展，所以他们讲的哲学一定是分为化学、物理、生物。就是当一个整体拆散成细节，在细节深度研究的时候突然发现边界不清楚，物理和化学、化学和生物就出现了。这些年很多的专业开始合并，现在诺贝尔奖里已经有一个人的消费的心理研究，由一个经济学跟人文学的东西开始联系。所以一旦分门别类地研究就发现边界模糊，这个东西是中国的整体哲学，中国的思维方法不是部分加部分等于整体，中国的智慧讲的部分就是整体，而且它在某种人身的生理上可以验证：一看手相就知道你的身体状况；一看你的耳朵，你的脚，就知道你的身体状况。中国文化不是指导、吸收西方制度，西方做了分门别类又回到整体，而中国一直讲整体，而不去做分析研究，或者说我们现在做了细化的分析研究的人又不了解中国文化的思维方法，整体思维的方法。所以李约瑟的东西对我们来说是很有启示的，我们现在做化学、物理研究的教授大概对中国文化的修养也不够，对中国文化有修养的人文学者根本对科学知识不了解。所以我们现在是处在这个尴尬的情况，这跟中国传统文化还是有关系，它所讲的知识不是对外在知识的认识、了解，而是对自我道德心性的把握。中国文化有它合理的一面，也有它负面的一个影响。但是我们自己这套道德心性的修养跟天人合一的概念，就整体思维的概念可能会发生一点作用。

孔子对自己的评价及对君子的阐述

下面这一段都是关于孔子对自己的一个立志。是关于学习、关于知识、关于道德的一个了解。

子曰："文，莫吾犹人也。躬行君子，则吾未之有得。"

"文"就是文字的意思，书本上的知识。孔子说：就书本上的知识来说，我和别人也差不多。“躬行君子”，君子躬行是道德实践的问题，但是“未之有得”，作为一个实践者我还没有做到。所以孔子非常非常的谦虚。如果书本知识我和你差不多，但作为一个实践者那我还没有做到。

子曰：“若圣与仁，则吾岂敢。抑为之不厌，诲人不倦，则可谓云尔已矣。”

如果要讲到“圣”和“仁”，儒家这套思想大体上没问题，就是以道德的心理研究为自己学问研究的主体和方向，但是儒家没有给自己概括一个很明确的话，反而庄子对中国的儒家概括了一句话“内圣外王”。我觉得庄子这四个字是对儒家最简单的概括。内在，自我内在追求一个“圣”是道德完善的过程，那么于外你就可以成就王者事业，“王”就是一个主导者，一个自我道德完善的人，于外可以称为王。“若圣与仁”我作为一个圣人，其实孔子不是做圣人，他只是一个期许，假如我能够成为圣人或者追求仁。“仁”就是有一种道德的这样一种关怀、一种境界。假如这样的话，“则吾岂敢”？我哪敢说我就是圣人。“抑为之不厌，诲人不倦，则可谓云尔已矣。”如果说我学而不厌、诲人不倦，这一点可能还可以，差不多能做到。我读这些的概念就是告诉各位，孔子对自己的评价不是老吹嘘自己，他非常谦虚。他说：我不是圣人，我和各位也差不太多，但如果你说我是生而知之，说我是圣人，这我不敢担当了，我做不到这一点。

子曰：“君子坦荡荡，小人长戚戚。”

作为君子就应该心胸坦荡、开阔，小人则常常会为某些事情而局促，而发愁。这个背景材料我们不知道，也可能弟子问孔子君子和小人有什么区别，孔子回答君子就是有德之人心胸坦荡，不那么计较。而小人就常会为一些东西而忧虑。孔子没有说他是圣人，但他希望他向君子那个方向发展，所以顺便讲了这句话。这句话在一般的口语当中很流行。

《子罕第九》达巷党人曰：“大哉孔子，博学而无所成名。”子闻之，谓门弟子曰：“吾何执，执御乎，执射乎？吾执御矣。”

“达巷”是一个地名，“党”就是一帮志同道合的人在一块，所以这个地方说党人可能就是说某一个党派。“大哉孔子！博学而无所成名。”大哉孔子，就是伟大呀孔子，他的学问非常广阔，可他没有足以确立自己名声的这样一个专长。孔子听到了党人的这样一个说法，就对弟子说自己就是赶马车、射箭，孔子说就是能干这点事。

孔子在《论语》当中常常用数字："子绝四，毋意、毋必、毋固、毋我。"这是孔子的弟子说的，我的老师有四种东西是不做的，"意"就是做事情总是凭空的猜测，以他自己的意见为绝对真理；"毋必"就是他所有的东西都不是绝对的肯定；"毋固"不是很固执，别人劝导他，他都可以接受；"毋我"就是不去唯我独尊。这"四绝"不是孔子说的，这是孔子的弟子对他老师的一个概括：不固执、不唯我独尊，不以我为是，不是老凭空地猜测别人。我想这个评价应该还是恰当的，因为前面我们读了很多孔子的东西。孔子说自己其实什么都不懂，论道德修养，我也没做过什么事，一直都是谦逊的态度。

子曰："吾有知乎哉？无知也。有鄙夫问于我，空空如也。我叩其两端而竭焉。"

孔子说，"吾有知乎"，我有知识吗？自答"无知也"，我没有什么知识。有一个很贫贱的人问我，具体问的什么也没说，可能问一些之前例如"你会种菜吗？"之类的等，几乎不会问道德的东西。那么孔子说确实什么都不知道，特别是种田的事，我都不知道。这里孔子是很谦虚的。但这句话"空空如也"在后面点出一句很经典的话，"叩其两端而竭焉"。再来看这句话，孔子说：你说我有知识吗？我没知识。然后一个农民、一个鄙夫、一个社会底层的人问我，我说"空空如也"。那么农民所问的事和孔子思考的事肯定不一样，孔子思考的是道德、心境修养，而问的事是一个具体的操作。但是孔子在这个地方，自己说"我叩其两端而竭焉"，我了解了事物的两端，就对一个事物有了解。他指的是，你问我知识我不知道，但是我有一个办法知道，什么办法知道？我"叩其两端"。"竭"是完整的、全面地了解。那这"两端"是什么？一定是事物的本体和事物的现象。我们去尝试、了解事物的本质的时候，我们还了解事物的现象。事物存在有一定的形式规律，光了解形式不行，还要了解事物的内部；了解事物的起因，还要了解事物的结果，就是因果关系。当我们把事物本质性的东西和事物表达的现象的东西、事物存在形式化的东西，把这些搞清楚了就认识整个的事物了。所以他这个地方所说的，你问我的我不一定都知道，可是我有一个质，就是叩其两端而竭，是讲的这个道理。

儒家哲学有一个特点，跟西方哲学不一样。它不讲主体对外在客体的认识、过程、结果。它讲的是人的认识，人的智慧。所以这个人的智慧一定跟人的道德本体是重合的。在《孙子兵法》里说的圣智，也就是圣人才有智慧，圣人就是有道德修养的。所以一个有德的人才是最大的智慧。而不是功利的计算，不是说你盈利多少，不是规模的收益多大，不是这样。所以《易经》坤卦里面这样说。地就是坤，厚德载物，这个寓意太深刻了。“厚德”是有大德的时候你才能载物，你才能托起一个物，托起这个企业。我把德分开，一个是大德，一个是小德。《大学》里就讲过这个规律。要先修身，怎么修身呢？要正心，要有诚意，要致知，要格物，这四项是修身的内容。修身完了是齐家，齐家是为了治国，治国是为了平天下。所以我说“大德”就是从治国、平天下开始，那“大德”就是民族、社会的责任；“小德”是自我修身。有德的人就会有智慧，没德的人那就是没智慧。

子畏于匡，曰：“文王既没，文不在兹乎？天之将丧斯文也，后死者不得与于斯文也；天之未丧斯文也，匡人其如予何？”

孔子在匡这个地方被围困了，当然这之前有它的背景，孔子因误会被围困。孔子很感慨地说，文王死了以后，周代的礼乐文化不都体现在我的身上吗？如果天都要把这个文化灭掉的话，那我也就没有办法掌握这个文化。如果天没有让那个文化消灭，那你们匡人能把我怎么样呢？从这句话可以看出孔子对自己的立志，把文化当成他的生命，一种使命。所以刚才说的话就是从这儿引起来的，孔子就是“知其不可而为之”，为了一个文化，他牺牲自己的生命都可以，所以孟子就讲“杀身成仁”。

子曰：“君子病无能焉，不病人之不己知也。”

这几段很有意思，孔子把自己比作君子，而君子应当具有道德的品质。“病”是有一种责难，孔子追问自己，作为一个有德的人他很惭愧或者自责没有能力，不过“不病人之不己知”，他不怨恨别人不了解他。这就是君子，很简单。他总在惭愧自己做得不好，但是并不怨恨别人。这是作为君子的一条标准。

子曰："君子疾没世而名不称焉。"

君子的遗恨是到死而名声不被人称颂。作为一个君子，他死后别人对他也没有什么纪念、称颂，觉得这是很遗憾的。这一点又和前面不一样了，前面讲作为君子只是惭愧自己的能力，而不在意别人不了解你。但是反过来又讲"君子疾没世而名不称焉"，等到真的死了，名声不被别人称颂，又感到遗憾。这跟前一句话完全不同，原话的背景我们不清楚，我们仅对这个话语本身语色来分析，我们可以这样理解，作为一个君子是为这个社会的百姓而奋斗的人，可是百姓不记得你，那你不认为是一种病痛吗？我理解孔子在这个地方不是说我是个君子，结果因为我死了以后别人不记得我而感到遗憾。而是孔子认为作为一个君子没有被别人记住，是他承继的事业没有能够教导别人，因此感到悔恨。

子曰："君子求诸己，小人求诸人。"

君子做什么事情都严格要求自己，而小人永远都是要求别人做到。

子曰："君子矜而不争，群而不党。"

作为一个君子很矜持，这个"矜持"不是拘谨，是很严肃。"不争"，不去跟别人去争辩。但是不是所有的都不争辩，原则问题也是要争辩的。那么"群而不党"这个"党"就是党派的意思，"群而不党"就是和别人在一起的时候，容易和别人交往、接触，但是绝对不搞派别活动，不搞宗派活动。很庄严不是拘谨，然后又不去争，不搞宗派，这都是君子的要求。

子曰："君子不以言举人，不以人废言。"

有德的人不因为他人的一句话就举荐别人，"举"是推举。也不能因为他一句话说的不对就把他摒弃。所以君子看人不是只看表面现象，不能够因言而举人，不能因言而废人。古人说"一言以兴邦，一言以丧邦"，但是这个地方不是君子的一个态度或者君子立誓的原则。不是通过言论判断，而是要综合判断。

子贡问曰："有一言而可以终身行之者乎？"子曰："其恕乎！己所不欲勿施于人。"

有没有一句话是让我们终生所奉行的呢？就是那个"宽恕"的"恕"。"己所不欲勿施于人"这句话是非常流行的。1983 年在美国芝加哥召开了全世界的宗教原则会议，参会的派别有 180 多个。大会倡导在未来能不能建一个全球的普世伦理，一个宗教原则会。在世界宗教原则会里这么多的派别就开始达成共识，我们开始了一个普世的世界伦理，所以叫作“普世伦理的宣言”，各个教派能不能提出一个基本的道德修行律条，而成为我们宣言中的一个主题。所有的教就开始提了，最后香港中文大学的一个教授刘淑贤就说这个普世伦理应该是最简单最易行的，是一个道德修身的概念。刘淑贤介绍了《论语》的这句话“己所不欲勿施于人”，你自己不想做的就不要强加给别人。后来大会就接受了孔子这句话，变成了世界普世伦理的一条规律。我后来又给改了一句，“己所不欲勿施于人，己所欲亦勿施于人”，你喜欢的也不要强加于别人。

子曰：“君子不重，则不威；学则不固。主忠信。无友不如己者。过，则勿惮改。”

《学而》选这一条是孔子很坦然地对待自己的一种不当行为或过错，或者说这种不当的行为他自己非常警惕。“不重”就是不庄重，一个君子应该是庄重的，言行不能太随意，如果他不庄重的话，他就没有威慑了。在这儿介绍一个法家，三个字就能代表法家，第一个是讲“法”，第二个是讲“术”，第三个讲“势”，这个“势”就是刚才孔子说的“威”。儒家也讲威势，但儒家讲的和这个“威势”不一样，法家所说的“势”是一个领导者没有威势就没有办法让别人对他敬畏，所以法家特别强调威势。但配合威势一定要讲究一个“术”，术是什么？就是统治的方法。“法”就是条例，这也是法家的一个重要的贡献。那么在这里，孔子说如果你没有威势就不庄重，学的东西就不会巩固（学则不固）。我认为这话中间还有缺话，这个上下文我觉得有点不接，君子如果不庄重就没有威仕这个还是可以的，但是和“学则不固”似乎不是一个必然的关系，我觉得这中间是不是丢了文字。就是我说的不要看到文字就以为都是对的，因为过去是用竹简，竹简是用皮条穿的，皮条一断，简就乱了，这中间就可能缺少文字。错简就有可能把字丢了，后来在整理的时候就没法办了。

子曰：“过而不改，是谓过矣。”

有错误不改正，这是一个很重大的错误。

子曰："吾尝终日不食，终夜不寝，以思，无益，不如学也。"

我曾经整天地吃不下，晚上睡不着，去想一些问题。这样没有什么好处，还不如去学习。这句话就是劝大家要努力学习，不要胡思乱想，辗转反侧地睡不着觉，起来去读书，读累了也就睡了。

子曰："君子不可小知而可大受也，小人不可大受而可小知也。"

不需要用小的事情去考验君子，你可以授以他重大的责任。所以对于有德的人你不要用很小的事情来看他是不是有德，君子是要给他委以重任的。小人呢，不可大受而可小知，对于没德的人呢，你不能给他重大的任务，你可以用一些小的事情看一下他是不是有德。

子曰："饭疏食饮水，曲肱而枕之，乐亦在其中矣。不义而富且贵，于我如浮云。"

"疏食"就是很粗糙的饭，"饮水"就是喝水，这是孔子平时的一种生活习惯。"曲肱而枕之"就是枕着自己的胳膊睡觉。乐在其中，那生活不是很奢华，但很安逸。所以孔子后来说君子是什么呢？"食无求饱，居无求安"，不要在吃上、穿上、房子上特别在意，不必弄得很豪华。可孔子又说"富润屋，德润身"，"德润身"很好理解，一个有德的人也是修养自身的。那么富有了呢，就置田买房。这让我们有些不能理解，一会说"食无求饱，居无求安"，一会又告诉你有钱买房子。"不义而富且贵，于我如浮云。""富"是指财富，"贵"是指社会地位，孔子说这些就像天上的浮云一样。结果反过来他又讲"贫与贱人之所恶，不以其道得之，不去也"，"贫"是没钱，"贱"是社会地位低下，贫穷和低贱是人们嫌恶的。不用正当的方法是不能摆脱"贫与贱"的。"富与贵，是人之所欲也，不以其道得之，不处也。"金钱和地位如果不以正当的方法取得是不可以的。接着又说了一段，"富可求也，虽执鞭之士，吾亦为之。"有财富可求，即使是拿着鞭子站在门口给人当看门的，这个钱我也要挣。所以读《论语》就要这么前后翻着读，孔子一方面给我们讲做人的正面的道理，同时他也不是那么固执，这是孔子的一个思维方法或者说是儒家的一种智慧。不是我们讲的说是孔子的财富观就是对财富没有任何追求，不是这样，他是两面的话都要讲到。

《八佾》孔子谓季氏："八佾舞于庭。是可忍也，孰不可忍也？"

季氏是一个诸侯，古代是天子、诸侯、大夫然后庶民，这么几个阶层。在周礼的概念从天子到诸侯到大夫到庶民，不同的阶层会有不同的礼数。孔子对季氏说，一个诸侯怎么可以八佾呢？“八佾”就是每排八个人一共八排的这样的一种舞蹈仪式，这是天子的排场，诸侯应该是六佾，六排，每排六个人。这里是什么意思呢？这涉及到中国古礼的一个概念。一个社会一定要有阶层分化，用礼数规定下来，在不同的地位上有一个不同的职分。你在你这个职位上，应该是这样的一个礼仪形式，这个礼仪形式，大家都要鞠躬，你在这个位置上要担当这个位置上的责任。所以孟子说你做君的不义，那对不起，我做臣的就可以不忠。“君视臣为手足，臣视君为腹心；君视臣为土芥，臣视君为寇仇。”所以那个地位规定的非常详细，同时还有一个责任。孟子的话既强调了等级制度严格的区分，同时又附加道德的压力。你不是一个好君王我就杀了你，并不是你在高位就不能杀。

《公冶长》子曰：“巧言令色足恭，左丘明耻之，丘亦耻之。匿怨而友其人，左丘明耻之，丘亦耻之。”

“巧言”就是花言巧语，这样的人都很伪善。“令色”是补充伪善的相貌。“足恭”十足的谦恭，谦恭是对的，但是如果卑躬屈膝就不对了，那叫失德了。所以一个人花言巧语然后带着一种虚伪的面貌，假装十足地对别人尊敬。左丘明耻之，我也很讨厌。“匿怨而友其人，左丘明耻之，丘亦耻之。”内心有一种怨恨，但跟朋友交往表面上还很友好，这就是我们上午讲的小人、乡愿式的人物，表面上对别人很友好，但内心对别人有一种怨恨。左丘明耻之，我也耻之。其实孔子不是一个无原则的人，他的一个朋友坐的时候没有坐相，孔子就拿拐棍打他的腿，他说：“幼而不孙弟，长而无述焉，老而不死，是为贼！”这个场景可以想象，孔子并不是一味地宽容别人，见到不合礼的现象也是会指责的。

子见南子，子路不悦，夫子矢之曰：“予所否者，天厌之、天厌之！”

子路在孔子的弟子中是最敢说话的了。但是这段话的背景，具体孔子怎么看南子，为什么去看南子，都交代得不太清楚，我们也不知道后面的背景是什么。这一条说明孔子还是很贤明的，孔子去看南子，子路不高兴。“矢”就是射箭，指代孔子发誓像箭一样射出去。“予所否者”，我没有什么做得不对的，假如我做得不对的话，那么老天都会讨厌我。孔子受到了学生的质疑，然后就马上发誓，说我什么都没有干，如果干了什么坏事老天都会讨厌我。孔子在弟子对他的批评当中，做得是很有分寸的，一直坚持原则。

子曰："中庸之为德也，其至矣乎！民鲜久矣。"

中庸作为一个德，应该是一种最高的道德了。这段话的背景我不知道，我们知道孔子对道德有很多要求，比如说"温、良、恭、俭、让"、"忠、信、仁"，这都是孔子对"德"的一种规定，但是这里突然说中庸是最高的德。"民鲜久矣"是说老百姓很少有了解它的。"中庸"在其他文献里有讲，在四书里的《中庸》应该比《论语》稍晚一点，所以"中庸"第一次提出应该是在《论语》。但是孔子以前有没有提到"中庸"我们现在查不到，这是第一；第二，我们知道"中庸"是一个德，这在《大学》《中庸》里有详细的介绍，但在《论语》里没有。我不知道背景是什么材料，但从字面意思说，在礼崩乐坏的西周以来大家都不知道"中庸"是最高的道德规范，所以后来我们演绎成为"中庸"是讲德的就是从这里开始。同时，"中庸"也是一个思考的方法，就是"叩其两端而竭焉"，后来还有"叩其两端而持中"。

子曰："知之者不如好之者，好之者不如乐之者。"

刚才说"知之为知之，不知为不知，是知也"，这个地方又这么说，就是你对一个事物的认识和了解，懂它就不如喜爱它，喜爱它不是一种对知识的外在追求，而是用心去关照它，这叫"知之者不如好之者"。"好之者不如乐之者"，如果你真的喜欢它不如把它当成一种人生的乐趣。"知、好、乐"就是孔子把道德的追求当成自己一生的乐趣去做。我们现在大概体会不到，我了解它不如我喜爱它，我喜爱它不如把它当成一种终生的乐趣。显然字面上可以做一个广泛的解释。你能把自己的学习当成自己喜爱的事情，换句话说一个人一生追求自己喜欢的东西，就是一个正当的归宿。

子曰："质胜文则野，文胜质则史。文质彬彬，然后君子。"

"质"是纯朴、质朴，但"质胜文则野"，就是说质朴胜于你的文采，就显得比较粗野了。那文采要胜于你的质朴呢？就是你把自己装饰得特漂亮，超过了你的质朴那就变成了史，"史"是什么？就是虚华、浮华的意思。那什么比较好呢？就是"文质彬彬，然后君子"，就是既有文又有质。打个比方，一个人穿了一身的名牌服装，这叫“文”，显得虚华。如果穿着背心裤衩跑到五星饭店去，这叫质朴，也就是野蛮。所以这两者都不能过分，要文质彬彬，君子应该是这样。这是《论语》说的人生的态度，人的思维方法，既不能落在“文”上，也不能落在“质”上。质过了，比较野蛮；文过了，比较虚华。所以文质彬彬，然后才可以是君子。

《阳货》子曰：“唯女子与小人为难养也，近之则不孙，远之则怨。”

这段话的背景我们看不到了，字面意思是唯有女子和小人难养，“难养”是很难相处，离太近了不守礼节，离太远了又有一些怨恨。这一条在历史当中有很大的争议，被认为是以孔子为首的儒家对中国妇女的迫害、礼教的束缚就是这句话。过去我的解释是“难养”是很难相处，不过这话是一个具有普遍性的泛指，那这句话在逻辑上就有问题了，如果小人很难相处，女子也很难相处，那么岂不是把全天下的女性都包括在内了，所以这个没有说服力。如果把《论语》考虑到它背后语境的问题，可能就是孔子的弟子或者有人对孔子说，某一个女人，很难相处，近了不守礼节（古代对女孩子有很多礼节），远了又会生气。小人这个没问题，小人就是无德之人，没有德你就很难和他相处，离他近了，他觉得你对他很关照，所以就很放肆，离他远了，又会怨恨你。这个没有太复杂的问题，并不是对妇女的歧视，因为除了这一条以外，在《论语》中找不到第二条孔子对妇女歧视的地方。因为在春秋战国时期里还不像汉代以后有了那么多的礼节要求，对女孩子有很多限制，在春秋战国我们还看不到那么多的风俗。

或曰（有人对孔子说）：“以德报怨，何如？”子曰：“何以报德？以直报怨，以德报德。”

有人问孔子，用道德这种行为回应别人对我的怨恨，觉得怎么样？孔子反问，那怎么报答别人对我们的恩德呢？并且提出应该“以直报怨，以德报德”。我觉得这是《论语》流传到现在对报、怨的一个批评，过去人们觉得“以德报怨”这是多好的一个品格道德，别人对我有怨恨，我还对你施予恩德。其实我们知道孔子这句话根本不是这个概念，一个真性情的人面对他人的错误或者抱怨，就要指出他存在的问题，他的行为、言语不符合社会道德规范，或者他的行为损害了我的利益。看出问题就要指出对方的错误，否则是对他人不负责的行为。我比较支持这一点。就是在历史文化当中有很多东西并不是我们日常留下来的那些概念，孔子在这个地方立场非常清楚。

君子的生活态度

《学而》子曰："君子食无求饱，居无求安，敏于事而慎于言，就有道而正焉，可谓好学也已。"

"安贫乐道"是孔子的一种生活态度，孔子说一个君子应该什么样？应该是吃东西的时候，不用追求很饱，居住的地方不要追求特别舒适。"敏"是快的意思，对待事情要勤劳，但是说话要谨慎。对那些有道德品德的人，以他们为对照来改正自己的错误，"正"是匡正、纠正自己的错误。这样就可以称为是一个好学生。

《乡党》子曰："食不厌精，脍不厌细。食殪而餲，鱼馁而肉败，不食。色恶，不食。臭恶，不食。失饪，不食。不时，不食。割不正，不食。不得其酱，不食。肉虽多，不使胜食气。唯酒无量，不及乱。沽酒市脯不食。不撤姜食，不多食。"

吃东西呢，不要把它搞得很精细，肉类的菜肴不要切得太细。吃的东西，粮食如果有味道了，发霉了，鱼和肉如果有些腐臭，那就不能吃了。肉的颜色不好看，不新鲜了，那也不能吃。食物的味道变了，也不吃。做菜的方法不对，这个不能吃。吃饭要按点吃，不到吃饭的时候不吃。食物烹饪时的刀法不正，这个不吃。吃饭时没有作料，也不能吃。这个我们可以看出前面孔子说"君子食无求饱，居无求安"，到这里又不是那样了，给人感觉很矫情，刀功不好不能吃，味道不好不能吃，变了味的不能吃，等等这些东西可以看出孔子在这上面还是挺讲究的。"肉虽多，不使胜食气。"酒席上肉太多了，吃的时候不能超过主食。"唯洒无量，不及乱。"喝酒没关系，但是不能达到那个乱的程度。"沽酒市脯不食"，市面上买来的酒和肉不能吃。"不撤姜食，不多食"，有了姜食是一种调味品，但是这个不能多吃。

这一段可能弟子对孔子的饮食做了个记载。和前面的对照谈，前面说“君子食无求饱”，好像生活当中很随意，不会刻意追求完美。这个地方饮食就特别讲究，当然这也是一种“安贫乐道”，对自己的饭食特别讲究。刚刚我们讲的“饭疏食饮水，曲肱而枕之，乐亦在其中矣。不义而富且贵，于我如浮云。”这也是孔子“安贫乐道”的一种表现，都是孔子的生活态度的一种表现。

《里仁》子曰：“人之过也，各于其党。观过，斯知仁矣。”

每个人都是不同的，所以每个人的错误可能也是不同的。人都会犯错，什么样的错误就和这个人的思维方法处理问题的价值观念相关，源于他自己的那样一个位置。如果仔细考察他所犯的错误，我们就知道他是什么样的人。什么人犯什么错误，所以我们根据犯的错误就知道这是个什么人。

子曰：“朝闻道，夕死可矣。”

早晨理解了道理，到晚上死了也无所谓。虽然有点过分，但这是追求道的一种志气、志向。

子曰：“士志于道，而耻恶衣恶食者，未足与议也。”

有志于对真理追求的人，但他自己以吃粗糙的粮食，穿很旧的衣服为耻，这种人不值得跟他讨论问题。一个志于道的人，在生活上不要有太多的追求。当然这个地方从一个人的生活态度可以看出他到底是不是志于道，如果嘴上说志于道，可是在生活上又特别地追求服装、饮食这种东西，那这种人你没必要跟他讨论道的东西。这是孔子讲的观人、看问题的方法。

《卫灵公》在陈绝粮，从者病，莫能兴。子路愠，见曰：“君子亦有乎？”子曰：“君子固穷，小人穷斯滥矣。”

孔子在陈国这个地方没有吃的，跟从他的人也都生病了，不能站起来了。这是一个简短的描述，孔子周游列国，在陈那个地方绝粮，很悲惨的那种状态。子路听了很生气，“愠”是有一点生气，有一点恼怒。子路脾气很爆，看到不好的事情，他不会忍，有什么说什么，所以他有点生气地说：君子难道没有什么办法来解决这种贫困吗？也是表达对这种情况很不满意。孔子这时候说，君子穷一点无所谓，因为他志于道还可以坚持。但是小人要是穷了，就会无所顾忌，抱怨别人。孔子在这个地方说，作为一个君子，在道德修行方面要安于现实，一方面乐于贫困，一方面讲只有这种情况才能坚持志于道。这个地方可以看出，在非常贫困的情况下，子路有点不高兴：难道我们有德的就应该这么穷吗？孔子认为志于道的话，穷一点无所谓。但小人没有志于道的概念，所以一旦处于这种贫困状态，他就无法控制自己。这是我们说的第三点。

孔子讨论利与义

第四点就是讨论义利的问题。

子曰："放于利而行，多怨。"

就是说按照个人的利益去做事情的话，会招来很多的怨恨。

子曰："君子喻于义，小人喻于利。"

君子是对义的追求，而小人只了解利。这句话后来被人们认为是儒家的义利观，这个理解当然没错，不过在当时的时代有很多解释。比如我们看《易经》里面有一句话，"义者，利之和也"，义和利并不是一个对立，我们在《易经》看到这句话时很有意思。追求利的，实际上就是对义的一个追求，所以义和利并不是对立。还有一段是这么讲的，"人不能无取，取利而和，则为之义。""和"是一个多元化的形态，"和"和"同"是对立的。在春秋战国时代有一个辩论，就是"和同之辩"，主要是儒家和墨家的一场辩论，儒家和墨家作为当时先秦的主力学派被称为"儒墨显学"，这两派是影响最大的学派。墨子提出一个统治社会的方法，就是"尚同"，"尚"就是推崇，"同"就是同治，统一。在墨子看来，你把所有的、在座的这些人的思想统一起来，那这个社会就好管理了，这是墨子的一个想法。当然，墨子说如何把人的思想统一起来，不是光靠政治动员，而且还必须有宗教来约束，所以墨家是主张有神的，这是他的两个统治系统，一个是宗教统治系统；一个是政治统治系统。而儒家是主张没有神的，西周初期灭商纣王，纣王自称天子，文王、武王认为纣王既然是天的代表，却没有做到敬德保民，那么就要推翻纣王，要以德配天。孔子是继承了西周的文化，所以孔子是不讲神的。在《论语》当中也有体现："子不语，怪、力、乱、神。"儒家不讲神，也不讲同，我给它概括是儒家"贵和"，"贵"是价值、最重要的，儒家认为"和"最有价值。这个"和"不是像墨子讲的统一，而是多元化。"和"最早出现在音乐里，它是各种各样的声音，根据音、序、律而和。古代也是七个音，宫商角徵羽，再加上两个变音，这七个不同的音素根据一定的序列结合起来，那就是一个"和"，必须七个音都是很协调的，根据一定的序列很协调地排起来，它就是和弦音。

可以看出孔子对音乐是很有追求的，所以他说："子在韶闻乐，三月不知肉味。"听到好听的音乐，三个月不吃肉都没有关系。从孔子的概念说，他受到中国音乐史的影响提出了这个"和"，孔子提出："礼之用，和为贵。"这个"礼"不是一个礼貌的礼，而是一套制度的设置。制度设置的作用应该以"和"最为价值，它指的是多元化。从音乐的多元化到家庭的和睦、社会的和谐，协和万方。

那"和同之辩"到底指向一个什么问题呢？就是"和则相生"，不同的东西放在一起就会有生命力；"同则不继"，把相同的东西放在一起就不会继续发展。所以一定是多样化的才有生命力。想想各位做企业也好或者在现实社会看到的也好，如果是单一性的，那这个社会永远也没有发展。一定是一个多元化的社会才有生命力。所以君子是"和而不同"，小人是"同而不和"。君子是有德之人，这么多人对他有意见，他都可以接纳，因为他有这样一种道德的包容态度。小人就喜欢听别人对他的吹捧，吹捧他，他就能接受；反对他，他就会生气。所以"君子和而不同，小人同而不和"，这就是我们刚才说的"和"的概念，和是讲多元化，不是一边论，不是讲统治。

那我们再来回过来看这句这就读懂了，讲"利"对不对呢？一个企业不挣钱了那是不道德的，总说君子于义，小人于利是不可能的。儒家这个地方是讲"义"也讲"利"，不过他表明一个态度，君子更多的时候是考虑"义"的问题，而小人更多的时候是追求"利"。孔子不是说不讲"利"，"取利而和，为之义"。如果你为了追求利益而不愿意别人的存在，那就不是"义"。

字面意思很简单，我解释的意思是：当你作为一个君子，作为一个有德之人，你去经营一个企业的时候，你应该有“和”的概念，就是允许你的同事、你的同行业有一个存在的可能性。你不能包打天下，把所有的竞争对手全部挤掉。全部挤掉对你的企业可能没有威胁了，可是没有危险的时候，人也就放弃了主动性和创造性。这是一个解法。还有一个解释：市场那么大，你挣钱，也得允许别人挣钱。别人有钱挣，你也有钱挣，这样大家相安无事。你挣钱不许别人挣钱，那么就会出问题。所以孔子在这个地方不是不讲“利”，不过他讲的是“取利而和，为之义”，让同行业合理的竞争发展。这一段就是讲到义利的问题，义利之辩。

天理人欲之辩

孔子在这个地方讲的不多，不过我们也做个介绍。天理人欲之辩，这个“天”我昨天也解释了，有很多意思。这个“理”是儒家所说的伦理，那儒家在伦理之前为什么放一个“天”呢？也就是说儒家给人们设置的这个伦理不是强加于人的，而是作为人自然而然有的，所以“天理”是这个意思，不是说设置一套伦理规范，让人各位去遵守，之所以设置这套伦理就是和人的欲望、要求是相等的，所以说这是“天理”。那么人欲就是人的欲望。孔子在这里没有详细谈论，不过这个在中国历史上发生过激烈的讨论。最后是朱熹把儒家文化发扬光大，“存天理，灭人欲”这句话就成为宋以后中国封建文化的一个伦理教条。字面上就说保存儒家的伦理道德，灭掉人的欲望，所以就造成了孔子后世对封建礼教的影响，在中国传统社会对妇女的一个残酷的压迫，这个理论的来源就是这句话。

从“五四”以来对中国传统文化为什么又发生了批判？就是根本的问题没有解决，就是政治批判和理论批判的混杂。这是两个不同功能的批判，政治批判是解决理论批判带来的社会影响，理论批判是了解理论本身所具有的这些论据之间是不是一个矛盾。可是不论在古代社会还是现代社会，一个完整的理论体系和产生的社会影响，这两个是不重叠在一起的。因为一个充分的论据构成一个理论，它一旦向社会发布或者通过各种媒体表达的时候，那么它就一定会产生社会影响。但是产生社会影响的结果并不是一个同源的，一定是有交叉的，这中间必须通过媒介的传播。这个媒介是有选择的，就像我们今天说报纸是政治版的，它可能就喜欢这个理论中的A，它产生的社会影响是A，但是它也有变形。媒体是经济版的，它可能更注重A点和B点，这个时候它一定能产生A点和B点的影响，不过不是原型了，理论的一部分抽出来，作为我们受众群体看到这样一个理论，只看到A点或者B点。如果它是社会娱乐版的，产生的社会影响可能只是A+C的这一点，这个B就没有。在一个完整的理论体系里面，理论和论据之间是符合一定的逻辑关系的，而不能出现悖论，是一个完整体。可是经过媒体介绍以后就把这个完整体拆散了，是因为它的作用的功能不同，它选择了A点就不能表达B点，那就是我们作为受众群体看到的是这些媒体切断了完整体系给我们展现的一个部分。我喜欢政治版，可能我看到的只有理论，只有政治版的A点，而没有看到C点。事实上一个完整的理论一定是A、B、C这样一个不同的论据之间逻辑的整合。如果我这个说法成立，从传播学的角度看，不是什么样理论就一定会产生什么样的社会影响，它们两个是不同源的。理论批判是解决理论本身的内在的逻辑是否出现悖论，政治批判是解决这个理论产生的社会影响，这是两个不同的批判。

但是从“五四”以来，我们把这两个不同的批判混杂在了一起。我们以为政治批判解决了封建伦理在社会上产生的恶劣影响就可以了，于是就有“打倒孔家店”，而不顾及理论本身的分析，这就是“五四”以来的最大的错误，就是我们历来习惯政治批判，我们不理解对从理论上分析研究。所以从“五四”以来到现在，一提起儒家的思想就把中国近代所发生的所有的问题和现代社会所存在的问题，一股脑儿地归结为这就是中国传统封建儒家思想所产生的影响。一般人说，儒家的思想都是对的，在今天的社会我们只能靠儒家来重振价值观念，这个说法也是不正确的，都是从政治背景批评的层面去解决儒家的问题，这就错了。因为它不同源，批判只能回应现实社会的一部分，而不能回应理论的构成是不是有问题。我们要明白政治批判和理论批判的不同，只有政治批判是不行的，还要回到理论批判当中，理论批判就是对这个理论本身的逻辑严密性的一个论证。

“存天理，灭人欲”所产生的社会影响，造成了中国封建社会礼教的泛滥，对妇女残酷的压迫和迫害。到了清代，很多地方到处都是贞节牌坊，用贞节牌坊表达贞女、烈女。其实就给妇女套了一个礼教的枷锁，规范女人的行为。当时一个叫作戴震的文人，他看到了这个地区的对妇女的残酷压迫，所以他说“存天理，灭人欲”纯粹就是以礼杀人，在这个背景之下，所以就说宋朱理学就是用礼来杀人。接着就是鲁迅，鲁迅反传统很激烈，对礼教批判得也很激烈。从戴震到鲁迅的批判，一直到“存天理，灭人欲”的政治批判，我称之为社会影响和政治批判，这个政治批判非常清楚地揭示了传统封建礼教对妇女的迫害，非常激烈地批判了封建礼教。这个政治批判是对的，但是政治批判不是理论批判，所以我们再回到理论批判这个角度去看，看看它的逻辑有什么问题。“饮食男女，人之大欲，即是天理”，渴了喝水，饿了吃东西，男女结合繁衍后代，这是人的最大欲望，而这个最大的欲望就是天理。如果要是这样说的话，天理就是人欲，人欲就是天理，“存天理，灭人欲”从逻辑上就是一个错误，是一个冲突。可是你把这句话读完了，反而觉得这句话还有它的合理性，“求美味者，人欲”，喝水即可解渴，非要追求水本身的价值，吃饭便能充饥，而追求饭食的美味与否。这些东西都是过度需求。所以我说刚才那个“天”是什么意思？自然而然的。凡是自然而然的需求就是人欲，天理就是人欲，人欲就是天理。人的正常的欲望的需求在儒家看来是符合伦理要求的，并不过分。只是求美味，过度的要求是儒家认为需要灭掉的人欲。

“存天理，灭人欲”这个“灭”字不好，这是宋明以来的理学家受到佛教断灭思想的影响，我认为不要用“灭”改成“节”这样就很好，因为这种说法很容易导致理论的偏向。用现在的话说，似乎人没有更多欲望需求就没有自主消费，没有消费就不能拉动生产，这是从经济学的角度讨论。不过要是从伦理概念讨论，人的正常需求是没有问题的，那就是符合儒家的社会伦理，但是如果是过度需求的话就是欲望，这两点分的是很清楚的。“灭人欲”，不能仅仅是政治评判，它所产生的政治影响不好，可是理论本身并不是错的。我们如果知道这些，就深刻地了解到儒家伦理为什么在历史这么长的时间里，通过历次政治上的批判、社会转型还会存在？因为它回答了人的生存基本生活状态和基本的道德标准，它并不是强烈地设置了一个高大的目标让你去追寻。只是它在后世发展过程中，汉代到宋代以后，一个伦理的学说就变成了统治阶级的意识形态，它的鲜活性也丢掉了。再加上后世社会在工业化社会的转型中，非常激烈地批评农业化社会产生的社会伦理，政治上的影响是从这个角度开始。

但是政治批判绝对不等于理论批判，一个民族、一个国家要进步，不能够满足清除这些理论所产生的社会影响，还要回到理论本身去分析，去探讨理论的逻辑是不是出现悖谬。一个正常需求和一个过度需求，过度需求在儒家看来应该防止发生，儒家赞成正常需求。这个地方非常有意思，告诉我们一个现实社会里政治批判不是理论批判，你不要满足于政治批判，不要满足于社会影响的批判，还要回到理论上去分析研究。从“五四”以来到“文化大革命”到现在，你就能看出这个问题的严重性。从社会媒体到当今所有人对传统文化的态度，基本上就是政治批判，完全没有做到理论批判。理论批判不是一个贬义词，而是什么时候能把理论问题做一个清理，仔细研究理论背后有没有悖论。政治批判和理论批判是两个不同的概念，我们满足于政治批判，满足于清除这个理论在社会上产生的影响，而不是这个理论本身到底出现了没出现。

孔子的使命感

《述而》子曰：“我非生而知之者，好古，敏以求之者也。”

我不是生来就是有知识的人，只是我对传统文化有个爱好，我去努力地学习和了解这个文化。这就是我们刚说的一个对历史文化有了解的民族才是有希望的民族。黑格尔说过一句话：“一个有文化的民族没有哲学，就好似盖了一个豪华的庙，而里面没有神。”也是讲的这个道理。“三人行，必有我师焉”，“三”不是三个人的意思而是多人的意思，很多人在一起，一定有一个是我的老师，有一个值得学习的人。

子曰：“二三子以我为隐乎？吾无隐乎尔。吾无行而不与二三子者，是丘也。”

你们几个学生以为我有所隐瞒（可能孔子有些东西没有讲，学生以为他有所保留），我对你们真的没有任何的隐瞒，我没有一点不是把我的行为向你们公开的，这就是我孔子的为人。这个背景材料不知道是什么，也可能弟子怀疑孔子有些问题没有讲，所以认为老师有所隐瞒。孔子说我没有什么隐瞒的东西，对学生就是诲人不倦，我要教你们的东西我都教了。孔子对弟子是毫无保留的，这也是孔子给自己立世的一个原则。

《子罕》子畏于匡，曰：“文王既没，文不在兹乎？天之将丧斯文也，后死者不得与于斯文也；天之未丧斯文也，匡人其如予何？”

“子畏于匡”，孔子在周游列国的时候，在匡地给围住了。“文王既没，文不在兹乎？”文王已经过世，真的不希望他的周文化在这保存吗？“天之将丧斯文也，后死者不得与于斯文也；天之未丧斯文也，匡人其如予何？”如果天要丧掉这个文化，那我作为后世的人也没有办法；如果天没有说要这个文化消灭，那么匡人也不能阻止我。这里就表明孔子的一个使命感。

《泰伯》子曰：“笃信好学，守死善道，危邦不入，乱邦不居。天下有道则见，无道则隐。邦有道，贫且贱焉，耻也；邦无道，富且贵焉，耻也。”

孔子说：我坚信我走的路是正确的，用生命来保护我的信念。“笃”是坚定的，相信我追求的一个东西，我就努力地学习它，用我的生命去保护它，这是孔子行事的一个标准。“危邦不入，乱邦不居”，“危邦”一个混乱的、危险的国家，那么孔子说不会住在危邦。“天下有道则见，无道则隐”，“见”通“现”，出现，这里也就是代表出仕。天下是有德的、有秩序的，那么孔子就会出来做官；这个社会政治不清明、无道，那么孔子就会退隐。“邦有道，贫且贱焉”，国家如果有道，那贫和贱对我来说无所谓；“邦无道，富且贵焉，耻也”。如果国家腐败，我个人的富贵也是没有意义的。所以这里的“耻”，我认为不是耻辱的意思。可是杨伯峻先生不是这么注的，如果按照字面意思，邦有道，政治清明的时候，我还很贫贱，这是一种耻辱。

我的理解是：邦无道的时候，贫与贱无所谓。社会政治清明了，我作为一个有志的人，我不在乎我的贫和贱。如果邦无道，政治上不清明，富且贵对我来说没有什么意义。“耻”是不是可耻，这个可以讨论。查古书里面这个“耻”是不耻于去讨论这些问题。当然杨先生这个解释也是一个方面，政治清明了，可是我还是很穷，这是个耻辱。这个耻辱不是我的，是政府的，国家的耻辱，为什么对这些有道之人不给予一种社会保障或者让他们有更好的生活。邦无道的时候，国家不清明，而我自己具有很多的财产，这是一个耻辱。杨先生的这个解释当然也可以，但是我不接受，你们也可以讨论这个问题。

这段很有意思，孔子的使命感也不是我们理解的把孔子当成至圣先师那样完美无缺，其实他也是为自己利益考虑的，所以天下有道，政治清明的时候，我就出来做官。天下无道，我就隐退了。这是什么思想？就是原来道家的思想。道家就是这样，不主张和现在的政治社会混在一块，而是找一个世外桃源的地方去修养。所以道家是反对儒家的，老子认为社会应该是“鸡犬之声相闻，老死不相往来”，大家都在自然状态下平和地生活，那个社会是最好的。那是一个逻辑上的理想社会，但是这个批评对儒家还是有影响的，他们也有点从个人利益去考虑，政治清明我出来，政治不清明我就隐退。孔子还有一句话：“道不行，乘浮浮于海。”国家不清明，我坐船就走了。孔子在这个地方具有使命感，可是他也会从自己的利益考虑。

《宪问》子曰：“贤者辟世，其次辟地，其次辟色，其次辟言。”

这里可以看到，儒家不是只有“知其不可而为之”，他们也有一些自己的考虑：一个有贤德的人，他在恶劣的环境下会隐居起来，所以叫“辟世”；再一等的人，遇到是非之地会避开；再次一等的人，他周围的朋友或者领导脸色不好，那么他们就选择逃避；再其次的人，别人恶语相加的时候就避开，这也是儒家避世的一个概念。道家也讲避世，道家避世后也不是完全脱离社会，真正会避世的人是“大隐隐于市，小隐隐于朝”。“小隐”，说是避世但是他没有那么高的境界。所以他尽量选择荒野的地方，去修炼自己。一个真正修炼的人是在一个特别热闹的地方，也能够避世、也能够修炼自己。

子路宿于石门。晨门曰：“奚自？”子路日：“自孔氏。”曰：“是知其不可而为之者与？”

“子路宿于石门”，子路就在石门这个地方住下来。第二天早上清晨的时候管门的这个人就问他从哪里来呀？子路说从孔子老师那来到这。门人说就是那个“知其不可而为之者”的那个人吗？所以“知其不可而为之”不是孔子给自己的一个定位，而是孔子在社会上的影响，被社会人理解他是一个有志道的人。作为一个看门人都能知道孔子，可见孔子的社会责任感或者使命感对其他人有了影响。他有这种使命感，一个外界人对儒家的评论是他们是有意志的人，知道自己做不到还要去做。《论语》是非常丰富的，有时候概念和概念之间并不是完全吻合。我们后续塑造了一个很高、很伟岸的孔子的形象，是一个没有任何缺点的圣人。可在中国文化里孔子不是神，只是后世的统治者为了拿这块金牌来为他们的统治地位服务。所以现在孔子有两个形象，一个是一介布衣，一个是圣人。这个圣人是后世社会对他的一种装饰，这就违背了孔子的这些理论，所以我们现在一讲孔子就是讲意识形态对他的塑造，而忽视了一个原始的一介布衣的孔子。孔子是一个很可爱的人物，有缺点，有自己的志向。居住不求安稳，吃饭不求饱，大概就可以了。然后又开始讲挑剔，刀不正不吃，变颜色不吃，是很鲜活的人物。

论修身的知与行

《为政》子曰：“学而不思则罔，思而不学则殆。”

只读书而不去认真的思考，那往往会疑惑，“罔”是被迷惑、蒙骗的意思。因为书本是文字记载的一个载体，可是文字的记载由于语境的不存在或者记载者的立场或者思维方式的不同，落成文字的时候，如果不仔细思考，不进行良莠的辨别，就会受到书本的欺骗。“思而不学则殆”，天天在那思考、空想，不去从书本上得到印证，就会缺乏信心从而放弃学习。这是孔子讲思学的问题，知和行的问题。一个是要读书，一个是要行动。但是读书不思考就会受骗；思考而不回到经典文献，那就不会有信心不会读下去。

子曰：“由，诲女知之乎！知之为知之，不知为不知，是知也。”

“由”就是孔子的弟子仲由，我来告诉你什么叫“知”吧，知道就是知道，不知道就是不知道，那就是知道。这显然是一种道德修养和道德品格，而不是我们现在讲的对知识的认识和对知识的追求。

子曰：“多闻阙疑，慎言其余，则寡尤，多见阙殆，慎行其余，则寡悔。言寡尤，行寡悔，禄在其中矣。”

这段话的背景是子张问孔子怎么做官，“多闻阙疑，慎言其余，则寡尤”，孔子说作为官员要多听，各方面的意见都听，这样就会有一些你觉得值得思考的问题，这个地方你要多加以保留。然后要“慎言其余”，保留自信的那一部分然后谨慎地表达出来。这样就会减少很多的错误。这是讲什么是做官，要多做社会调查，多听多了解。这样就会发现有些东西不正确，就会有疑问。但你要谨慎地说，不要把你看到的东西都说出来，因为真相你并不一定了解，这样你犯错误就比较少了，孔子在这个地方就是教导应该怎么做人。“多见阙殆，慎行其余，则寡悔”，除了慎言还要慎行，做事情也要有保留，不要什么都做了，那么自己就可以少些后悔。“言寡尤，行寡悔，禄在其中矣”，说话要少一点，这样错误就会少一点；行动慢一点谨慎一点，那样后悔就会少一点，做官就在谨言慎行上。

哀公问曰：“何为则民服？”孔子对曰：“举直错诸枉，则民服；举枉错诸直，则民不服。”

哀公问孔子，做什么事情才能叫百姓服从、赞同？孔子对曰：“举直错诸枉，则民服；举枉错诸直，则民不服。”“举”是推举，有错误的你不要推举，把优秀的人推举出来，那百姓就会同意；如果把那些道德品质不好的人提拔起来，反而把正直的人排在道德败坏人的下面，不提拔他们，老百姓就不服从。就是作为一个统治者，选拔一个正直的人，老百姓就会服从；选择一个道德败坏的人，老百姓就不服从。孟子在《梁惠王》这篇有这么一句话：“左右皆曰贤，未可也；诸大夫皆曰贤，未可也；国人皆曰贤，然后察之，见贤焉，然后用之。”周围的人都说某人是贤才，还不能用他；卿大夫们都说某人是贤才，也还不能用他；举国上下的人都说某人是贤才，然后才可以考察他；考察到他真是一贤良之才，然后才可以提拔他。孟子这句话和孔子“举直错诸枉，举枉错诸直”的概念是一样的。再看后面这句：

“左右皆曰不可，勿听；诸大夫皆曰不可，勿听；国人皆曰不可，然后察之；见不可焉，然后去之。”皇帝身边的人都说这人不可用，还不能听信；大臣们说这人不好，也不能听信；国人都说这人不行，那么考察过后这人真不行，然后杀之。孟子在这个地方告诉我们一个做人的基本道理或者用人的一个基本原则，这个原则归纳一下，就是要“思”并且要“行”，所以儒家一直在强调“知行合一”，要把了解的知识和行动结合在一起。不能坐在书斋里一天到晚地读书，最终还要落实在行为上。

《学而》子曰：“弟子入则孝，出则悌，谨而信，泛爱众而亲仁。行有余力，则以学文。”

孔子告诉他的学生要守一个道理：“入则孝”就是在家跟父母在一起的时候，你首先要讲孝道，要孝顺父母；“出则悌”和兄弟在一起的时候，“悌”是关爱的意思，要敬爱兄长，儒家讲孝悌就是这个概念。“谨”是谨慎，“信”是要诚信，说话要谨慎，行为要诚信，行事要负责任。“泛爱众”要有博爱，关心大家。儒家不是不讲“泛爱众”，但是这和墨子的“兼爱”是不一样的。墨子讲的“兼爱”是人们没有利益地互相交往地去关爱。儒家也讲关爱、博爱，但是儒家讲的是一个宗法社会血缘的关爱，“老吾老以及人之老，幼吾幼以及人之幼”，就是关爱是讲等级次序的关爱。

樊迟问知，子曰：“务民之义，敬鬼神而远之，可谓知矣。”问仁，曰：“仁者先难而后获，可谓仁矣。”

樊迟问孔子什么叫“知”（这个“知”不是西方知识的意思，而是智慧的意思）？孔子说，统治者要知道一种智慧，统治百姓的一个办法，告诉百姓对鬼神要有一种敬畏，但是要远离鬼神，这就是一个统治者的智慧。前面讲儒家是不讲鬼神的，但是在那个时代不可能完全把鬼神的概念抛弃掉，所以在统治的智慧或策略上才采取这样一个办法——敬而远之。樊迟又问“仁”，“仁”是什么意思？孔子说，一个有德的人先去做事，由此而获得的成功就叫“仁”。“仁”并不是一个虚无的道德，包括实际的修身过程。

论仁知仁

《季氏》子曰："益者三乐，损者三乐。乐节礼乐，乐道人之善，乐多贤友，益矣。乐骄乐，乐佚游，乐宴乐，损矣。"

"益"是好的，孔子把快乐分为有益的快乐和有害的快乐，有益的快乐有三种，有害的快乐有三种。什么是有益的快乐？能够得到礼乐的调节，这是一种有益的快乐。礼乐不光是一个纯粹的制度，也是一种心理的调节；"道人之善"，表彰宣传别人好的事情，这也是一个有益的快乐；交往很多有益的朋友，也是一种快乐。再来看有坏处的三种快乐，以一种傲慢作为自己的快乐，其实这不是真正的快乐，这是一种无知；整天地游逛，游手好闲当成快乐；在饭桌上流连忘返，贪图安逸，这也是有害的快乐。孔子说这三种乐是有害的，是坏的。孔子论人的时候是从这个角度去看。

《尧曰》子张问与孔子曰："何如斯可以从政矣？"子曰："尊五美，屏四恶，斯可以从政矣。"子张曰："何谓五美？"曰："君子惠而不费，劳而无怨，欲而不贪，泰而不骄，威而不猛。"

孔子的弟子子张问孔子一个人有什么条件可以从政？孔子告诉他：推崇五种好的品格，摒弃四种不好的东西，这样就可以从政了。子张继而问什么是五美呢？"惠而不费"，能给百姓带去好处的就叫"惠"，"不费"就是不铺张浪费；"劳而无怨"，给百姓做事的时候没有抱怨、怨恨；"欲而不贪"，自己对仁德、地位、财富等有欲望，但是不能贪。每个人在人格修养上都有一个追求，追求一种物质、一种权利，这是人的正当的需求，但是在追求欲望的时候不能够贪；"泰而不骄"，"泰"是一种庄重，做领导要庄严，但不是傲慢；"威而不猛"，"威"是权势要有一种威严，但是这个威严不猛，不是那么凶猛。这就是孔子说的五种品格：带给百姓好处，为百姓工作而不怨恨，有自己的统治欲望的同时不要走向贪，庄重不骄傲，威严不凶猛。

子张曰："何谓惠而不费？"子曰："因民之所利而利之，斯不亦惠而不费乎？择可劳而劳之，又谁怨？欲仁而得仁，又焉贪？君子无众寡，无大小，无敢慢，斯不亦泰而不骄乎？君子正其衣冠，尊其瞻视，俨然人望而畏之，斯不亦威而不猛乎？”

假如根据老百姓的利益而给老百姓带去利益，满足百姓的需要，这就是“惠”。“择可劳而劳之，又谁怨？”该努力工作的时候就去努力地工作，选择可以让百姓劳作的时间和事情让百姓去做，这样没有人会去怨恨你。“欲仁而得仁，又焉贪？”我想使我的道德完善，做一个有德的人，怎么还会去贪呢？“君子无众寡，无大小，无敢慢，斯不亦泰而不骄乎？”作为一个君子，无论多少，势力大小，都不怠慢他们，对上恭敬，对下也不傲慢，这样就是泰而不骄。“君子正其衣冠，尊其瞻视，俨然人望而畏之，斯不亦威而不猛乎？”一个君子的衣衫应该正式整洁一点，看待别人都是一种很庄重的眼神，远远地看去让人有一种敬畏，这种敬畏是从你的衣衫、言语、行为体现出来的，这不就是威而不猛吗？

子张曰：“何谓四恶？”子曰：“不教而杀谓之虐；不戒视成谓之暴；慢令致期谓之贼；犹之与人也，出纳之吝谓之司。”

什么是四恶呢？惩罚一个人，不先教诲、指出他的问题就来处理他，这就叫“虐”；“成”是成就，不加告诫便要求成功，成就没有一种规范的时候，这就是一种“暴”；对待人开始很散漫，但是突然给出一个规矩，必须在规定的时间内完成就是“贼”，“贼”是盗窃的意思，在这里是不负责任。当给别人东西的时候很吝惜，这叫作小家子气。这就是“四恶”。

子夏曰：“君子有三变：望之俨然，即之也温，听其言也厉。”

这里告诉我们一个君子的外在形象，有三种东西是要不断注意调节的：一个君子从远处看很威严（这个威严是从衣冠到言行），但是走近了一接触，发现这人很儒雅、温和，而且他说话很有逻辑，讲道理很有说服力。这是子夏传达孔子对君子的三种德行，前面说的“五美、四恶”，然后这是“三变”。

子夏曰：“君子信而后劳其民；未信，则以为厉己也。信而后谏；未信，则以为谤己也。”

这是教我们怎么面对百姓，怎么面对上层领导。“信”是诚信，作为君子要讲诚信，要讲信誉，然后才能指挥百姓，百姓才听你的。如果你们没有诚信，老百姓就以为你是不负责任。“谏”就是劝说、上书，如果你是一个有诚信的人，那么你向领导上书，这样没问题，领导会接受。但是你没有诚信，得不到别人的信任，这个时候你去上书，去劝说领导，那么领导会以为你是在诽谤我。当然我们前面说领导也要有宽宏大量的胸怀，接受不同的意见。

子夏曰：“大德不逾闲，小德出入可也。”

“大德”是说人的节气，道德最大的节气是国家民族的利益，这些重大的节操不能越过界限。“小德”是指作风上一些小节的事情，不一定就特别的严格，可以稍微有一点放松。

子贡问曰：“乡人皆好之，何如？”子曰：“未可也。”“乡人皆恶之，何如？”子曰：“未可也；不如乡人之善者好之，其不善者恶之。”

子贡是孔子的弟子，为人非常的宽厚，他问孔子说：“如果百姓都很喜欢他，这个人怎么样？”孔子说：“这个评价不是完整的。”“如果百姓都讨厌他，这个人怎么样？”孔子说：“这也不能够完全判断这个人。最好的人应该是满乡里的好人都喜欢他，满乡里不好的人讨厌他。”要从这个角度去看人。就像前面讨论的“国人皆曰可杀，则杀之。”君主周围的人说好，你不要相信；君主周围的人说坏，你也不要相信。最终要看国人，国人说好那就好好用他；国人说不好，那好好考察，发现真的不好，那就杀了。是把举人用人的标准定在国人的身上，所以这样才可以为父母官。这一点孔子讨论得很具体，满乡人都说好，不要太相信。为什么会这样？因为有的时候是从众心理造成的，前面用一个大的“国人皆曰杀之，则杀”，这个地方又把它具体了。不是国人说好就好，国人说坏就坏。应该是考察在国人当中善良的人、有德的人评价这个人好，“物以类聚，人以群分”，讨论的就是这个问题。这都是我们在平时生活中一些待人接物的经验，孔子在这个地方给我们做了一个解释。

子曰：“君子泰而不骄，小人骄而不泰。”

“泰”是安详、舒坦，君子是这样的人，但是他不是那种傲慢的人。小人是傲气凌人，但他不会是一种安泰、安详的样子。这就是君子和小人的区别。

子曰：“刚、毅、木、讷近仁。”

在这个地方可以读到什么叫仁，“刚”就是刚强；“毅”就是做事情很果断；“木”就是朴实；“讷”不是呆傻的意思，是说话比较谨慎，但又不是纯粹的谨慎，话很少、比较安静。这样的人就比较接近仁义，所以君子的道德品质在这个地方。

子曰：“不仁者不可以久处约，不可以长处乐。仁者安仁，知者利人。”

“不仁者”就是没德的人，没德的人不可能长久地居住在一个简朴的地方，有德的人可以去陋巷，“一箪食，一瓢饮”都觉得乐在其中。没德的人不可能在艰苦的环境下长久地待下去，也不可以在一个悠闲、快乐的地方长久地待下去。因为他有无尽的欲望，无论在好的地方还是坏的地方，他都不能长久地待下去。“仁者安仁，知者利人”，“仁者”做什么事情都会有安排，状态上也比较安静。“知”就是“智”，聪明的人会利用这种道德品质完善自己。在恶劣的环境下看一个人是不是“仁者”一看就知道了，能够在艰苦的环境下无所动摇的就是仁者。

子曰：“唯仁者能好人，能恶人。”

一个有德的人能够喜爱某一些人，但也鄙视某些人。我们说一个仁者是有原则的人。不是说一个有德的人见到什么都没有原则，不分好坏。见到好的喜欢，见到不好的也要敢于说话。所以能“好人”也能“恶人”，这是君子的一个品德，有这样一种道德的境界。

子曰：“富与贵，是人之所欲也；不以其道得之，不处也。贫与贱，是人之所恶也；不以其道得之，不去也。君子去仁，恶乎成名？君子无终食之间违仁，造次必于是，颠沛必于是。”

“富”是财富，“贵”是社会地位。有财富同时又有社会地位，这是每个人都想得到的。然而不用道德、操守而得到的富与贵，那是不需要的。“贫”是指贫苦，“贱”是指社会地位低下。贫苦和社会低下，这是人们所不想要的，不用正当的方法去除自己的贫困与社会低下，那我就安于贫和贱。君子如果抛弃了自己仁德的道德品质，他怎么还能够成就自己的名声呢？君子对仁德的修养，在吃饭那么简短的时间里都想着怎么修养自己的仁德，不要违背仁德。“造次”是指匆忙的意思，在匆忙的时候，在行路或者生活当中，也不会忘却仁德。这是我们讲的孔子对“仁”的看法，同时也是孔子的财富观。

子曰："饭疏食饮水，曲肱而枕之，乐意在其中矣。不义而富且贵，于我如浮云。"

吃着粗糙的饭食，躺在自己的胳膊上安然地睡觉，乐就在其中。不义而来的东西对我来说像浮云一样。贫与贱、富与贵都是人的欲望，不用正确的方法得到或去掉，作为君子都不会去做。

子曰："富而可求也，虽执鞭之士，吾亦为之。如不可求，从吾所好。"

如果我可以求到的财富，虽然是拿鞭子这样世人认为地位低下的工作，我也愿意去做。假如我做不到、得不到这个财富，那就做我自己最喜欢的事情吧。

从这三段我们可以看出：一、孔子对于财富不是我们认为的鄙视财富，不追求财富。而且他追求财富有个条件，认为贫贱富贵这是人的正常欲望。孔子并没有说人的本性是善的，他只说"性相近，习相远"，认为贫贱富贵都是人的欲望所得到或去除的。在这种欲望、需求的形成下，怎么完善自我的德行，这需要学习，需要向仁德靠拢。孟子之前认为人是有四端之心的：是非之心、羞耻之心、恭敬之心、恻隐之心，如果原来的生命本质是好的，那么你的欲望就是一种扩张，努力地提升自己，那么你就完成了一个自我道德的修养。这点孔子和孟子有一个差别，在中国儒家学说里，孟子第一次明确了人的本性是善的。如果人的本性是善的，可是后来出现了相互的争夺。相互争夺里面涉及两个层面：一个是上下的争夺，权力阶层和被统治者之间的争夺。孟子告诫统治者，一定要行仁政；告诫百姓要做自己的主人。因为没有私分之心，有良知，所以要完善自己的道德。但是要求统治者实行仁政的时候，孟子对于统治者的批评也非常激烈，"诛一夫"就是孟子提出来的。

孔子认为人的本性最初是既有善也有恶，因为人的本性对外是有奢望的、有需求的，既然有需求孔子认为就要需求好的，不要需求坏的。需求好的也要有正确的管理方法，一个国家怎么管理好？应该是"道之以政，齐之以刑，民免而无耻。道之以德，齐之以礼，有耻且格。"用政策、政令来引导，用刑罚来整治社会，百姓会避免触犯刑罚，但是不是从内在的道德出发。这种方法来治理国家，使百姓没有道德的自我完善，不去犯错误不是道德主体的影响，而是害怕严刑酷法，所以这样的治国是不对的。应该用仁德、道德去教导百姓，用礼的制度来整齐社会，百姓做事情就会有尺度，有道义的主宰。孔子是特别强调道德教化和礼制管理，礼制管理就是指尊卑、等级的概念，他强调的是职分。

理想人格

讨论孔子书中提到的“人”是一个类的概念，不是一个个体，是从“人与禽兽之别”这个角度来谈人，是把人和禽兽做一个对比，人与禽兽之别在于几希之处，“几”是少，“希”是更少，人和禽兽只有那么微小的一点差别，这个差别就是人是有道德的动物，而禽兽没有。这就是中国儒家文化强调的一个问题，所以这个“人”显然不是个人，而是个类的关系。“以人为本”什么意思？这个“人”是西方文艺复兴以来“天赋人权”讲的个人，还是中国文化里面类的概念？这个都是需要清楚的。我们今天的“以人为本”可能更多的是接受西方文艺复兴以来强调的以个人生命为本，以个人的尊重、财富为本，应该把个人当作关注的根本问题，来解决执政党的问题。而传统社会里的“以人为本”是讲一个类，传统社会一讲“人”就是讲集体，一讲集体就开始讲国家，一讲国家就开始讲天下，所以中国政治总是伴随着这样一句话：修身、齐家、治国、平天下。这是一个什么逻辑？“修身”是一个道德范畴，道德是道德领域对自己的一个约束，这里把道德和国家、民族、社会连在一块，那么道德范畴就发生了政治化的倾向。不要评论好坏，这是一个文化的政治走向。在《大学》中讲到修身才能齐家，齐家才能治国，治国才能平天下。在说完了这个理论体系后又反过来说，平天下就要先治国，要治国就要先齐家，齐家就要先完成道德修养，这里政治又走向了伦理化。作为一个人，应该有道德修养，但道德修养把自己约束好就可以了，那为什么道德修养的完善一定要联系上民族、国家呢？这就是上午说的用一种“强大的道德教化来压制人的个性发展”。伦理政治化，政治伦理化，混淆了这样一个界限。

孔子讲“人”是一个类的概念，并不是个人的概念。但是孔子“人”概念中也有具体的形象，例如“乡愿”式的人物，《论语》称为“德之贼”，就是盗窃了德的名号给自己，把自己打扮得很像一个有修养的人，内心却很肮脏；还有一种是“狂人”，孔子很喜欢这样的人。孔子讲一个人举止要像君子，真正成为君子的人不可能是乡愿，有两种人可以：一个就是“狂人”，就是率真、正直的人。率真就是真性情，他认为真性情是培养道德的一个标准，一个真性情的人才可以成为一个有德之人，所以孔子很喜欢这样的人，“知其不可而为之”，这样很容易给自己一个激励。另一个是“狷人”，是“有所为而为，有所不为而不为”，这类人做事情有一个判断，不能做就不要强干，用理性思维来管理自己，判断事物。一个君子是什么样子，“惠而不费，劳而不怨”“望之俨然，即之也温，其言也厉”，穿衣服要庄严一点，说话要慎言谨行，不要讲不负责任的话等，对君子的要求，这是孔子做人的最高标准。我统计“君子”一共在《论语》中出现一百零七次，也就是孔子在整篇的《论语》当中对学生的教育。

子曰：“朝闻道，夕死可矣。”

这个“道”大的是天人之道，小的是治国之道，当然也包括生死之道。如果你对生死有了解了，比如早上了解了晚上死了，这也是你的成就。并不是按照时间来说，早上听到，晚上就死了。这里是比喻对道德的追求，是生命中第一件大事。

子曰：“人之生也直，罔之生也幸而免。”

“生”是生存，生存是由于你很正直，能够以一种正直的态度面对人生，孔子主张这样的生活状态，以一种正直的人格来对待你的生命。“罔”是一种混乱，这里代指不正直的人，不正直的人固然也会存在，那他侥幸地避免了灾祸。孔子说人最好是正直的，正直是你立志生存的唯一依靠。这个社会也有一些不正直的人活着，那是很侥幸的，偶尔很幸运地免于遭到社会的谴责。这句话是强调“正直”才是生活中的一个依据。

《泰伯》曾子曰：“可以托六尺之孤，可以寄百里之命，临大节而不可夺也。君子人与？君子人也！”

“百里”就是国家政治问题，可以把一个幼小孤儿和一个国家的命运托付给你。“大节”就是国家安危、个人死生之大关节处，面临这种状况的时候你不会放弃自己的意识，这就是君子。君子是可以临危受命的，可以被得到信任，可以使国家延续，这就是君子。孔子对君子的要求还是很高的，不仅仅个人的道德修养问题，德有大德、小德，小德是自我修养，大德是对社会、国家的责任。

曾子曰：“士不可以不弘毅，任重而道远。仁以为己任，不亦重乎？死而后已，不亦远乎？”

曾子说：“读书人不可以不刚强、不可以没有毅力，责任重大、路程还很远（临危受命的时候有很多压力）。以实现仁德作为自己终生的任务，这样的使命还不够重吗？到死的时候，离道德也就不远了。”老子说“死而不亡者寿”，魏晋的王弼对之注解说：“亡者忘也，其道犹存。”意思是说人虽然去世了但道德风尚长存，死亡并不是生命的结束，虽然他死了可是他把道德留在了人间。所以古人说有三种东西不会腐朽：立德，确立自我的道德修养；立言，把对人生的感悟表述出来给别人以启发；立功，来到世上要做一番功业，小的功业赡养父母，齐家，有充足的财富，大的功业是民族、社会、国家。这些不会跟着你的生命消亡，作为人生最高的道德标准和价值标准留在人间。从这句话理解孔子的话，一个读书人、从义的人是一个不屈不挠的人，既然死了也没有被大家忘记，所以也没有远离大家。

《卫灵公》子曰：“君子义以为质，礼以行之，孙以出之，信以成之。君子哉！”

君子做事的时候是按照礼节的规定，以一种合适的方法（“义”就是合适，君子追求原则，小人追求利），把做事情有原则当作一个根本，一言一行都有礼的规定。“孙”通“逊”，是谦逊的意思，孔子要求君子处处以谦逊的态度对待。“信”是诚信，按照诚信的原则来做事情，那么就是君子。

子曰：“君子病无能焉，不病人之不己知也。”

“病”是惭愧，这句是孔子对自己的一个批判。君子最痛心的就是自己没有能力，而不会怨恨别人不知道他。一个君子不是为了名声而活，君子要每日三省吾身，反省自己哪一点做不到，做不到的地方会有一种惭愧或自责。

但是君子不会要求或者憎恨别人不知道自己是君子，这是讲谦虚的同时要求自我道德的完善。

子曰："君子疾没世而名不称焉。"

君子担忧自己辞世后自己的名声没有被后世流传，这样的君子会有一种遗憾。一个君子弘毅完善了自己，为社会、民族、国家做了好事，结果他在后世没有被别人记载或称赞，那他有一种遗憾。君子这种弘毅的思想应该成为教化百姓的思想，但是没有名声当然就不是教化百姓的教材了，所以作为一个有德之人这是一个遗憾。

子曰："君子求诸己，小人求诸人。"

君子从来都是严格要求自己的，小人从来都是要求别人做到。读书学习是为了完善自己的道德规范，不是向外炫耀。

子曰："君子矜而不争，群而不党。"

"矜"是庄严，作为一个君子应该是庄严谨慎的，对很多事情不去争。和其他人很友好，但是不结党派。

子曰："君子不以言举人，不以人废言。"

君子不要因为别人的一句话就把他表扬、推升起来，不能因为别人的一句话就放弃他或者不委以重任。君子应该是一个有智慧的人，不应该以一时一事来看人。

《阳货》子曰："由也，女闻六言六蔽矣乎？"对曰："未也。""居！吾语女：好仁不好学，其蔽也愚；好知不好学，其蔽也荡；好信不好学，其蔽也贼；好直不好学，其蔽也绞；好勇不好学，其蔽也乱；好刚不好学，其蔽也狂。"

这段话是孔子对弟子子路说的。这里"女"通"你"，孔子问子路是否知道六种道德品质和六种弊病，子路不知道，孔子告诉他：喜好仁德却不努力学习，这种弊病是愚蠢；很聪明但是不好好学习，这种弊病是放荡、说话无根；喜欢讲诚信但不好好学知识，容易被别人利用而害了自己；一个很正直、真性情的人但不好好学习，没有理论知识或是对世事的了解，那就容易急躁、不稳定，办事毛毛躁躁；很勇敢，但是没有足够的知识控制自己或了解对方，那就容易捣乱闯祸。很刚强、刚毅的人不好好学习，弊病就是狂妄。做君子应该怎样？应该是有六德而避免六蔽的出现。六德就是要好仁、好知、好信、好直、好勇、好刚。但是一旦做到了这六德，结果不努力学习（这里的“学习”是一种道德的自我进修，一个是社会知识的积累），一个脾气很好，很有性情的人，一个很讲诚信的人，结果没有太多的社会知识，不去归纳古人在这方面的经验教训，没有这样一个补充，一定会受到欺骗。

子曰：“道听而途说，德之弃也。”

喜欢听小道消息，这样的人就放弃了“德”对自己的要求。因为有正常的渠道不去关注，喜欢听传言，不是道德把你抛弃而是你抛弃了自己的道德。有德之人要讲求诚信，不能够听小道消息。

《里仁》子曰：“事父母几谏，见志不从，又敬不违，劳而不怨。”

孔子认为作为一个君子讲修身的时候应该是有孝道的，孝道也是君子修身的重要因素。

以礼执政

“礼”在古代是一种制度，孔子主张用“礼”来管理政治制度。

《为政》季康子问：“使民敬、忠以劝，如之何？”子曰：“临之以庄，则敬；孝慈，则忠；举善而教不能，则劝。”

季康子是诸侯国的一个官员，是政治家，有大权。他问孔子，如何使老百姓很认真，对统治者有一种敬畏？“敬”是对事物的认知、尊敬，除了这个还包括敬畏；以一种互相的勉励、劝说了解“忠”的意思，这样会不会管理好社会呢？孔子说，应该告诉百姓做事情应该严肃，不能够随随便便，就会对上级有所敬畏；要讲孝慈，“孝”是孝道，“慈”是关爱他人，教育百姓要教导孝慈，这样的话百姓就会对你忠诚；应该提拔那些好的人来教化那些能力弱的人，这个时候百姓就会变得勤勉。孔子认为这样的社会就是一个安定的社会。

或谓孔子曰："子奚不为政？"子曰："《书》云：'孝乎惟孝，友于兄弟，施于有政。'是亦为政，奚其为为政？"

有人问孔子为什么不去从政？孔子则说，在《尚书》中有这样的说法：只要孝敬父母，关爱兄弟，把这种事情转移到政治上去就是从政。这是一种执政的理念，认为只要把孝慈的问题、友爱兄弟的问题讲给他人听也就是从政。孔子的志向不在于做官，而在于宣传儒家或者周礼的文化。《为政》这篇相对比较集中，都是讲统治社会的一个政治方法。

《论语》的辩证思维

第一个概念是"中庸"，中庸是一个德，而且是一个智德，智德就是最高的道德范畴。中庸是一个德悟，是一个最高的道德领悟，这个给我们一个很大的启发，就是中庸是一个德，但是中庸不仅是一个德，而是一个思考问题的方法，所以孔子说："叩其两端而持中，持中无权，犹持一也。""叩"是敲打，敲打事物的两端，这个两端不是一维平面世界的这一端和那一端，两端是指事物存在的本质和事物外在的现象。事物存在是有一定形式的，但是事物存在一定要有一定的内在，事物的发起是有原因的，但是也要探讨事物的结果，在这两端探讨问题的时候，就叫"叩其两端"。但是"叩其两端"的时候要"持中"，这个"中"不是50%，这个"中"在《中庸》里叫作"持中"，持中就是总是变化的，这个"中"就是"三"。"三"在古文里是多的意思，所谓"一生二、二生三，三生万物，冲气以为和。"那么这句话的意思说，当我们研究事物两端的时候，我们一定要从第三个角度看问题。第三个角度看问题的时候，我们说过去这60年来，我们思维方法的错误就是误解了马克思主义的一个简单的原理，马克思讲的是对立统一，而我们讲对立就形成一个思维方法，叫作一分为二，一分为二是二元对立的思考方法，而二元对立的思考方法所产生的价值观念就是正确、错误，是与非，它只能用这种对错的东西来讨论问题。但是事物的判断不是仅仅用对错两个字就可以的，用二元对立思考问题去判断事物的时候，这种价值观念就会出现混乱。

长期的训练影响了中国十几亿人的思维方法，就是一分为二。“文化大革命”顶峰，凡是敌人反对的我们就得拥护，凡是敌人拥护的我们就一定反对，这个逻辑推到底是一个错误的逻辑，所以我们说不再讲一分为二了，要讲一分为三。在中国文化里，特别是在儒家文化里特别强调这个一分为三的方式，我们阅读了那么多材料，孔子说“不义之财于我如浮云”，不用正当方法取得的财务对我来说像浮云一样，这个很坦白了。之后就接着说“有富可求，指鞭之士而为之”，有财富可求，我拿个鞭子给人当个下贱的看门人，这个财富我也要。所以可以看到，孔子的话永远是在两边说，他有高尚的财富观，但是还有追求财富的欲望。好像我们之前说的六礼和六弊，一个好的道德品德很容易转化成一个坏的道德品质，如果你用两分法说这个问题就不好解释了。所以中庸它首先是一个德，它不仅是德，而且还是一个思考、思维方法，这就是中国文化的一个特质，就是一个有德的人就必定是一个有智慧的人。

那么智慧就告诉你说“叩其两端”，要“持中”，把握“中”，这个“中”就是从第三个角度看问题。因为从第三个角度看问题，要懂得权变，变是任何事物都存在特定的时间和空间之中，没有任何一条真理是可以离开时间、空间而存在的，所以我认为过去说的“马克思主义放之四海而皆准”是不对的。马克思主义确实是一个真理，但是它一定在特定的时间、空间里存在，不可以说有一个东西普遍适用。所以我们在认识事物的时候，从第三个角度看问题，千万不要忘记时间和空间的约定。过去我们讲个例子，最简单的例子最能说明问题，马路上交通路口的车辆是最繁忙的，交通问题最复杂，是最容易出现问题的地方，旁边就有一条标语，说“宁停三分，不抢一秒”，这个很正确，是对时间、空间的一个概括。可是如果把“宁停三分，不抢一秒”的标语搬到生产车间里就不可以了，因为时空改变了。所以任何一个真理性的东西，任何一个对客观反映正确的东西都是在特定的时间、空间之内的，不可以把它当成一个普遍的东西适用，所以从第三个角度看问题的时候同时也要注意变，变就是要看时间和空间的变化。这就是《论语》讲到的，从《论语》中我们读到的一个精髓，就是我们看问题一定要从第三个角度看问题，好的东西会引出坏的东西，一个合理的东西如果没有另外一个东西来制约，它就会出现问题。

所以孔子在这个地方告诉我们，看问题要一分为三，而这个一分为三的思维方法一定立在德上，而孔子多处讲到这个德，除了个人的心胸，我管它叫小德，还有一个齐家治国这些大德。“大德不逾闲，小德出入可也”，有大德的时候是“不逾闲”，就是有大德的人是不能够违背一个大的原则，这个大的原则就牵扯到民族、社会、国家。比如说作为一个企业的领袖，你不可以在一个大企业的发展过程中不担当社会的责任，所以我说这样一个大企业必须要大德，大德就是民族、社会、国家。这也是孔子强调的一个根本的思维方式，根本的问题，核心问题就是强调德与智，是中国传统文化最精确的地方，是告诉我们在三千年历史发展过程当中儒家强调的是德与智的关系，大德必有大智。

对于这个核心问题，也就是儒家强调的德的问题，再具体点叙述，这里有一个例子：《中庸》是“叩其两端而持中”，就是讲怎么不落在两边。古代有一个圣王叫舜，舜娶了一个老婆没有告诉父母，叫作“娶而不告”，这个不是一个历史事实的记载，这是一个逻辑的讨论。他为什么“娶而不告”呢？古人重孝，就是要对父母要敬重，做子女的要轻微地劝告，如果父母不听你也不能够违背，大孝是这样的，父母之言不可逆，更何况终身大事呢？那么“娶而不告”的原因是什么呢？原因是“告而不娶”，如果告诉父母，而父母不我让娶，这里是在娶的这个角度想问题，还是在不娶这个角度想问题呢？这样很为难。如果要“叩其两端持其中”，从第三个角度考虑一下问题，考虑不孝有三，可是最大的不孝就是无后，要有后所以必然要结婚，因为舜要考虑后代是不孝里面最大的不孝，所以他就“娶而不告”。这个例子就告诉我们想问题不要落在两端上，而是透过这两端去看第三个角度，这样问题就可以解决了。这就是我们讲的“叩其两端持其中”的这个问题，这是“持中”。

还有一点，“持中”要有“权变”，权变就是灵活应对随时变化的情况，如果没有权变还是落在一边了。这里有一个故事，古人重礼，说男女授受不亲，授受不亲之为大礼，男女是不能手交手的，这是一个男女之防的大的礼节，这个大礼就是一个很原则性的问题。如果男女授受不亲是大礼的话，那你的嫂子掉在水里怎么办呢？嫂溺的话也不能去救，但是不救她就淹死了，所以嫂溺当然要援之以手，要把她拉上来。但是用手把她拉上来又不符合授受不亲了，这样就很为难了，是救还是不救？所以在这个时候就要想，孟子说“有如此落井必有恻隐之心而生”，她不仅是嫂子，就是任何一个人掉在水里头我们作为人都会有怜悯之心，都会有同情之心，都会救。那既然是嫂溺，就是落在水里不救她就会死，这样特定的时间、特定的空间出现了，那么就要变化了。所以“持中”还要考虑时空的变化，在嫂溺的特定情况下，在考虑大礼的同时，还要看到特定的时间和空间之内有人落水了，那么就要援之以手。所以假如我们说这是大礼的话，那它就指原则化，援之以手就是灵活处理了。我们行事的时候，如果没有原则那么事物不成方圆，但是有的时候原则会使很多事物的灵活性被僵化掉，如果什么事都讲原则，结果很多条文管理没办法对应变化的时间和空间，没有对应突发的事件，这个时候就要强调灵活，所以这就是原则和灵活处理问题的时候，考虑时间、空间的这个“持中”的方法。

我们今天读的这些《论语》，从这个概念去理解就会发现《论语》讲的那些事情几乎都是从第三个角度思考问题的，所以我们从中去体会中国传统文化和儒家文化的一分为三的思考问题的方法。在这里我就讲完了，各位有些什么问题可以提出批判，或者提出疑问，或者哪些地方我讲得不对，哪些地方讲得不周全的，可以再提一下，谢谢大家。

根据王守常院长2012年4月20日在三智道商企业家国学高研班十一期班讲课录音整理

国学不是复古　也不是教条

李中华

《周易》的核心价值

国学热中热点很多，其中一个热点就是《周易》。为什么《周易》热？其实，自古代以来，无论是在学者，还是社会之中，《周易》一直都是广受推崇的。

六经，就产生的时代而言，都在孔子之前，也就是自有文字记载以来最早的典籍。夏商周三代已经创造了古代的文明，而其文字的记载基本都包含在了六经里面。六经是三代文明的结晶，代表了中华早期的文化。

孔子受推崇的一个原因，也是在于对六经的整理。通过对六经的整理，孔子对夏商周三代文明进行了继承、延续，甚至可以说是发展。这是孔子最重要的贡献之一。六经的发展主要体现在春秋战国时期的百家争鸣，这就由经学转化到子学。子学的源头还在六经，如果没有孔子、没有儒家的整理，文化就可能断裂，而且孔子做了最好的榜样，中国文化经过两千多年没有断裂，与孔子的弘扬六经也很有关系。

六经之中，《周易》和其他五经又有所不同。六经各有自己的作用，庄子、司马迁都有过记述。首先提出六经之说的《庄子·天下》中有："《诗》

以道志，《书》以道事，《礼》以道行，《乐》以道和，《易》以道阴阳，《春秋》以道名分。”《诗》表达情感，《书》是古代帝王治世的经验记录，《礼》是人的行为规范，《乐》注重和谐，《春秋》体现人不同的社会地位，五经更多的是讲人事，属于人道的内容，而《周易》则讲阴阳之道，三才之道。如果说《诗》是文学的源头，《书》是后世政治学的源头，《礼》是人的道德、伦理思想的源头，《乐》是艺术和和谐价值观的源头，《春秋》是历史学的源头，那么《周易》就是中国哲学的源头。

《周易》“推天道以明人事”，没有离开人道，但追溯到了自然。人类的行为如何才是合理的，就是要学习天道。天道，用现在的话说就是自然界运行的规律、法则，天道有常，所以人道也要有常。哲学是人学，人的思想和行为如何是合理，按《周易》来说就是由人道追溯到天道，再由天道来明人事。比如孟子说“诚者，天之道也。思诚者，人之道也”，就典型地说明了天、人的关系。所以，《周易》对人的行为的指导是超过其他五经的。《周易》体现了中国人天人合一的思维方式。

到了汉代，《周易》成为六经之首，也是因为其中天人合一的思维方式等等可以用来指导人的行为，指导社会，指导人生。《周易》的重要性和价值主要体现在为中华民族古代的思维方式奠定了基础，是中国人思考天地时的哲学源头。

可以说，中国古老哲学蕴含着从后现代的角度来看也是合理的内容。近现代以来的社会发展暴露了很多问题，其中一个就是人与自然的关系，可见《周易》的现代意义。而且，《周易》之中不仅包含人与自然和谐的生态哲学，同时也有社会生态、政治生态、人生生态。

《周易》的这种思维方式启发了春秋战国时代的诸子百家，尤其是儒道两家都吸收了天人合一等思想。什么是天人合一，就是人与自然要保持一致，人不能违背自然，破坏自然，道家主张“道法自然”，“自然”就是事物的本来面目。事物的发展是自然而然的，没有一个外力的主宰，因此这种思想发展的结果是哲学，而不是宗教。儒道两家实际上都反对存在一个超越自然和社会人生的、绝对的彼岸的主宰者，这就是人文精神。

“人文”这个词早在《周易》中就出现了。前几年我注意到有一本书在进行东西方的人本主义比较时，说到中国原本没有“人文”这个词，“人文”一词的出现，是近代以来中国人从西方学来的，我想这位学者一定没有读过《周易》。

“人文”一词初见于《周易·贲卦·彖传》：“阴阳交错，天文也；文明以止，人文也。观乎天文，以察时变；观乎人文，以化成天下。”天有天文，地有地文，人文则是由人创造的。“贲”字有装饰的意思，人类必须有修饰，这是与动物的不同。与“文”相对的就是“野”，人类不能粗野、愚昧。人文精神是人类行为的重要指向，因此几千年前的《周易》就出现了“人文”这个词，也可见《周易》的重要性。

人文精神指导人类行为的合理性。《大学》三纲领中有“止于至善”，也就是居于、处于最善的这个境界，大学教育的目标在于培养人止于至善的境界。但是，现在的大学里，只重视学技术，学了技术以后要怎么用，实现什么样的价值，却是很多人的迷惑所在。现在提倡人文精神，就是因为我们需要这样的胸怀、修养，这样的素质，这才是人和动物重要的区别。

除了天人合一的思维方式、人文精神之外，《周易》有一个核心价值，即和谐。《周易》的释义词句有“乾道变化，各正性命，保合太和，乃利贞。首出庶物，万国咸宁”。乾道，即天道，也就是自然之道，自然界的规律是变化的，赋予了一切生物的正常稳定的生命，人的生命和人性本质都源于天道。人的产生是自然界发展到一定阶段的产物，人产生以后与动物如何区别？中国古代哲学很重视人禽之辨。孟子讲“四心”：“恻隐之心，仁之端也；羞恶之心，义之端也；辞让之心，礼之端也；是非之心，智之端也”。人只有有这四种心，才是一个完全的人，若没有这四种心，就如孟子所言：“无恻隐之心，非人也；无羞恶之心，非人也；无辞让之心，非人也；无是非之心，非人也。”

“保合太和”则是保持、调整、配合天道，以达到太和，即最高的和谐境界。“乃利贞”，这就是人间正道。这些是《周易》最具有核心意义的价值理念，都是今天人类的发展所非常需要的。

“天行健，君子以自强不息；地势坤，君子以厚德载物”，此皆“推天道以明人事”，即人类行为的合理性根据在天道。自强不息，厚德载物皆如此。

诚信更是如此，《鹖冠子·泰鸿》中的“日信出信入，南北有极，度之稽也，月信死信生，进退有常。数之稽也”，是自然界的诚信，而人类的诚信即来源于此，这些都是劝勉人类效仿天道的宝贵财富。

国学应该是“恒温”的

我们读《周易》，不是读算卦、风水这些我认为是糟粕的东西。国学热也是泥沙俱下的，这也是我们需要注意的一个问题。国学在今天之所以热，是因为有它的价值，但是价值在哪里？不是去死记硬背一些教条，而是领会其精神实质，来指导今天的一些行为。

还要注意的是，国学也不是复古。我们现在去学习和解读国学，是要解决现在生存发展的需要，改变现在存在的不足，解决人与自然的矛盾。三百年的工业文明造成的问题和矛盾，需要我们从国学中吸取养分，去化解、调整和解决这些矛盾。

国学能帮助我们提高素质，但是必须得到正确的对待。任何一个文化都具有两面性，有消极的一面，也有过时的一面。所以对于中国古代典籍，要学习其有价值的东西。《周易》的主旨就是讲变化，“易”字就是变的意思，《周易》告诉我们不能静止地看待事物，而要在变动中去考察。

《周易》强调“日新之谓盛德，生生之谓易”，人类发展保持可持续性，社会发展、能源、资源的利用，都要考虑子孙后代，保持生态平衡、可持续发展，《周易》中已经蕴含了这样的原理，我们应该学习的也是这些。要学习孔子的态度，“观其德义”“后其祝卜”。《大学》也强调“日新”的观点，国学不是让你守旧、停滞。而是“苟日新，日日新，又日新”，要有不断创新的精神。

国学热不是像发烧一样，而是一个长期的过程，只是它的表现形式有冷有热。中华文明是世界古文明之中唯一没有断裂的文明。要想文化不断裂，国学热就不能只是权宜之计。

当今的国学热是民族复兴、和平崛起的需要，我们找回了文化自信，明白了不能什么都学习西方。当然，学习西方是必要的，这也符合《周易》的精神。我们的传统文化历史上就是不断吸收新的文化因素，才有了不断地发展，包括对佛教的吸收，对阿拉伯文化的学习等。

但是，必须注意的是，我们要取其精华，弃其糟粕。以前我们把精华与糟粕截然对立起来，没有看到精华里面有糟粕，糟粕里面有精华。因为世界是变的，昨天认为是糟粕的今天可能被认为是精华。老子说“天下皆知美之为美，斯恶已；皆知善之为善，斯不善已。故有无相生，难易相成，长短相形，高下相倾，音声相和，前后相随”。精华与糟粕是价值判断，国学需要在实践之中，弘扬其精粹，摒弃其糟粕，这也是国学热中需要注意的问题。不是国学古书中说的都是好的，同样外国古书中也并非都是好的，这样的一种存在本身也是人类前进中所必须面对的问题。就像摸着石头过河，前进中遇到挫折后，就要抛弃糟粕，而不能教条地对待，一概而论。因此，国学热不能是本本主义、教条主义、复古主义，而应该在实践中去发展其精神实质。所以，这个“热”应该是恒温的、长久的。不能这个时期“热”，过一段时间“冷”。

国学热有其出现的必然性。20世纪初国学的产生是为了救亡，章太炎说：“吾闻处竞争之世，徒恃国学固不足以立国矣。而吾未闻国学不兴而能自立者也。吾闻有国亡而国学不亡者矣，而吾未闻国学先亡而国仍立者。”那时候中国太弱，使我们失去了信念，需要国学这一象征或符号来凝聚人心，救亡图存。现在的国学热则是在全球化和民族复兴的条件下形成的，国学是呼唤民族崛起，为中国文化软实力的建立服务的。

中国人找回了自信，因为我们有自己的五千年的文明传统，可以加强民族的凝聚力，增加文化的吸引力，建设中国的软实力，使我们国家民族走向现代。国学是长久发展的，明天可能遇到挫折，但不能遇到挫折又回过头来说国学是糟粕，是有害的。这仍然涉及自信的问题。现在文化需要经济的表现，但是万一经济不好了，也不能把责任推给国学，我们历史上有这个教训。其实，现在仍有很多人不完全理解国学，认为国学阻碍现代化。但有一个基本的前提，首先要承认自己的民族有自己的传统。我们的文化有丑陋的，也有美丽的，我们的思维不能违背《周易》的变动的思想，不要违背于时代。对国学要有尊重、同情、理解的态度，在这个基础上，才能去读懂、理解它，这样才经得起历史的考验。

我可以预见，国学热不会一直热下去，应该会在热到一定温度的时候转化为常态，长久地发展，现在之所以热，是因为之前太冷了。只有转化成内在思想的时候，国学才是真正扎根了，而不是上上课、背背书而已。根据现在国人浮躁的状态来看，国学要到这一境界，还有很远的路要走。

要使国学热转入常态，进入校园是必不可少的。我们对国学久违了大概有近百年，这与国力的发展有关。现在时代不同了，要把久违的国学找回来，不是一阵热就行了。比如国民教育要有国学传统的内容，一首好的唐诗就能起到一定的陶冶作用。现在别说是思想，就是语言的贫乏也是很糟糕的，学国学还能提高语言能力，语言对人的智慧是有很重要作用的。国学不只是思想精神，我们现在做得还不够，只有渗透到教育体系，日常生活的交往中去，国学才能更好地实现它的价值。

现在的国学热完全是自发的，最需要面对的是，有人对国学还有怀疑，人们对国学的看法还有非常多的误区。文化交流与碰撞之中，一定程度上有一些误区和困惑也是正常的，佛教传到中国的时候也出现很多混乱。佛教思维的细腻和深刻对宋明理学有很大影响，对中国哲学思维的细化带来很多帮助。国学也不是铁板一块，应该不断发展，与新的外来文化融合，形成新国学。未来的文化发展也一样，中国的、外国的、现代的、古代的，都要互相融合。

国学热与北京大学《儒藏》的编纂与研究

国学的核心在经学，在十三经，特别是前六经。经学的核心则在儒学。四书的分量要比六经少得多，思想却比六经更贴近生活。不能让所有人都抱着六经或皓首穷经。儒学在中国传统文化中占有主流核心地位，对中国历史文化影响至深，因此，对儒学的研究也是国学热中之热。

明朝时期曾经有人提议编修《儒藏》，但由于财力不足等原因搁浅。现在，在教育部支持下，由北大主持的《儒藏》编纂工程已经取得了初步的成果。《儒藏》的编纂联合26个高校，把所有儒家文献集合在一起，编成之后，会成为中国传统以来最大的类书，字数将达10余亿字，目前最大的《四库全书》则为7亿字。

从文献的意义上讲，要使国学热持续下去，传统文化的现代化首先要在文本上体现，给人们方便，因此，我们重新标点、校勘儒家文献，选最好的版本，来编纂《儒藏》，就是为国学及中华民族的复兴尽自己的力量。

我们的第一步计划是出儒学的精华编，将收录500余种最常用的儒家经典。编成以后，将有300册。《儒藏》大全本则将收录6 000余种文献，3 000余册。这无疑将是一个空前的文化大工程。编纂《儒藏》的同时，儒学研究也在有条不紊地进行。《儒藏》编纂与研究中心即将推出9卷本的《中国儒学史》，将来也要不断出研究成果，包括多卷本《中国经学史》《儒释道关系史》等等。

根据李中华教授2010年3月8日访谈录整理

作者简介：

李中华教授，1969年毕业于北京大学哲学系。1982年获得北京大学哲学系中国哲学硕士学位。现任北京大学哲学系教授，博士生导师，北京大学《儒藏》编纂领导工作小组及工作小组成员、北京大学中国哲学暨文化研究所所长、中国文化书院副院长等职。

研究方向：中国哲学及中国文化、儒家哲学与道家哲学。著有《中国文化概论》《纬书与汉代文化》《魏晋玄学史》（合著）、《冯友兰评传》《人学大辞典》等论文近百篇。

国学研究要有高瞻远瞩的视野

谢　龙

自 20 世纪 90 年代以来，国学越来越热，到现在国学热也没有减退。季羡林先生在 90 年代曾提出“三十年河东，三十年河西”，21 世纪是东方文化的时代，这个观点争议很大。季先生后期仍坚持以儒家文化为主流的东方文化在 21 世纪是起主导作用的文化。有一点没有争议的是，我们要创建中国现代文化，中国文化的现代化转型和走向世界。所谓走向世界，就是让它起到应起的作用。怎么能够起到应起的作用？我认为季先生对文化研究最宝贵的是他论证这个问题的内容，我的体会是他有一个高瞻远瞩的文化视野。现在研究国学仍然需要这样的视野，这个视野主要包括三个方面。

其一是广义的文化和文化交流。广义的文化包括任何脑力劳动和体力劳动创造的东西，心物结合。广义的文化在外延上与社会相重合，内涵上也是不可分割的，文化的核心内容是创造文化的人的知识能力和价值取向。季先生强调任何一个文化的开始就是交流的开始。文化发展的历史就是文化交流的历史。

二是世界文化是人类共同创造和文化多元化。世界上任何一个民族都对文化多元化有其贡献，只是贡献有大小、主次之分。同时，贡献的大小、主次是变动的。因此把世界文化做历史分析是分成几大体系。中国文化由

56个民族文化共同组成。要以开阔的视野来研究，他认为要重写历史，解决史论倒置的问题，史论倒置的问题包括以论带史和以论代史。我的体会是要看到世界文化的创建是多元文化交融的历史，比如，儒、释、道要有交融能更好地理解和发掘其中的精华。

三是中西思维方式的差别和中国传统的综合思维方式。无论儒家的天人合一，道家的道法自然，都是综合的思维方式。西方文化主导世界，创造了辉煌，但也暴露出不少弊端。从深层次上说，就是因为其形而上学的分析的思维方式。综合是包含分析的，对中国传统综合思维方式作现代的解释更是如此。所以国学研究一个很重要的问题是要掌握时代的主题。应当思考世界多元文化有没有共同主题。我的体会是应该找出共同的主题，发挥各自的优势，相互取长补短，在多元文化，包括东西文化对话和交融的过程中，差异性和共通性同步强化。所以研究西学也好，国学也好，要有高瞻远瞩的视野，掌握时代主题。从历史实际出发，特别是从现状出发，结合世界的主题，实现现代与传统的对接，使中国文化更好地实现现代转型和走向世界。国学研究定位要合适，发掘创建现代中国文化可兹利用的思想资源，予以理性的启迪，所以国学研究任重而道远。

根据谢龙教授2009年8月18日在三智道商国学院成立仪式上的讲话整理

作者简介：

谢龙，1930年8月生，福建安溪人，北京大学教授。1950至1956年北京大学哲学系本科和研究生毕业，在北大任教40余年。近20年为全校文科和哲学专业博士生、硕士生开设“马克思主义与当代社会思潮”“马列著作选读”“哲学原理研究”等多门课程，内容关涉学科前沿，为北大研究生的培养和学位课程的建设积累了经验。曾任北京大学马克思主义学院（北京大学社会经济与文化研究中心）学术委员会主任、校学术委员会委员，现兼任北京高校哲学研究会会长、北京市哲学会副会长、中国文化书院院务委员会副主席等。

阐旧邦以辅新命，极高明而道中庸

郭齐勇

一、何谓国学？试说国学及其草根性！

（一）何谓国学

（1）不能把国学狭隘化

传统图书与学术之分类是经、史、子、集四部，或义理、考据、辞章之学的三路向。经学是国学中的重中之重，穷治语言文字以通经学。国学的归趣在义理，义理是考据、辞章的灵魂。国学的第一是常识层面，即国家民族历史文化的ABC；第二是学术与技艺层面，即传统文化各门类各方面，包括地方文化、民间技艺、学术传统之传承；第三是道德价值与人生意义的层面，国学根本上是教人如何做人，如何安身立命；第四是民族精神，或国魂与族魂的层面。在国学的多层面中，最高的层面还是国魂，即中华民族的主要精神的方面，那是中国人之所以为中国人、中国文化之所以为中国文化的根本特质。

（2）提倡国学与吸纳西学并不矛盾

任何民族的现代化都不可能是无本无根的现代化。我们要尊重自己的列祖列宗，不尊重先贤就是不尊重自己。法国人创立先贤祠，就是为了这一目的。五四运动糟蹋了许多传统文化和文明中宝贵的东西，斩断了文化的根，以至于我们丧失了文化主体性，仰人鼻息。一开始全盘学苏联，后来又全盘学美国。破坏性建设往往更糟糕。以至于到今天几乎找不到净土，乡土文明中的人文氛围被破坏，自然生态破坏更是让人触目惊心。

梁启超说："吾不患外国学术思想之不输入，吾惟患本国学术思想之不发明……凡一国之立于天地，必有其所以立之特质。欲自善其国者，不厉之而增长之……不然，脱崇拜古人之奴隶性，而复生出一种崇拜外人、蔑视本族之奴隶性，吾惧其得不偿失也。"

（3）国学并不只属于文化精英

实际上，国学具有平民化与草根性的特点。勿以善小而不为，勿以恶小而为之；老吾老以及人之老，幼吾幼以及人之幼；积善之家必有余庆，积不善之家必有余殃。诸如此类的这些俗语已经成为全民族的共识；《三字经》《百家姓》《千字文》《千家诗》《弟子规》等蒙学读物；家训、族规、乡约、谱牒、善书；大众口耳相传的韵语故事、俚曲戏文、常言俗话，成为"百姓日用而不知"的言行规范。尤其是《三字经》和《弟子规》更是如此。宋代王应麟《三字经》：人之初，性本善。性相近，习相远。苟不教，性乃迁。教之道，贵以专。清代李毓秀《弟子规》：一、总序：弟子规，圣人训。首孝弟，次谨信，泛爱众，而亲仁，有余力，则学文。二、入则孝，出则悌；三、谨而信；四、泛爱众而亲仁。

（4）国学与儒学的关系

儒学是国学的重要组成部分。儒学渗透到全社会上下，适应、调节着社会经济的发展并指引人们的生活，落实在政治制度、社会风习、教育过程以及私人修养与性情陶冶之中，是中国乃至东亚人的生活方式、行为方式、思维方式、情感方式和价值取向的结晶，是朝野多数人的信念信仰，乃至到了百姓日用而不知的地步，极具草根性。

（二）体制内的教育是西化的，所谓国学热只能是假热

首先，我们看常识层面。今天我们很多大学生与研究生，不知祖国历史文化的一些常识；其次，我们看学术与技艺层面。传统文化各门类、各方面，包括民间技艺，经、史、子、集等的传承上，有相当大的断层；第三，我们看道德价值与人生意义的层面。现在有些为人父母者如何教育孩子呢；第四，我们看国魂与族魂的层面。可悲的是，有很多知识分子以居高临下的、不屑的、挑剔的态度，轻慢的语气，以先入之见或自己的所谓“逻辑”或文字游戏的方式，横加肢解传统文化。我国应当为民族传统文化的承传立法，或者说，应当在法律上规定，必须对幼儿与小、中、大学生进行传统语言与文化的教育，维护民族语言与文化的纯洁与尊严。中国人靠什么走向世界。中国之为中国，中国文化之为中国文化，一定有自己内在性的东西，有主导性与主体性的常道，这是不可动摇的。作为一个国家的公民、国民，有接触本国经典的义务。

（三）国学与和谐社会的建构

国学的再发现，并不是复古，更重要的是，其可不于此特质焉，淬中的价值观念能更多地渗透到现代人的意识之中。健康的现代化的法治社会恰恰是建立在民众的底线伦理、民众的伦理共识的文化土壤之上的。今天我们所说的和谐社会，指的是现代化的民主法治、公平正义的市民社会。提倡和谐社会，针对的是现实上的不和谐、不协调。

（1）在天与人的关系上

中国传统智慧主张人与自然万物，与草木、鸟兽、瓦石、山水，是密不可分的整体。古代的《月令》，特别重视人对动物、植物、山川、陂池的保护，涉及季节与人之养生、渔猎、伐木、农事的关系。“天地与我并生，而万物与我为一”“人与天地万物一体”。

（2）在己与人的关系上

“己欲立而立人，己欲达而达人”“己所不欲，勿施于人”。成就自己是在成就别人的共生关系中实现的。和而不同。和实生物，同则不继。

孔子说："政者，正也""居敬以行简，以临其民""博施于民而能济众"，反对以傲慢的态度对待人民，滥用权力，任意扰民，践踏民意，不顾民生。孔子讲"行己有耻"。国学中有大量的荣辱观、廉耻观的思想传统与整饬吏治的办法。在文化传统中，勤俭、重教、敬业、乐群、和谐、互信、日新、进取的观念，无疑是经济起飞的文化资本，这些理念可以成为新的全球伦理的基石。

二、"四书"的意义

（一）四书的价值和作用

"四书"指《大学》《中庸》《论语》《孟子》。其中《大学》为"初学入德之门"。"四书"或称"四子"，是儒家重要的经典，也是中华文化的宝典，是全人类文明中最光辉、最宝贵的精神财富。"四书"之于中国，如同《阿含经》之于印度，《可兰经》之于阿拉伯，《新约》《旧约》之于西方。"四书"是中国人的基本信念、信仰，是中国人的安身立命之道，是家传户诵之学，哪怕是乡间不识字的劳动者，也在自觉实践其中做人的道理。"四书"根本上是教人如何做人，不读"四书"，不知道做人的尊严，人格的力量，人生的价值与意义。朱子的《四书章句集注》在元仁宗元祐时期钦定为科举考试的主要教材之后，在朝野有了更为广泛的流传。成为影响东亚的最深远的著作。"四书"要用心去读，以生命对生命，以真诚对真诚。古代圣贤指点人，不是权威说教，而是启发学生或读者自己去领会。

（二）孔子思想的精义

孔子思想的核心是"仁"。第一，以"爱人"为"仁"。"樊迟问仁。子曰：'爱人。'问智，子曰：'知人。'""民、食、丧、祭""养民也惠""使民也义""子适卫，冉有仆。子曰：'庶矣哉！'冉有曰'既庶矣，又何加焉？'

曰：‘富之’。曰：‘既富矣又何加焉？’曰：‘教之。’”第二，以“克己复礼”为“仁”。“子曰：‘克己复礼为仁。一日克己复礼，天下归仁焉。为仁由己，而由人乎哉？’”“博学于文，约之以礼”。儒家的学问是“为己之学”，“人而不仁，如礼何？人而不仁，如乐何？”，“林放问礼之本。子曰：‘大哉问！礼，与其奢也宁俭；丧，与其易也，宁戚。’”“仁远乎哉？我欲仁，斯仁至矣。”第三，“忠”与“恕”接近于“仁”。“夫仁者，己欲立而立人，己欲达而达人。能近取譬，可谓仁之方也已。”“仲弓问仁。子曰：‘出门如见大宾，使民如承大祭。己所不欲，勿施于人，在邦无怨，在家无怨。’”“子贡问曰：‘有一言而可以终身行之者乎？子曰：‘其恕乎！己所不欲，勿施于人。’”曾子说“夫子之道，忠恕而已矣。”“人之生也直，枉之生也幸而免。”第四，孔子仁道是人文主义的价值理想。孔子提出的道义原则、仁爱忠恕原则，仁、义、礼、智、信等价值理想，是中国人安身立命、中国文化可大可久的依据。这些价值理想通过他自己践仁的生命与生活显示了出来，成为千百年来中国士人知识分子的人格典型。

（三）孟子思想的精义

（1）性善论

孟子在中国哲学史上第一次明确揭示了关于人性的新的观念：人具有不同于动物或他物的特殊性，这就是道德性。孟子不否认人有自然欲望之性，但他的意思是，如将自然欲望作为人之本性，则无法讲清人之与动物或他物的区别，只有道德本性才是人最根本、最重要的特性，是人之所以为人的标尺。提倡人为人格尊严而牺牲的殉道精神。“立天下之正位”“行天下之大道”的大丈夫的行为标准是：“得志，与民由之；不得志，独行其道。富贵不能淫，贫贱不能移，威武不能屈”。

（2）仁政学说

仁政学说首先要解决民生问题。

（3）“民贵君轻”

（4）吾善养吾浩然之气

“其为气也，至大至刚，以直养而无害，则塞于天地之间。其为气也，配义与道；无是，馁也。”这样，面对任何安危荣辱、突然事变，就无所惧，无所疑，能担当大任而不动心。提倡弘大刚毅、坚定不移的气节和情操，“生我所欲也，义亦我所欲也，二者不可得兼，舍生而取义者也。”

三、《大学》之道

（一）何谓《大学》？

《大学》被宋儒推为儒学系统的纲领性作品。《大学》为“初学入德之门”。《大学》的道理，福国利民，又是人人成功立业、立身行道的根本指南。体大思精，以人为根本，以实用为主旨；孙中山先生认为这是最好的政治哲学，外国的政治家还没有如此见得透，说得清楚的。把一个人由内发扬到外，从内部做起，推至平天下，十分精微，是我国政治哲学的智慧中独有的宝贝。

（二）《大学》的宗旨

（1）《大学》三纲领

“大学之道，在明明德，在亲民，在止于至善。知止而后有定，定而后能静，静而后能安，安而后能虑，虑而后能得。物有本末，事有终始。知所先后，则近道矣。”大学即大人之学也！指个人修身、齐家、逐渐扩大到治国平天下的道理。明明德：不断地彰明自己内在的德行，培养自己高尚的仁德。亲民：亲和百姓，以百姓的好恶为好恶，爱护民众，就是“治国”，程子、朱子认“亲民”为“新民”，即除旧布新，淘汰旧的不良的东西，刷新自我，革新人民的精神面貌；止于至善：体认并追求最高、最完美的意境，追求尽善尽美的境界。

（2）《大学》八条目

“古之欲明明德于天下者，先治其国；欲治其国者，先齐其家；欲齐其家者，先修其身；欲修其身者，先正其心；欲正其心者，先诚其意；欲诚其意者，先致其知；致知在格物。物格而后知至，知至而后意诚，意诚而后心正，心正而后身修，身修而后家齐，家齐而后国治，国治而后天下平。自天子以至于庶人，壹是皆以修身为本。其本乱而末治者，否矣。其所厚者薄，而其所薄者厚，未之有也。”这里的“格物、致知、诚意、正心、修身、齐家、治国、平天下”，就是《大学》的“八条目”，一环扣一环，环环相扣。“八条目”的枢纽是修身，修身是中心环节。

四、中华传统文化精神与国家软实力

（一）文化传统：根源与特色

（1）礼乐治国的文化传统

经周、孔的改造，五经成为中国政（政治）教（教育）之本。经学精神偏重在人文实务，同时保留了古代相传的宗教信仰之最高一层，即关于天和上帝的信仰，中国人文精神是人与人、族与族、文与文相接相处的精神，是“天下一家”的崇高文化理想。

（2）《周易》的管理智慧

《易经》把天道与人事，自然现象与社会现象、人事活动，自然变化的律则与社会人事的条理联系起来，强调了两者的同一性及相互感应，强调从大的空间与长的时间考虑问题，以及自然与社会人事的相互平衡与和谐。形成“万物一体”“三材之道”的整体系统观念。《易经》肯定事物的永恒变化发展及事物内在不同力量、动能、势用的相对相关，相互转化，相反相成。《易经》启发人们理解世界的根本原理，变化法则，又启发人们适应发展变易的世界，以良好的心态与修养境界对待自然社会、人生与人身的变化，趋利避害，并能动地发挥人的作用，使人与天地相互配合，相得益彰。

（3）西方传统哲学

观念在西方，一元外在超越的上帝、纯粹精神、不变的实体是宇宙的创造者，宇宙或世界不能自己创造自己。如如不动的静止自立的创造者与被它创造的生动活泼的世界，自然与超自然，人与神此岸与彼岸，致思界与存在界，心与物，精神与物质，主体与客体，灵魂与肉体，身体与心灵，价值与事实，理性与情感等，统统被打做两橛，其间有着巨大的鸿沟。

（4）中国传统哲学观念

中国哲学家的宇宙论是生成论而不是构成论；中国哲学的主流是自然生机主义；中国传统哲学有着天、地、人、物、我之间的相互感通、整体和谐、动态圆融的观念与智慧；坚信人与天地万物是一个整体，天人、物我、主客、身心之间不是彼此隔碍的，即打破了天道与性命之间的隔阂。

（5）中国文化的特性

中国文化以人为本位，以人文为中心；传统礼乐教化代替了宗教的功能，但不与宗教相敌对，因此不妨称之为“人文教”；中国文化精神，要言之只是一种人文主义的道德精神；中华人文精神不与宗教相对立，中华人文精神不与自然相对立，中华人文精神不与科学相对立。一副春联：“古往今来，神人共岁”“天长地久，物我同春”形象地说明了这一道理。

五、儒释道三教的智慧

（一）儒家德行的智慧

关键词：人文关怀 / 价值信念 / 礼乐教化 / 修身实践

孔子的管理智慧体现在其一系列的主张：德政，强调导德齐礼，启发耻德。提倡中正平和的治政理念及其制度化与执行，强调名实、权责相符以及管理的层次性与秩序性。《大学》：“大学之道，在明明德，在亲民，在止于至善。”（三纲领）格物、致知、诚意、正心、修身、齐家、治国、平天下（八条目）。主张“举贤才”，提拔、重用德才兼备的人士，使之德、位、禄、用相称。日本松下公司对《大学》之三纲领和八条目的解释：“明德”就是“竭尽全力，身体力行，实践商业道德”；“亲民”就是“至诚无欺，保持良好的人际关系”；“止于至善”就是“为实现尽善尽美的目标而努力”。松下的精神是“和谐、自省、纪律忠诚、献身”。和亲合作，全员至诚，一致团结，服务社会。日本“工业之父”涩泽荣一以《论语》作为培训工业企业管理人员的教材。

（二）道家的空灵的智慧

关键词：逍遥天放 / 超越物欲 / 歌颂生命自我的超拔飞越 / 肯定物我之间的同体融和。邓小平：善于守拙，决不当头。韬光养晦，有所作为。

老子的管理智慧体现在以下主张：

（1）无为而治 / 以清静之道治国

（2）“道法自然”“知常曰明”

（3）修养理想人格与超越精神方法：坐忘、心斋、齐物

物来顺应，与大化为一，即与道为一。因其“无所待”才能达到至人、神人、圣人的逍遥极境。庄子的人生最高境界，正是期盼“与道同体”而解脱自在。

（三）佛教的解脱的智慧

（1）菩提智慧与人生解脱

佛家的成菩萨成佛陀，与儒家的成圣人成贤人，道家的成至人成真人，都是一种道德人格的追求。佛教导我们，我们在获得自己利益的时候，也要肯定别人的生存、利益、价值、个性自由、人格尊严，必须承认或容忍别人的生存空间和利益追求。如果这些追求是彼此矛盾的，就必须设法调节。如果我们只是一味肯定自我，就会陷进一个难以自拔的泥潭。在佛教看来就是所谓“无明”，就是所谓“贪、嗔、痴、慢、疑、恶见”等。佛教的智慧，就是用否定、遮拔的方法，破除人们对宇宙人生一切表层世界或似是而非

的知识系统的执着，获得某种精神的解脱和自由。

（2）禅宗的修养目标

佛教，特别是禅宗的返本归极、明心见性、自识本心、见性成佛是要帮助自己或他人寻找心灵的家园，启发人内在的自觉，培养一种伟大的人格。禅宗教人“了生死”。既然连生死都可以了，那么，一切外在的执着都可以放下，人们不再为自己的限性而惶惑，人们也不再处于“紧张”“不安”的情意结中。人一旦消解了这种紧张、不安，他的创造性反而可以爆发出来。禅家视真我是主人，而生老病死之躯体就好比是外衣。主人总是要换衣裳的，生与死就是更衣换装之事。然而一般人的视见，则视衣裳是主，真我为客。云门禅师说：“日日是好日；”马祖道一说：“平常心是道。”我们需要寻找心灵安顿、实现人性净化与精神治疗、实现境界的提升都可以从佛教中找到路径。

（3）禅宗的教学艺术

禅家把人生比喻为桥，把水比喻为时间，把真我比喻为过桥之人。曰：“人从桥上过，桥流水不流。”人生之旅虽如“古潭寒水”，然而只有领悟了“死”的意义的人，才能珍惜人生，懂得爱人、做人、求知和责任，懂得何谓人性和生命，才有智慧和勇气去担当一切的挑战和痛苦，而使自己活得有尊严。“菩提本无树，明镜亦非台，本来无一物，何处惹尘埃。”“春有百花秋有月，夏有凉风冬有雪。若无闲事挂心头，便是人间好时节。”“落叶满空山，何处寻行迹”“空山无人，水流花开”“万古长风，一朝风月”。

六、关于“软实力”的思考

（一）文化自觉与文化安全

面对西方文化铺天盖地地席卷域内和西方宗教的无孔不入地渗透，我们一定要有文化自觉与文化安全意识。党的十七大政治报告中提到要建立中华民族共有的精神家园、伦理共识、文化认同、终极关怀。第一，如果没有民族文化认同，中国这样一个多民族的国家就会在现代化的过程中散掉；第二，如果没有伦理共识，也形成不了一个健康的法治社会。法治的背后有着信念信仰和伦理共识的支撑；第三，如果没有终极关怀，没有诚信系统，社会更加缺乏归宿感、凝聚力，人们生活的无意义感将更增加。

（二）国家的兴盛与国学的复兴是一体两面的事情

国学是软实力。国学复兴有助于本国政治经济、军事、文化、外交地位之提升，有利于建设文化大国及文化输出。（1）孔子讲“行己有耻”。国学中有大量的荣辱观、廉耻观的思想传统与整饬官治、吏治的办法。在文化小传统中，勤俭、重教敬业、乐群、和谐、互信、日新、进取的观念，无疑是经济起飞的文化资本。（2）忠孝、仁爱、信义、和平。以仁爱为中心的忠、孝、仁、义、礼、智、信的价值系统的改造与重建。德目：仁、义、礼、智、信、孝、悌、忠、恕、诚、敬、廉、耻。“五常”：仁、义、礼、智、信；“四维”：礼、义、廉、耻；“八德”：孝、悌、忠、信、礼、义、廉、耻。（3）当前有两个层面的问题急需解决：一是官员、教师、高级管理人才的心性修养与人格培养。二是普通国民的伦理底线与道德素养。总之，传统文化的教养在今天有重大的安身立命的意义。

根据郭齐勇教授2010年7月在三智道商企业家国学高研班五期班授课录音整理

作者简介：

郭齐勇，男，1947年生，武汉大学哲学系教授、博士生导师，国家级教学名师。曾任人文学院院长、哲学学院院长、国际中国哲学会（ISCP）会长，现为中国传统文化研究中心副主任，国务院学位委员会哲学学科评议组成员、教育部高等学校哲学教学指导委员会副主任、国际中国哲学会副执行长、国际儒学联合会理事暨学术委员、中国哲学史学会副会长、中华孔子学会副会长等。

主要著作有《中国哲学智慧的探索》《中华人文精神的重建》《中国儒学之精神》《中国哲学史》《熊十力思想研究》《天地间一个读书人：熊十力传》《文化学概论》等；与人合著《诸子学志》等；主编《儒家文化研究》辑刊等。

儒家仁爱三层面：亲亲—仁民—爱物

赵士林

究竟什么是“仁”？“仁”字在《论语》中出现了一百零九次，孔子每次对“仁”的解释都不一样，更准确地说，孔子每次都是针对不同的情况来解释“仁”。就事论事，因材施教，具体问题具体分析，是孔子教学的特点，他从来不抽象地讨论问题。例如，《论语》中记载了这样一个案例：

子路问：“闻斯行诸？”子曰：“有父兄在，如之何其闻斯行之？”冉有问：“闻斯行诸？”子曰：“闻斯行之。”公西华曰：“由也问闻斯行诸，子曰，‘有父兄在’；求也问闻斯行诸，子曰，‘闻斯行之’。赤也惑，敢问。”子曰：“求也退，故进之；由也兼人，故退之。”①

子路问：“听到就干起来吗？”孔子回答：“有爸爸哥哥活着，怎么能听到就干起来。”冉有问：“听到就干起来吗？”孔子回答：“听到就干起来。”公西华道：“仲由（即子路）问听到就干起来吗，您回答：‘有爸爸哥哥在，怎么能听到就干起来（首先要看爸爸哥哥的态度）’，冉求（即冉有）问听到就干起来吗，您却回答：‘听到就干起来’，（两个学生的问题相同，

① 《论语·先进》。

您的答案却相反），我有些糊涂，大胆请老师解惑。孔子答曰：“冉求平日做事退缩，所以我给他壮壮胆，鼓励他；仲由的胆量却有两个人那般大，勇于作为，所以我要压压他。”

这就叫因材施教。脾气暴躁、遇事莽撞的学生和谨小慎微、遇事犹疑的学生向他问同样的问题，答案竟然相反，原因就是两个学生的性格相反。孔子对“仁”的解释也是这样，始终紧紧地围绕着人们的日常表现，灵活机动，随事点拨，针对性非常强。例如颜渊、仲弓、司马牛三位学生向孔子问仁，孔子就给了三个截然不同的答案。但是不管能有多少答案，“仁”都有一个不可动摇的核心，那就是“爱”。[①]

《论语》里说：“樊迟问仁。子曰：爱人”。[②]孔子的学生樊迟问老师什么是“仁”，老师回答说“仁”就是“爱人”。这个答案十分朴素，但它却是孔子对“仁”的最高概括。这个答案告诉我们，做人的第一个要求，就是要有一颗爱心。

但是，光说有爱太简单了，不用圣人，就是我们老百姓，也都知道人要讲点儿爱呀！凭什么孔夫子一讲爱就成了圣人呢？孔子讲爱尽管十分朴素，其中却蕴涵着丰富且深刻的意义。

儒家的亚圣孟子最理解孔子，他讲了十个字，对孔子说的爱做了全面、精辟的概括，这十个字就是：“亲亲而仁民，仁民而爱物”。[③]这十个字透露了孔子讲爱的三层含义，那就是，第一层：“亲亲”，对亲人的爱；第二层：“仁民”，对大众的爱；第三层：“爱物”，对万物的爱。孔子乃至儒家要求做人应该拥有的仁爱之心，主要就是这三层。

---

① “仁”的内涵当然不止于爱，它还应包括“成己成物”之博大精深的道德修养历程，这点徐复观先生析之甚详，但徐先生也认同“爱人”是“仁”的“基本规定”。参见所著《中国人性论史》，上海三联书店 2001 年版，第 81 页。

② 《论语·颜渊》。

③ 《孟子·尽心上》。

一、对亲人的爱

儒家追求一种爱满天下的境界，但儒家的仁爱，却发端于我们身边最普通的血缘亲情，也就是对父母兄弟、对亲人的爱。正如孔子所说："立爱自亲始。"①意思是说，爱这种感情的培育，是从爱亲人开始的。而爱亲人的核心，就是一个"孝"。孔子告诉我们，做人应该有爱心，爱心首先是孝心。

例如《论语》第一篇就说："孝悌也者，其为仁之本欤。"②一句话，就道出了儒家以血缘亲情为基础来建立道德体系的根本诉求。"孝"是对父母的敬爱之情，"悌"是对兄长的敬爱之情。"孝"是纵的要求，"悌"是横的规范。"孝"和"悌"两个出自血缘亲情的自然纽带，一纵一横，就为人间的道德秩序确立了经和纬。其中尤以孝为道德的基石。孔子认为孝是仁的根本，或者说是仁的出发点。

例如有一次，孔子的学生宰予对父母逝世子女守孝三年的习俗提出质疑，说是守孝长达三年很耽误事，一年就足够了。孔子就批评宰予"不仁"，并提出理由说："子生三年，然后免于父母之怀，夫三年之丧，天下之通丧也。予也有三年之爱于其父母乎。"③用今天的话说，就是："小孩子三岁了，才离开父母的怀抱。因此，父母去世，为他们守丧三年是天下人都尊奉的规矩。你宰予难道不是直到三岁时，还被父母搂在怀里疼爱吗？"

孔子这个说法今天看来仍然不错。今天的小孩子也是三岁才上幼儿园，才算离开了父母的怀抱。但是守孝长达三年的做法肯定会严重地影响正常的生产和生活。这三年之丧怎么守？在父母坟旁搭个小草房，披麻戴孝，戒酒戒肉戒娱乐，想听听音乐是绝对不行的，同时还要戒性生活，结了婚的夫妻要分居。有工作的得请长假，甚至干脆就辞了职。后世为了照顾官员回家为父母守三年之丧，还专门设计了一个制度，叫"丁忧"，非常像今天的停薪留职。大家想一想，这样守孝长达三年之久，要耽误多少事？

---

① 《礼记·祭义》。
② 《论语·学而》。
③ 《论语·阳货》。

耽误生多少孩子？当时的社会，每个国家都格外重视人口的繁衍，耽误生孩子可不是小问题。因此对三年之丧，不光是孔子的学生宰予有意见，专门和儒家PK的墨家更是坚决反对。这在今天当然已经是一个不存在的问题。但通过孔子的批评我们可以发现，他判断“仁”或者“不仁”最重要的根据就是对待父母的态度，对待父母之恩要真诚地感恩，要充分地回报，这就是孝，这就是仁。不孝敬父母就是不仁。

做人首先要孝顺。这是做人的头一个要求。把“孝”作为人生头等大事，这是中国文化的特色，因此中国的传统文化在一定意义上又被称为“孝文化”。不仅儒家讲孝，就是专门和儒家过不去的道家也不否认孝。老子说：“绝仁弃义，民复孝慈。”[①]显然也是在主张孝，不过是声明儒家谈仁说义那一套非但不能使人“孝”，反而是“孝”的障碍。这体现了儒道两家人生观的重大差异。儒家人生观强调尽伦理，道家人生观强调任自然。老子还说：“六亲不和有孝慈。”[②]这也不是否认“孝”，这句话同样是在抨击儒家的谈仁说义恰好造成虚伪做作，从而破坏自然，导致“六亲不和”，这个时候才感觉到、认识到“孝慈”的可贵。一个和睦的人家，并不需要天天把孝挂在嘴边上。徐复观曾指出“老子所反对的，是把仁义孝慈等当作教条，而并非反对其自然的流露”[③]，这个看法很有道理。

为什么大家都认同“孝”这个道德要求，就连十恶不赦的强盗，也可能十分孝顺？就因为孝是对你生命之源的感恩，就是对人世间最伟大最无私的一种情感的回报。什么是我们的生命之源？我们哪一个人不是老爸老妈生的？老爸老妈就是我们的生命之源。人世间最伟大最无私的情感是什么？难道不是父母之爱吗？“可怜天下父母心”，世间最纯洁最无私最真诚最令人感动的爱，就是父母对孩子的爱，世间最应该感恩回报的，也是这种爱。我们就来谈谈母爱。

说起母爱，不仅人有母爱，低等动物都有母爱。母爱的无私伟大，遍及一切生灵。说起母爱，我总想起一个鳝鱼的故事，这个故事对我们讨论的

---

① 《道德经》19章。
② 《道德经》18章。
③ 徐复观：《中国人性论史（先秦篇）》，上海三联书店2001年版，第310页。

问题很有启发。

这个鳝鱼的故事真是催人泪下！说是一天，一户人家烹调一条鳝鱼。主妇将鳝鱼放到锅里用文火慢慢煮。什么叫文火？文火就是慢火，小火。为什么用文火炖这条鳝鱼？北方有句话，叫千滚豆腐万滚鱼，炖的时间长，滋味进去了，这样煮熟的鱼肉味道鲜美。炖了很长时间，锅开了，汤煮沸了，主妇以为鱼炖熟了，就揭开了锅。揭开锅一看，主妇发现鳝鱼的形状十分奇怪，它的身体向上弓起，尾巴和头浸在煮沸的汤中，腹部却露出沸汤之外。主人好奇地剖开了鳝鱼的腹部，发现它的腹内全都是鱼籽，也就是鳝鱼母亲的孩子。原来这条鳝鱼母亲为了保护自己的孩子不受伤害，长时间忍受痛苦，直到死去都保持着那种姿态。是的，这不过是一条鳝鱼，它是个低等动物，它忍受痛苦保护孩子的行为也完全出自一种生物本能，没有这个本能，这个物种可能就绝种了。但就是这种生物本能所体现的、所象征的母爱，难道不是同样地令人感动、令人恻然吗！反正我看到这个故事后，就再也不吃鳝鱼了，不忍心吃鳝鱼了。

母爱的无私伟大，当然更遍及整个人类。

在古代日本，有抛弃老人的习俗。古代社会生产力低下，没那么多东西，老人到了一定年岁，只能吃饭，不能干活了，成了“非生产性开支”，有些贫困人家养不起老人，就把老人抛弃了。不仅日本古代有弃老的习俗，很多民族都有弃老甚至杀老的习俗，这是人类历史上令人唏嘘的悲剧。

一天，一个人背着他的老母亲上山，准备将老母亲抛弃到深山里。儿子背着老母亲往深山里走的路上，老母亲在儿子的背上有个动作很奇怪，她在儿子的背上不时地折些树枝扔在地上。儿子奇怪地问老母亲这是干什么。老母亲回答说：“儿呀！我是怕你回来的时候迷路啊，所以折些树枝扔在地上给你做记号。”儿子听了，顿时热泪盈眶，一声不响地又将老母背了回去。你瞧，老母亲在被儿子抛弃的路上还惦记着儿子，还担忧他迷路，还想方设法让他别迷路。这就是母爱啊！

谈到父母之爱，我还想起了一位教授的一堂课，这堂课对我们讨论的问题也很有启发。这位教授在课堂上给同学们出了两道心理测试题，请同学们回答。

第一道题是这样的。一位男士爱着一位女士，他深深地爱着她，一往情深地爱着她。这位女士是个大美女，有一张十分漂亮的脸蛋。但是有一天，她不幸遭遇车祸，虽无性命之忧，脸上却留下几道丑陋的伤疤，十分刺眼。这个时候，问题来了。这种情况下，那位男士还会一如既往地爱这位女性吗？不美了！脸蛋不漂亮了！

答案呢，不外乎三种：A. 一定还会爱；B. 一定不会爱了；C. 可能还会爱。

卷子发下去，同学们填好收上来，教授一看，答案是这样的：回答 A 的占 10%，就是说，有 10% 的同学认为这位男士一定还会爱这位女士；回答 B 的也占 10%，就是说，有 10% 的同学认为这位男士一定不会爱这位女士了；回答 C 的自然是 80%，就是说，有 80% 的同学认为这位男士可能还会爱这位女士。

教授又发下第二张卷子，第二道题反过来，说是一位女士爱着一位男士，也是深深地爱着他，一往情深地爱着他。男士是个大老板、商界精英、功成名就。但是有一天，这位男士破产了，什么都没有了。这个时候，问题又来了。这种情况下，那位女士还会一如既往地爱这位男士吗？

答案也不外乎三种：A. 一定还会爱；B. 一定不会爱了；C. 可能还会爱。

教授发下这第二张卷子，同学们填好了收上来。教授一看，这张卷子的答案和第一张有很大不同。回答 A 的占 30%，就是说，有 30% 的同学认为这位女士一定还会爱这位男士。回答 B 的仍是 10%，就是说，有 10% 的同学认为这位女士一定不会爱这位男士了。回答 C 的自然是 60%，也就是说，有 60% 的同学认为这位女士可能还会爱这位男士。

教授比较一下两道题的答案，开玩笑说："看来美女毁容比男人破产更令人不能接受啊！"同学们都笑了，课堂气氛更活跃了。这时教授话题一转，"同学们，在你们回答我这两个问题的时候，你们的脑海里，你们的潜意识中，是不是都把他们当做恋人了、当做情人了？"同学们回答："是啊！难道不是这样吗？"教授答曰："但是题目中并没说他们是恋人关系呀！"

教授顿了一下，接着说道："现在我告诉你们，假如第一题中的两位，深深地爱着那位女士的男士是女士的父亲，他们是父女关系；在第二题中，深深地爱着那位男士的女士是男士的母亲，她们是母子关系，你们会如何选择呢？还坚持原来的选择吗？”教室内一下子安静下来，许多人陷入沉思。

教授又发下第三张卷子，请同学们重新回答第一道题和第二道题。结果是：第一道题，A、100%，第二道题，A、100%。教授看到这样的结果，深沉地、动情地说：“这个世界上，有一种爱，亘古绵长，无私无求，它不因季节而更替，也不因名利而浮沉……这是什么爱？这就是父母之爱。”

儒家把人类全部道德建设的基石，就放在对这种爱的感恩和回报上，所以孔子说“孝悌也者，其为人之本与”，民间谚语也有所谓“百善孝为先”。

当然，也有人不同意儒家对血缘亲情的强调，反对以血缘亲情来解释人类道德的起源。由于经济的、政治的、文化的多种原因，从历史到现实，确乎也不断发生违反伦理亲情的言论和现象。如先秦法家大思想家韩非子就说：“父母之于子也，产男则相贺，产女则杀之。此俱出于父母之怀衽，然男子受贺，女子杀之者，虑其后便、计之长利也。故父母之于子也，犹用计算之心以相待也。”[①]

翻译成今天的话就是，谈到父母和子女的关系，生了男孩就奔走相贺，生了女孩竟然杀掉她。男孩女孩都是父母的亲骨肉，为什么那样喜欢男孩，却那样狠心地对待女孩呢？原因就在于考虑到以后长久的经济利益。韩非子得出结论说：看来父母和子女之间，也全都是利害计较，也不过是一种算账关系。

这是典型的重男轻女，它形成于中国古代农业社会，就是到了今天也没有完全绝迹。我们不是还经常听到、看到有关溺死女婴的报道吗？俗话说，有狠心儿女，没有狠心爹娘，看来不完全是这么回事。那些杀害自己亲生女儿的爹娘该是多么狠毒啊！然而，这样一种基于利害考虑的选择显然不是出自伦理亲情的本性，相反，它完全违背了伦理亲情和人类的善根，是对人性的亵渎，是对父母之爱的伤害。父母和子女的关系当然也有经济的一面，所谓“养儿防老”。特别是古代社会，那个时候又没有保险公司，生一个儿子就等于上了一份养老保险。但是这种经济的打算显然不能吞没血缘亲情。例如一个年轻的母亲给新生的孩子喂奶时，她绝不会一边喂奶一边在心里记

① 《韩非子·六反》。

账："这口奶值多少钱，那口奶值多少钱。以后你都得还给我。"她的心中，只是充满了无边的温暖、甜蜜和幸福。一个真正的孝子，也不会心里老惦记着老爸老妈的存折。

否认父母和子女的伦理亲情，还有一个著名的例子，就是相传孔融说过的话："父之与子当有何亲？论其本意，实为情欲发耳。子之与母亦复奚为？譬如寄物瓶中，出则离矣。"[①]意思是说，父亲对于孩子有什么亲不亲的，按父亲本来的意思，当初不过是发泄自己的性欲，孩子不过是他发泄性欲的副产品罢了。孩子和母亲又是什么关系？那就好像什么东西放在瓶子里，把那个东西从瓶子里拿出来了，那个东西也就和瓶子没有关系了。

这段话究竟是不是孔融所说，其实非常可疑。孔融是孔子的二十代孙，从小就十分仁义，四岁让梨的故事家喻户晓，长大了也是个著名的大孝子，13 岁时母亲去世了，他哭得死去活来，眼泪苦干了，血都流了出来。他做北海太守的时候，有一天到下边视察，看到一个人跪在一座新坟面前哭，原来这个人的母亲刚刚去世。孔融仔细一听这个人在干嚎，也就是假哭，心中没有一点悲伤。孔融非常生气，心想你的母亲死了你都没有一点悲伤，居然就把这个人杀了。还有一次，一个小偷偷人家新下来的麦子被抓住了。孔融问他为什么偷人家的麦子，这小偷回答说自己的老母亲最喜欢新下来的麦子磨成的面，家里穷没有麦子，只好偷点给老母亲磨面吃。孔融一听非但没有惩罚这个小偷，反而送他一些麦子，放他回去给老母亲磨面吃。一个这样重视孝顺的人怎么能说出前面那样的话？原来孔融在政治上反对曹操，曹操要找个借口杀害孔融，就命令他的一个部下叫路粹的编造罪名，这段话应该是路粹在陷害孔融时编造的罪名。我们在这里且不用过多地追究这段话究竟是否孔融所说。就这段话本身来说，它对父母与儿女的关系那样评价，实在是极端的动物化、本能化、生理化、低级化，完全无视父母与孩子之间的骨肉亲情，它的逆情背理显然是十分荒唐、十分有害的。

建立在血缘亲情之上的"孝"，是人类道德的本原，是人类的善根所在。因此，"孝"文化尽管是中国传统，但是又具有世界性的普遍意义。

---

① 《后汉书·孔融传》。

世界上很多属于不同文化系统的不同民族，通过自己的人生体验，也都肯定了孝的意义和价值。例如西方文化。我们知道，西方文化的精神背景、信仰支柱是基督教。基督教的价值取向和儒家的价值取向有很大差异。基督教也讲爱，所谓“信望爱”是基督教的三大理念，但基督教讲的爱和儒家讲的爱就有巨大差异。基督教讲的爱来自于上帝。《圣经》上这样说：“上帝就是爱。”[①]教堂里牧师布道，经常对信徒呼吁：爱人者，有福了！为什么？因为爱人是响应了上帝的号召，遵循了上帝的命令。儒家讲的爱就大大不同，前面说过，儒家讲的爱生发于血缘亲情，因此孔子讲“立爱自亲始”。不仅如此，基督教讲的爱和儒家讲的爱甚至还有对立的一面。例如《圣经》说：“爱父母过于爱我的，不配作我的门徒；爱儿女过于爱我的，不配作我的门徒。”[②]这和儒家强调伦理血亲价值至上正好对立。基督教主张人人在上帝面前都是兄弟，每个人都是上帝的孩子，到了教堂里，不管你是几代人，大家彼此都是兄弟，大家都是上帝的孩子。这在中国人就很难理解，很难接受。当然我这样讲，绝不是说基督教主张打爹骂娘。实际上，就在《圣经·旧约》的“摩西十诫”中，第五条也主张孝敬父母。但是，在基督教的价值序列中，孝绝对不具价值基石、价值源泉的地位，基督教的全部价值的源泉都在上帝，上帝是万有的创造者，也是一切价值的建构者。

《圣经》有一段记载非常能说明问题：“耶稣还对众人说话的时候，不料他母亲和他弟兄站在外边，要与他说话。有人告诉他说：‘看哪！你母亲和你弟兄站在外边，要与你说话。’他却回答那人说：‘谁是我的母亲？谁是我的兄弟？’就伸手指着门徒，说：‘看哪！我的母亲，我的弟兄。凡遵行我天父旨意的人，就是我的弟兄姐妹和母亲了。”[③]

而在儒家的价值序列中，孝却具有源泉、基础、前提的意义。但是尽管如此，基督教到了中国，也十分重视中国的孝文化，也欣然接受儒家讲的孝。

我们都知道比尔·盖茨。说起来，比尔·盖茨是位虔诚的基督徒，十几岁背《圣经》，一背背上七八万字。他对中国人讲的孝，就有十分深厚的

---

① 《圣经·约翰福音》。
② 《圣经·马太福音》。
③ 《圣经·马太福音》。

感受和认同。一次，一家杂志的记者采访他，向他提出一个问题："你认为什么最不能等待？"记者以为比尔盖茨一定会回答"机会不能等待"，但比尔盖茨这样回答他："孝，是不能等待的。"这使人很自然地想起中国的谚语："树欲静而风不止，子欲养而亲不待。"

从另一个角度看，我们知道，西方走向近代，特别强调个人权利，这当然有伟大意义。以财产权为核心的个人权利的保障，是近代社会的基石。例如西方有句申张个人财产权的名言，叫作："风能进，雨能进，国王不能进。"意思是，我这个人非常穷，住的破房子既挡不住风，也挡不住雨，所谓"风能进，雨能进"，但是我这破房子风可以进来，雨可以进来，国王未经我的允许却不能进来，尽管你是最高的统治者。

19世纪的德国，发生过这样一件事：德国皇帝威廉一世一次巡视波茨坦，下榻一座离宫。一日，登离宫高处俯视观赏城市景色，但扫兴的是，无限风光都被一个高高的磨坊遮挡了、破坏了。威廉皇帝便派人与磨坊主交涉，希望买下磨坊，然后将其拆掉。但却遭到磨坊主断然拒绝，他的理由是磨坊世代相传，乃无价之宝，不能出售。威廉皇帝勃然大怒，心想我一个皇帝和你商量买你个破磨坊，已经给你天大面子，你居然蹬鼻子上脸不识趣，就不由分说，令人强行拆掉了磨坊。磨坊主呢，一点不着急，一纸状子就将皇帝告上了法庭。法庭审理的结果：磨坊主胜诉，威廉一世被判重建磨坊。后来，这磨坊传到磨坊主的儿子这一代，穷困潦倒，磨坊主的儿子就想卖掉磨坊。威廉一世的儿子威廉二世还资助磨坊主的儿子，并专门致信说这个磨坊是德国民主和法治的象征。这个案例告诉我们什么？一介草民敢告皇帝，这对于今天的国人都难以想象。这个案例告诉我们，西方走向近代，法律面前人人平等深入人心，法律之上无权力，公民以财产权为核心的个人权利神圣不可侵犯。

因此，在美国，就曾经发生过这样的事：一位开发商，要盖一栋写字楼。写字楼规划的鸟瞰图是正方形，但是就在正方形的底端边缘内侧，有几间破房子，房子的主人是位老太太。这破房子值多少钱，市场估价，也就几万美元。开放商主动给老太太百万美元。但是老太太就是不搬。为什么呢？老太太说了，我祖祖辈辈住在这儿，我对这个地方有感情，给多少钱我都不搬。这怎么办？为了避让老太太的旧房子，开发商改变了楼房的规划，将正方形规划改成了凹字形。在日本东京，有个著名的羽田机场，这个机场因为几个住户拒绝搬迁，推迟建成好多年。这种情况和我们国家屡屡发生的野蛮拆迁形成了鲜明对照。

但是话说回来，如果过分强调个人权利，甚至由此抹煞了对亲人的义务，扭曲了、吞没了温暖的亲情，也有问题。欧美国家不时有这样的报道，老夫老妻死在豪宅里一个星期了，十来天了，没人知道。后来尸体发臭了，邻居闻到了，报了警，才被发现。这些老人不是没有钱，住的是豪宅嘛，但是他们没有亲人的呵护，只能孤孤单单地离开这个世界。前段时间有媒体报道，奥地利的首都维也纳发生了这样一件事：有位老母亲被儿子告上法院。儿子告母亲，这种事在今日的中国听着也不新鲜，电视上不是经常报道吗！父母告儿女，儿女告父母，原因大都是存折呀、房产呀这类事。但这位儿子告母亲不是因为这类原因，儿子告老母亲电话骚扰，就是说，母亲给儿子电话打得多了点，把儿子打烦了，居然把老母亲告上法庭。老母亲在法庭上申诉说："是呀，我给儿子电话是打的多了点。我为什么打这么多电话呢？我只是想和他说说话。我不能跟儿子说话，也不能跟儿媳说话。我从来没有见过孙子，他都15岁了。"孙子都15岁了，奶奶还没见上孙子一面，打几个电话居然烦成这样。我们听了老母亲这个申诉，恐怕都要骂那个儿子太不是东西。但是那家法院却判决：骚扰成立，命令老母亲赔偿儿子360欧元的骚扰费。

这个判决，在我们中国人听起来简直太没人性，西方人听起来恐怕心里也不是滋味。西方人何尝不懂得母爱？您瞧雨果说得多好：慈母的胳膊是由爱构成的，孩子睡在里面怎能不香甜？

况且人都要老，如果老了都是这么个结局，晚景都是如此凄凉，人生岂不太可怕了？你即便大富大贵又能如何？人生到头来不还是一个令人心酸无比的大悲剧？通过这样一些遭遇，西方人自然能够欣然地接受孝的理念，甚至为此调整自己的信仰。

再以佛教为例。我们都知道，佛教主张"四大皆空"。什么叫"四大"？这是古印度人受古希腊人影响形成的宇宙观。古希腊人认为我们生活的这个世界尽管有日月星辰、大地山河、纷纭万象，但是构成这个花花世界的根本元素只有四样，即土、水、火、气。公元前四世纪，亚历山大大帝开疆拓土，一直打到印度，将古希腊文化传到印度。印度人接受了古希腊四元素说，将土改成地，气改成风，形成地、水、火、风四元素说。地水火风构成宇宙，因此被称为“四大”。“四大皆空”就是说宇宙空幻。那么，印度佛教为什么讲宇宙空幻？它要用“四大皆空”这个宇宙观来论证自己的人生观。宇宙都是空幻的，何况人生呢？人生更是空幻的。那么，印度佛教为什么又要讲人生空幻呢？它要由此解脱人生的烦恼和痛苦。印度佛教对人生的态度是悲观的阴郁的，人这一生，从生到死全都是苦，有八苦（生苦、老苦、病苦、死苦、怨憎会苦、爱别离苦、求不得苦及五取蕴苦）之说。那么人生为什么这么多烦恼和痛苦呢？说到底是由于苦苦地追求各色各样的贪得无厌的欲望的满足。

受佛教影响的德国哲学家叔本华把人生比作一个钟摆，钟摆嘛，两头摆动，这头是无聊，那头是痛苦。欲望得不到满足，痛苦；欲望得到满足，无聊又产生了，其实也是一种是痛苦。人生就是这样，在无聊和痛苦两头摆动。根源就是那贪得无厌的欲望。

既然苦苦地追求欲望的满足是一切烦恼和痛苦的来源，那么斩断欲望，也就没了烦恼和痛苦。但是如何斩断欲望呢？如果人能认识到，他苦苦追求的一切都不过是过眼云烟，到头来空幻一场，他就不会那样争腥逐臭、贪得无厌地追了；不去争腥逐臭、贪得无厌地追，就不会有那么多烦恼和痛苦了。这就是佛家从“四大皆空”即宇宙空幻讲到人生空幻的良苦用心。因此佛教要求人不要太执着、太认真，太贪恋世俗的一切，这一切恰好是烦恼和痛苦的因。要解脱烦恼和痛苦，就要“斩断尘缘”，就要“六根清净”。所谓“六根”即：眼、耳、鼻、舌、身、意，是一切欲望的来源。人间的一切关系都是烦恼来源，包括亲属关系，什么父子夫妻儿女，全都是烦恼来源，全都应该斩断。因此，“六根清净”，在我们中国人看来，其实就是六亲不认。因此，佛教的出家人连姓都得改，原来在家的时候姓李姓刘姓陈，都是俗姓，出了家都只能姓一个姓，就是姓释，释迦牟尼佛的“释”，表示皈依佛祖，一心向佛。这是大约1600年前，也就是公元四世纪，庐山的大和尚释道安做出的规定，以后中国的佛教出家人都遵守这一条。不管什么和尚，都得遵守这一条。

讲到这儿，我想起了我国的官本位。毋庸讳言，我们中国的官本位很严重，官本位的意思是用行政级别来衡量价值大小、地位高低。一些和衙门不沾边的领域都有行政级别。例如中国的高校就有行政级别，有局级高校，还有副部级高校。很多高校的校长不是想着怎么搞好教育，而是天天盼着学校升格。局级升格到副部级，他就享受副部级待遇了。因此中国今日的高校大楼林立，大师不再。社会有的一切丑恶，高校全有，象牙塔已经漆黑一团。更荒唐的是，中国的寺庙也有行政级别，跳出五行外，看破红尘了，居然也热衷于行政级别。

同样毋庸讳言，今日中国社会，商业大潮，汹涌澎湃，各个领域，概莫能外。用司马迁在《史记》里的说法，就是“天下熙熙，皆为利来；天下攘攘，皆为利往。”

令人忧虑的是，寺庙也不能免俗。当然，寺庙完全免俗也很难。过去流传一句民谣，叫做“一人不入庙，二人不窥井”，它告诫你，一个人单个外出旅行，天黑找不到旅店，看见有座庙，千万别进去投宿。半夜了，人给你害了，财物抢走了，神不知鬼不觉呀！两个人不管关系怎样好，不管是怎样的铁哥们，到了一口井边，你千万不要独自探头往井里看，你这儿正看着呢，那位一掀腿，把你扔进去了，钱包就拿走了。这是说人心险恶，出家人也不例外。你看过去的武侠小说，犯罪场所很多都在寺庙，打着宗教旗号更能迷惑人啊！你再看今天的很多和尚道士，看见香客恨不得上来扒你的皮，索取钱财，是那样的毫无遮掩，那样粗鄙，那样急不可耐。有句话说：“原来名士真才少，偏是僧家俗气多。”现在已经不仅如此，真的是高僧少，妖僧多，高道少，妖道多呀！打着宗教旗号行骗已经产业化运作。我由此想起郑板桥说过的一句话：秀才是孔子的罪人，和尚是释迦的罪人，道士是老君的罪人。

有些寺庙更是与时俱进，特别会经营，例如某寺庙的方丈甚至被称为那座寺庙的 CEO，和尚都有 CEO 了。有人可能会说，你这是多管闲事，人家寺庙香火旺盛，享受享受，你管得着吗？从法律上说，管不着；从道理上说，还就管得着。这涉及佛家为什么要出家的问题。是不是所有信佛的都要出家？不是的。佛家讲五乘教法：天乘、人乘、声闻乘、独觉乘、菩萨乘，其中只有声闻乘要出家。为什么？因为声闻乘的教法，需要在清净简约的环境，通过艰苦朴素的生活，磨炼意志，提高境界，修阿罗汉正果。清静简约、艰苦朴素，出家人就不能图享受，尤其不能贪恋财物。从前印度佛教有个规定，出家人手里绝对不能沾钱，不管什么理由。那么出差怎么办？专门雇个俗家子弟帮助打理财物。因此，不能说香火旺了，我就买个豪宅住住。寺庙的收入除了满足僧众基本生活需求外，应该用来做慈善、塑金身，决不能自己用来享受。因此，很多出家人的做法其实违背了佛家的精神。借佛敛财的做法从佛家的角度看也是罪孽。

但是，方丈再 CEO 也得姓“释”，至少形式上不能改变。

这就产生一个问题：佛家应不应该讲孝？按逻辑，佛家好像不应该讲孝。老爸老妈给的姓都改了，还讲什么孝呢？出家人已经斩断尘缘，六亲不认了，还讲什么孝呀？但是非常耐人寻味，佛家到了中国，也欣然地接受了儒家的“孝”。你看《坛经》里就说：“恩则孝养父母。”《佛说孝子经》更强调：“佛以孝为至道之宗”、说佛法“皆以孝顺为宗”。

佛家甚至用自己编的故事来宣传儒家讲的孝。有这样一个寻找佛的故事，生动地告诉我们人为什么要“孝”的道理。故事说道：有位年轻人离开自己的家到深山里去找佛，想修行成佛。跋山涉水，千辛万苦，找了很久，也找不到佛。一天在深山里碰到一位老和尚，就向老和尚请教：“法师呀！佛究竟在哪里呀？我怎么总也找不到佛呀？您能指点指点我吗？”老和尚指点他说：“不要在深山里找佛了，赶快回家去吧！在回家的路上，你会碰到一位反披着衣服，趿拉着鞋迎接你的人，那就是佛啊！”年轻人听了半信半疑，但是想反正也找不到佛，索性就听老和尚一回吧！于是就往家赶，走到半夜了，快到家门口了，也没有碰到这样一个人。年轻人很懊恼，心想自己被老和尚捉弄了。但是已经到家了，总不能不回家呀！于是敲响了家门、这时，半夜了，屋里的老母亲已经睡下了，但是一听，是儿子回来了，哪里还顾得上穿衣服，哪里还顾得上穿鞋？手忙脚乱，反披着衣服、趿拉着鞋，踉踉跄跄地去给儿子开门。门开了，儿子看见老母亲这个样子，恍然大悟，眼泪哗地流了下来。

什么是佛？佛在这里，就是伟大无私的母爱。因此，中国有句老话：“堂上二老便是佛！”

讲到这里，我们会发现，儒家讲的爱和其他文化系统，例如基督教讲的爱就有很大区别。前面已谈到，基督教讲博爱，来自于上帝的召唤，来自于外在的、高高在上的神圣命令。所以《圣经》的《马太福音》才说：“上帝就是爱。”牧师在教堂里布道，经常张开来两臂，向信徒呼吁：“爱人者，有福了。”为什么？因为你爱人如己，是响应了上帝的号召，遵循了上帝的命令，这样才能有福。

儒家讲的爱，却是来自于内在的、自然的血缘亲情，所以孔子说“立爱自亲始”。儒家讲的爱甚至来自于动物的本能，是这种动物本能的升华。

例如，很多动物都有“孝”的表现，如“乌鸦反哺”。这种生物本能进一步升华，就成为人的“孝”，因此我们经常说，人不孝顺，畜生不如。

当然，讲到人的孝，和动物有个最大的区别，那就是，动物只有出于本能的“孝养”，人却有出于亲情的“孝敬”。孔子的学生子游问老师究竟怎样才算是“孝”，孔子回答说：“今之孝者，是谓能养，至于犬马，皆能有养。不敬，何以别乎？”[①]现在的人说起孝，都认为能养活爹娘就行了。仅仅这样理解孝，那么我们对于狗啊马啊都能饲养，如果没有尊敬，那么养活爹娘和饲养狗马有什么区别呢？

一个“敬”字，道出了“孝”的道德属性。较之“养”，“敬”确乎更体现了人的“孝”较之动物本能所独有的情感特征。我由此想到民间流传的两句话：“百善孝为先，原心不原迹，原迹贫家无孝子。万恶淫为首，论迹不论心，论心世上少完人。”

心是内在的情感，迹是外在的行为。如果仅仅把“孝”理解为从物质上供养父母的行为，那么贫困人家子弟自然无力很好地供养父母，按照这个标准，贫困人家就没有孝子了。如果对某个异性动心就是淫乱，而不管在行为上有没有表现，那么这世上就没有几个人不是淫乱之徒。因为从内在

---

① 《论语·为政》。

的情感来说，没有几个人见到钟情的异性不动心。因此讲孝，主要的要求还是敬重老人。“敬”的标准要高于“养”的标准，因此“孝敬”较之“孝养”出现频率更高。伴随着经济繁荣，社会福利和保障体系日臻完善，“孝养”的问题越来越容易解决，而“孝敬”的问题却仍然突出。进入老龄化社会，“孝敬”的道德情感理应得到悉心培育。

必须指出的是，“孝”在历史上也曾经被统治者利用，成为专制统治的手段。统治者纯粹从政治功利出发强调儒家“孝”的道德要求，他们提倡对父母尽“孝”的目的完全是为了对皇帝尽“忠”，通过对父母的孝来保证对帝王的忠，并且进而用对帝王的忠来压倒对父母的孝，对于专制帝王来说，孝不过是手段，忠才是目的。在他们看来，君权就是父权的放大，臣子应该像在家里对父母尽孝一样，在朝廷对皇帝尽忠。所谓“忠臣出于孝子之门”。秦代丞相吕不韦编《吕氏春秋》，指出“人臣孝，则事君忠”。汉代的皇帝号称以“孝”治国，除了汉高祖刘邦外，皇帝的谥号都冠上一个“孝”字，如汉武帝的谥号是汉孝武帝，汉文帝的谥好是汉孝文帝，目的都是在维护皇权统治。

这种思想在孔子那里好像能找到一点根据，孔子说过：“其为人也孝悌，而好犯上者，鲜矣；不好犯上，而好作乱者，未之有也。”[①]翻译成现在的话就是：他的为人，孝顺爹娘，敬爱兄长，却喜欢触犯上级，这种人是很少的；不喜欢触犯上级，却喜欢造反，这种人从来没有过。这段话是在肯定孝悌对于维护政治稳定的价值，也就是孝对于忠的价值。

到了孟子，就坚决反对将“孝”和“忠”扯到一起。孟子是孔子的铁杆粉丝，甚至可以说是钢丝，因为他说过：“自有生民以来，未有如孔子者也。”[②]有人类以来，就没有像孔子这样伟大的人。但孟子在很多方面，特别是他的政治观点比孔子要激进，要民主。他高度评价舜的孝行，甚至主张为了尽孝可以违反法律。有人问他如果舜的父亲杀了人，舜该怎么办？他说舜一定放弃自己的王位，背着自己的父亲逃到海边去，逃避法律的制

① 《论语·学而》。

② 《孟子·公孙丑》上。

裁，隐居下来享受天伦之乐。但对君臣关系，孟子则坚决主张建立一种互相尽义务的关系。君对臣好，臣就对君好；君对臣不好，臣也就可以不买君的账。这就是孟子那段著名的议论："君之视臣如手足，则臣视君如腹心；君之视臣如犬马，则臣视君如国人；君之视臣如土芥，则臣视君如寇仇。"[①]翻译成今天的话就是：君主把臣下看待为自己的手脚，那么臣下就会把君主看待为自己的腹心；君主把臣下看待为狗马，那么臣下就会把君主看待为一般人；君主把臣下看待为泥土草芥，那么臣下就会把君主看待为仇敌。这段话后来惹得专制帝王朱元璋大发雷霆，要将孟子从孔庙中撤出去，并说谁反对就杀掉谁。但有个叫钱塘的大臣偏偏不怕死，坚决反对朱元璋的决定，并说为孟子死，虽死犹荣。由于大臣冒死反对，朱元璋未能如愿，但他最后还是让大臣重新编了一本《孟子节文》，也就是《孟子》的删节本，把这样的话统统删掉。总之，在中国政治思想史上，孟子第一个从根本上颠覆了帝王专制时代忠君不贰的政治要求，"君要臣死，臣不敢不死""君王圣明，臣罪当诛"的奴才政治逻辑在孟子这里是根本行不通的。

三国时期有位叫邴原的名士更勇敢地捍卫孝高于忠的原则，坚决地回应了统治者就这个问题提出的挑战。事情是这样的：曹操的儿子曹丕（三国魏国的第一位皇帝，即魏文帝）向属下宾客们提出了一个极端尖锐的问题："君父各有笃疾，有药一丸，可救一人，当救君耶？父耶？"[②]君王和父亲都生了重病，但只有一丸药，只能救一个人。那么，是救君王呢？还是救父亲？这个问题问得很巧妙，很刁钻，很老辣，很阴险，很敏感，令宾客们很难回答。这其实就是一个孝的原则与忠的原则哪一个是更高原则的问题，是一个孝的原则与忠的原则相互冲突的问题。曹丕这样提出问题，用意就在检验臣下对帝王是否绝对地忠。

从内心自然的真实感情来说，人们肯定更愿意尽孝，更愿意用这丸药救自己的父亲，而不愿意用它来救皇帝。因为我和老爸是血缘关系，有亲情，我和皇帝不过是政治关系，没有什么亲情。但是谁也不敢讲真话，因为那

① 《孟子·离娄》下。
② 《三国志·魏志·邴原别传》。

样会违背忠的原则，从而得罪君王。大家议论纷纷，名士邴原不参与讨论。于是曹丕专门点邴原的名，指定他回答。邴原则干脆果决、坚定有力地回答："父也。"当然是救我的父亲！邴原的回答捍卫了"孝"的尊严，捍卫了孝对于忠的至上性。颠覆了帝王家的霸道逻辑，粉碎了专制统治者的政治意图。我们从邴原的回答中能够感受到一种道德的无畏，感受到一种孝的巨大力量，获得一种亲情的最高满足。如果他回答说"君也"，大家一定在心里骂他是马屁精。

古代社会，官吏经常被称为"父母官"，百姓被称为"子民"，这其实是混淆了血缘伦理和政治关系。就像我在前面说的，过去的专制统治者就喜欢来这一套，什么"忠臣出于孝子之门""人臣孝，则事君忠"，目的不外乎是让百姓像孝敬爹娘一样忠于朝廷官府，百姓不仅在政治上要服从，在伦理上也要服从。

从当代公民社会的视角来看，"父母官"的说法当然荒谬绝伦。打个比方，政府和公民的关系就好像物业公司和业主的关系。业主出钱雇物业公司是为他服务的，不是花钱买爹的。同理，公民将权力赋予政府是让它为民众服务的，不是请它来当爹的。"父母官"不仅在政治上荒谬，在伦理上也是对父母之爱的亵渎。

当然，谈到孝和忠的关系，还有更复杂的一面。实际上，忠的对象不能仅仅是君王，忠还具有更为宽广的含义。如果"忠"的对象是国家，是民族，甚至是某个大集体时，舍孝而取忠，舍小家而顾大家，就往往具有道德的崇高性和震撼性。岳母刺字的故事、杨家将的故事之所以能够千古流传，就在于这些爱国者能够以忠代孝，甚至毁家纾难，先天下之忧而忧，后天下之乐而乐，体现了可歌可泣的献身精神。

绝对的孝，特别是孝成为礼教，也曾经带来严重的问题。当孝成为对个性的压抑，对个人情感的蹂躏，对个人权利的剥夺时，就往往会酿成悲剧。从《孔雀东南飞》《梁山伯与祝英台》到巴金的《家》、曹禺的《雷雨》，都是对"孝"成为束缚人的礼教的深刻暴露，都是对礼教扼杀年轻一代幸福追求的强烈控诉。想一想旧时代，为了遵循"父母之命，媒妁之言"，对父母尽孝，发生了多少不幸的婚姻？五四时期，都已经民国了，还有姑娘因为不满意自己的婚姻，在出嫁的轿子里用剪刀自杀。由于孝成为礼教后带来很多社会问题和政治问题，五四时期反传统也把矛头对准孝道。当时对孝道的批判，主要是想解决两个问题：一是提倡个性解放，冲破家族压迫；二是提倡政治解放，推翻专制压迫。因此“五四”对孝道的批判，并不是号召人们都去打爹骂娘，而是反对孝成为礼教的绳索，束缚人的基本自由。

现在为了弘扬传统，有人激烈否定“五四”，包括“五四”对封建孝道的批判。什么“二十四孝”等等极端不近人情的东西又有人津津乐道，《孝经》这种专门借孝来谈忠的东西又有人稀里糊涂地宣传。这是一种非历史主义的态度。“五四”的反传统，包括对孝道的批判，有它时代的合理性。我们应该同情地理解“五四”，肯定“五四”。弘扬传统，包括讲“孝”，应该从“五四”往前走，不应该从“五四”往后退。

从“五四”往前走，我们就能够纠正专制政治的扭曲，冲破封建礼教的束缚。跨过历史时代对孝的局限，站在今天的高度，我们重温对亲人的爱，心中涌起对父母的感恩之情，温习孔老夫子的教导，就能理解儒家提倡孝的良苦用心。我们不能说，孝能解决一切人类问题，但是我们可以说，孝是解决一切人类问题的开始；我们不能说，有了孝心，就完成了做人的使命，但是我们可以说，没有孝心，就肯定还不具备做人的起码资格。从古到今，尽管我们不断地提倡孝，但是打爹骂娘的也不少。我坚决主张，对于那些在道德上有某种示范要求的职业，特别是拥有国家权力的职业和为人师表的职业，例如教师和公务员等，遴选的必要条件之一，就是必须孝敬父母。在这样一类职业的从业者中如果发现不孝者，就应该立即开除。据说有的省份的地方公务员条例已经明确要求，虐待父母的人不能当公务员。

以孝为核心，从对亲人的爱推广开来，就进入爱的第二个层面：对大众的爱。

二、对大众的爱

“仁”从对父母的“孝”开始，从对亲人的爱开始，又推演扩充为对大众的爱，这就是儒家经常强调的推己及人，也就是老百姓常说的将心比心。

为了实现对大众的爱，孔子提出了两条原则：一条是“己所不欲，勿施于人”①。自己不喜欢的，就不要强加给别人。孔子非常重视这个原则。他的弟子子贡曾问他：“有一言而可终身行之者乎？”有没有一句可以奉行终身的话呢？孔子回答：“其恕乎！己所不欲，勿施于人。”大概是恕吧！自己不喜欢的，就不要强加给别人。

这条原则听起来很简单，很朴素，但却获得全世界的认可。2001年，联合国开了个会。什么会？和这一年的特殊意义有关。2001年是什么年份？是人类社会新千年开始的第一年，基督教世界非常重视这一年，称它为“千禧年”。人类社会过去的一千年，充满灾难，充满罪恶，充满战争，新的一千年，人类不应再这样生活了。应该怎样生活？当时的联合国秘书长安南组织全世界宗教学界、伦理学界的代表人士开了个会，专门讨论这个问题。会议讨论的结果，与会者一致主张把孔子讲的“己所不欲，勿施于人”和基督教讲的“己所欲，施与人”的宗教戒律并列为人类生活应该遵循的普遍法则，奉为人类生活应该遵循的永恒法则。如果你有机会去纽约到联合国总部参观，在联合国总部的墙壁上，这八个字赫然在目。瞧，就这八个字，成了全人类的信条。

大家知道，我们今天已经进入了微博时代，但是说起微博来，孔子和老子实在是中国微博最伟大的创始人。你看《论语》和《道德经》，差不多没有一段话超过140个字，但是段段都那样精彩，“己所不欲，勿施于人”，就是一条永恒的微博。

另一条是：“己欲立，而立人；己欲达，而达人。”②“立”是站得住脚，“达”是发展。这句话的意思是，自己要站得住脚，也要让别人站得住脚；

---

① 《论语·卫灵公》。

② 《论语·雍也》。

自己要发展，也要让别人发展。

第一条是否定地说，第二条是肯定地说。两条原则实际上是从相反的方向指示着同一个“仁”的道理：将心比心，推己及人，博爱大众，共同发展，大家都赢。再深入一点考察，孔子提出的两个原则已包含了孔子思想的核心诉求。

《论语》里有一段孔子和曾子的对话。子曰：“参乎，吾道一以贯之。”曾子曰：“唯。”子出，门人问曰：“何谓也？”曾子曰：“夫子之道，忠恕而已矣。”[①]孔子说：“参呀！我的学说贯穿着一个基本观念。”曾子说：“是。”孔子走出去后，别的学生问曾子：“这是什么意思呀？”曾子回道：“他老人家的学说，就是忠和恕罢了。”

冯友兰指出：“‘己欲立而立人，己欲达而达人’，换句话说，己之所欲，亦施于人，这是推己及人的肯定方面，孔子称之为‘忠’，即‘尽己为人’。推己及人的否定方面，孔子称之为恕，即‘己所不欲，勿施于人’。推己及人的这两个方面合在一起，就叫做忠恕之道，就是‘仁之方’（实行仁的方法）。”[②]

这两条“仁之方”，也就是实行仁的方法和原则，初看起来好像很平常，但认真想一想，要真正地落实却何其艰难？可以说，人和人的一切冲突，归根结底都是因为违背了这两条原则；人和人的和谐相处，归根结底都是因为遵循着这两条原则。

下面一则故事告诉我们的就是“己所不欲，勿施于人”的道理。

20世纪70年代，南非白人政府实施“种族隔离”政策，对黑人搞种族歧视，认为他们是低贱的种族。法律上明文规定白人不与黑人来往，白人出现的场合黑人不能出现，出现了也不待见你。20世纪了，已经不是15世纪贩卖黑奴的时代，还搞这种赤裸裸的种族歧视，真的是十分野蛮。在这个背景下，发生了这样一件事。一天，有位白人姑娘在海边沙滩上晒日光浴，由于过度疲劳，她睡着了。当她醒来时，已经是傍晚了。她觉得肚子饿了，

① 《论语·里仁》。

② 冯友兰：《中国哲学简史》，涂又光译，北京大学出版社2010年版，第37页。

便走进附近的一家餐馆。但是，她在餐馆的椅子上坐了好长时间，竟然一直没有侍者前来招待她。她看到那些侍者都忙着侍候比她来的还晚的顾客，对她则不屑一顾，顿时怒火满腔，想走过去责问那些侍者。她站起身来，眼前凑巧有一面大镜子。她看着镜中的自己，立刻明白了侍者为什么不愿意招待自己的原因，眼泪不由夺眶而出。原来，整整一下午的日光浴，已经把她的皮肤晒得黢黑黢黑。服务员看过来以为她是黑人，当然不理睬她了。

这个白人姑娘一霎时就懂得了孔子讲的“己所不欲，勿施于人”的道理。她体会到了黑人被白人歧视的滋味，这种滋味当然不好受，既然自己觉得不好受，那么也就不应该对别人搞种族歧视了。

南非那位黑人前总统曼德拉，就非常懂得孔子讲的道理。曼德拉在白人政权推行种族歧视的时代，领导黑人民权运动，被白人政权抓进监狱，判处无期徒刑，受尽虐待，整整被押了 27 年才放出来。1994 年，曼德拉成为南非历史上第一位黑人总统。一次，南非要为世界杯足球赛选拔代表队。南非国内有一支白人球队球踢得最棒。那么是否选拔这支球队代表南非参加世界杯？国内很多黑人反对，但是曼德拉总统最后作出决定，就让这支白人球队代表南非参加世界杯足球赛。他说：这支足球队既不是白人的球队，也不是黑人的球队，而是南非的球队。曼德拉的这个决定，显示了他的宽阔胸襟，赢得了白人的敬重，有力地缓解了国内的种族对立。

有一个佛家的故事，更有助于我们了解“己欲立而立人，己欲达而达人”的道理。一天早晨，佛祖在西方极乐世界的一个美丽的大湖边散步，湖中盛开着荷花。荷花又称莲花，又称芙蓉花，在佛教中有重要作用，这和荷花的植物特征有关。荷花的根子扎在淤泥里，但是花开在水面上，清丽可爱，一尘不染。因此李白赞颂荷花：“清水出芙蓉，天然去雕饰。”北宋大儒周敦颐《爱莲说》中的名句：“出淤泥而不染，濯清涟而不妖。”更是妇孺皆知。由于荷花具有这种特征，佛教就差不多将它当成了“教花”，用它象征出离，象征超越。出离什么？出离苦海。超越什么？超越凡尘。因此佛祖要坐在紫金莲上，观世音菩萨也站在莲花座上。佛祖一面欣赏着湖上的荷花，一面思考着它所象征的佛家道理。佛不经意地透过浮萍的间隙往湖下面一看。湖下面是什么地方？是十八层地狱。

原来极乐世界和十八层地狱仅仅隔着一层湖水，这有深刻的象征意义，天堂地狱，一水之隔，行善作恶，一念之间呀！我们知道，任何宗教都设计了天堂和地狱，目的是劝善惩恶。生前行善，死后上天堂，生前作恶，死后下地狱。佛祖看到那些生前为非作歹的人死后罚入地狱，正在遭受种种煎熬。佛祖突然发现了地狱中的一个强盗。这个强盗生前作恶多端，死后下了地狱。佛祖看到这个强盗，想起这个强盗生前也干过一件好事。什么好事？这个强盗生前，有一次在森林里面走，看到一只小蜘蛛在地上爬，就想一脚上去踩死它。但脚落下之前，他转念一想：算了！大小也是个生灵，放它去吧，脚便没有落下。佛祖念这强盗曾经放过一条蜘蛛的命，便发了慈悲，想要救他出地狱。那么，怎样救他出地狱呢？方法是在他头上放下一条施了法力的蛛丝。强盗看见蛛丝，连忙攀着往上爬，眼瞅着就要爬出地狱了，爬出地狱就进了极乐世界呀！就在刚要爬出地狱的时候，强盗有些累了，心想我休息一下。他停了下来，往下面看了看，立刻就慌了起来。为什么？他突然发现，他盼着蛛丝往上爬，他身下有很多人也跟着他往上爬。一点也不奇怪，他想出地狱，大家都想出地狱呀！地狱里可不好玩，又没有卡拉OK，又没有咖啡馆。这强盗一看就着了急，心想你们都跟着我往上爬，这么细的蛛丝哪能经得住这么多人，如果蛛丝断了我岂不要和你们一起掉下去。想到这里，他就拼命地往下踹那些跟着他往上爬的人。就在他往下踹的一刹那，蛛丝从他头上"啪"地断了，强盗又重新跌回地狱。

这个强盗为什么重新跌回地狱？就是因为没有学习孔子"己欲立而立人，己欲达而达人"的教导。你要出地狱，大家都想出地狱，你为了自己出地狱，竟然把别人往地狱里踹，就完全违背了"己欲立，而立人；己欲达，而达人"的精神，结果就是重新堕入地狱。

仔细想想，如果人们真的都能按照孔子提出的两条原则做人做事，人间天堂就建成了，世界大同就来到了。因此这两条看似平常的原则实际上却具有无比神圣的意义，它们的崇高深厚的道德内涵、社会价值和任何宗教的金律相比，都毫不逊色。

孔子提出的两条原则确实是具有永恒价值和普遍意义的人类的金律。从对大众的爱出发，孔子认为实现"仁"的最重要的标准是大众的幸福。

那么什么是大众的幸福？怎样落实大众的幸福？孔子首先对政治家提出了要求，这要求突出地体现于四个字："富之教之"。意思是治理国家，首先应该保障老百姓的生存权，使老百姓富裕起来，然后才有可能、有资格对他们进行教化。请注意，富之教之，富在前，教在后，先富后教。这个先富后教非常重要，绝对不能颠倒。颠倒了就很容易造成以道德的名义吃人。宋代理学家程颐有句名言，叫"饿死事极小，失节事极大"。什么叫"失节"，上古社会礼仪要求，已婚妇女如果丈夫死了不应该再嫁，再嫁就是失节。这个礼仪后来逐渐被抛弃了。例如到了唐代，思想非常解放，离婚率比今天都高，叔嫂小姑子小姨子乱来的事很多。唐太宗的才人，也就是编制内的小秘居然成了自己的儿媳妇，还篡夺了唐朝的天下，那就是大名鼎鼎的武则天。因此那个时代，再嫁根本就不是问题了。但是到了宋代，程颐这样的理学家又捡起上古礼仪，对妇女提出片面要求。我们知道，古代社会自然经济，所谓男主外，女主内，男人是家庭的经济来源。如果一个人家丈夫不幸早逝，孩子又小，他的妻子如果不再嫁怎么活？程颐就说了，不能活不要紧，不能活你就饿死呀，但是宁肯饿死也不能再嫁失节，这就是一种典型的吃人道德。孔老夫子尽管是道德先生，但是他可不这样讲道德，事关大众生存，孔子总是首先伸张大众的生存权，总是把大众的福祉放在第一位。

一个典型的案例就是孔子对春秋时期齐国著名政治家管仲的评价。

管仲这个人很复杂。为了更好地了解孔子对管仲的评价，先简单介绍一下管仲的背景。管仲原来是齐国贵族公子纠的师傅。公子是春秋战国时对国君也就是诸侯的兄弟的称呼，这位公子单名一个纠，全称公子纠。公子纠还有位师傅叫召忽，他还有个兄弟叫公子小白。公子纠和公子小白兄弟俩的哥哥就是当时的齐国国君齐襄公。这位齐襄公是一位出了名的荒淫之君。荒淫到什么程度？竟和自己的妹妹乱伦通奸。后来这位妹妹嫁到鲁国去了，成了鲁国国君鲁桓公的夫人，也就是鲁国的第一夫人。一次鲁桓公带着自己的夫人也就是齐襄公的妹妹到齐国访问，齐襄公居然还不放过自己的妹妹，找机会和妹妹干那苟且之事，也不怕酿成重大外交纠纷。结果丑事败露了，鲁桓公大为光火，我堂堂一国国君，你让我戴绿帽子，况且那还是你的亲妹妹，什么东西！齐襄公怕鲁桓公回国和自己的妹妹过不去，竟然找个杀手将鲁桓公杀害了，后来又杀了杀手灭口。这个荒淫的国君想让自己宠爱的妃子的儿子继承国君，就迫害公子纠和公子小白哥俩，因为齐襄公身后，这两位都有资格继承国君的位置。这两位为避免迫害就政治逃难。公子纠逃到鲁国，公子小白逃到莒国。

不料在两位逃难的过程中，齐国发生内乱，齐襄公被杀掉了。公子纠、公子小白这哥俩又连忙往回跑。为什么？国君的位置空出来了，这两位都有资格做国君，但国君只能有一个，谁先回去谁捷足先登做国君。哥俩由难兄难弟一下子变成了政敌。公子纠一边往回跑，一边让管仲带人拦住公子小白，不让他回国。管仲带人拦住了公子小白，双方动起手来，管仲一箭射过去，就射到了公子小白的衣带钩上。公子小白非常聪明，躺那儿装死。管仲以为公子小白真的被射杀了，就回去向公子纠汇报，说主人您不用着急了，您的政敌已被我除掉了，您从从容容地回齐国做您的国君吧！是公子纠一边游山逛水，一边往齐国进发。走了七天七夜，来到齐鲁边境，一打听，那边公子小白早就登了基了。他不是装死吗？管仲一走，他立刻星夜兼程跑回齐国，登基做了国君。这位国君就是历史上有名的齐桓公。

齐桓公做了国君，头一件事干什么？当然是清除政敌。他最大的政敌就是尚在鲁国的公子纠，于是发兵攻打鲁国，鲁国迫于齐国的压力，杀害了公子纠。公子纠被害，他的一位师傅召忽自杀为主子殉难，另外一位师傅管仲呢，他很惜命，不这样干，结果被抓起来投到了齐国的监狱里。

这边齐桓公又忙着选择政治助手，要选个丞相。选谁好？他选自己的老师鲍叔牙。但是鲍叔牙坚辞不受。为什么？鲍叔牙说："我知道主人您的志向，您是要称霸天下的。如果仅仅是治理齐国，我这点本事可以辅佐你了。但是要称霸天下，我这点本事可就远远不够用了。不过我可以向您推荐一个人，大王您只要用这个人，齐国保证能称霸。"鲍叔牙推荐谁？他推荐管仲。齐桓公开始当然不同意："这个管仲本是公子纠的师傅，和我有一箭之仇，差点把我射死，我怎么能重用他？我正要杀掉他呢！"鲍叔牙说："大王你若想报私仇，非常简单。但是你要称霸天下，有能力辅佐你的，非此君莫属。"齐桓公当时还是位明君，思来想去，决定放弃私仇，起用管仲做丞相。

这里有个问题，鲍叔牙何以那样了解管仲？

原来鲍叔牙和管仲早年时就是好朋友，有几件小事可以看出鲍叔牙的胸襟和慧眼。第一件事，鲍叔牙和管仲年轻时曾经合伙做生意。每次赚了钱，管仲总要多拿点。一般的生意伙伴会很不高兴，一人50%股份做生意，赚了钱，你凭什么要多拿？又不是我主动给你的！但鲍叔牙非常理解管仲。他非但不生气，还为管仲辩解："他多拿是对的。为什么？因为他家里有老母亲要抚养，花费大。"第二件事，管仲曾经当过几次兵，每次都是上了阵就当逃兵，一交手就往回跑。这样未免遭人耻笑，斥他胆怯。但鲍叔牙却为他辩解："他当逃兵是明智的。那些战争都不不义之战，不应该为它做炮灰。"第三件事，管仲当过几次小官，每次都是时间不长就被撤了职。大家又耻笑管仲，说他还是没本事，要不然怎么总被撤职呢？鲍叔牙还是替管仲辩解："不是他没本事，而是用他的人不识才。"第四件事，管仲也曾经给鲍叔牙出过几次主意，但都是馊主意，没有一次成事儿，这换了一般人也会很恼火，但鲍叔牙仍然替管仲说话："不是他的主意不好，而是办事的时机不成熟。"鲍叔牙如此地信任和理解管仲，管仲十分感动，感慨说："生我者父母，知我者鲍叔牙也！"①

过去有个成语，叫管鲍之交，把彼此十分信任、十分了解的得朋友叫管鲍之交。如今人们已经听不到这个成语了，因为今天已经没有这样的朋友了。说来令人慨叹。

这个管仲的才能确实了不得，政治、经济、军事，全方位的才能。他留有《管子》一书（里面有些内容是后人掺进去的），有些话已成为格言，如"仓廪实则知礼节，衣食足则知荣辱"②，我们熟知的"士农工商"也是管仲提出来的。他不负鲍叔牙的信任，辅佐齐桓公，使齐桓公很快成为春秋五霸之首。

但是管仲尽管才华出众，治国干才，缺点毛病也很严重。他很贪财，国君给了超规格的高薪，却从来也不做一点慈善。特别是违反礼，总喜欢超越自己的级别享受待遇。他的等级是个大夫，相当于今天的部长级干部，却滥

---

① 参见《史记·管晏列传》。

② 《管子·牧民》，司马迁在《史记·管晏列传》中引用这段话时，将其改成"仓廪实而知礼节，衣食足而知荣辱"。

用职权按照国家领导人的规格给自己盖房子，这是孔子最不能容忍的行为。因为礼不仅是个待遇问题，它的背后是政治秩序。大家都不守礼，就要礼崩乐坏，天下大乱。孔子曾经严厉批评管仲："管仲知礼，孰不知礼？"[①]如果说管仲懂得礼，那还有谁不懂得礼？

这个管仲发展齐国经济固然不遗余力，但是也不择手段。我们知道，春秋战国时的齐国在今天的山东中东部，靠海。靠海产鱼产盐，管仲就倾力发展齐国的商贸业。为了吸引外国商人到齐国做买卖，管仲竟然以国家的名义组织了七八百位美女招待外商，这个巨大的诱惑也确实招来了很多外商，吸引了很多外资，发展了齐国的经济。但是招儿太损，今天看来都不合法。我们知道，中国有个传统，各行各业都敬自己的祖师爷或者保护神，例如木匠敬鲁班，酒店敬财神，而过去的妓院就敬管仲，妓院里摆个牌位，上面写着管仲的名字，把管仲当祖师爷。为什么管仲成了妓院的祖师爷？因为管仲以政府的名义组织美女招待外商，实际上就是官办的妓院。

才华出众，政绩突出，但是缺点毛病也很多，这就是管仲。

应该怎样评价管仲。孔子和他的学生产生了分歧。孔子的学生最关注的是管仲对不起自己的旧主子。前面谈到，管仲的主人公子纠在政治斗争中失败被齐桓公害死了，管仲非但没有按照义的要求为主人殉难，反而为杀害自己主人的仇人服务，做了齐桓公的宰相。于是孔子的学生子路和子贡谈起管仲时认为他不"仁"，子路质疑道："桓公杀公子纠，召忽死之，管仲不死，曰未仁乎？"[②]齐桓公杀害公子纠，公子纠另一位师傅召忽自杀为主人殉难，管仲却未能这样做，这能说是仁吗？子贡更指责管仲说："管仲非仁者，与桓公杀公子纠，不能死又相之。"[③]管仲绝非仁者。桓公杀害他的主人公子纠，他非但不为主人殉难，反而为杀害主人的仇人服务。

孔子的看法和他们都不一样，尽管他也曾谴责过管仲有许多违反礼的地方，但他还是明确地认为管仲符合"仁"的要求。为什么呢？就是因为管仲的政绩使齐国的老百姓得到了安宁和幸福。孔子肯定管仲的话，最著名

① 《论语·八佾》。
② 《论语·宪问》。
③ 《论语·宪问》。

的有两段。一段是："管仲相桓公，霸诸侯，一匡天下，民到于今受其赐。微管仲，吾其被发左衽矣！岂若匹夫匹妇之为谅也？自经于沟渎而莫之知也！"[①]用今天的话说，就是管仲辅佐桓公，称霸诸侯，统一和匡正了天下，老百姓直到今天还享受着管仲的政策带来的好处。假若没有管仲，我们都变成野蛮人了，怎么能够拘守匹夫匹妇那种迂腐的诚信，自缢在水沟里了，人们连知道都不知道（对百姓又有什么好处呢？）。

孔子说这话的时候，管仲已经死了一百多年了。一位政治家死了一百多年，他的政策还给老百姓带来实惠，这样的政治家合不合格？当然合格嘛！

另一段是："桓公九合诸侯，不以兵车，管仲之力也。如其仁，如其仁。"[②]齐桓公多次统一诸侯，靠的不是暴利，而是管仲的政治智慧。最后孔子由衷地感叹说：这就是仁哪！这就是仁哪！

孔子树立的"仁"的标准本来非常严格，他绝不轻易地肯定哪个人达到了"仁"的标准，对自己最得意的学生颜回，他也不过是评价他"其心三月不违仁"[③]，就是说，颜回也只能够在一段时间内遵循仁的标准做事。但是他却那样毫不含糊地称赞管仲够得上仁，特别是这个管仲还有违反礼的严重问题。这说明了什么呢？

这说明了，孔子认为为大众造福，是最高的政治道德。这种政治道德甚至超越了仁的标准。例如他的学生子贡问他："如有博施于民而能济众，何如？可谓仁乎？"[④]意思是说，假若有这样一个人，广泛地给人民以好处，帮助大家都能过上好日子，怎么样？可以说是仁吗？孔子回答说："何事于仁！必也圣乎！尧舜其尤病诸！"[⑤]意思是说，这哪里仅仅是仁！应该说是圣了！尧舜都难以做到呢！

对大众的爱，直接地培育了对人的尊重。在中国古代社会，正是儒家的智慧高高地举起人的尊严的旗帜。在任何情况下都维护人的尊严，成为中国智慧的优秀传统。例如《易经》把天地人列为"三材"，意味着人的地

---

① 《论语·宪问》。
② 《论语·宪问》。
③ 《论语·雍也》。
④ 《论语·雍也》。
⑤ 《论语·雍也》。

位可以和天地并立，同样伟大，同样崇高。“天地之性人为贵”[①]，是中国传统文化最响亮的口号。不仅儒家维护人的尊严，道家例如老子也十分重视人的尊严，因此他说：“道大，天大，地大，人亦大，域中有四大，而人居其一焉。”[②]

从维护人的尊严出发，孔子痛斥：“始作俑者，其无后乎？”[③]最初发明人俑来陪葬的人，应该断子绝孙吧？俑就是人形的陶俑或木俑，古代用来陪葬，孔子对这种做法深恶痛绝，于是骂出最狠毒的话。古代社会把没有后代看成最严重的事。孟子说：“不孝有三，无后为大”[④]，断子绝孙是最狠毒的、最令人不能容忍的咒骂了。孔子很少这样骂人，他之所以对用人俑陪葬的现象深恶痛绝，而一反常态地痛骂，就是应为这种做法侵害了人的尊严。

东晋大诗人陶渊明的儿子身体不好，陶渊明为儿子雇了一位仆人。在将这位仆人送给自己的儿子时，陶渊明专门附上了一封信，信中叮嘱自己的儿子：“此亦人子也，可善遇之。”[⑤]意思是说，尽管这个人只是个仆人，但他也是人生父母养，你必须好好地对待他。

古代道州那个地方由于水土的关系，——今天从医学科学的角度看，大概是由于环境污染或近亲结婚等原因——很多人生下来就病态的矮小，成了我们所说的侏儒。唐代宫廷为了取笑逗乐，经常要求道州地方官向朝廷进贡侏儒。有一年，一位叫阳城的人出任道州刺史，却勇敢地抵制朝廷的指示，反对向朝廷进贡侏儒。这就是有名的阳城抗疏。阳城之所以敢于对抗朝廷的旨意，目的就是要维护侏儒做人的尊严。后来大诗人白居易写诗歌咏此事，其中有两句写道：“道州水土所生者，只有矮民无矮奴。”[⑥]

仆人尽管社会地位低下，侏儒尽管矮小，但他们也都是人，也都有做人的尊严。这就是上面两段故事告诉我们的道理。如果和西方古代的有关思想相比，中国的智慧对人的尊严的维护，就更显得格外宝贵。古希腊最开明

① 《孝经·圣至章》。
② 《道德经》25章。
③ 见《孟子·梁惠王》上。
④ 《孟子·离娄》上。
⑤ 《南史·隐逸传》。
⑥ 白居易：《道州民－美臣遇明主也》。

的思想家之一亚里士多德肯定奴隶存在的合理性，中国的智慧强调人的尊严却包括一切人，奴隶也不例外。西方近代大思想家康德响亮地提出人是目的，不是手段，而中国儒家的智慧却一开始就坚持这一原则。

当然，我绝不是说在社会生活中，中国人做人的尊严都得到了保障。实际上，由于专制政治的压迫和经济的、社会的、文化的种种原因，普通中国人饱受着种种等级的、身份的歧视和侮辱。举一个典型的例子，由于中国传统社会奉行重视农业、打击商业的政策，商人在社会生活中受到种种歧视和侮辱，这些歧视和侮辱甚至在法律上被明确下来（从商鞅变法开始，法律明文重农抑商）。例如汉代的法律曾经要求商人穿鞋必须一只黑、一只白。明代的法律要求商人不管怎么有钱都只能穿粗布做的衣服，而不能穿绫罗绸缎，走在路上只能靠两边走，而不能走在路中间。这种明目张胆的野蛮歧视当然是对人的尊严的亵渎。

历史就是这样，古圣先哲倡导的文化精神一落实到社会生活，就必然遭到来自政治、经济、社会各个方面出于各种利益的扭曲、阉割，大打折扣乃至形存实亡。但这些都当然不能遮掩中国的智慧强调和弘扬人的尊严、人的平等这样一种文化光芒。

为大众造福，维护人的尊严，都是对大众的爱。从对大众的爱进一步推广，就进入仁爱的第三个层面：对万物的爱。

三、对万物的爱

亲亲而仁民，仁民而爱物。亲亲是对亲人的爱，仁民是对大众的爱。爱物呢？爱物是对天地万物的爱。儒家从爱亲人推广到爱大众，从爱大众又推广到爱天地万物。儒家对天地万物的爱，是对生命的爱，对生生不息的宇宙的爱。这样一种爱培育了人和自然和谐相处的文化主张。实际上体现了中国文化的核心观念——天人合一。也就是宇宙和人类的和谐统一。

这种统一在宇宙体现为“生”，如《易经》所说：“天地之大德曰生”“生生之谓易”；在人体现为“仁”，就是所谓“仁也者，人也”[①]，而“生”就是“仁”，所谓“生，仁也”。[②]宇宙的本性和人的本性就这样通过对生命的珍爱融合成一个有机整体。

儒家对万物的爱，特别是对生命的珍爱，留下了许多动人的事迹。宋代大儒周敦颐，“绿满窗前草不除”。自己家院子里的青草到了春天蓬勃生长，把窗户都遮住了，但是周敦颐却舍不得除掉它。有人问他为什么不除，他说“与自己意思一般”“观天地生物气象”[③]，就是说，春草的生长和人的生命一样，都是宇宙生生不息的气象，体现了“天地之大德曰生”的伟大造化。

对天地万物的爱，使中国人经常把无生命的事物生命化，无情的事物有情化，中国古人对大自然充满了亲切感、认同感、投入感，也就是家园感。宋代大儒程颢有诗云：“万物静观皆自得，四时佳兴与人同”。[④]

什么叫“万物静观皆自得”？对天地万物，你不要一味地从功利主义的角度去对待它，一味地以自我为中心去索取它。你不要看到一只兔子，就想猎杀去吃兔子肉，你不要看到一只鸟，就想抓到它放到笼子里。跳出功利主义的层面，跳出人类自我中心，你静静地观照那天地万物，鸟在天上飞，鱼在水中游，青山屹立，大河奔流，大自然的每一个生命都是那样地自在、自得、自然、活泼、和谐。

什么叫“四时佳兴与人同”？春夏秋冬的交替，季节的讴歌和人的身心合成一篇最动人的生命诗篇。这样的家园，怎么不值得珍爱？

程颢的弟弟程颐曾经当过皇帝的老师，叫做“崇政殿侍讲”。一次，程颐陪着皇帝在庭院里散步，皇帝看见春天的柳枝嫩绿鹅黄，清新可爱，正所谓“杨柳丝丝弄轻柔”，就情不自禁地伸手折下一枝玩赏，不料却被程颐厉声喝斥：“住手！这柳枝的发芽体现了万物的欣欣生意，你折断它就摧残了它的生意。我不是给你讲过‘仁者与天地万物为一体’吗？你这课白听了？”程颐的态度好像有些小题大做，但由此可以看出理学家们的认真。

---

① 《孟子·尽心》下。

② 周敦颐《通书·顺化第十一》。

③ 见《二程集》第1册，第60页。

④ 程颢：《秋日偶成》。

珍爱万物可以说是最深刻最有效的环境保护主义。

放眼当今世界，对自然的过分掠夺，对万物的无情摧残，已经造成了可怕的后果：地球不断升温，臭氧层空洞不断扩大，江河不断干涸，森林日益消失，环境污染、生态危机日益严重……

我们必须提出这样一个拷问：要么就是一个世界，要么就是没有世界。面对这样一个严峻的世界，儒家强调对天地万物的爱，尤其具有严峻的现实意义和崇高的文化价值。儒家的爱物情怀，可以说是最深刻的环境保护主义。

话到这里，有人可能要质疑：什么天人合一？天怎么能有情感，能有爱？老子不是说过吗？天地不仁，以万物为刍狗。你讲的这种儒家的自然观、宇宙观根本就不科学。科不科学？当然不科学。中国文化很多概念、很多范畴、很多说法，可能都经不起科学的拷问。为什么？因为中华传统文化根本就不是一种科学型的文化，它是一种实用型的文化。

什么叫科学型？什么又叫实用型？科学型的文化或曰科学精神可以用一句话来概括：对天地万物，人间万象，知其然还要求其所以然，打破沙锅问到底。西方文化从古希腊开始，体现的就是这种科学精神。例如古希腊第一位伟大的哲学家泰勒斯，天天在琢磨：天地万物为什么这样存在？它的本原是什么？他最后得出结论：天地万物的本原是水。这个结论对不对？反正很多人不同意，有人说是存在，有人说是原子，有人说是火。具体的结论都不一样，甚至都可能是错误的。但是就在这种追索的过程中，培育了、形成了西方文化的科学精神。这个科学精神非常伟大，它是西方近代走在世界前列的最重要的原因之一。

实用型的文化则不然。实用型的文化或曰实用精神，也可以用一句话来概括：知其然不求其所以然。中国古人十分重视人生日用，强调“道在伦常日用”，“人伦日用即道”，因此实用技术很早就发达起来。如李泽厚所总结的中国四大实用文化：兵农医艺，很早就形成、发展，并具有自己的宝贵特色。但是对于天地万物背后的原理，对于然后面的所以然，中国人则很少问津，没有兴趣。不仅如此，中国文化还排斥追究所以然的科学精神，认为“没有用”。例如中国先秦名家的命运，就很能说明问题。

“名家”的“名”即逻辑。先秦名家专门研究逻辑问题，对思维科学的发展意义无比重大。举个例子，名家著名代表公孙龙提出一个著名命题："白马非马。""白马"指一匹具体的马。"马"呢，则不是指具体的马，而是除去了所有具体的马的个性特征，抽取所有马的共同特征，如四蹄、哺乳、胎生、脊椎等，用一个名词"马"来概括它，这个概括马的共同特征的"马"就是马的概念。不言而喻，一匹具体的马不等于马的概念，就如同张三、李四等具体的人不等于人的概念。从这个逻辑学的层面看，这个命题很有意义，值得讨论。但是中国人对这些东西通常是排斥的，认为它和人生日用没有关系，是语言游戏，斥之为诡辩。例如写起文章来很讲逻辑的荀子，居然也批评名家，说名家是"蔽于名而不知实"，意思是名家被语言名词所蒙蔽而不知道考察实在的事物。

再举一个很典型的例子。我们都知道，佛教传到中国后，到了唐朝形成很多宗派，其中有一派叫唯识宗（还叫法相唯识宗、慈恩宗、瑜伽宗），这一派是大名鼎鼎的唐玄奘传进来的，玄奘就是这一宗的始祖。说起这位唐玄奘真是了不起，特给中国人提气。当年他本是非法越境（没有度牒，今天也就是没有护照），到印度留学，专业是佛学。一个黑下来的留学生经数年苦研居然成了佛家大宗师，最高学术权威，主持佛教最高学术会议，日本人到今天还把玄奘当作神一般敬拜。玄奘载誉回到大唐，风光大大不同于当年，皇帝唐太宗都十分敬重他，甚至和他结拜为兄弟。这样一位佛教权威，还有皇室背景，他传进来的唯识宗却在八大宗派中最早衰落，传了几十年就偃旗息鼓了。为什么？就是因为唯识宗太讲逻辑，太重视思维规律，不符合中国文化的实用性格，结果遭到冷遇。

这种文化取向的后果是严重的。它的最大问题是视野狭隘、思维浅薄，功能主义，难以形成普遍有效的科学系统，文化的发展便缺乏后劲。例如我们中国有都江堰，有赵州桥，那都是伟大的水利工程、精巧的桥梁建筑，但是中国就没有流体力学。西方则早在古希腊时就已有所谓"学科之树"，系统的、分门别类的科学系统很早就已形成，这是西方科技在后世得到日新月异的迅猛发展的文化基因。我们的文化却从一开始就有一个不祥的倾斜：重实用轻原理，重功能轻本体。

但是话说回来，人生一味地科学化，那也很可怕。

从科学的角度看，宇宙本来就是一个冷冰冰的物理存在，是一堆看不见摸不着的原子电子。你一味地从科学的角度看宇宙，看人生，宇宙就太可怕、人生也就太绝望了。

我拿大地震做例子。从海地到日本，从中国的汶川到芦山，都是大地一哆嗦，成千上万的人瞬间就蒸发了。面对如此可怕的自然灾害，人们不能不思考这样的问题：我们究竟应该怎样看待人和自然的关系？人在自然面前算什么？我思考的结论是，人在自然面前什么都不是啊！正像苏东坡的《前赤壁赋》所说："寄蜉蝣于天地，渺沧海之一粟。"人生天地间，不过就像水面上的一个小飞虫，就像大海中的一粒小米呀！大地震的可怕在于，它什么时候发生，在什么地方发生，你根本无法准确预测，这就意味着生活在地震多发地带的人们，活得很偶然。我记得初到日本的时候，十分不习惯。在澡盆子里边正洗着澡呢，澡盆子就咣当咣当地想起来了，原来是地震了。我慌忙跳出来往外跑，真的很狼狈，那叫"裸奔"啊！后来习惯了，也就不管它了。在日本，两三级的小地震经常发生，你如果不对它忽略不计，日子就没法过了。

科学如此发达了，还就是拿地震没办法。但是科学确实伟大，通过科学家的努力，我们乐观地相信，再过几十年，人类终将能够准确地预测地震，从而大大减少地震造成的伤亡。就像科学已经能够准确地预测台风，从而大大减少了台风造成的伤亡。

但是，地震我们能够准确预测了，还有小行星撞地球哪！小行星撞地球的可怕在于我们能够准确预测却没有办法预防。就是说，我们知道多大的小行星哪年哪月哪时撞过来，撞上会造成什么危害，这些都能算出来，但是我们只能眼睁睁地看它撞过来。这岂不更可怕？地球总共有四十六亿年历史，其间已经经历了五次毁灭性的撞击。最近的一次发生在六千五百万年前，在那次撞击中，地球上连同恐龙在内的75%的生灵瞬间毁灭了。而据天文学家宣布，地球现在又已经正式进入一个撞击周期。撞上地球就至少能够毁灭一个大城市的小行星，比我们肉眼看到的繁星还要多。你知道茫茫宇宙中，有多少个准人类超人类的文明就这样毁灭了！你无法知道。我们在这儿谈天说地讲国学，轻松得很，从容得很。天文学家们却一天24小时紧张地盯着外星空。他们说了一句话："我们只拥有一次机会。"这话绝不是危言耸听。只要一次我们对付不了，地球就玩儿完了。

当然，科学家在想尽办法对付小行星撞地球：用原子弹打，用太阳能轰，……我们姑且还乐观地预测，人类的科学终将战胜小行星，有效地预防小行星撞地球。但是小行星被战胜了，按照热力学第二定律，宇宙还要毁灭呐！19世纪就已发现的热力学第二定律告诉我们，宇宙最后由于再也没有热能补充，将进入热寂毁灭。面对宇宙的毁灭，人类怎么办？科学又有什么办法？太阳终有一天不再升起，这是科学告诉我们的冷酷事实。太阳死了，人类还能活吗？当然，这个行程可能非常遥远，以至于有人要说我是杞人忧天。但是从宇宙的进程来看，这是总要发生的事。人类的命运注定是悲剧性的，科学的努力也注定是悲剧性的。

您瞧，"科学"地谈宇宙，宇宙多么可怕！"科学"地谈人生，人生最后还不是绝望！

上世纪，英国有位大哲学家、大数学家罗素曾经讲过一段耐人寻味的话：每当我和科学家去谈人生，谈完了，回家我就想自杀。但是回到家里，一看到我们家的花园，又觉得人生充满盎然生趣，美好得很。花园，就是一个审美的世界，就是一个艺术的世界，就是一个中国人的文化世界。记住罗素的话，你不能总是科学地看宇宙，谈人生，而是要用审美的眼光看宇宙，和艺术家谈人生，也就是和中国的传统文化对话。

中国文化从来不把宇宙看成冷冰冰的物理空间，在中国人看来，宇宙是生命的鼓动，是情趣的流荡，是严整的秩序，是圆满的和谐。人生天地间，则是把宇宙万物看成心心相印的朋友，把大自然看成生我养我的温暖多情的家园。

你看苏东坡，他虽然说"寄蜉蝣于天地，渺沧海之一粟"，但他也说"须将幕席为天地，歌前起舞花前睡"①，"歌前起舞花前睡"，这是什么境界？你再看辛弃疾的情怀："我见青山多妩媚，料青山见我应如是。"②中国人

① 苏轼：《醉落魄·述怀》。

② 辛弃疾：《贺新郎》。

可以和大自然谈情说爱，大自然就好像中国人的情人。喝酒没伴儿了，没伴不要紧。天上有月亮，地上有影子。你看李太白的《月下独酌》，他约上空中的明月，再加上自己的影子："举杯邀明月，对影成三人。"这是何等美妙多情的世界？

如前所述，中国文化所表现出来的宇宙观，对环绕着人类的大自然始终抱有一种强烈的认同感、亲和感、归宿感，也就是家的感觉。什么叫宇宙？四方上下谓之宇，往古来今谓之宙。宇宙就是我身边悄悄流淌的时光，宇宙就是生我养我安顿我生命的家园。中国古人眼里的宇宙，是一个亲切的，充满了人情味的宇宙，是一个流动的，跳荡着韵律的宇宙，是一个动静统一、虚实相生的宇宙，是一个美的宇宙。因此，中国人又说："仁，天心也。"①，仁，就是宇宙的心。宇宙真的是大爱无边。

四、三纲五常"仁"为本

（一）道德重建：仁义礼智信

从爱亲人到爱大众，从爱大众到爱万物，直到爱满天下。有人批评儒家讲的爱，说你儒家讲"爱有差等"，也就是爱有亲疏厚薄，这就不如基督教讲的爱，甚至不如墨家讲的爱。基督教讲博爱，无差别、无条件地爱天下人，这多伟大！墨家讲的兼爱也主张无差别的爱。儒家的爱有差等岂不狭隘？

这其实是对儒家的误解。儒家讲爱，固然是爱有差等，从爱亲人开始，但这符合人之常情。重要的是，儒家讲的爱不止于爱亲人，它一步步往外推，从爱亲人到爱大众，从爱大众到爱万物，直到爱满天下。爱满天下怎么能说狭隘？

儒家追求的爱满天下启示我们：人间世界的可靠、温暖、希望和幸福，

① 董仲舒：《春秋繁露·俞序》。

都需要我们树立爱的伟大信念。爱满天下的追求，直接通往儒家向往的大同境界。

《礼记·礼运》篇孔子谈大同的一段话可以视为中国古人的文化宣言、政治宣言：大道之行也，天下为公，选贤与能，讲信修睦。故人不独亲其亲，不独子其子，使老有所终，壮有所用，幼有所长，鳏寡孤独废疾者皆有所养，男有分，女有归。货恶其弃于地也，不必藏于已；力恶其不出于身也，不必为已。是故谋闭而不兴，盗窃乱贼而不作，故外户而不闭。是谓大同。

为了实现这个大同境界，首先需要爱满天下的情怀。爱满天下的情怀，是以儒做人的最重要的要求。它既涉及到政治理想，又涉及到人生境界。谈到儒所向往的政治理想和人生境界，我想起儒家主张的三纲五常。

中国古代社会的政治秩序、文化秩序、宗教秩序，可以用四个字来概括：三纲五常。

什么是三纲：君为臣纲，父为子纲，夫为妻纲。一方面是君的一方、父的一方、夫的一方对臣的一方、子的一方、妻的一方的绝对命令，一方面是臣的一方、子的一方、妻的一方对君的一方、父的一方、夫的一方的绝对服从。三纲一看就过时了。至少夫为妻纲过时了。曾看到一个段子，这个段子说明中国已进入女权社会了，已经是妻为夫纲了。这段子说道：世界上有两件事最难，一是把自己的思想装进别人脑袋，二是把别人的钱装进自己口袋。头一件事成功了，是老师；第二件事成功了，是老板；两件事都成功了，是老婆。和老师斗，是不想学；和老板斗，是不想混；和老婆斗，是不想活啊！这样的段子都流传了，谁敢说夫为妻纲？

三纲过时了，五常却不会过时。

什么是五常？五常有两个意思，一是五常伦，一是五常德。常是永恒的意思，五常伦就是五种永恒的人际关系，即君臣、父子、夫妇、兄弟、朋友。有人类社会，就有这五伦，人生活在社会中，就是生活在这五伦中，就受这五伦的约束，用庄子的话说："无所逃于天地之间"。

有人要问，君臣一伦今天还有吗？你不要狭义地理解君臣，你要广义地理解君臣，即把君臣理解为领导和被领导，主导和辅助，那么君臣一伦就永远存在。中国人还特别重视这五论，也就是重视社会关系、人际关系，一切都围绕着关系转，甚至超越法律。这是面对现代社会要解决的国民性问题。

我们这里重点讨论的是五常德。五常德就是五种永恒的道德，哪五种？仁义礼智信。仁义礼智信是任何社会都应遵循的五种永恒的道德，因此将它们称为“五常德”。要注意的是，仁义礼智信这五常德不是平行的关系，五常德都以仁为中心，为基础，为前提。就是说，没有仁，其他四德都谈不到。下面我们以信为例展开讨论。

（二）何以出现诚信危机

我们先来看这个信字怎样写？左边是个人字，右边是个言字，人言为信。说话算话，言出必诺就是信。孔子说：“古者言之不出，耻躬之不逮”[①]，古人轻易不做承诺，为什么？他怕做不到，他把说出话来不能兑现视为最可耻的事。因此古代有“一诺千金”，一声承诺重若千斤；“季布无二诺”，季步这个人，答应什么事，只一次就保证办到。不仅公开的承诺，不仅说出来的话要办到，没说出来的话，心里的念头，都必须兑现。

春秋时期吴国有位著名的政治家叫季札，一次，他去晋国访问，中间经过徐国。徐国诸侯徐君招待季札，看季札腰间佩的一口宝剑十分精美，心里不免十分喜欢，但不好意思要。季札呢，也看出徐君喜欢这口宝剑，但他也不能给，因为季札到晋国时，按照外交礼节的要求，参加活动时必须佩剑。但季札心中暗暗许诺，等到访问晋国结束回来时，一定把这口宝剑赠送给徐君。但是，等他从晋国回来再经过徐国，徐君已不幸去世了。按一般的想法，人死了，话也没有说出口，就算了吧！但是季札没有这样。他带着宝剑专门来到徐君的墓前，将宝剑郑重地挂在徐君墓前的一棵树上。您瞧，古人就是这样信守承诺，不仅说出来的承诺，即便没说出来的承诺也一定要信守。

可能有人要问，今天已经是现代商业社会、市场经济了，这样守信不是太迂腐吗？商业社会、市场经济恰好以诚信为灵魂。市场经济就是诚信

① 《论语·里仁》。

经济，最讲契约精神，重合同，守信用是市场经济的生命线。如果没有起码的诚信，连最简单的交易也无法完成。例如你到市场买大葱，掏出两块钱来，犹犹豫豫不想交给卖大葱的。心想：“我给了他钱，他不认账怎么办？”你瞧，如果连这点信任都没有，买根大葱都很困难。

毋庸讳言，今日中国，由于历史和现实的原因，社会的诚信已经进入危机状态。改革开放以来，由于很多改革不到位，我们还没有建立起规范的市场经济，没有培育市场经济以诚信为灵魂的契约精神。这样，我们既丢失了传统的讲诚信的美德，又没有建立规范的讲诚信的市场经济，因此目下中国可以说是举国欺诈，遍地虚伪。假冒伪劣猖獗，坑蒙拐骗横行。假药假酒假烟假鸡蛋、假唱假演奏假光碟假文章假教授假选举假官员，从政治、经济到文化，社会生活的全部领域，一切都可以造假，甚至连GDP都可以造假。这么多年，我们一直是搞GDP，考察官员政绩就看GDP数字，这其实极不科学。这种做法的严重后果是导致地方政府纷纷制造假GDP数字，也就是假政绩。每年地方政府的GDP加起来总是远远超过国家统计局的数字，少则五六千亿，多则上万亿。说到GDP的假，我想起一个笑话——两位经济学博士生甲和乙去见导师。导师家很远，两人一路上走着很闷，想找个辙逗逗闷子，开开心，于是一边走一边琢磨。突然发现前面地上有一摊牛屎。甲就对乙说：“你如果把这摊牛屎吃下去，我就给你五千万元。”乙开始不想吃。牛屎多难吃呀！不仅不好吃，为了钱吃牛屎传出去也不好听啊！但是转念一想，五千万可不是个小数字，得搞多少个项目才能赚到五千万？不就一摊牛屎吗！吃就吃。于是硬着头皮把那摊牛屎吃了，吃得直反胃。甲呢，很守信用，立刻就给他开了五千万元的支票。两位继续往前走，走着走着心里就都有些不平衡。吃了牛屎的乙一个劲地反胃，恶心，一恶心他就后悔，心想为了钱吃牛屎太不值。那位开了支票的甲心里也不平衡。为什么？他心疼钱，心想我费了多大劲挣了这五千万，他不过吃摊牛屎，转眼就成了他的了。这个玩笑代价太高，成本太高。两个人心里都不平衡，于是又都想找补回来。怎么找补呢？两位一边走，又一边琢磨，突然发现前面地上又一摊牛屎。吃牛屎的乙立刻就对甲说：“你如果吃下这摊牛屎，我就把五千万还给你。”甲正心疼钱呢！毫不犹豫地吃下了那摊牛屎。乙立刻也把五千万的支票还给了甲。这下两位心理都应该平衡了吧？不然！两位走着走着心里就更加不平衡了。心想今天咱俩这是干嘛呢？两个人一人吃了摊牛屎，但是谁也没占着一分便宜。越想越窝囊，见到导师就开始诉苦：老师，您看我们俩自作聪明恶作剧，结果两个人一人吃摊牛屎，但是谁也没占着一分便宜。导师听了什么反应？他是狂喜，夸奖说："你们两位真了不起呀！来我这儿的路上几个小时就为我们国家创造了一个亿的GDP呀！"瞧！GDP竟是这样来的。这当然是个笑话，但是在某种程度上，也正好是我们经济生活的真实写照。

说起GDP，应澄清一个误区。GDP的数字和国家的强大是不是成正比？我们一直认为是成正比，因此才不择手段地追求GDP。实际上远不是这么回事。我举两个例子，大家立刻就明白GDP的数字和国家的强大根本不是一回事。

1840年，清王朝的GDP是大英帝国的6倍。大英帝国可是当是世界上最强大的国家（美国1894年超过英国，成为世界第一强国），号称"日不落国"。日不落国是什么意思？当时英国的殖民地最多时达3300万平方公里，这是什么概念？比中国和前苏联的领土加在一起还要大。我的这块领地太阳落山了，太阳升起的地方也是我的领地，因此叫日不落国。这么一个世界第一的日不落国，我们的GDP是它的6倍。6倍怎么样？我们知道，1840年，为了保护罪恶的鸦片贸易，英国发动了侵略中国的鸦片战争。那么侵略中国的英国远征军多少人？不到8千人。我们的大清朝军队多少人，上百万人。8千对上百万，战争结果，大家都知道，我们惨败，老老实实签订《南京条约》，将香港割给人家，五口通商，中国海关的收税权居然交到外国人手里，丧权辱国呀！

到了1894年，中国的GDP是日本的9倍。9倍怎么样？那一年发生了中日甲午海战，我们输得更惨。北洋舰队全军覆没，我们老老实实签订《马关条约》，台湾割给人家，白花花的银子赔了2亿多两，日本的大藏大臣差点乐昏过去，他哪里见过这么多银子？这笔赔款对日本的近代化发挥了重大作用。

那么，GDP又是6倍，又是9倍，为什么让人家打得那么惨？这里面有政治原因，有经济原因，有军事原因，如果从GDP的角度分析，你不能只看GDP的数字，你要看GDP的构成。一看构成，你就明白了。原来，英国、日本的GDP构成，是近代大工业，钢铁呀、军火呀，等等。中国的GDP构成呢？是茶叶，是蚕丝，是瓷器。值不值钱？非常值钱。中国的丝绸到了欧洲市场，卖到黄金的价格。但是值钱固然值钱，显然并不意味着国家的强大呀！

而如今，这样的GDP都不断造假，这不是自欺欺人，糊弄鬼吗？

那么，为什么举国欺诈，遍地虚伪？为什么坑蒙拐骗横行，假冒伪劣泛滥，从社会生活、经济生活到文化生活、政治生活都陷入了诚信危机？也有政治原因，也有经济原因，但从道德的人性的角度分析，归根结底就是由于我们的国度，丧失了古圣先贤为我们培育的那颗爱心。一个社会，人和人之间互相猜忌，互相算计，互相防范，甚至互相仇恨，怎么能够讲诚信？只有人和人之间能够互相负责，互相尊重，互相呵护，也就是互相关爱的社会，才能够讲诚信。

（三）爱是一种境界

因此我们说，仁义礼智信，都从仁开始。以儒做人，最重要的就是培育一颗大爱之心。

培育了这颗大爱之心，人间才充满温暖，社会才真正和谐。

讲到这里，我想起这样一则故事：有一个人分别到天堂和地狱去参观。他先来到地狱，地狱中的情景令他很吃惊。长长的餐桌摆满了美味佳肴，但是坐在餐桌两边的人却一个个都阴沉着脸，饥肠辘辘，无精打采，饿的皮包骨瘦，却一点儿也不动餐桌上的食物。什么原因呢？这个人仔细一看，原来餐具很特殊。坐在餐桌前的这些人，左手腕上绑着一把叉子，右手腕上绑着一把刀子。叉子和刀子都太长，至少有好几尺，比胳膊都长，没有任何一个人能用这么长的刀叉把食物放到自己嘴里去，因此，食物再丰盛，也只有挨饿。

这个人又来到了天堂。天堂里的情景类似：人们两两相对坐在餐桌前，餐桌上也摆满了美味佳肴，就餐的人也是左手腕上绑着一把几尺长的叉子，右手腕上绑着一把几尺长的刀子。但是他们却连吃带喝，大快朵颐，充满欢乐。为什么呢？他们是怎样将食物送到嘴里的呢？原来他们不像地狱中的人。地狱中的人每个人都是自己喂自己，那么长的餐具，怎么喂也喂不到嘴里去，只有挨饿。天堂里的人呢？他们两两相对而坐，每个人都用自己的刀叉挑起食物喂坐在对面的人，这种吃法再长的餐具也无妨，大家就都能享用面前的美味佳肴。

地狱中的人只想着喂自己，结果个个挨饿；天堂中的人总想着喂别人，于是皆大欢喜。

这个故事告诉我们，一味自私，最后只能是自食苦果；互相关爱，大家才都有幸福。一个人人只为自己的社会，大家全输；一个人和人之间有点呵护的社会，大家全赢。

· 我们都追求财富，我们都追求成功。追求财富和成功十分正当，无可厚非。我反对唱高调，什么大公无私，无私无欲之类。一味地唱高调，提出一些自欺欺人、没有人能做得到的口号、目标，结果只能培养伪君子，做不到就装嘛！装了有好处嘛！很多崇高的追求就都堕落成利禄之具。然而，就是从功利主义的角度考察，人和人之间没有一点关爱、呵护，真的就能获得财富、获得成功吗？很难。即便获得，也要付出各种代价，物质的、精神的，甚至道德的、法律的。从这个角度看，墨家讲的“兼相爱，交相利”[①]真的很有道理。

看看下面的寓言能够告诉我们什么。

早晨，一位老妇人打开自家房门。一开门就看到三位陌生的老人坐在她家门前，都是饥肠辘辘的样子。老妇人心眼很好，连忙对三位老人说：“怎么饿成这个样子啊！快请进屋吃点东西吧！”但是，三位老人坐在那里不动。其中一位老人对老妇人说：“我们不能都进屋。”老妇人问道：“为什么？”老人指着同伴，向老夫人介绍他们自己：“我的名字叫爱，她的名字叫财富，她的名字叫成功。我们三个只能进去一个，请您回屋商量一下吧！看看请我们谁进去好。”妇人进屋和家人商量后，出来宣布：“我们还是请叫爱

---

① 《墨子·兼爱》下。

的这位老人进屋吧！”不料，爱向屋里走去时，另外两位也跟着往里走。老妇人很惊讶，问财富和成功：“你们两位怎么也进来了？不是只能进来一个吗？”老人们回答：“哪里有爱，哪里就必然有财富和成功。”

我们这个时代，在商业大潮的冲击下，天下熙熙，皆为利来，天下攘攘，皆为利往，物欲横流、红尘十丈，一切权威都让位于财富的权威，一切热诚都臣服于拜金的热诚，所有的人伦关系都变成了算账关系。为了一点家产，儿女告父母，父母告儿女，不惜在大众媒体上公之于众，亲戚之间大打出手，邻里之间谋财害命，朋友多年专门杀熟，本来应该是温情脉脉的亲友关系都浸泡于冷冰冰的利害计较中，这样的人生是可怕的。这样的人生最后带来的不是财富，而是全方位的毁灭，不是成功，而是彻底的失败。

爱的缺失，是我们民族最严重的精神危机。

西方有位记者拍摄了一位姑娘的自杀情景，这幅摄影作品从新闻事件的捕捉到摄影艺术都很出色，因此获得了新闻最高奖：普利策奖。这位记者在拍摄完后，连忙救起了那位自杀的姑娘，但他还是始终受到良心的折磨，尽管救起了那位姑娘，但自己的普利策奖毕竟建立在那位姑娘的绝望痛苦之上。最后，他还是因为良心的谴责而自杀了。但是，在我国某个地方，一位姑娘赤身裸体踏入冰河自杀，拍摄者众多，却没有一个去救她。

正是在这样一个时代，我们更需要汲取儒家的智慧，更需要时刻提醒自己千万不能丧失爱，因为丧失爱，就意味着丧失了一切；拥有爱，才可能拥有一切。正如一位西方人赫斯所说的那样：“爱不管在任何地方出现，总是比利己主义更有力量。”

爱是生存的需要，爱更应该成为一种境界。

美国第32届总统富兰克林·罗斯福是一位伟大总统，他带领美国人民走出空前严重的世界经济危机，又摧毁了法西斯同盟。罗斯福年轻时在一个农场打工，农场主德里斯赖他工资，他将德里斯告上法庭，德里斯居然找人作伪证。罗斯福输了官司，非但没讨回应得的工资，反而搭了一大笔诉讼费，从此和德里斯结怨。罗斯福成了总统之后，德里斯由于经济危机面临破产，由于名声太臭，没人愿意为他担保贷款。他无奈找到了罗斯福。罗斯福不念旧怨为他担保，使他得到了救命钱。罗斯福的夫人责怪他不应帮助这个恶人，但罗斯福却慢悠悠地对夫人说："假如一个人真的善良，那么善良就是他的天性，这善良不会因为面对的是一个善人或者恶人而改变。面对一个恶人，自己也变得凶恶，这还是真正的善良吗？所以，我们每个人都应该做到，我们的善良，不能因为恶人的恶而发生改变。"

大海边，许多海星被早潮冲上海滩，一位在海滩散步的人不断地捡起海星扔到海里，因为他知道，中午强烈的阳光会晒死留在海滩上的海星。他一条条地捡起海星，一条条地将它们扔回大海。另外一位散步者看见了，不解地问他："海滩上的海星成千上万，你能捡几条？对于成千上万条面临死亡的海星，你捡的这几条简直微不足道，你救不救这几条又有多大区别？"捡海星者没有立刻回答这位的质疑，只见他又捡起一条海星，然后对质疑者说："对这条海星来说，捡不捡有很大区别。"

爱并不需要惊天动地，身边的每时每刻，每件微不足道的小事，都可以播撒你的爱。我们应切记那句古训：勿以恶小而为之，勿以善小而不为[①]。你捐出的几百元钱，就可能改变一个上不起学的穷孩子的人生道路；你献出的几百毫升血，就可能重新点燃一个人的生命；你贡献一件衣服，一套被褥，一双鞋，还有几本书，温暖的都不仅仅是几个躯体，满足的都不仅仅是几许求知的热情，而是照亮了一颗颗心灵。每一点爱，每一点善良的念头，都在给世界积累巨大的希望。

孔子通过"仁"揭示了爱的丰富内涵、伟大力量和崇高价值。"仁"的发现应说是中国先哲对世界人文的最伟大的贡献。人类一切智慧，只要那是珍爱人类自身、珍爱人类所赖以生存的这个世界的，都不能不包含"仁"，走向"仁"。因此，"仁"这一最富于"中国特色"的范畴却是最富于世界意义的。而"仁"的意义有多重大，孔子的贡献也就有多重大。因为"仁"这一范畴虽然不是由孔子首先提出（在孔子之前的文献中，就已经出现了"仁"这个概念），但最圆满地阐释"仁"的精神、最辉煌地呈现仁者襟怀的，却不能不首推孔子。孔子因此成为中华民族传统文化的最卓越的代表。

① 《三国志·蜀书·先主传》。

（四）人性问题

孔子之后，孟子继续深入地阐释了仁的智慧。孟子对儒家乃至中国思想文化的一个突出贡献就是以仁为基础来讨论人性问题，创立了儒家主流的人性论，即性善论。

孔子对人性本质问题只说过这样两句话："性相近，习相远。"[①]至于人性究竟具有什么本质和特征，孔子没有深入讨论，因此他的学生子贡说："夫子之言性与天道，不可得而闻也。"[②]意思是没听到过老师关于人性和天道的看法。儒家系统的人性论，系由孟子开其端，他旗帜鲜明地创立了儒家的性善论。

孟子主张性善不是说人生来都是圣人，而是说按照人的本性，人生来就都有向善的潜力和可能。他举例说：今人乍见孺子将入于井，皆有怵惕恻隐之心——非所以内交于孺子之父母也，非所以要誉于乡党朋友也，非恶其声而然也。[③]任何人突然看到一个孩子要掉到井里去了，立刻都会产生一种惊惧同情欲加以施救的心情，产生这种心情，显然不是因为要和孩子的父母攀交情，也不是因为要在相邻朋友间博得声誉，也不是因为讨厌孩子的哭声，他就是出于一种自然而然的善良天性。

孟子由此提出了著名的"四端说"："恻隐之心，仁之端也；羞恶之心，义之端也；辞让之心，礼之端也；是非之心，智之端也。"[④]端即开端，指人性之始。孟子认为，人性一开始就是向善的。《三字经》头一句"人之初，性本善"，其实就是发挥孟子的人性论。

之所以说孟子的人性论是儒家主流，是因为儒家还有一种非主流的人性论，那就是先秦另外一位大儒荀子主张的性恶论。荀子认为人生来就有各种欲望，欲望得不到满足就产生种种争端和冲突，因此人性恶。但荀子尽管主张性恶论，他的宗旨还是要通过道德教化使人向善。他说："人之性恶，

① 《论语·公冶长》。
② 《孟子·公孙丑上》。
③ 《孟子·公孙丑上》。
④ 《荀子·性恶》。

其善者伪也。”[1]人的本性是恶的，人之所以向善，是后天道德教化的成果。说荀子的人性论非儒家主流，是因为儒家人性论以后的发展，基本上继承孟子的性善论。

儒家思想到了宋代和明代，形成了宋明理学，这是先秦之后，儒家思想发展的又一个高峰。宋明理学为儒家的人性论提供了宇宙论的基础，其中南宋大儒朱熹以其尽广大致精微的理论建设成为后期古代社会儒家最伟大的代表，他通过对理气心性的阐释，为儒家人性论提供了完备的系统的理论形态。明代大儒王守仁则提出了著名的良知说，将儒家性善论发展到极致。所谓“良知”，就是孟子讲的“四端”，就是儒家强调的人的道德天性。良知人人都有，再恶的人，都有良知。

有个关于良知的故事说，一次王守仁审讯一个强盗，强盗死硬，不肯招供。王守仁就开导强盗说：“你尽管是强盗，但你也有良知。”强盗听了哈哈大笑，答道：“你倒是说说看，我的良知在哪里？”王守仁说：“你只要按我说的做，就会知道你的良知在哪里。”强盗说：“好。”王守仁就让这强盗脱衣服，强盗脱了一件，王守仁说：“再脱。”强盗又脱一件，王守仁还说：“再脱。”强盗脱得只剩个裤头了，王守仁还说：“再脱。”强盗不好意思地说：“这个不能再脱了！”王守仁立刻指点他说：“这就是你的良知。”

人人都有良知，人人都有善良的天性，人之所以干出种种错事、坏事，是由于良知被蒙蔽了。只要光复良知，坏人就能变成好人。只要大家都能用心体会良知，勤于实践良知，就“满街都就是圣人”。

人性究竟是善还是恶，抑或无所谓善恶，这是一个争论不休的问题。孟子之时，就有一位叫告子的和孟子辩论，主张“生之谓性”[2]，认为人性无所谓善恶，生来的自然本性就是人性。儒家内部也一直有不同看法，例如汉代大儒董仲舒就把人性分为上中下三等，认为有“圣人之性”，不待教化而善；有“斗筲之性”（“斗筲”指气量狭小见识短浅之人），教化也难使其向善；

① 《荀子·性恶》。

② 《孟子·告子上》。

有“中民之性”，经过教化可以向善。[1]后来唐代大儒韩愈依此正式提出性三品说：“性之品有三，……上焉者，善焉而已矣；中焉者，可导而上下也；下焉者，恶焉而已矣。”[2]汉代大儒杨雄则提出“性善恶混”：“修其善则为善人，修其恶则为恶人。”[3]这个看法认为后天的道德修养、社会行为决定了人性的善或恶。

人性善恶问题，聚讼纷纭，到了王守仁，提出个“四句教”，对这个重大问题做了很深刻很独到的总结：无善无恶心之体，有善有恶意之动。知善知恶是良知，为善去恶是格物。[4]结合王守仁的良知说，将这个“四句教”翻译成现代语言就是：心灵的本体寂然不动、纯净无暇，超越善恶；人的意念发动、思想活跃、情感激荡就产生了善和恶。人的良知，也只有良知才能够判断何者为善，何者为恶；通晓万事万物之理的道德实践方能发扬善，清除恶。

尽管关于人性善恶有很多看法，但性善论的积极意义在于，它让我们坚信人人都有一颗善良的心，从而为道德世界的建设提供了内在的信心和动力。

根据赵士林教授2009年11月28日在三智道商企业家国学高研班首期班授课录音整理

作者简介：

赵士林教授，1954年生，吉林人。1982年获吉林大学中文系文学学士，1984年获北京大学哲学系哲学硕士（美学专业），1985年入中国社会科学院研究生院，师从李泽厚教授，1988年获哲学博士学位（美学专业）。现任中央民族大学哲学与宗教学系教授、博士生导师，兼任中华全国美学会理事，三智道商国学院特聘导师。主要著作有《当代中国美学研究概述》《心学与美学》《心灵学问》《荀子》等。

---

① 董仲舒：《春秋繁露·实性》。
② 韩愈：《原性》。
③ 杨雄：《法言》。
④ 王守仁：《传习录》。

深层把握儒学的内在精神

蒙培元

用开放的眼光看孔子

当下的“国学热”在一定意义上是中国人、中华民族的觉醒和自觉，这是有现实的背景的。一方面这是一个文化多元化的时代，中国文化、孔子思想在世界的影响也很大；另一方面，随着中国的发展，让大家更加关注中国文化。现在，中国的发展主要是在经济层面，可是，一个国家、一个民族的发展不可能仅仅靠经济，必然要追溯到文化。中国的文化究竟如何发展，如何与经济整体性配合，就会引起反思。

中国文化是多元化的，通常说的儒、道、佛是其中最主要的三支，而这其中，中华民族文化的主流则是以孔子为象征所代表的儒家文化。我们现在身处多元化时代，怎么看待西方文化的影响，又怎么看待孔子思想、传统文化？我想我们应该用开放的眼光看孔子，不要回到过去的那种自我封闭的心态。孔子的思想，以及其所代表的中国传统文化在中国应该居于什么样的地位？毫无疑问，当然是至关重要的，我们不能丢弃自己的文化，一味地追随西方的文化，但是，我们同样也要以开放的心态吸取西方文化中优秀的元素。

一个国家、一个民族的发展假如离开了自己本身的文化，那么民族的精神层面上，生命意义究竟何在等方面会遇到问题。所以，近些年来“国学热”的兴起从积极意义上看是好事情，但是需要注意的是，不要有一种排斥西方文化的倾向、民族自大的心态，这种倾向和心态都是不正常的。在这个各种“国学热”的潮流里，可以说掺杂着不少值得警惕的因素。

孔子是中国文化的代表，无论是从历史层面，还是从现实层面，我认为都可以这么说。对于孔子思想，目前也存在不少争议。有一些争议是知识性的，如何准确把握意思，属于基本知识的问题；有一些涉及如何理解孔子思想。我曾经写过一篇文章《开展儒学的深层对话》，提出要摆脱过去那种肤浅、凝固化的、教条式的对于传统文化，包括对孔子的理解，要真正深入进去了解孔子和中国传统文化的内在精神、深层意义和内涵。现在我们亟需做的就是这项工作。

我们常常要么局限于西方人过去的解释，要么受制于过去凝固化的理解，很多传统文化的内在精神还没有真正地揭示出来，还有不少误区。所以，要重新来理解、走进去，回到文化精神的原点去认真地解读它，要用现代的眼光、现代的意识，使孔子思想与现在相接。这样做的时候实际上就把孔子的思想和现实自然结合起来，因为我们毕竟是现代人，有着现代的问题意识。

儒家的生命哲学

儒家学说包含了多层次、多方面的内容，从我们现在的问题出发去研究，可以发现很多过去没有注意的、被忽略的问题，而且是一些深层的问题。比如说，我认为孔子代表的儒家的思想是一种生命的学说，是关怀生命的。

生命学说可以说是整个中国文化的最重要、最基本的意义和价值所在。不是一个表层的，而是非常深刻、有深层意义的，所以我们从哲学上来讲，儒家学说完全可以说就是一个生命哲学。这个生命哲学是与西方物理主义、机械论等大异其趣的，在类型上完全不同。

就生命哲学而言，很多人在讲生命哲学，而通常的讲法有两种。一种是从生命的本能、欲望、知觉层面讲，西方也有这样的思潮，代表的就是伯格森主义。另一种是把中国哲学讲成一种超绝的形而上学，道德本体论、道德实体论、道德的形而上学等。我觉得这两种讲法都不无道理，但是其中任何一种讲法是否代表孔子和儒家生命哲学的真正精神呢？我也在思考这个问题。所以，我们要更加深层地回到孔子思想里面去，重新理解。

中国儒家的生命哲学拿中国的语言来讲就是“生”的哲学。孔子说过：“四时行焉，百物生焉，天何言哉？”讲的就是“生”。天有没有言说？天若有言说，那就是神、上帝，所以，孔子并不认为天是神或者上帝。那么，天没有言说，是不是就是我们现在所理解的这样一个自然界呢？也不是。我们现在通常所理解的自然界是外在的世界。孔子讲的“天”究竟是什么？我认为孔子讲的“天”不是上帝、不是神，可以说就是自然界。但是这个自然界不是我们现在所认为的物理的、外在的、没有生命的或者说已经死亡了的那样一个自然界，而是有生命的，而且是不断生命创造的自然界。从这个意义上讲，自然界是神圣的。“四时行焉，百物生焉，天何言哉？”即指自然界通过四时运行创造万物，以这个形式来言说，就是无言之言。这个自然界是有生命的，和人的生命是绝不能分开的，而不是在人之外，和人相对而存在的自然界。“百物生焉”的“百物”也包括了人。

这个意义上说，天即是自然界，而且是具有生命创造的、值得敬畏的、神圣的自然界，与人之间有一种内在的生命联系。为什么孔子要提出敬畏天命？我觉得这个理解是符合孔子思想的，而且这是非常伟大的思想，放在现代看，意义就更加明显了。自然界的生命的创造不仅是创造生命存在这个生物意义上的作用本身，更加重要的是生命价值的创造。孔了还说过“天生德于予”，“德”具有价值的意义，意即德行、道德。所以说，天不仅是创造万物生命的存在，而且还赋予生命内在的价值，这样的思想不能不说是深刻而伟大的。

仁民爱物的现代意义

我们再把孔子的这些思想加上现代的解释。自然界是神圣的，自然界创造的万物是有生命价值的。那么，我们应该怎么对待自然界的生命，怎么处理人与人、人与自然界的关系，人在自然界中占有什么样的位置，作用又是什么？在这一系列的问题中，我们看到了“仁”的意义。

孔子没有明确地讲“仁”的确切内涵究竟是什么。孔子说“仁者爱人”，爱人不只限于一般的伦理学上的爱，而是包含更深刻的意义：我和别人不是一个“我和他”的关系，而是“生命共同体”的关系。所以，孔子说“四海之内皆兄弟也”，这句我们常用的话是很有深意的。人与人之间由于生命同源，所以应该是亲近的关系。

孟子继承孔子思想，明确提出了“仁民爱物”。有人说孟子的“仁民”和“爱物”是不一样的，其实有什么不一样？都是“仁”，只是人和物之间有差别而已，在生命意义上，“仁”不只是对人的，更扩大到对万物的爱。孟子的这个思想为宋明理学广泛接受，而且，宋朝大儒张载还提出“民胞物与”的思想。意思是乾坤是父母，人民是同胞，万物是朋友。这个思想并没有抹杀人与万物之间的差异。众所周知，孟子也很重视人禽之辨。孔子、儒家学说不是人类中心论，这是这个思想的重要的现代意义所在。

孔子虽然没有提出“爱物”的说法，但实际上他在很多地方都讨论了这个问题。例如，孔子说：“骥不称其力，称其德也。”不是称赞千里马的能力，而是称赞其德。很多人不理解，马是动物，怎么会有“德”呢？“德”就是品德，马是有品德的，这就是马作为生命的内在价值，马和人类是非常亲近的，是可以与人沟通的，所以不能仅仅当作工具去使用它，而是要看作朋友，要有敬畏之心。可见，孔子在两千多年前就有这样的说法，而我们现在才提出动物是人类的朋友。

类似这样的话还有很多。《论语·乡党》篇的最后一章有一段文字：“色斯举矣，翔而后集。曰：‘山梁雌雉，时哉时哉！’子路共之，三嗅而作。”这段话我们历来的注释家没有一个确解，被认为是最难解的一段文字。现在，如果从生命智慧角度去理解的话，我觉得没什么太难理解：孔子和弟子子路到山里，雌雉（雌性山鸡）惊飞后又落下来，“时哉时哉”意即“来得正是时候”，子路对山鸡拱手表示尊敬。朱熹开始采用了这个意思注解这段文字，但他认为有缺文，杨伯峻先生在《论语译注》中基本用了朱熹的注释，但是没有挖掘其中意义。

现在把孔子和儒家思想整个联系起来看，这是一个很生动的画面。鸟落下来，是因为发现孔子不是去打猎的，没有害鸟之心。孔子说“你遇到时候了，这里没有人去害你”，子路以恭敬之心向它们致意。这体现了孔子思想的深刻意义。这段很有意义的文字却不太被人关注，甚至有的学者对此毫无印象。没有注意到这样的内容，恐怕不足以深层地理解儒家的思想。

总而言之，所谓“生”的哲学至少可以有两层含义：其一，自然界创造了生命，本身就是生命体；其二，“生”是生命的有机系统，人和万物都在这个生命系统之内，人只是自然界生命的成员、一个部分。当然，人不是一般的成员，有着特殊的作用。这就是人有仁德，有人性，要爱万物，这是人的职责。人有主体性，要“赞天地之化育”“为天地立心”，这是天人合一的深层含义。而不是人居高临下，可以主宰、控制自然界，对自然界施暴来满足人的需要、欲望。但是，现在讲生态哲学的很多人并不能真正理解孔子、儒家思想中这样深刻的意义。实际上，这和中国传统文化是可以对接了，某种程度上甚至可以回到我们自己的传统文化上来。但是我们很多人还认为生态问题、人与自然的关系是现代才出现的问题，还是西方人先提出来的，我们只是跟着西方人的脚步，这又有什么意义？当然，并不是说西方有的任何东西都能在中国文化中找到，但是有些东西我们确实是有的，而且是有深度的、有高度的东西，作为中国人，甚至包括搞学术研究的人，我们自己不理解，恰恰忘了，这是很可悲的。

对儒学要有情感的认识

和谐社会的一个重要部分就是人与自然的和谐，生态和谐。如果和谐的出发点只是因为资源紧缺而去保护资源，只把和谐当作工具性的手段，那么早晚还是要走回头路。只有进一步去了解和谐的意义，从内在的生命关怀去理解和谐才有意义。人与自然当然要和谐，但是明白何以和谐，什么是和谐，我们需要什么样的和谐才是最重要的。然而很多人并不了解。“国学热”是好现象，但若老是停留在这样的表面的热闹之中，真正的“热”是很难持续的。

作为学者首先应该好好深入研究，同时应该在社会上形成一种尊重学术、尊重知识、尊重价值的世态。另外，真正揭示出来的意义如何普及又是一个值得思考的问题。我是支持普及的，但一定要在理解的前提和基础上进行。人们对传统文化的理解是比较缺少的，现在有这个热情、要求是很好的，要渗透下去，使人们慢慢接受，从读经典、做基本功做起，渐渐深入领会。而作为讲国学的人、研究国学的人首先要深入进去，真正意义上的学术研究、教育不是表面的。

学儒学也好，学国学也好，不仅是要得到一些知识，更重要的是要有一些心灵上的启迪，情感上的认同。我们现在的人情感已经很淡漠、很冷酷，对儒家学说中生态意识、生命关怀，缺乏情感上的领会，以至于出现关于儒家“生”的哲学讲授中的两种现象。情感是人生命最重要的东西，所谓“仁”就是爱心、同情心，我们需要培养这些情感。所以儒家学说不是西方的纯粹理性，是一种情感理性，这是不同于西方的特点。情感有积极与消极，正面与负面之分，儒家强调的是积极的、正面的情感，不仅可以和理性结合起来，而且可以达到敬畏、宗教层面的意义。

敬畏是一种很高的宗教情感，康德也说“天上星空，心中自律”。儒家所一直秉承的，是不能肆无忌惮，对人尊重，对生命本身要有敬畏之心，这就是儒家“生”的哲学。宋代程颢说过：“天只是以生为道。”儒家的道，就是一个字“生”，这其中包罗万象，生命存在的问题、价值的问题、理性的问题、情感的问题等都在其中。我们要体会其中意义，去把握内在精神，不能只是当作一句话的知识学过就算，没有进入心里。假如不能在心里生根、开花、结果，学国学或学儒家思想还有什么意义？

根据蒙培元教授2010年4月19日访谈录整理

作者简介：

蒙培元教授，1938年生，甘肃庄浪人。1963年北京大学哲学系毕业，1966年北京大学中国哲学史专业研究生毕业，系中国社会科学院哲学研究所研究员、博士生导师，曾任中国哲学研究室主任、中国哲学史学会副会长、《中国哲学史》杂志主编，美国哥伦比亚大学、哈佛大学访问教授，台湾中央研究院文哲所访问教授、香港中文大学客座教授。

主要著作有《理学的演变》《理学范畴系统》《中国心性论》《中国哲学主体思维》《心灵超越与境界》《情感与理性》《人与自然》《国学举要·儒卷》（合）《中国传统哲学思维方式》（主编）等，发表学术论文二百余篇。

国学中的生活智慧

殷　昱

从“指南”说起

“指南”是中国文化特色，也是《易经》的文化特色。从先天八卦图可以看出，中国的南北与西方地图中是不同的，西方地图通常“指北”，而中国则是“指南”。南，表示光明。中国人注重“背阴向阳”，“向明而治”，多看光明的、积极的一面，现在社会的一个弊端就是把消极的东西看成了主流。

“指南”的含义除了方位指向，还有给社会“指南”、为人生价值取向“指南”的深层次的意义。因为不仅是物质生活，文化、精神生活同样需要“指南”。

“南”字与“暖”字古音相近。古汉字有音同义近的规律，因此南的内涵包括：既是光明的，也是温暖的；是向上的，而不是消极的，是充满希望的。

《易经·说卦》中有“圣人南面而听天下，向明而治”，中国人的居住习惯是坐北向南，从居住学问中已经找到了天人合一的法则，找到了与天地相应、与自然相应，在大环境中的定位。孔子在《系辞》开篇中说：“天尊地卑，乾坤定矣；卑高以陈，贵贱位矣。”这两句话中关键是“定位”。

有南就有北。“北”字从甲骨文“”看，本义是两个人背靠背，由两个“人”字省笔简化而成，后来又衍生出“背”字，“北”则专指方位。“北”字体现了《论语》中“和而不同”的意思：两人背靠背表示“不同”，但二者的观念都是背阴向阳以达到“和”。同样，“指南”本身也有这层含义。每个人的审美、需求、选择都不同，但同时又都追求好的精品、正品，这正是“和而不同”的体现。

神化《易经》的人其实不是真正懂得、热爱《易经》，更多的恐怕是神化自己。其实，真正的《易经》是“百姓日用而不知”的。

《易经》是做人做事的定位仪

做人做事也好，学术研究也好，态度很重要，《易经》就是做人做事的“定位仪”，也就是说，《易经》为我们提供了坐标和检验标准。

现在，很多人对《易经》非常感兴趣。对于读《易经》和有兴趣想去读《易经》的人，我想说的是，首先，读《易经》不是为了占卜，而是使自己有一个心理上的指南。其次，真正的《易经》并不难，但是如果把《易经》看作是神秘的、用来算命的东西，那么你一辈子都读不懂；只有把《易经》当作是做人行事的定位仪，才能真正地读懂《易经》，用好《易经》。

当然，我也不是完全否定功利。对“功利”也应区别看待，换句话说，功利也要有指南。我们现在社会上一味地反对功利，但是，没有功利在一定程度上也就没有了动力。我曾经也经历过那么一个迷惘的时期，一提到名和利就含蓄、遮掩，羞于启齿，不想追名逐利，但是又绕不开这些。那么，既然躲不开，为什么要讳言呢？我领悟到要求大名大利：如果我没有名，那么我研究的很好的东西没人相信；如果没有大利，想做一点公益事业也拿不出钱。所以，求大名大利是可以为社会做一点有益的事，这也是定位问题。

《易经》是庞杂的、包罗万象的，但应该理性对待，而不是神化它。神化《易经》的人其实不是真正懂得《易经》，更多的恐怕是神化自己。其实，真正的《易经》是“百姓日用而不知”“民咸用之谓之神”。老百姓在日常生活中都能运用，这就是最大的神奇。

《易经》不是神秘的，而是简单、日用的，当然，学习《易经》也并不容易，就像我们对待生活。生活是简单的，但是我们对生活就可以随意吗？我们今天的人对生活有一点随意，以为有吃有喝就是生活，开好车、住好房就是生活，沉迷于物质的世界，但是，对突发事件的担忧和困惑也更多。物质越是丰富，烦恼、失落、浮躁则更甚，对未知更茫然，非理性更强烈。有钱还是买不到一个清静。《易经》告诉我们，不能寄托在非理性上，对生活要认真对待。

“易与天地准”，与天地相应就是与客观规律相应，是理性的。什么是智慧？绵绵不断的理性就是智慧。在顺境中能保持理性，在逆境中也能保持理性，在突发事件来临的时候同样能保持理性，这样绵绵不断，连成一片才是智慧。“聪明一世，糊涂一时”不是智慧。人为什么会一时糊涂、患得患失？就是因为虽然有理性，但是这种理性是间断的，而智慧则是连贯的理性。

《易经·随卦·象辞》说“君子以向晦入宴息”，刚读的时候我有过疑惑，难道只有君子知道“向晦入宴息”，小人就不知道太阳下山了要回家休息吗？那不是一句笑话吗？后来我明白，只有君子才明白自然规律，并且遵循“日出而作，日入而息”的起居规律。小人则是随大流，不是出于理性指导下的。君子懂得天地万物千般变化、万般变化，基本规律不会变，则不容易犯错。

曾经有人问我泰卦和否卦哪个好，其实，没有好坏之分，泰极否来、否极泰来，两者是相辅相成的。正如五行相生相克，没有相克就没有相生，要看成整体，不能分割。就像红绿灯一样，不能说绿灯是好的，红灯是不好的。有些人开车时就希望一路绿灯；也有些人上班可以磨磨蹭蹭迟到半个小时，但在红灯前等半秒就要骂人了，这都是心态问题。君子的心态就是懂得遵循规律，这样才能做到在日常生活中举轻若重，在关键时刻举重若轻。所以说，《易经》就是教人做人、做事的定位仪。

《老子》教导我们积极向上

《老子》读起来比《易经》要深奥一些，其实原因在于时代的不同，就像现在的人读10年前的文献也不大懂一样。我认为不存在内容上哪一个更深入的问题。各家的语言表达方式不一样，但讲的都是一个东西——道，即自然规律。研究的都是万事万物的规律，只是表述的方式不一样而已。释迦牟尼、老子、孔子乃至于马克思、毛泽东、爱因斯坦，讲的都是一个东西，只是他们所处的生活背景、表述方式不一样。只有真正去读通了，才有整体上的理解和深入，而不是分歧和“打架”。

学术研究上也有不少这样的情况，研究老子的排斥孔子，研究孔子的排斥老子，大家都希望自己的祖先更高一筹。有的人一辈子研究老子，就一定要把老子塑造得高高在上，仿佛老子比孔子高大，自己就高大；同样的，研究孔子的就要贬低老子，原因都在于没有读通。比如《论语》第一篇就提出“泛爱众”，《墨经》也指出要“爱人”，孔子与墨子也有相通之处。中国的儒释道三家无论哪一家都是相通的、理性的、智慧的。

《老子》中我最欣赏的一句话是：“含德之厚也，比于赤子。”经济学家孙冶方在监狱里17年，无一支笔，无一张纸，但把自己的经济学研究理论打好了腹稿。晚年重病之时，仍然每天早上起床第一件事就是把被子叠好，把马桶刷好。我看到这个故事马上想到这句“含德之厚也，比于赤子”，如果不是赤子之心，那样的年纪和身体状况，其实是连叠被子的力气都没有的。赤子之心具有赤子的力量。我们今天如何来鼓励自己，如何禁得起苦难，顶得住压力，是值得思考的问题。如果年轻人顶不住压力，那么相反的就是未老先衰，赤子之心早已老了。

真正有赤子之心，必须“含德”。《说文解字》云：“德，升也。”所谓“道德”，在积极向前走的同时还在向上升、有进步，换句话说就是积极向上才叫“道德”。“含德之厚”的“厚”要靠圈子。从生活和工作来说，每个人都有不同的圈子，圈子有大小之分，圈子大的人套住了圈子小的人，每个人都在其他人的圈子里，每个人又都能套住其他人的圈子。如果进入一个圈子，三天就出来了，不停地转圈子，盲目跳槽，那么圈子只会越跳越小。如果进入一个圈子之后，共同把这个大圈子做得更大，一起做贡献，自己的圈子就跟着大起来，到一定程度，觉得这个圈子已经容不下自己，再跳出来时，自己的圈子也大了。这种大就是“厚”，因为你在做大大圈子的时候，同时也做大了自己的小圈子。

所以，读《老子》，单从字面上逐字逐句地解释，通读全文，甚至倒背如流都没什么作用，应该应用在生活中。《老子》又称《道德经》，是向前、积极、向上的，没有积极向上的心态读《老子》，是一辈子也读不通的。

这与无为思想并不矛盾。无为包括“自然无为”与“无不为”；有“无为”则必然有“有为”；有为又包含“有所为”“有所不为”。可以用“玉”来表现。《说文解字》：“理，治玉也”。玉的纹理是自然、非人为的，是一种自然生态。不要随意去动它，但并非完全不能动；稍加修饰就可以成为一个很好的工艺品，可以更好、更美，客观与主观能动地合一，这就是有所为；对玉的雕琢是人的主观能动作用，但是不能无法无天，随意破坏，因此要有所不为，不能随便去雕，雕深一点、浅一点都有讲究。所以，知道哪些该做、哪些不该做，二者达到了完美的统一，就是无为而无不为了。当然，这只是找一个具象的东西量化一下，使人有入门的门径、门道。

要认真地对待生活，生活中就有《易经》的智慧，就有老子的智慧，就有孔子的智慧。生活不是用金钱，而是要用心，心不到，生活是没有味道的。

中庸是暂时使用超常手段

中庸之道是什么？众所周知，中庸是中国人处世法则之一。然而，对于中庸的理解却浮于主观臆想者渐多。那么，何谓中庸呢？要从中用说起。《说文解字》：“庸，用也。从用，庚声。”又：“庚，更事也。”更事，即对事物的更改、更变。可见，中用与中庸都是用，只是用法不同而已。

有什么不同呢？

用过算盘的人知道，算盘上每档有七珠，下格五珠，每珠为数1；上格二珠，每珠为数5。计算时，常规情况下底珠和顶珠不用，只用中间五珠，即“中用”。但在计算复杂的乘法时，底珠和顶珠可以用。特殊时候，顶珠一珠当5仍不够时，则将顶珠悬着，一珠当10，这就是中庸之用。也可以说，是非常情形下的非常手段，异乎寻常之用。这即是“更事”的含义。“用”与“庸”，音近，义同，只是用法不同，这就是汉语原创思维的特点之一。

工作中也是如此。一般情况下只要中规中矩就行了，但特殊情况下就要打破规矩，不按常规出牌。中庸其实是用非常手段达到回归常态的目的。中庸不能越轨，不能越过道德、法律底线，人们常说的打擦边球，并不是与道德和法律捉迷藏。不是一般的平常的用，而是中庸之用，目的是为了保持平衡，更合乎规矩。也就是说，还是离不开“中”。

中字“”的中间是一个回，中间贯穿的“丨”读衮。“回”是平面的四维循环、“丨”上下滚动。上行到囟门，下行到踵（脚跟），有上下限制但空间很大，在限制的范围内可以充分地发挥，而不是围绕一个中点而模棱两可。现在我们把很多词的意义变狭窄了，没有了空间，怎么“有所为”就成为很多人的疑惑。

人在大自然中，“中”的空间有多大要看个人的修为，要明白规律。“易与天地准”“人法地、地法天、天法道、道法自然”。老子讲“无为无不为”、孔子讲“无可无不可”、释迦牟尼讲“非法非非法”，用现在的话说是很辩证的，就是水无常形，法无常法。如果执著于一个东西就放不开了，但没有这样一个东西又不可以，所以只有“法无常法”。就像写文章一样，文笔好不是靠造句，拘泥于一个“法”，而是自然而然，行文如流水。

我在《老子为道》一书中主要讲了《老子》中的23个字：“为学日益，为道日损。损之又损，以至于无为，无为而无不为。”要认真地对待生活，生活中就有《易经》的智慧，就有老子的智慧，就有孔子的智慧。生活不是用金钱，而是要用心，心不到，生活是没有味道的。生活不能走过场，人要随和，但有时候必须较真。不能跟金钱、跟社会较真，那样只会平添无限烦恼，而是要跟自己较真，有板有眼，一步一个脚印，“含德之厚”。如果每一天的生活只是走过场，那么人生百年也就是跑了一次龙套。

根据殷昆教授2010年4月12日访谈录整理

作者简介：

殷昆，中国著名易经专家、国际易学联合会理事，中国自然辩证法研究会科学与易学专业委员会理事。

主要作品：《易经的智慧》（经部、传部）、《老子为道》《中和之道》《在北大讲易经》等（均为讲课录音整理稿，当代世界出版社出版）。

先后在“中华伏羲文化研讨会”“老子文化研讨会”、比利时“中华文化高峰会议”、第七届、八届世界易经大会、国际易学联合会研讨会上发表论文几十篇。

挖掘中国传统文化优秀的精神

陈战国

鸦片战争之后一百多年的时间里，我们一直处于落后、挨打的局面，由于政治上、军事上落后，西方人看不起我们，从而也看不起我们的文化。久而久之，连我们自己也没有自信了，也认为我们什么都落后，文化更落后。现在年轻人对国粹知之甚少，不爱听京剧，更不爱听昆曲，其实昆曲是非常高雅的。

向西方学习是对的，并且到现在为止，我认为我们要成功地实现现代化，向西方学习仍然是主流。我们还没学到家，包括政治、科学、经济管理等各方面。但西方的现代化有一些弊病，这些弊病源于西方的文化，这是他们自身克服不了的，并且这些弊病现在已经爆发出来。我们在建设中国现代化的过程中，要注意挖掘吸取中国传统文化中的优秀成分、优秀的精神和智慧。

我们有自己的民族精神，尤其在去年体现的非常深刻，比如奥运火炬传递、汶川大地震、奥运会等。在地震中，西方也表示出很大同情，但不同的是，西方人是出于人道主义精神，中国则是儒家与天地万物一体之仁的思想，人与人之间有感同身受的情感。中国传统文化中的这些精神，不但值得我们，也值得全人类继承发展。挖掘、发扬这些文化，对西方文化进行融合、纠正、补充，才能使中国现代化更顺畅。中国特色就是从中国传统文化中来，融合了中国传统中最优秀的东西。

根据陈战国先生 2009 年 8 月 18 日在三智道商国学院成立仪式上的讲话整理

作者简介：

陈战国教授，1969 年毕业于北京大学哲学系，师从冯友兰先生，曾任北京社会科学院哲学研究所所长，南阳师范学院兼任教授。主要研究方向：中国哲学、魏晋玄学、道家哲学等。

用现代的精神更好地解释儒学

陈战国

儒学是有生命的思想体系

儒家思想经过了两千多年的发展，但始终都没有离开过孔子。离开了孔子就成了无源之水，就很难说有多少价值，毕竟还是有根的东西才是有价值的。虽然孔子留下的著述不多，但涉及面非常广，后人根据时代的需要，对孔子思想的不同方面不断地进行发挥。比如汉代董仲舒出于“大一统”的需要解释《春秋》，宋明儒者为了“辟佛老”而构建道学，康有为为了推行“戊戌变法”写《孔子改制考》，这些都是从孔子出发而又把孔子思想向前推进。不同的时代、不同的人有不同的视域，但他们的思想都是从孔子而来，把孔子思想中的某一点放大了。未来同样如此，孔子有很多话都可以发挥，这说明孔子思想是有生命力的，是不断发展的。儒家文化就像一条长河，有根、有源，不停地流动，是一个有生命的思想体系。

现在海外有很多孔子学院，主要是汉语教学，在此基础上多少涉及一点中国文化。国外对汉学越来越重视，研究也越来越深，当然，我们自己也应该多做工作，使儒家思想越来越现代，容易被人理解和接受。没有后人的研究、发挥、解释，很多典籍都是不好懂的，容易断章取义，不能整体把握其中的精神。所以，中国的知识分子应该带头把儒家精神解释得更好、更合理、更容易被接受，随着我们国家的发展进步，使其中支持我们发展的这种精神被越来越多的人了解。

可惜的是，现在很多年轻人基本不了解儒学。这其中有很多原因。现在的年轻人着眼于解决生活问题，有一份好的工作，得到好的收入，有快乐的生活等，很少顾及哲学。此外，还有我们在教育方面的缺失。近代以来，国学退出了学校，从大学到小学，都没有国学的课程；再加上汉字简化以后，人们读起经典来感到很吃力。据我所知，不仅是学生，很多高校的老师也很难阅读古籍。这就需要做很多的工作，使得国学，尤其是儒学回到学校中去。当然也面临着师资缺乏的问题，这就需要几代人的努力。现在，很多幼儿园组织国学典籍的背诵，这就是很好的方式，我认为中学的政治课也可以加入一些国学教育的内容，这样起码使中国人能了解我们中国的传统文化。

过去，我们民间的思维模式、生活方式、行为模式、道德观念都自然而然受到儒家的影响和熏陶，现在社会文化环境变得更加多元化，但儒家仍然应该在中国文化环境中占相当的成分。儒家设想、勾画的文化环境是适合人生存的文化环境，在现代化过程中，使这个优秀的、适合我们生活的，甚至适合人类生活的文化环境现代化起来，这样的现代化才是有灵魂的、有内在精神的。人不是只在自然环境中生活，更主要的是在文化环境中生活，中国人要创造这样一个环境，因为儒家始终承载中华民族精神的核心部分。

我们的民族精神是什么？张岱年先生引用《周易》中的话说“天行健，君子以自强不息；地势坤，君子以厚德载物”。冯友兰先生在抗战时期也总结过，两种精神支持着中华民族，一种是非常认真的、在意的儒家的精神，一种是遇到困难满不在乎的道家的精神。汶川地震后的救灾、重建就体现了我们民族的精神。儒家以天地万物为一体，关心国家、社会、民族、人类的命运，主张“天下兴亡，匹夫有责”。道家的从容、豁达，一切都能看得开，“知其不可奈何而安之若命”。正是这两种精神的支持，过去成就了我们的伟大民族，将来也还会一直激励着我们的民族。

国学使企业家感到清净

最近几年，社会上兴起了学国学的热潮，尤其是企业家学国学的氛围已经逐渐形成，这说明“国学热”并不是由上而下推进的，而是经济发展到这个程度，人们的自觉的需要。“国学热”中开始有了一些商业化的因素，有些人不以为然。我认为这种怀疑大可不必。市场化是一种强有力的推动方式，有条件的人愿意花钱学国学这是一件好事。先开始学国学的都是精英层面的人，这些人利用自己的影响力，使得更多、更广泛的人来学习、了解国学，这对国学的推广而言也是有利的。

企业家原来对国学接触得少，初学国学都感到很新鲜，而且发现国学很有生命力，很多人都说到了国学班就觉得自己不再那么浮躁，感到心情很清净，这一点是非常难得的。其实，学国学主要不是学知识，而是学习精神和智慧。中国人有中国人特有的精神和智慧，这种精神和智慧是非常崇高，非常实用的，是用生命体验出来的。这种智慧是一种很强的解决问题的能力。

用西方的管理观念和思路来套用儒家思想和中国传统文化，这是错误的。不仅因为这是以我们之短比别人之长，更是因为这样做会肢解、误解我们中国的智慧。我们应该在学习国学的过程中体验出一些西方管理学中没有的东西来。这样才能使原来的观念得到发展，这才是真正中国的东西。

国学对企业经营的影响需要企业家自己去体悟。我想首先办企业的立足点和精神支撑应该是儒家的“仁”。很多人受西方影响，把人与人的关系看成是单纯的利害关系，没有情感。儒家认为“己欲立而立人，己欲达而达人”，自己发展了，还要带动周围的人发展，要使更多的人受益。企业内部应该有爱，应该有凝聚力。过去中国人用《礼》规范人们的行为，使人守规则、有修养，用《乐》使内部团结和谐，这是西方管理学所没有的。我把企业家分成“经验型、理智型、智慧型”三类，只有精神和智慧很高的人才能有创造性，才是智慧型的。一些企业家学习国学之后，将《弟子规》作为自己企业的厂训、店训，收到了很好的效果，这就是学习之后的一种创造。我想中国特色的现代化，要依靠我们整个民族具有创造性。

根据陈战国 2010 年 2 月 22 日访谈录整理

国学要在年轻人中间才是生生不息的

陈越光

今天说起国学是否有用，让我想起人类刚发现电的时候，曾经有一个关于电的实验，有一个参观的妇女问富兰克林：先生，你的电有什么用呢？电本身没有用，它是提供一种动力的，当时还没有形成电网。富兰克林回答说：夫人，一个新生的婴儿有什么用呢？

可以说，一切在精神上的能量、智慧，无形的东西，都不仅仅是用功利的实用来解答。这些东西最大的好处是什么呢？《道德经》里有一句话：道生一，一生二，二生三，三生万物。企业家都很迷恋这句话，但是他们实践中，往往一生二，二生三，三生四……生到八、九生不动了，就了了。为什么呢？因为他的一不是道生，而是零生。

我们往往在问题的背后寻找方法，却很少在方法的背后发现智慧。国学真正智慧在哪里？两千五百年前，有人问过子贡：“仲尼焉学？”子贡说：“文武之道，未坠于地，在人。贤者识其大者，不贤者识其小者，莫不有文武之道焉。夫子焉不学？而亦何常师之有？”智慧在人民中间。构建真正和谐的、能与全人类共同进步的中华民族，重要的是这些智慧既不是被埋没的，也不是被否定的，也不是在图书馆、专家手里，而是要在人民中间，最重要的是要在年轻人中间，这样才是生生不息的。

根据陈越光先生2009年8月18日在三智道商国学院成立仪式上的讲话整理

作者简介：

陈越光，1953年出生于杭州市，祖籍诸暨。长期从事传媒事业和文化产业。现任三辰卡通集团常务副总裁、中国青少年发展基金会副理事长、中国文化书院副院长兼企业文化研究院院长。

为20世纪80年代有广泛影响的《走向未来》丛书和杂志副主编，先后负责创办《中国残疾人》杂志、《中国农民》杂志、《中国市场经济报》、《科技中国》杂志并任首任主编，曾任《东方》杂志编委会主任、《农民学丛书》主编；为《穷则思变》《未来十年的中国经济》《中国农民》等电视系列片的策划人、制片人；为“世纪中国”“科技中国”“华播网”等网站主要创办者之一；先后担任中国农村发展信托投资公司发展部总经理，中农信传播公司总经理，天下文化公司董事长，2000年创办北京银汉传播公司，开创探索我国大都市电视频道的制播分离合作模式。

“易经”的智慧

郭建勋

在上课、进入《易经》之前，有几个事情要加以说明：1. 我虽然曾经出版过《易经》的书，也发表过一些这方面的学术论文，但是对于如此博大精深的《易经》来说只是粗通皮毛而已，我不可能都知道，所以也请大家原谅，水平有限；2. 这些年来对《易经》持续保持着这样的热潮，各种解释、各种说法越来越多，很多观点已经脱离了《易经》本来的意义，现在最热的甚至是《易经》的算命、风水、预测，这些最热；3. 易道广大，《易经》是包罗万象的，从古到今所有的易学著作不知道有多少，我们任何一个人都不可能穷尽其说，只是根据自己的看法、自己的思考尽可能比较清楚地对它进行解说，我所不了解的其实还有很多，和其他人的观点有不一样的地方还请大家谅解；4. 在座各位都是社会的精英，有自己所从事的管理事务，那么《易经》所涉及的这些内容并非和自己所做的那个专业、从事的职业有直接的关联，它不可能那么立竿见影地解决问题，我们学的《易经》和大家的工作还是有一定距离的，我们在百忙之中，在这样一个急功近利的社会环境下，我们挤出时间来学习《易经》有什么意义？有什么价值？这个问题很难精确回答，但是有一点是可以肯定的，就是通过学习周易，我们将更加深刻地体认中国古代传统文化的本质特征是什么？然后我们可以在理论上、宏观上认识到怎么去处理人和人之间的关系这样一些基本的方法、原则，然后对我们的事业、修养、品德、意志这些形而上的问题有自己的一些问题，然后让我们在这种匆匆忙忙的、世俗的、功利的追逐中有一点思考的雅致，有一点古典的情怀，不至于活得那么没有质量，我想这就是一个重要的意义吧。最后一点，《易经》的卦形符号，还有卦辞、爻辞这些是比较枯燥的，比较晦涩，读起来比较难懂，很难自学。我们学这个就要有一种耐心，安静、闲适地去品味在后面隐含的东西，那些生动的哲理。

讲了这么多就开始进入主题——《易经》。我先给大家介绍一下这三天讲的内容：一是《周易》的性质；二是《周易》的哲学思想；第三个是《周易》有什么样的结构；第四个是《周易》的名义，为什么叫《周易》；第五个是《周易》是怎么形成的；第六个是“易传”包括哪些内容；第七个是易学史，就是《易经》的研究过程简单地介绍一下；第八个就是怎么读易，读易的基本知识，要了解哪些东西才能够更好地读“易”；第九个就是介绍《易经》的筮法，就是大衍之法。除了这个以外我还讲几个卦：乾卦、坤卦最前面两个，还有剥卦、复卦中间两个，还有既济卦和未济卦。我选了最前面的两个卦和最后面的两个卦、中间两个卦，通过这六个卦就可以把前面学的那些内容串起来。最后还要讲《系辞上传》和《系辞下传》，我们三天就学这些。

一、《周易》的性质

《周易》是中国最古老的典籍之一，它对中国古代的哲学思想、伦理道德、文学艺术甚至是自然科学都产生了很大的影响。比如我们都知道历代的儒家学者都把它叫作“群经之首”。其实我们讲经典是要把经和传分开来看待，在《易经》的“经”这一部分谈不上有太多的儒家思想，而且很难找到儒家思想的痕迹，但是经过“传”这一部分就把《易经》的“经”部改造、提升了，然后纳入到儒家的思想体系里面，从此以后才成为群经之首。所以如果我们真的学过《易经》的话，一定要“经”“传”分开来看，现在我们很多学者都没有做到这一点。《易经》对儒家的影响很大，特别是朱熹，朱熹的思想基本上是以《易经》作为主体来构架的。我们中国最重要的两个思想，一个是儒家，另一个是道家。道家的玄学也是把《易经》看成自己的经典。魏晋时候的玄学有三部经典叫作“三玄”：“易”“老”“庄”。儒家称它为“群经之首”，道家把它作为自己最基本的典籍。中国历史上几乎所有改革派的政治家都要把《易经》作为自己的理论武器，因为《易经》的基本理论是“所有的东西都会变”。普通老百姓，庙会上、集市上的算命先生都要借助《易经》的智慧，打着“文王八卦”的幡子去给别人算命，这是民间易学，给人以某种神秘的引导。因此《易经》的适用范围非常广，可以进入一个国家的主流意识形态，也可以成为普通百姓的、普通术士的理论武器，它的性质比较庞杂。正是因为这一点，秦始皇在焚书坑儒的时候，儒家的典籍基本上都烧掉了，《诗经》《孝经》《三礼》《春秋》等全都烧掉了，但是《易经》没有烧掉，就是因为它是以一种卜筮之书保留下来。所以《易经》才以这种复杂的形式存留下来，避免了儒家其他典籍被焚毁的厄运。

作为各个学派、各个阶层都能接受、利用的著作，那么《周易》到底是什么性质？它的内容是什么？在它产生的漫长岁月里，阅读、研究它的人从不同的角度、理念、方法、目的得到了很多的结论。比如有些说它是儒学的经典，有些说是用来卜筮的一部著作，有的认为是哲学著作，甚至有的说它是为周厉王出谋划策的一部书。近现代以来有些人说是一部数学模型，有些说是预测科学。说法很多，我们认为“易道广大，无所不包”当然有道理，但是从整体上看《周易》应该是一部什么书？我们认为是一部哲学著作，是一部结构特殊、表达方式特殊的哲学著作。我们先说一下为什么这两个方面特殊，第一个：结构特殊。我们平时看的书的结构都是章节式的结构，一部书分成若干章，在每一章里面又分为若干节，在每一节里面又有若干段、若干个问题。我们读的书基本上都是这样的，即使没有标明章节，但也是有章节的。而《易经》不是这样，《周易》这部书的整体结构是由 64 个卦构成的，每一个卦里面又有 6 个爻。实际上我们可以这么说：64 个卦相当于我们平时看书的 64 章，那每一卦里面的 6 个爻就相当于 6 个节，可以简单地这么理解，而且它是由卦、爻构成的，还有符号、文字。第二个，是它的表达方式非常奇特。我们都知道一般的哲学、学术著作不只是描述性的著作，都是直截了当地去描述事情或做出某些判断。比如中国古书《老子》描述一个人的祸、福，“祸兮福之所倚，福兮祸之所伏”，它直截了当就说出了祸和福有时候互相转变。那在《易经》里面是不是这样讲呢？它不是这么讲的。它说“同人先号啕而后笑，旅人先笑后号啕”。“号啕”是大哭，用笑比喻福，用哭来比喻祸，用先笑后哭和先哭后笑来比喻祸和福。所以《易经》是用“笑、哭”来比喻“福、祸”的这种方法我们叫作“形象说理”。这一点很关键，有很多人去读《易经》不知道它说些什么，原因就在他没有理解。《易经》的说理是用形象来说的，如果按照字面的意思去理解就会觉得风马牛不相及，一会儿从我们解卦的过程中可以看到，你要从它描述的形象里面去推理出它要说的道理来。这是两个特殊，结构特殊，还有一个就是表现方式特殊。

那为什么说它是一部哲学著作？第一个理由就是它最基本的两个东西——阴爻、阳爻。“一阴一阳之谓道”，《易经》的一切都是从这两个开始的，这两个已经包含着哲理，尽管我们目前的学术界关于这些“长短的横道”具体代表什么东西还没有一个定律，但是大家普遍认为它是代表阴阳的。一个阳一个阴，“阴阳和合，化生万物”，阴阳主宰着万物。这就是《易经》的核心思想，没有阴阳之道就没有周易，那么这两个东西就已经蕴含哲理了，已经是哲学的范畴了；第二个理由，由八卦相重叠形成64卦，每一个卦都代表着某一个特定环境下的情况，这个情况可能是一种处理问题的方法，有的时候是一个人生的哲理，有的时候讲的是一个自然的规律，它每一个卦都是不一样的。例如我们都知道“乾”卦，这个卦讲阳刚、讲君主；“坤”卦则是讲阴柔、讲辅助。假如把“乾”卦看成是一个帝王，那么“坤”卦就是一个皇后或者是一个宰相。“屯”卦讲的是事物初创时候的情况，乾、坤是天地，天地开辟之后就要初创，所以“屯”卦就是初创时候的艰难。“蒙”卦讲的是启发蒙昧，开蒙、启蒙。也就是说64卦就有64种不同的情况，64卦又通过一个巧妙地组合，整体性地去反映这个事物，反映自然、反映社会、反映事物本质。第三，每个卦的六个爻往往从不同的层面或者不同的阶段去揭示同一事物的本质或者是发展变化的规律，我们来看一个例子：“渐”卦，这个卦的卦形符号就在这里䷴，这个卦下面还有六个爻辞，每一个爻辞讲的就是相对的某一个爻，一共六个爻。最下面的爻叫作“初”，上面的叫作“二”，第三个叫作“三”，第四个叫作“四”，第五个叫作“五”，第六个叫作“上”。那为什么不叫作“一”和“六”？叫作“一”不能确切地表示事物刚刚开始的时候，你这个如果叫作“六”的话就能想到七、八、九，不足以表达事物发展的变化，所以叫作“初、二、三、四、五、上”，这是六爻的位置。接下来我们看，这个爻的阴阳属性，我们一般把阳爻用一个数字“九”来表示，用“六”来代表阴。因为在五行里面水、火、木、金、土，五行之数就是“一、二、三、四、五”，水之数为一，火之数为二，木之数为三，金之数为四，土之数为五。五行之数里面奇数相加是九，所以用九来代表阳；偶数之和是六，所以用六来代表阴。那我们现在把爻的位置和爻的阴阳属性结合起来就构成了那个爻的名称。现在我们用这个规律来看一下《渐》卦，最下面的是“初”，它的属性是阴，所以这个爻就叫作“初六”；上面的这个爻，位置是二，属性是阴，叫作“六二”；第三个属性是阳，那么这个就叫“九三”；第四位属阴，叫“六四”；第五个叫“九五”；最上面的叫“上九”。通过这种方式我们就可以了解每一个爻的称呼。《渐》卦的六个爻除了有六个爻的符号以外，还有六条爻辞和它相配合去揭示这六个爻：“初六，鸿渐于乾……”“鸿”是一只鸿鸟，慢慢地飞，“乾”是通假字，通的是河岸的“岸”，一只鸟飞到了河岸上；“六二，鸿渐于磐……”“磐”是石头，河边的石头，这只鸟慢慢地飞，飞到了河岸边的石头上；“九三，鸿渐于陆……”“陆”是陆地上的山丘；“六四，鸿渐于木……”鸟飞到了山的树梢上；“九五，鸿渐于陵……”“陵”是山峰；“上九，鸿渐于陆。”这个“陆”是通假字，通“逵”在古汉语里面指云霄。整个《渐》卦是用鸿鸟串联起来的，这就是我们说的形象说理，你要是不了解，根本不明白讲的是什么道理，但是会通过鸿鸟的飞行作为一个比喻来做形象的说明。鸿鸟在最下面的那个爻开始，经过河岸、河岸旁边的石头，然后到河岸边的山丘，然后到山丘上面的树，到山峰，最后飞到了天空。这个状况是一个什么过程？由低到高，由近到远。讲的是什么道理？通过鸟这种慢慢的飞行表现了“循序渐进”的道理。64个卦大体上都是这样来讲道理的，只是有些卦没有《渐》卦这么明显，要隐晦、曲折一些。

实际上《易经》里面讲的哲理还是相对零散，《易传》就到了春秋后期战国的时候把《易经》有个一个很大的提升，从那以后它的哲理性就更强、更系统了，所以对后代的影响与《易传》是分不开的，所以我们的结论是什么？《易经》（包括《易传》），就是一部结构特殊、表达特殊的纯中国式哲学著作，能够用来占卜，但又不限于占卜，内容是非常丰富的。

二、《周易》的哲学思想

既然我们说《周易》是一部哲学著作，那么它的哲学思想都有哪些主要内容呢？1914年，著名的学者梁启超教授在清华大学做了一个非常著名的演讲，这场演讲的题目是“君子”。什么是君子？在那场著名的演讲里面他用了八个字来激励学生“自强不息，厚德载物”，也用这八个字作为君子的主要标志，做到这八个字就是君子。他希望清华大学的师生们都能够成为“自强不起，厚德载物”的君子，从而振兴中华。

这八个字是从《易经》里面来的，《易经》的“乾”卦、《象》传里面说“天行健，君子以自强不息”。天的运行是非常刚健的。我们看到的天动主要是日月的运动，在古人看来天的运动主要表现为早上太阳出来，到中午的时候达到顶点，到下午的时候太阳就落到西边去了，太阳西沉，月亮出来了，到天亮的时候月亮又沉下去，太阳又出来了。古人概括为“日月更迭”。太阳运行一周就是一天，月亮一圆一缺就是一个月，所以日月的运行实际上就是表示的时间。我们看天的运行就是日月的运行，从来不停止，而且过去这样，现在这样，以后也这样，我们人类已经多少代了，但是日月还是这样，不会改变。不会因为谁当国家主席，它就转得快一点，或者转得慢一点。天的运行本身就是这么刚健，而且永远不停止，那么作为君子应该怎么样？应该效法天的这种运行，要自我强健，永不止息，就像日月的运行一样；“厚德载物”来自“坤”卦。“坤”卦的《象》传说：“地势坤，君子以厚德载物。”“坤”卦象征的不是天而是地，大地的形态是很温顺、伟大、慈祥、宽厚，在大地的身上承载着江、河、湖、海，承载着高山、大川，那么多的重量都压在它的身上。大地给人们提供了那么多的食物，但是大地从来不说自己是伟大的、光荣的。大地是用它的宽厚来承载着一切，默默地承受。这就是一种厚德，能够承载万物，用宽广的胸怀来承载一切的力量，这是大地的特性。我们君子就应该学大地这样的特性，“厚德”然后去“载物”，要有宽广的胸怀。所以“自强不息，厚德载物”就成了一个君子标准不可缺的两个方面。实际上就是在学业、事业上要“自强不息”，在品德、修养上应该“厚德载物”。这就是哲理，是从大自然中来的。后来这八个字就被清华大学注到了校徽里面，挂在礼堂里，后来就成为了清华大学的校训。

中国古代的哲人很看重自然，所以他们特别容易在自然现象中发现跟人、社会相对应的那些关系。“自强不息，厚德载物”这两句话就是从天地引申到人的例子。这种情况概括了中国文化和自然、人和社会，人和人之间的关系的深刻认识，还有很巧妙的处理方法，这种方法是中国传统文化里面的精髓，我们这个民族历经几千年的时间，兴衰、变化这么多年，但还是能成为一个国家不容易，就是凝聚在一起，一个国家的生机和活力和这种认识的方法是紧密相连的，否则的话，早就分裂了。当然还有一个文字的问题，就是我们一直用的这种汉字。现在大家有一种关联，更多的是一种文化上的关联。我们有共同的祖先，用的是共同的文字，还有一个共同的思维方式。起码我们在座的各位对父母都孝，美国人尊敬父母但不像我们这样有责任。这是中国的一个传统观念，这些东西有一个共同的价值理念支撑着，所以不会分裂。所以文化的东西具有很大的力量，是一个国家、一个民族的凝聚力之所在。

《周易》是我国最早的典籍之一，包含的东西很多，哲学的内容我觉得是最主要的，我们讲哲学大多是虚的，有时候也不是很了解。其实我们要讲这个问题，首先就应该弄明白什么是“哲学”，哲学是自然科学和社会科学的共同基础。不管是自然科学还是社会科学都要建立在哲学的基础上，所以哲学是学术之王，是学术的基础。哲学的最终目的是去解释世界的本质是什么，事物的变化有哪些根本、终极性的真理，而且这个真理是整体性的，而不是局部的真理。哲学有时候看起来是解决一些很荒谬的问题，比如说“是先有的鸡，还是先有的蛋？”比如“人为什么要活着？”“活着的意义在哪里？”“1+1为什么等于2”“人的本性到底是善的，还是恶的，还是不善不恶的？”等等，这些哲学性的问题往往不同的人会有不同的看法，永远也不可能得到一个唯一的结论。西方说哲学是什么？是“离乡背井找家园”，离开家园去找家园是找不到的，所以终极的真理是永远也找不到的。哲学的价值在哪里？在寻找的过程之中，寻找家园的过程，探索的过程，这是它的价值。在探索哲学的过程中就会有一些价值观、历史观的问题，认识论的问题，方法论的问题，这样的问题非常重要。东西方的哲学有很多的区别，西方的哲学是注重自然哲学的，看重科学的论证，什么都是科学，先从数学、物理中得到论证；中国的哲学不一样，中国的哲学是注重社会人伦，所以西方的哲学可以说是实证哲学，是物理哲学，是数理哲学；中国的哲学是伦理哲学、政治哲学、人生哲学，根本不关乎宇宙粒子、中子、分子构成的，根本不注重这些。中国哲学研究的是“人活在世界上干吗？”“人在家庭里有什么地位？”“一个家庭应该对社会承担什么责任？”等等这样的东西，不讲精确，它是整体的，是圆融的。所以西方人认为中国没有哲学只有思想，中国的思想是非常丰富的，但是中国没有哲学。很多人都这么认为，因为是从西方的角度来理解，其实是中国哲学和西方哲学的关注点不一样。

《周易》中的八个卦代表的是什么？代表的是天、地、雷、山、水、火、泽、风，八种物质，八种自然现象。这八种自然现象和我们的农业生产有关，同时这八种物质、自然现象又是相互对立的。天、地，一个在天上，一个在地上；山和泽，山是高的，泽是低的；水和火是不相容的；雷和风是互相冲突的。事实上这种两者相互对立的关系在生活中经常可以看到，比如我们身体上两个眼睛、两只耳朵、两只手、两只脚，都是一对一对的存在。在社会上我们可以看到男和女、君与臣、父与子、丈夫和妻子；动和静、白天和黑夜；一座山，有背阴的一面，也有向阳的一面。向阳的一面，树长得好，郁郁葱葱的，温度高一点；背阴的那一面树长得不太好，温度低一些，等等。就是这些生活中的现象在人们的眼睛中慢慢地形成作用，慢慢孕育着一个阴阳二元的观念，经过很长时间的积累、发展。

那么古代的先人就能够解释世间的东西，一个阴、一个阳。我们知道不管自然现象还是社会现象，特别是人和人的关系非常复杂，哲学总是想找到一种简单的方法去解释这些复杂的事情，找一个非常简单、明了的模式去解释。阴和阳就是中国古代哲人设想的这样的一个模式。中国最早的文字是甲骨文，甲骨文收集在《殷墟书契券编》，在这部书里面有“阳”字，但是没有“阴”字。阴阳二字最早的并列使用是在西周时期，《国语》：“阳伏而不能出，阴坡而不能烝，于是有地震。”就是古代的先人们感觉到地震这样的一个灾害是怎么出现的，是因为有阳气伏在地面上出不来，阴压迫但是也出不来，这样阴阳两者不能够顺利地沟通，然后就出现问题了，引发地震了。这是对地震比较幼稚的解释，但是古代的人就是把阴阳运用到所有方面，在这里就是用阴阳来解释地震，然后慢慢地推广到很多领域。这种阴阳的观念出现了以后，人们要用一种东西来表述它。除了文字以外就是用刚才画的这个来表现阴阳，一个长横，一个短横，非常贴切。我们发现在《易经》（《易经》《易传》合为《周易》）里面没有阴、阳这样的字眼出现，到了《易传》的时候阴阳大量地出现，而且构成了一个非常严密的体系，就成了一种宇宙观。作为一种宇宙观，《周易》阴阳二元的观念把所有的现象都纳入到这个系统里面。比如：日为阳，月为阴；上为阳，下为阴；外为阳，内为阴；火为阳，水为阴；雄为阳，雌为阴；有为阳，无为阴；白为阳，黑为阴；动为阳，静为阴；新为阳，旧为阴；看见的为阳，看不见的为阴。就是说大千世界的一切事物都包含在阴阳这个范围里面，可以用阴阳二元的理论去进行一个解释，而且阳中有阴的存在，阴中有阳的存在。在一定的条件下阳可以转变为阴，阴可以转变为阳，这就是世界的基本面目。阴阳平衡了就是和谐的，阴阳失衡了就是混乱了。

那么阴阳是不是这个世界的一个终极状态？阴阳是从太极来的，太极就是一元的。《系辞·上传》：“易有太极，是生两仪，两仪生四象，四象生八卦，八卦定吉凶，吉凶生大业。”阴阳从太极来，太极统一阴阳（就是两仪），由两仪再生出四象（春、夏、秋、冬四季），由四象再生出八卦（天、地、雷、山、水、火、泽、风），很多的自然现象，然后再生出六十四卦（代表天地万物），按照《易经》的讲法，世界就是这么发明的。那么太极是什么？世界的终极在哪里？说法很多，近代有一个叫顾荣的说得最清楚，他是这么解释太极的：

“太极者，盖谓混沌之时曚昧未分，日月含其辉，八卦隐其神，天地混其体，圣人藏其身。然后廓然既变，清浊乃陈。”太极是阴阳还没有分开的时候的一种混沌未分的物质，一种气体的物质，这个物质里面阴阳两个气混在一起。后来这两种气不断地摩擦，不断地交感、作用，它分离出来了，比较轻一点的气向上面走，就成为天；比较重一点、浊一点的气向下面沉就变成地，这就分开了。向上走成为天的那是阳气，向下走的就变成阴气，这样阴阳分开也就是天地分开了。他认为太极里面慢慢地分出阴阳来，这是“太极”的一个重要的观点。阴阳二元的宇宙观，进而发展为太极一元的宇宙观，这就解释了这个世界是怎么产生的，哲学要解决的这个问题。

首先，《周易》中蕴含有哲学思想中的辩证法（运动、变化的观点；全面的观点）的观点。辩证法大家都很熟悉，就不说太多。不过我要强调的是《易经》最重要的就是运动的变化。世界的一切都在变化。《易经·系辞》里面中说：“易之为书也！不可远；为道也屡迁，变动不居，周流六虚；上下无常，刚柔相易；不可为典要，唯变所适。”往来不穷谓之通，要变才能够通。它还讲“道，穷则变，变则通，通则精。”所以强调的就是一个变化。《易经》是紧紧地抓住变动来认识世界，它认为自然界和社会的所有现象没有固定不变的东西，所有的事物都在变动，变动不居、新陈代谢、盛衰转化这样的情况。所以我想在这里提一下，在《易经》里面卦画、卦爻里面初爻总是代表着刚刚起步的阶段，上爻总是代表着盛极将衰状态，所以没有永恒的吉祥，也没有不可化解的凶险；没有一劳永逸的尊显、尊贵，也没有不可改变的卑贱，都在变。《周易》关于这种事物变化的观点是非常重要的，也是经得起所有事情的检验的。例如一个人从出生的那一天起，生理和心理都在发生不同的变化，一直到死亡。一个人的地位虽然有某些相对的稳定，但是变动肯定是绝对的，人是变化的，不可能永远的不变，一定会变，只是向什么方向变。一个人是这样，一个单位也是这样，一个公司、一个大学，比如说一个公司的业绩、市场的占有率在不断地变化，不可能总是那个样子。一个大学的排名不可能是那样，它是会变的。没有变也是含有很多变化的因素，所以变化是常态，变化是绝对的，只有智者、聪明人才能体察、认识到这种变化，然后去采取相应的措施，避免凶险。

第二个是对立统一的观点，第三个是量变、质变的观点，这个我们就不多说了。

第四个，《周易》的“易”有三层意思：1. 变异，肯定会变。像大家说的事物都是会变的；2. 不易，《易经》说，虽然事物都是变的，但是有些东西是不可改变的，变与不变，变中有不变，不易指的是位置。比如说天在上地在下，这个位置不会变。《易传》的作者认为君主在南面，臣子在北面。兵变，君臣的位置不能变。父亲要坐着，儿子要跪着，父子关系不能变。所以天地的位置是不变的，社会人伦方面君臣、父子的关系是不能变的，这种解释是出于《易经》，这种观点是不对的。天地的位置可能不变，但是君臣的位置不可不变，父子的关系现在的中国已经变了，“孝子孝子”都是父亲孝儿子，这个是占绝大部分的，所以这个很难讲，因为这是《易传》根据儒家的观点引申出来所谓的不变思想,这个代表了很明显的阶级性。3. 简易，就是说《易经》的道理是非常简易的，是很朴素的，是很容易被人理解的，例如《系辞上传》：“乾以易知，坤以简能；易则易知，简则易从；”简易的话就容易被人理解、被人接受，也容易被人们服从，“易知则有亲，易从则有功；有亲则可久，有功则可大；可久则贤人之德，可大则贤人之业。易简而天下之理得矣。天下之理得，而成位乎其中矣。”《易经》讲的道理都是平易、简约的，所以天下的不变法则就很容易被老百姓理解。实际上就是《易经》的道理是很容易被人理解的，所以能产生大的作用，《易经》里面的三义：变易、简易、不易就是指的这个。这是《周易》的哲学思想的这样一个庞大的关系，在这里有选择性地为大家解释了一下，它的哲学思想主要在于阴阳二元的宇宙观，以及太极一元的宇宙观，里面包含着辩证法的东西，尤其是关于变易的问题。

三、《周易》的结构

这是我们的核心问题。历来我们提到《易经》《周易》都兼指《周易》

古经和《易传》这两个部分,《易传》我们在下面会专门讲,这里我们先谈《易经》这部分。《周易》的古经部分包括六十四个卦象,包括每一个卦象的卦辞,每个卦里面的每一个爻辞,这是构成经的整个内容。自从汉代以来,就把《周易》经的这部分分成了上篇和下篇,实际上也叫上经和下经。《周易·上经》包括从“乾卦”开始到“离卦”为止,一共三十个卦;从“咸卦”到最后“未济卦”,这三十四个卦就成为《周易·下经》。六十四个卦排列是有一定的顺序,作为一个完整的符号象征的体系,这个大的体系中卦与卦是什么关系,我们现在不能完全地讲出来,不能完全地领会。但是这里面最少有两个重要的规律我们已经认识到了。第一,从整体的排列来看,六十四卦从乾坤开始到既济卦、未济卦终结,体现了世界上的事物在阴阳两者的制约下产生、发展、递进、转化这样的一个过程,有一种内在的联系。乾坤是天地,坎离开创万物,到后面的既济是已经渡过河了,未济是还没有渡过河,那么事物又重新开始。重新开始生长、发展,这个是一个阶段性,这个在《序卦传》里面有比较完整的阐述。第二,从相邻的两个卦来看,绝大多数是以卦象的颠倒为顺序的。例如小畜卦䷈和履卦䷉,把小畜卦的卦形符号倒过来就变成了履卦,把履卦倒过来就变成了小畜卦。就是说它们的卦象是相互颠倒的,这种卦我们就叫作“反对卦”。它是一对卦,但是是相反的。六十四卦里面的反对卦有28对56个,就是说反对卦占了主体,不是反对卦的是乾、坤两个,因为乾卦䷀、坤卦䷁倒过来还是乾卦、坤卦;再看颐卦䷚和大过卦䷛,颐卦倒过来还是颐卦,大过卦倒过来还是大过卦;坎卦和离卦也是这样,还有中孚卦和小过卦。这里的八个卦很特殊,卦形倒过来不变。那么这四对形成什么关系呢?“同位之爻,阴阳互变”。位置相同的那个爻就叫作同位之爻,同为初、同为二、同为三、同为四、同为五、同为上的就叫作同位之爻。这样相邻的两个卦同一个位置上的爻,在这个卦里面是阴的话,在另一个卦里面肯定是阳;在这个卦里面是阳的话,在另一个卦里面就是阴。这种关系我们就叫作“正对卦”一共4对8个。这就是相邻两卦的关系,相邻的两个卦,64卦形成32对,32对里面有28对是反对卦,4对是正对卦。反对卦是卦象互为颠倒,正对卦是同位之爻,阴阳互变。正对卦、反对卦说明的是什么道理?物极必反,天道循环。事物发展到一定的阶段就会变。

阳不可能老是阳下去，阳达到极点就会变成阴；阴到极点就会变成阳，这就是世界，这就是人生。世界是这样，个人也是这样。假如这六十四个卦是《周易》经部的一个大系统、母系统，其中的每一个卦就是一个子系统，所以在《周易》的大系统里面有六十四个子系统。现在我们举一个例子，“讼卦”䷅这就是六十四卦里面的一个，每个卦都有“卦象”（卦形符号）。“讼，有孚窒，惕，中吉；终凶。利见大人，不利涉大川。”这一段话我们称为“卦辞”是用来解释卦象的卦意，通常情况下前面的那个字或者两个字又是这个卦的“卦名”。“初六：不永所事，小有言，终吉。”这样的六条文辞叫作“爻辞”，所以每一个卦都有三部分：卦象、卦辞、爻辞。卦象，是这个卦的形象，这个卦的卦形符号。卦辞是用来解释这个卦的卦象卦意的。爻辞是分别解释六个爻的含义的。每一个卦有一个卦辞，六十四个卦就有六十四个卦辞。爻辞，每一个六条，六十四卦就有三百八十四条爻辞，有人说还要加二，这个“二”指的是“乾卦”多一条叫作“用九”，“坤卦”多一条“用六”，所以有人说爻辞有三百八十六个。但这个说法我认为是不对的，因为“用九”“用六”没有相应的爻位。“用九”“用六”是起卦的时候用的，就是碰到一种特殊情况的时候起卦时候用的特殊情况，就是六爻都是“老阳”或“老阴”，所以没有一个对应的爻，因此我们还是说爻辞是三百八十四条，这是每一个卦的结构。有六十四个这样的结构就构成了《周易》的体系。那么六十四卦的卦形（卦象）是对某种道理的一个暗示，卦象是理解的卦的根本。卦的卦辞和爻辞不是符号而是文字，作为语言文字比较明确地把隐藏在卦形里面的道理解释出来，所以一个卦的卦象和爻辞是相互依存、相互配合的。由文字和卦象构成经部的完整体系，但也是一种独特的形式。

四、《周易》的名义

为什么《周易》要叫作《周易》？关于《周易》的名义就是《周易》的名字和含义历代学者不知道有多少人去考证过，结论也并不一致。最后被大家所容易接受的说法首先是关于《周易》之“周”。为什么叫“周”？古代的学者有两种看法：一种认为“周”就是周代，夏、商、周的周代，“周”是个朝代，因为还有“三易”：《连山易》《归藏易》《周易》。连山是夏易，归藏是商朝的易，我们现在学的易就是周朝的易，所以《连山易》《归藏易》《周易》分别归夏、商、周三代，所以这个“周”就是朝代的意思。还有一种说法是“易道周普，无所不备”，这个“周”是周备的意思，就是全面、周到的意思。关于“周”的解释不多，真正多的是对“易”的解释，我们知道东汉有个许慎写的《说文解字》。他解释“易”上面是个太阳，下面是个月亮。日、月为易，太阳和月亮的运行，日月的更迭就叫作“易”，也就是运动变化，这是一个影响很大的看法。还有一个影响比较大的是郭沫若考证的，说在经文里面“易”是这样的，是一个蜥蜴的图形，蜥蜴俗称“变色龙”，根据环境的变化来改变肤色。所以郭沫若认为易就是代表的蜥蜴，是蜥蜴的象形字，它的特点就是变化。还有一种比较有代表性的解释是台湾大学的一个学者提出的，他认为甲骨文里面的“易”是这个形状，解释这个是海平面，上面是太阳，下面的这三撇代表的是阳光，易就是太阳出来了，日出为易。这三种说法颇有代表性，都和变化有关。《周易》之“易”我们可以解释为变易，也就是变化。现在英文版的《周易》就翻译为《The Book of Changes》，是一部关于变化的书，就是一部描述事物发展、变化的书，这有助于我们理解《周易》这部书。我认为“周”是周转，“易”就是变，《周易》就是描述事物运动的规律，循环的变化，周转的变化。周易就是周转变化、周环运动，因为周易所揭示的是事物都沿行着一条圆形的轨道不断地周转变化，循环的变化。我是这么理解的，不能说我的就绝对的正确，但至少可以提供一个新的角度，《周易》就是周转、变化。

古籍里面有时候把《周易》简称为《易》。到了西汉以后“独尊儒术”《易经》就出来了，到了汉代把《易传》合到里面，所以古代人所说的《易》就包括了《易传》。现在讲起来还是很混乱，就是经、传混在一起，很难纠正。

五、《周易》的形成过程

关于这部书的形成过程，这部书的作者，还有成书的时间说法非常多，最传统的说法是“伏羲画八卦”，八卦是伏羲画出来的，但是大家注意八卦是三画的卦，我们前面介绍的卦是六画的卦。八卦和六十四卦一定要分清楚，八卦是三画卦，是经卦。人们说八卦是伏羲创立的，这是第一个阶段。那八卦怎么变成的六画的六十四卦的呢？是周文王重卦，并且还做了卦辞和爻辞。相传周文王被关在羑里，心里很忧愤，也没有事干。于是就拿着伏羲的八卦研究，他把这八个卦重叠起来，八个卦互相重叠起来就形成了六十四卦，就叫“重卦”，就是把八卦重叠成六十四卦。而且他也为《周易》补充了卦辞和爻辞，这就是为什么《周易》里面充满着忧郁，是和他当时的心情密切相关的。接下来是孔子作《易传》。这是大家比较能接受的三个阶段。所以班固在介绍《易经》的成书的时候讲到这样的一个过程：人更三圣，世历三古，《易经》经历了三位圣人（伏羲、文王、孔子）之手，时间经历了三个时代（上古、中古、近古）。这就是最常见的传统说法，原来经和传并没有混在一起，到汉代的时候就把孔子写的这部分合到了经里面，就成了一本书，后来的《易经》都是根据这个来的。传说孔子所作的《易传》也成为经典。“人更三圣，世历三古”虽然不能全信，但是它向我们透露了一个信息：《周易》不是一个人写成的，不是在某一个时刻写成的，而是经过了好多人的手，经历了一个很长的时期才形成这样的一个体系。没有一个人能够独自完成《周易》，并且在《周易》的整个经部和传部里面充满着矛盾，可以肯定不是一个人写的，不是一个人的观点。所以这个六十四卦的系统是经历了一个非常长的历史时期，不会是一下子出来的，经过中国人很长时间的磨炼慢慢地完善，一个很怪异的体系，一个伟大的体系。

2012 年 3 月 23 日下午：

前面我们讲到《周易》的形成按照传统的说法是“人更三圣，世历三古”，这当然是传统的一个说法，实际上我想应该是有一个比较长的过程，我们现在不说谁做的，就形成的过程来做一个推演，我们先从阴阳开始。“一阴一阳之谓道”，阴阳是《易经》的一个核心、起点。那么这两个东西到底代表什么呢？到现在为止学术界有很多的说法，有的说是原始的文字，中国最早的文字就起源于这个地方。第二种说法说是龙马图文。还有一种说法说这是古代的一种食草，用来占卜的灵草。还有的说男根女阴，是男女生殖器的一个象形。说法非常多，我认为阴阳这个符号和日月的运行有某种关联，因为我国是一个农业社会，最早对日月运行进行观测。有的人设想这两个符号记录的是太阳和月亮运行的影子，我觉得这个说法更容易被人所接受。有人说，八卦就是根据土圭测影法形成的，卦画就是太阳的影子。看这个“卦”字，左边是个圭，右边是个卜。土圭就是一种测量日影的工具，在中国古籍里面有记载，就是用土圭之法测土深。比如我们说阴阳两个字，“阴”——水之南，山之北；“阳”高明，高而光明，山东为朝阳，山西为夕阳。总之都和日月的运行有着密切的关联。农业经济到了殷商的时候成了命脉，与人民的生活密切相关，老百姓不得不注意太阳的运行规律，然后按照这个规律去安排自己的农业生产，所以才出现中国今天的干支纪日，就是根据天干地支来计算时间，甲、乙、丙、丁、戊、己、庚、辛、壬、癸被称为“十天干”，子、丑、寅、卯、辰、巳、午、未、申、酉、戌、亥叫作“十二地支”。然后天干和地支搭配形成年、月、日，形成每一天里面的那个时，都是用这个来计算的。也就有了最初的立法，并且安排一些专门的人员去观察日月运行的情况，所以我们认为这个东西是当时观察记录下来的。假如我们说的这种是正确的，日月之影来象征阴阳，那我们来看一下太阳是怎么运行的。一天里面太阳的运行是三个阶段：日出、日中、日入。在一个月里，月亮是：月生、月盈、月亏。一年当中有冬至、夏至然后再到冬至也是三个阶段。日出日落，天天如此；月亏月盈，月月如此；寒暑更替，年年这样。来而复往，周而复始。我们的祖先世世代代都是按照这个去安排自己生活的，“日出而作，日入而息”“春耕夏种，秋收冬藏”，不断地重复，所以在这个卦画里面就包含了天道循环的思想。我们说“乾坤震艮，离坎兑巽”这八个卦是三画卦，每一个卦是三个爻。因为古代人计算白天的时间是以太阳的运行分成不同的阶段，我想八卦之所以是三个爻就在于它是解释太阳或者月亮运行一个完整的周期。实际上《说文解字》上“三”解释为：“三，陈数也”，就是表示一个完整周期的一个数。《老子》里面“一生二，二生三，三生万物”，要从“三”开始生万物，也是从这个角度讲，所以“三”这个数字在中国是一个很吉祥的数字。因此八卦符号是三个爻与此密切相关。

爻形成了，卦的形成就有了一个基础。《易经》：“易有太极，是生两仪，两仪生四象，四象生八卦。”两仪就是天地、阴阳。四象是什么？“伏羲画卦时分动静阴阳为一奇一偶，此乾坤之更迭也。各加一奇一偶而少阴少阳四象得矣，此即水火之更迭也。再各加一奇一偶而三卦之卦备，风、雷、山、泽具成也。”两仪就是这么生出的四象，四象又生出八卦。按照《说卦传》的说法，八卦是分别代表着八种物质：乾代表天，坤代表地，震代表雷，巽代表风，坎代表水，离代表火，艮代表山，兑代表泽。这八种物质在中国古代被认为是世界的八种基本物质。有些同学会问“为什么这八种物质里面有水和泽两种物质？”尽管是两种不同的形态，但是水对于人来说太重要了，所以对于任何一个民族的远古记忆里面都跟水有着密切的联系。中国远古的时候有鲧禹治水的传说，在西方有诺亚方舟的传说。水很重要，甚至决定了这个国家意识形态的一个重要基础。中国早期的部落联盟和水有着密切的联系，因为一个部落没有办法战胜洪水，所以才有部落联盟。一条水流经的区域很广，必须要各个部落协调才能处理好这个关系。现在也是这样，我国最主要的两个河流：黄河、长江要协调，所以专门成立了两个正部级的单位，一个是黄河水利委员会，一个是长江水利委员会。因为流经了很多的省，要协调。所以我觉得在八种物质里面水占有两个，可能和这个有关系。后来这八种物质又慢慢地扩大，变成八大类的物质，在《易经》的占筮里面用意越来越广，八卦的卦象不断地扩充。比如说“乾卦”代表天，性质是刚健。后来天又代表君主，又代表父亲，这些很强势的东西都可以代表；也可以代表动物，比如代表马。“坤”可以代表大地，象征着顺从、辅助，象征着母亲、大臣、群众，也可以象征着牛。一个三画的八卦象征的东西越来越多，往往一个卦就形成了一个大脉。再后来到了《易传》又根据笔画把八个卦分成了阴阳两类。奇数的笔画是阳卦，偶数的笔画是阴卦。“乾、坤”不用管，因为乾卦肯定是一个阳卦，坤卦是一个阴卦，这是很纯的，不杂的。

我们看震卦☳，五个笔画，单数，阳卦；艮卦☶也是阳卦；离卦☲是四画，阴卦；坎卦☵五画，阳卦；兑卦☱阴卦；巽卦☴阴卦。四个阳卦，四个阴卦。但大家要注意一下，除了乾坤，另外三个阳卦里面各自有一个阳爻，三个阴卦各自有两个阳爻。所以在《易传》里面说阳卦过阴，阴卦多阳。阴阳的关系非常复杂，阳里有阴，阴里有阳。八卦形成了，都说是文王把它们两两重叠就变成六画的卦了，构成六十四卦。六十四卦又叫作“别卦”，八卦叫作“精卦”。六十四卦一旦重叠成了以后，就标志着《周易》的卦形符号或卦象符号体系就成立了，也就基本确立了《周易》这本书的基本框架、基本的结构。后来又产生了解释六十四卦的一些文辞，包括卦辞和爻辞，经部就完成了。经部的完成大概是在春秋之前，那个时候《易经》已经完成了，包括符号和文字。那么《易传》是什么时候完成的？《易传》里面包含了孔子的一些意见，现在的学者一般认为是在战国的时候完成的，是儒家的学者们在学习、研究、解说《易经》的过程中形成的一套体系。《易传》对于《易经》有非常大的提升，正是因为它的出现才把《易经》变成了儒家的经典，把它儒学化了，本来是没有儒家的精神的，但是加了很多的儒家思想，从此以后《易经》经过《易传》就成了一部影响特别大的文献，成为了中国一个很重要的经典。这就是《易经》整个的创立过程。

六、关于《易传》

我们要去了解《易经》，非得读《易传》不可，否则没有办法去理解《易经》。那么《易传》是什么？《易传》包括：

（一）《文言》。“文言”其实就是有文采的语言，很漂亮，写得很好的语言。《易传》里面的《文言》是专门解释“乾卦”和“坤卦”的，因为在六十四卦里面“乾卦”和“坤卦”是最重要的两个卦。解释“乾卦”的就叫作“乾文言”；解释“坤卦”的部分就叫作“坤文言”，具有很高的价值。

（二）《彖传》。《彖传》分为上下篇。“彖者，断也。”“断”就是判断，《彖传》就是做判断的文辞，是用来解释一个卦的卦象、卦辞、卦意。一个卦有一段彖，整个《易传》有彖传 64 条，每一卦一条，跟在卦辞的后面进行解释。那为什么要分为上下呢？上午我们讲《易经》分为上经和下经。上经 30 卦，下经 34 卦，是因为这个所以跟着也分为了上下。

（三）《象传》。所谓“象”就是象征，卦象、爻象。《象传》是用来解释卦象和爻象的文辞。《象传》分为两个部分：解释卦象的叫作《大象传》；解释爻象的叫作《小象传》。比如“乾卦”的《大象传》曰：“天行健，君子以自强不息。”都很简短，每一卦一条。《小象传》解释爻象的，每一卦有 6 条，所以《小象传》在《易经》里面相应的就有 384+2 条。为什么分为上下？和《彖传》的道理一样，是随着《周易》上经和《周易》下经而分成的上下两个部分。我个人理解 64 条《大象传》条条都是精华，每一条都可以作为格言来用，但是 386 条《小象传》价值不大，完全不是一个水平的。《小象传》与《大象传》相差太远，《小象传》几乎是重复，没有太多的创造性，思想性很低。《大象传》的影响都是特别大的。

（四）《系辞·上传》《系辞·下传》。“系”就是联系，“系辞”就是放在整个《易经》后面的文辞，篇幅很长。它为什么分为上下？这一点需要注意一下，这和《彖传》《象传》不一样。是因为它的篇幅太长了，所以就有人把它分成了两个部分，而且《系辞·上传》分成 12 章，《系辞·下传》分成 12 章。其实《系辞·上传》和《系辞·下传》还有一些重复的地方，比如说有的一段出现两次，有拖沓的地方，有重复的地方，虽然编排有一些问题，但是《系辞·上、下传》是我国最早的一部关于《易经》的通论，里面有总纲、细目，讨论的问题涉及的面非常广，比如涉及《易经》的作者、成书的年代，讲到了《易经》观物取象的方法，讲到了易学的重要作用，解释了三画卦的八卦，还有很多解释《易经》的例子，还解释了好多的爻辞，比较全面地阐发了《周易》很多的内容，对于后人学习、理解《易经》有很大的帮助，这其中有大量创作性的发挥，融入了系辞作者的很多思想，所以这个东西很重要，可以作为《易经》的一个发挥和补充来看待，因此古代的人很重视《系辞传》有的人干脆就叫《易大传》。

（五）《说卦传》。没有上下，不解释六十四卦而是解释伏羲八卦。里面罗列了大量的卦象，要是学占卜、算命的话，这个就很重要。

（六）《序卦传》。也不分上下，是解释六十四卦的编排顺序。从乾、坤开始到既济、未济结束，为什么这么编排？六十四卦之间相承续的关系是什么？这个的解释是根据各个卦的卦名而不是卦象来解释，卦与卦之间往往是一个相承的意义，有时候是正面的发展，有时候是一个反面的转化。但是如果你去看《序卦传》，很多地方说得很勉强，很难说服为什么这个卦和那个卦是排在一起的，很牵强。六十四卦的排列，里面的逻辑顺序真的是讲不清，为什么这么排，古代一定是有它的原因。有些东西没法理解。

（七）《杂卦传》。“杂”，错杂的意思。所谓《杂卦传》就是把 64 卦分为 32 对，两两排列来讲解《易经》，解释它们的规律，解释《周易》里阴阳变易的原理。这就是《易传》的所有内容，一共有 7 种内容，10 篇。正是因为是 10 篇，所以后人把它称为《十翼》，所谓“翼”就是羽翼，就是翅膀，就是说它是《易经》的一个翅膀，一个副翼。以后如果你在古籍里看到《十翼》这样的说法就是指的《易传》。其中最重要的就是《文言》《彖传》《象传》《系辞》这四种，尤其是《文言》《大象》和《系辞》是最有价值的部分。

七、《周易》的研究

本来这是一个学术性的问题，我在这里就简单地介绍一下。《周易》的研究在中国古代是非常重要的一个学问，也是非常高贵、正统的一门学问，叫作“易学”。几千年来牵扯了很多的派别。《四库全书》里面有一段话这样讲：“《左传》所记诸占，盖犹太卜之遗法，汉儒言象数，去古未远也；一变而为京、焦，入于禨祥；再变而为陈、邵，务穷造化，《易》遂不切于民用。王弼尽黜象数，说以老、庄；一变而为胡瑗、程子，始阐明儒理；再变而为李光、杨万里，又参证史事，《易》遂日启其论端。此两派六宗，已互相功驳。”短短几句话就把几千年的易学概括清楚了，六宗我们不去说了。所谓的易学两派：象数派、易理派。“象”指的就是卦象、爻象。“数”《易经》里面有很多数，比如说阳为九、阴为六，九、六就是数。起卦的时候，九为老阳、六位老阴、七为少阳、八为少阴。所以就是主要根据卦象、爻象、易数来解释《易经》的一个派别就叫作“象数派”，汉代的人主要是走这条路。讲道理、讲哲学、讲人生道理、讲治国方略、讲人与人之间的关系的这样的大道理的就叫作“易理派”，这是从王弼那里开拓出来的一个派别。其他的还有很多的说法，比如说南怀瑾先生就提出了“两派十宗”的说法，两派到南怀瑾先生这里就变成了“儒家易经”“道家易经”。到了近代、现代、当代，易学就无法用易理、象数来概括了，因为西方科学的传播，还有一个是自然科学的兴起。所以就产生了很多的方法进入了易学的领域，数学、物理学、天文学、经世学这些都和《易经》关联起来了。有些人用一个术语来概括这种现象叫作“科学易”，就是各种自然科学和易学紧密联系起来。

八、读《易》的基本知识

《易经》是一部哲学著作，同时又是一部结构很特殊的一部书。是由卦象、卦辞、爻辞组成的，这是它结构的特殊。是用一种形象的手法来说理的，这是一种表达方式的特殊。它产生的时间很久远，又把我们现在看起来毫无关联的文字组织在一起，这样的话我们阅读起来就很麻烦，要解决这些麻烦除了了解前面讲的东西以外，还要借助于前人的一些经验来学习，在这里介绍一下这些经验：

（一）两个歌（顺口溜）对于我们来说可能有很好的帮助。一个是“八卦取象歌”通过这个歌来熟悉八卦的八个卦形、名称。“☰乾三连，☷坤六断，☳震仰盂，☶艮覆碗，☲离中虚，☵坎中满，☱兑上缺，☴巽下断。”乾卦是三根横线，就是三个阳爻；坤卦是三横断成了六横，是三个阴爻；震卦是下面一个阳爻，上面两个阴爻，形状像一个仰起的器具，下面是一个底，上面是一个口；艮卦就像一个倒扣的碗，覆碗，这个碗底到了上面；离卦中间是虚的，上面、下面都是实的；坎卦正好中间是满的，上下是虚的；兑卦下面两个阳爻上面一个是虚的；巽卦相反，下面是虚的，上面两个阳爻下面一个阴爻。非常形象地把八卦符号说出来。第二个歌是“卦名次序歌”，是说的六十四卦的卦序和卦名：

乾坤屯蒙需讼师，比小畜兮履泰否。
同人大有谦豫随，蛊临观兮噬嗑贲。
剥复无妄大畜颐，大过坎离三十备。
（《周易·上经》的三十卦）

咸恒遁兮及大壮，晋与明夷家人睽。
蹇解损益夬姤萃，升困井革鼎震继。
艮渐归妹丰旅巽，兑涣节兮中孚至。
小过既济兼未济，是为下经三十四。

这是两个歌诀，我们就不说了。

（二）卦时。《周易》有六十四个卦，每个卦都各自象征着一个事物。某一种现象在特定的处境中的情况，这种特定的处境我们就叫作“卦时”可以理解为卦的一种特殊的背景，六十四卦有六十四种不同的处境，所以就有六十四个不同的卦时，我们对每一个卦内部的卦意、每一个爻的爻意，就是每一个局部的理解都要以它所属的那个卦时作为依据。假如脱离了卦时就会混乱，比如“讼卦”讼就是争讼，是讲争斗，发生矛盾的这样一个处境。所有卦的卦象、卦辞、爻象、爻辞都和争讼有关，不能离开争讼这个背景中心去做漫无边际的分析，那样就错了、乱了。再比如“坤卦”，它是讲辅助的，就不能离开辅助这样一个主题去讲别的。所以每一个卦的卦时非常的重要，首先要理解六十四种卦时，理解特定的处境，特定的背景然后才能去理解里面的意义。

（三）二体。六十四卦直接从八卦相重叠来的，所以六十四卦的每一卦都包含着两个三画的卦，这就是“二体”。比如“小畜卦”在这个卦里面包含着两个三画卦，下面的这个三画卦就叫作“下卦”也叫作“内卦”；上面的三画卦叫作“上卦”，也叫作“外卦”。小畜卦的下卦为乾卦，上卦为巽卦。卦象一定要有二体的概念，上卦和下卦在卦象的表现上有时候是象征事物发展的两个阶段，下卦是事物发展的初级阶段，到上卦就是一个高级阶段。也可以象征着事物地位的高低，下卦就是地位低一点，上卦就高一点。比如我们的社会，初、二、三就是比较低级的社会，进入上卦就是进入上层了，我们认为到四爻的时候就是一个副部级干部了，作为一个社会的等级来看也是可以这样展示，同时也可以象征着所处的地域，内外、远近这样的情况。当然也有些人把这六个爻代表家庭的成员，也是可以的。总之，卦象里的六个爻构成非常复杂的关系，只有读懂了这个关系才能理解爻与爻之间的关系、爻所处的位置情况、下卦和上卦之间的关联，然后才能慢慢地去理解卦的意义，所以这是二体的概念。

（四）互体。这是汉代的一个学者发明的，就是把一个卦的六个爻（去掉初爻和上爻，剩下中间四个卦），中间四爻叫作互体，下面三个爻构成一个下卦，上面三个爻构成上卦。这个互体里面的上卦和下卦公用了两个爻。比如“蒙卦”䷃，我们把它的初爻和上爻去掉，中间四个爻：九二、六三、六四构成一个震卦☳；六三、六四、六五构成一个坤卦☷，下震上坤。这里面的六三和六四由上卦和下卦共有，这样一来上部卦和下部卦再加上它本来就有一个上卦和下卦，在一个卦里面就更复杂了，因为有的时候卦是说不圆的，所以就不按照上卦和下卦说，而是按上部卦和下部卦来说，多了一个参照系就给解说者一个便利，这就是汉儒为什么要发明一个互体的原因。

（五）卦主。就是每一个卦里有六个爻，我们把最重要的那个爻叫作“卦主”。卦主的类型有两种：一种是成卦之主，构成这个卦最重要的那个爻；还有一种是主卦之主。成卦之主是结构上的关系，这个爻不管是在哪个位置上，只要这个卦是因它而起，它就是卦主。主卦之主就是说这个爻的位置非常重要，地位非常重要，非常尊贵，支配着其他的爻。主卦之主往往在一个卦的第五爻，成卦之主不一定。例如剥卦䷖和复卦䷗。剥卦六个爻里面的上九爻是卦主，因为这六个爻里面只有上九是阳爻，下面是五个阴爻成一串；剥卦的卦时就是剥夺、侵蚀、损害，是群阴剥一阳，五个阴爻剥夺、侵蚀一个阳爻（《易经》里面阳往往代表的是正义的、光明的一面，叫作阳大而阴小）。所以在剥卦里面最重要的是上面的那个阳爻，但是只剩下一个阳爻，就是说正义的力量还没有被消灭，还有复兴的可能，所以叫作“硕果仅存”，这个卦到了上爻的时候达到顶点就要变成复卦。所以这两个卦是一个对卦，是一个完整的周期。剥卦里面的阳爻是一个被剥的垂死的阳爻，复卦里面的阳爻是一个复兴的；剥卦里面的五个阴爻是剥阳爻的，复卦里面的五个阴爻是帮助、辅助阳爻的。所以“剥”就是剥落，“复”就是复兴。这一对卦里的主爻就是阳爻，是一个结构性的卦主。卦主很重要，是理解这个卦的关键点，其他的爻往往都和它发生必要的关联。

（六）爻位。就是各爻的位置。（1）六个爻位从下往上走，从初走到上，体现着事物从低级向高级逐渐发展的过程。基本上是从初爻萌发，经过二、三、四爻的发展，到第五爻的时候达到完美，到上爻的时候穷极而返，刚讲的剥卦和复卦就是这样，月满则盈，水满则溢。（2）古人把六个爻分成三个部分：初爻、二爻叫作“地”位；上两爻叫作“天”位；中间三、四两爻叫作“人”（天、地、人三才之位）。人立于天地之间，所以人是最艰难的，三、四两爻就是上与下两个字的形体表现，在上与下之间是最难的，因此在《易经》的卦里面基本上三四爻都是很艰难的。（3）每一个卦的六爻是有阴阳之分的（爻位分阴阳，不是属性分阴阳）。给六个爻来分阴阳位置：初、三、五是阳位；二、四、上是阴位。阳爻居阳位，阴爻居阴位叫作“得正”（得位）；阳爻居阴位，阴爻居阳位叫作“失正”（不当位）。得正就是说做事很正气，为人正当，做事正直。假如不当位，就是做事有点邪。我们来看一下蒙卦䷃，按照刚才讲的观点，我们一个爻一个爻的分析，下面这个爻叫作初六，不得位，因为是阴爻居阳位；第二个是九二，不当位，因为阳爻居阴位；第三个是六三，不当位，以为是阴爻居阳位；六四当位，因为是阴爻居阴位；六五不当位，因为阴爻居阳位；上九不当位，因为阳爻居阴位。蒙卦的六个爻只有一个爻当位，如果这代表的是一个公司的话，从卦象里可以看出即使这个公司发展得很好，我们可以预测他可能偷税、漏税，就是说他的经营理念还是有问题的，不走正路，蒙卦给我们的信息就是这个信息。这就是得位不得位、正还是不正、是走正路还是走邪路的判断。但是我要强调一下，这个并不是全部，只是一个部分。这里面还有一个需要特别说明的，爻位在得位不得位的这个问题上，比如王弼就认为：在得位不得位的问题上，初和上这两个位置没有任何影响。因为不管怎么样，初和上都象征着事物的起始和终结。得位不得位对于这两个爻来说没有任何影响。实际上王弼的说法也暗含着“事物在刚刚升起的时候，即使是走一些歧路也是可以的。”大家注意这是一个方面。（4）每一卦六个爻，我们从二体的角度可以分成两个部分，一个是下卦；一个是上卦。第二爻是下卦的中位，上卦里面第五爻是中位，这就引进了另一个概念——得中。每一个六画的卦都有两个爻是得中的（二爻和五爻），中国的主流思想里面“中”比“正”还重要。“中”有两个含义：第一个，东西南北中，是中央之意；水火木金土，土居中央，所以土是最重要。第二个，不偏不倚就是中，既不偏向左又不偏向右。中是一个非常重要的方法论，追求的那种平衡就是中。蒙卦有两个得中的，一个是九二得中，一个是六五得中，但是这两个爻都不得正，在乾卦里面九五爻得中又得正，中正就是这么来的。在《易经》的六个爻里面有两种情况是既得中又得正的：所有的九五爻都是得中得正的；所有的六二爻都是得中得正的。虽然六二爻没有六五爻那样的地位，但是六二爻一般都是很美好、美善的。

爻与爻之间的关系，每一个卦六个爻，所处的爻位不同的话，就形成了种种不同的复杂关系。这里我们介绍四种关系，假如说阴爻处于阳爻之上，这是一种“乘”的关系，乘我们可以解释为凌乘。中国重阳轻阴的观念本来是阳处于阴的上面，现在阴处于阳的上面，那就叫作凌乘。假如有好几个阴爻都处于阳爻之上，那么相对于这个阳爻来看，所有的阴爻之间都是凌乘的关系，这个阴爻在阳爻之上就是象征着小人凌驾于君子之上，卑贱者凌驾于尊贵者之上。反过来假如是阴爻在阳爻的下面那就是一种“承”的关系。一个阳爻和它相邻的一个爻是比的关系，就是并列，一个爻与上、与下都是比的关系，这种关系有的时候是临臣或是顺承的关系。那有没有一种纯粹的并列关系？就是同性爻之间是纯粹的比，我们还是用蒙卦来看，六四和六三、六四和六五之间就是一种纯粹比的关系，这是阴爻之间的比。刚才说的乾卦，六个爻之间都是纯粹比的关系，这种关系就是阳爻之间的比。第四种爻与爻之间的关系，先把一个卦分成两体：下卦和上挂，下卦与上卦之间同位之爻就构成一种对应的关系。下卦的同位之爻和上挂的同位之爻构成三种关系：初、四；二、五；三、上构成三对对应的关系，如果是阴阳的关系就叫作“有应”（就是有配合），如果是阴与阴、阳与阳那就叫作“无应”（没有配合，就是冲突、矛盾、不和谐），看一下蒙卦的初爻和四爻，初六和六四“无应”。接下来看九二和六，是有应的，还有六三和上九有应，蒙卦的三对关系有两对是阴阳配的。四种关系：辰、承、比、应。揭示了爻与爻之间的相互关系，实际上就是人与人之间、单位与单位之间、集团与集团之间那种关系的一种象征。

上面是我们介绍的一些读《易经》的基本知识，但不能一以贯之，经不起所有卦象的检验，同时，每一卦都有它自己的环境，而且还有多种多样的制约的因素，所以我们在运用这些知识的时候不能够太死板，否则就走到邪路上去了。要了解这些东西，但是又不能拘泥于这些东西，还需要结合自己的经历、人生体会。

九、《周易》的筮法

接下来讲我们今天的最后一个问题——《周易》的筮法。

《周易》是可以占筮的，有些人认为《周易》可以算命、预测大事的发生、重要比赛的输赢也是可以算得准的。我认为《周易》的卦形本身是不能预决的。如果想看北京明天下不下雨起一卦，结果只有两个，但是你不同时辰起卦得到的结果是不一样的。其实北京明天下不下雨只有一种情况，并不是你能够算出来的，有的时候占卜的结果和事实一样也只是正好碰到了。不准的情况没人说，准的部分传出去就越说越神，就是这么个情况。就是说《易经》有它特殊的结构，它有卦象、卦爻辞，它有它的表达方式，比较含混，所以就使它有了很大的张力，就给占卜的时候提供了想象发挥的空间，解释的灵活。占筮者就可以利用《易经》的这种特性结合历代特殊的东西，运用自己的知识，通过已有的条件综合分析得到对未来的一个判断。所以我在这讲《易经》的筮法只是一个工具，一个中介。预测事物未来的或吉或凶，最终还是操作者的意见，然后我们才可以介绍筮法。

《周易》的筮法在民间是多种多样的，在民间有的用铜钱。最正规的是《系辞上传》里面的“大衍之法”，就是用50根食草来起卦。根据朱熹的《周易本义》所介绍的事宜，我们接下来就做一个介绍。大衍之法，一般是有一个非常精致的盒子，盒子里面放着小竹棍。一般要焚香、沐浴，在一个很庄重的环境下在盒子里面取出50根出来进行占筮。首先要占什么？是有目的性的。50根要退一根回到盒子里面去叫作“大衍之术，五十启用四十九”。天地之数加起来是50，你要退一根回去，只是使用49根而已。还有一种说法是这个“一”是代表着太极的。然后分成两部分（随意分），叫作生两仪；然后左手从右边拿一根出来，挂在左手的小指和无名指之间（卦一以象三），然后右手从左边的竹棍里面去数，四根为一个单位放下来，四根四根一数，数到最后余下来的部分有一根的、有两根的、有三根的，还有四根的（要是四根的话就不数了，也是作为余数处理），余下来的部分挂在左手的无名指与中指之间（四个四个地数，所谓“归其于扐以象闰”。此处之“奇”指余数）。接下来左手来数右边的竹棍，四个四个一数，余下来的一根、两根、三根、四根全是余数，挂在左手的中指和食指之间，然后把挂在左手的竹棍全部取下来放在旁边不要了。刚才通过四个四个数下来的竹棍，剩下来的竹棍应该是有两种可能：一种是四十四根、一种是四十根，这就叫作“一变”。于是你把这个部分和前面一样的再操作一次，这一次叫作“二变”，余下的东西不要。二变以后留下来的竹棍，有这样的三种可能：一种是40根；一种是36根；第三种是32根。三变，又分开再来一遍，余下的小棍有四种可能：第一种36根，第二种32根，第三种28根，第四种24根，不管哪种可能都除以四，36的话就是9；32的话就是8；28的话就是7；24的话就是6，这是你的出来的结论。如果是九的话，就是老阳，老阳就要变，变成阴。如果你是九的话，就要画一个阴爻，但是在后面要注意下是一个变的爻，是由九变来的阴爻，要说明这个问题。如果是八（八是阴，少阴）不变。七是阳，少阳，不变。六是阴，老阴，老阴要变成阳，这是一个变爻。刚才我们花了这么多的时间只画了一个爻，再像刚才这样操作一遍又画第二个爻，再操作一遍画三爻，一直这样做上去画六爻，这个卦就出来了。然后根据这个卦去想你想要占的那个事情。如果是六个阴爻，当然这样的概率很小，这样就形成了一个坤卦。这个时候你要占的事情要用“用九辞”这个辞来占，“见群龙无首”，用九就是这一句，这个大家要注意一下，不是“见”而是读“现”，就是说你不能用坤卦的卦辞去占，要用“用九”去占。假如你六次得出来的都是六，那么就是乾卦，那这个时候你就要用“用六”去占。这就是“用九”“用六”是用来占筮的两种特殊情况。这是和大家介绍的“大衍之法”程序很复杂，要认认真真地算下来得用一个多小时你才能画出那个卦出来。三变为一爻，十八变为一卦。不管怎么样算卦都是算卦人的卦，不是卦本身得出来的意思，我认为是这样。你可以玩一玩，但是不可以太认真。

2012年3月24日上午：

前面讲了很多关于《周易》的知识，下面我们开始讲一下具体的卦。这些卦本身包含着很多思想方面的东西，在这个过程中要我们去了解《周易》，巩固之前讲的一些知识。

先看乾卦，乾卦是《易经》里面六十四卦的第一个卦，也是最重要的一个卦，是六十四卦之首。卦体是以天为象，整个爻辞以龙为象，卦时就是阳刚，阳刚的作用，天的作用，也可以延伸为君主的作用等等。下面我们看第一个部分是卦象，我们看卦象的时候一定要有二体的概念。乾卦䷀是下卦为乾，上卦为乾，纯阳之卦，极阳没有一个阴爻，六个全是阳爻，也是六十四卦中唯一的一个。卦象告诉我们这是一个非常纯的卦象，在这个卦象的后面有五个字：乾、元、亨、利、贞。这五个字是属于卦辞的（往往在卦辞的前面一个字、两个字就是这个卦的卦名），第一个字是这个卦的卦名，下面四个字是这个卦的主要内容。

“元”是根源、本源、最早的、最重要的这样的一个意思。我们说一年最早的那一天我们叫作“元旦”，我们说一个国家的领导人叫作“元首”，其实都是它的本意延伸而来的。乾卦也就是阳刚，它就是开创万物的本源。因为阳刚是一个抽象的东西，我们就把它设想为一个太阳，我们有一句话是“万物生长靠太阳”，其实就是这个“元”的概念。以太阳为代表的这个阳刚的东西就是开创一切的本源，这就是元的意义。第二个阳刚的特性是“亨”，就是亨通、通畅、顺畅这样的一个意思。阳刚这种力量是开创万物的本源，而且还能够使万物通畅地生长，这就是阳刚的第二个作用。第三个作用“利”，我们现在的理解都是得利、有利、得到好处、利润，这个叫作“利”，但是怎么样才能得到好处？这里面就是第二层意思了，所以《子夏易传》里面是这样解释的：“利，和也。”利是和谐的意思，那么天下万物怎么样才能得利？就是各种物类和谐相处才能得利。如果不和谐就不是有利而是有害了，所以这里是讲了一个根本性的问题，就是要和谐才能有利。那么阳刚可以创造万物，使万物顺畅地生长，而且还可以使万物和谐地相处，各自得利。万物这么多种类要并存，要有一种和谐的关系共同发展、共同生长，那么阳刚在这里起着一个协调的作用。第四个“贞”，“贞者，正也”，走正路、正直都叫作“贞”。但是仅仅是正，还不能说“贞”，只有长久、坚定的正才叫作“贞”，我们可以理解为正直而又坚定。这是乾卦卦辞的四个特点，这个卦辞可以说是乾卦的一个纲领，乾卦又是整个《易经》的纲领，其他几个卦都是以它为中心来阐述的。《易经》的作者集于对世间万物的体悟认为天的元气是本质元素，然后它在坤卦所象征的阴柔的配合之下运行不息、变化无穷，制约、主宰着万世万物，所以《易经》是重阳刚的。

下面我们来看每一爻的爻辞。“初九，潜龙勿用。”初九是乾卦最下面的这一爻，“潜龙”是一条潜在水底的龙，“勿用”是不要使用你的力量（不要有所作为）。这个时候阳刚的力量不大，刚刚起步，阳气刚刚发动。这个时候的状态就像是一条潜在水里的龙，还在逐渐地积蓄力量，在这个阶段就要勿用，暂时不要有所作为，不要采取大的行动，这是初九爻。在这里讲一下《易经》为什么每一个卦爻辞都是用龙来说道理的？龙是古代神话里非常刚健的一种神物，也是中华民族的图腾，受到古人的崇敬。另外龙有一种变化莫测，隐现无常的特性。当然本来没有龙这个动物，把很多动物的特性凝结在想象物上，成为中华民族的图腾，所以就把龙作为六个爻的象征。下面我们看九二："见龙在田，利见（音现）大人。"九二爻阳刚的程度相对于初九要大了一点，从下往上是慢慢地发展的。第一个阳刚的积聚已经有了一定的成果，第二个九二爻从爻位上看是一个得中的爻，所以就好像是一条龙出现在田野上，不是潜在水下。"大人"就是既有极好的人格又有崇高的地位才能够叫作大人。也许有人会问为什么在九二这个地位比较低的位置要用"大人"来比喻呢？很多学者是这么解释的：九二是个储君（未来的君主），有君主之德而无君主之位。再看九三爻："君子终日乾乾，夕惕若，厉无咎。""乾"是勤奋、努力工作的样子。君子要整天地拼命工作，到了晚上还要小心谨慎，这样才能做到处于危险而没有祸害。三、四两爻属于人位，是很艰难的位置，要怎么样处于"厉"而无咎？就是要终日乾乾，要夕惕。这和儒家有些地方是相通的，儒家特别讲究忧患意识，这个爻处于下卦的最上位，但是又处于上卦之下，所以要发奋上进，要小心谨慎才能够无咎。九四："或跃在渊，无咎。"这个时候已经超越了下卦，实际上就是由基层到了上层，这个时候阳刚的积聚已经很成熟，但是这个位置最麻烦的是紧挨着九五。中国有一句话是"伴君如伴虎"，和君主在一起太危险呀。到了一个可以威胁九五的位置那是很危险的，所以九四爻的爻辞说"或跃在渊"，"或"表示可能，有可能在深渊中跳出来达到九五的位置，但是也有可能跃不上来，所以这个或字是表示一种可能性的，表示疑惑、怀疑、不确定，所以"或跃在渊"包含的含义是如果你还想向上走的话就要非常谨慎地选择一个合适的时机，也许这样才能够在深渊中跳上去，达到最高的层次，这样才能无咎。假如你要拼命地走，那么就有可能是一个悲惨的结局。九五爻："飞龙在天，利见（音现）大人。"我们从爻位上来讲这个爻既得中又得正，而且又是在第五爻的位置上，可以说是一个最完美的象，就是从九四爻这个深渊上跳上来的，一飞冲天，居高临下，俯瞰万物。这种完美的卦去比喻一个人的事业就是一个巅峰的状态，若是去比喻古代的政治，那就是一种君临天下、万民敬仰的象征。最后，上九爻辞："亢龙有悔。"一个卦最上面的那一爻往往代表着要转折了，到顶点了，它的积蓄到九五那已经到达了一个最完美的状态，到上九的时候就过了。"亢"就是极度、过分、过度，那么一条龙阳刚、发展得过度，就会有悔恨、遗憾，阳刚到了极点就要转换成阴柔，这里是《易经》一个非常重要的概念：水满则溢，月满则亏，盛极必衰，物极必反，这是《易经》关于变化的最基本的原则。乾卦的上九爻已经到了最高位置，高飞穷极，深处遗憾。用九："见群龙无首，吉。"昨天讲到起卦的时候，三变成一爻，十八变成一卦。如果你每三变剩下来的都是36根竹棍，那么就是一个九数，这个时候就要由阳变阴，就成了一个坤卦。但是这个时候不能够用坤卦的卦辞也不能用乾卦的卦辞，因为它既不是乾卦的本卦，也不是变过去的坤卦，是一个特殊的卦，这个时候就要用"用九"来占，没有对应的爻位，只是在用于占筮的时候使用。"群龙"就是指前面的那六条龙：初九，潜龙；九二，见龙；九三，惕龙；九四，跃龙；九五，飞龙；上九，亢龙。群龙就是指六爻皆阳，用九的时候就都变成了坤，就是一个阳极生阴的意思。群龙都可以不争首领的地位，彼此尊重，和谐自在，那么就可以柔济刚，所以就吉祥。群龙无首有时候是一个好事。

到此为止我们把乾卦经部的这部分讲完了，乾卦讲的是阳刚、发展、集聚、最后到衰竭这样的一个过程，它强调的阳刚的，开创万物的作用。实际上我们在理解乾卦的时候，不仅仅是我刚才所讲的这个角度，我们理解乾卦是可以从很多很多的地方去理解、体悟的。

下面我们接着看《彖》曰："大哉乾元，万物资始，乃统天。云行雨施，品物流形。大明终始，六位时成，时乘六龙以御天。乾道变化，各正性命，保合大和，乃利贞。首出庶物，万国咸宁。"《彖传》是来解释卦象、卦辞、卦意的，每个卦都有一个《彖传》，所以一共只有64个。"大哉乾元"这是一个倒装句，就是乾卦所代表的阳刚是开创一切的本源，是多么的伟大呀！"万物资始"就是天地的万物都依靠它萌生出来。"乃统天"就是它统治着天。就像云行（天上的云彩飘行、聚散），就像雨施（天上的雨水降临大地，施就是降），品悟各类事物，各类事物通过流变而构成各种形态，叫作"品物流形"。最大的光明太阳，光辉灿烂的太阳的升降运转，按照不同的时位来组成，作为太阳运转的依据。就像阳刚按时乘着六条龙，驾驭着天，驾驭着大自然，乾道变化，随着乾卦代表的阳刚有规律的变化，天下万物都得到它们各自的性（秉性，就是不同于其他的本性）和命。这样才能够拥有饱和、太和（气，元气）所以才能保存那种和谐的元气，这样才能达到有利的状态，拥有真正的生命，它首先创造了世间万物，然后使天地万物得到安宁。这一段话被很多典籍、很多人引用，可以说是中华民族源点的源点，是重要的经典。因为涉及世界本源的东西，在这里解释这个《彖传》的时候，乾卦象征的东西就是阳刚，是开创一切的本源，开创万物的本源的作用主要说了两点，第一个“云行雨施，品物流形”，它决定了自然界万物的形状、万物的活动是由阳刚决定的；第二个“首出庶物，万国咸宁”，它开创了天地万物才有了安宁，从这个意义上说它开创了人类社会，这种宇宙本源的作用有它的规律，在这个卦象里面就是通过六个爻来展现出来。这就是《彖传》对乾卦的一个整体解释。

前面我们讲到了乾卦的《彖传》，下面我们来看《象》曰：“天行健，君子以自强不息。”这属于《大象传》。天的运行是很刚健的，所谓天的运行就是指日月的运行，日月更迭不断地运转，慢慢地向前走，非常刚健，永远不停止。君子就应该效法这样的一个精神，自强不息。自我强健而且永远也不停息，这种精神对中国的影响也是很大的。

“潜龙勿用，阳在下也；见龙在田，德施普也；终日乾乾，反复道也；或跃在渊，进无咎也；飞龙在天，大人造也；亢龙有悔，盈不可久也；用九，天德不可为首也。”这一段是《小象传》把关于六个爻的小象传和用九的小象传结合在一起。“潜龙勿用”因为阳刚还处于阳刚之位，阳刚在下出于潜在的状态，所以不能有大的行动。“见龙在田”因为阳刚之德的施行已经是比较普遍的，阳刚已经有所发展，叫作“德施普也”。德，指阳刚之德。接下来是九三爻，“终日乾乾”整天努力，说的就是“反复道也”，就是君子要不断地去践行、实践、努力，而且要遵循正道。九四“或跃在渊”因为谨慎的前进就没有什么祸患。九五为什么是“飞龙在天，大人造也”？就是大人物、领袖出现了。上九为什么说“亢龙有悔”？盈满的状态不可能长久。为什么用九里面说“见群龙无首，吉”？因为天德不可为德也，用九这个数形成阴阳的变化，实说阳刚之德必须是有阴柔去帮助它，天德不能够长居首位。我认为《小象传》的解释是很肤浅的，基本上就是一个爻位的解说，没有太多的提升。

下面我们看“《文言》曰：元者，善之长也；亨者，嘉之会也；利者，义之和也；贞者，事之乾也。君子体仁足以长人，嘉会足以合礼，利物足以和义，贞固足以乾事。君子行此四德者，故曰：乾，元、亨、利、贞。”这一段属于《易传》的“文言”，这一段属于“乾文言”。具体说起来这一段是解释乾卦的卦辞，侧重解释的是卦名后面的四个字“元、亨、利、贞”。乾，代表这阳刚；元，代表着一切的起源；亨，让万物产生出来还能够顺利地生长；利，使万物和谐相处，各自得利；贞，万物能够沿着正确的道理坚定地生长下去。这是它的四个特点，下面我们看一下“文言”是怎么解释的。它把《易经》的元亨利贞有了一个很大的发挥，其实一个经典就是在解释的过程中不断地扩大它的容量、内涵。“元者，善之长也”，元是所有善里面最总要的那个，是所有善的尊长，是所有善事里面最重要、为首的那个。善的、好的、合理的、合适的，这些都是善。我们讲做人“百善孝为先”，作为人，所有的善里面最重要的善是孝。在我们所处的世界上，最终的善是创造，创造生命是最重要的。从这个角度讲，所以阳刚显然是所有的孝里面最重要的一个，因为它是开创，创造生命。“亨者，嘉之会也”，亨，亨通；嘉，美好、完美；会，聚集或是沟通。要怎么亨通、沟通？前提就是有两个以上的汇集才能够沟通。“利者，义之和也”，义，就是合适，是一种适宜的和合，是一种适宜的、合适的。“贞者，事之乾也”，乾就是事情的主干，处理事情的根本。处理事情最重要的就是要正。对这四个进行了解释以后，接下来就是引申。“君子体仁足以长人”，君子以仁爱为本体，长（动词），就是领导，完全可以去领导、统治别人。君子进行完美的聚合，所以可以合乎礼仪的要求。君子施力给他物，利物不是利己，让别人得到好处，所以能够合乎道义。君子贞固，那就是正直而又坚定，所以足以处理好事物。君子应该实行这四种美德，所以说乾卦具有元亨利贞这四种特点，这段话要仔细地琢磨。“元亨利贞”这里面代表了四个方面：善之长；嘉之会；义之和；事之乾。与此相适应，君子就应该就有四种美德：体能、嘉会、利物、贞固。用我们现在的话说就是：体能：有仁爱之心；嘉会：有团队意识和协作精神；利物：能够关心并且施利与他人；贞固：有正直和坚定的性格、人品。这个我认为就是当代的领袖人物应该具备的四种美德。

初九曰："潜龙勿用"，何谓也？子曰："龙德而隐者也。不易乎世，不成乎名。遁世无闷，不见（音建）是而无闷。乐则行之，忧则违之。确乎其不可拔，潜龙也。"这一段还是"文言"，是解释初九爻爻辞的。初九里面讲的"潜龙勿用"是什么意思？孔子说："具有龙一样的君子品德（超出一般人的好品格）但是却隐藏起来，不外露。这种人不会因为世俗的影响而改变自己的志节，不会匆匆忙忙地去成就功名。他隐居避世不会感到苦闷，即使不被外界所称赞、所肯定也不会觉得苦闷。内心感到高兴就去做，内心感到不快乐的事情就不去做。保持坚定的品格不可改变，这样的人就是潜龙。这就是潜龙的意义，潜龙就是隐士的象征。

九二曰"见龙在田，利见大人"，何谓也？子曰："龙德而正中者也。庸言之信，庸行之谨。闲邪存其诚，善世而不伐，德博而化。《易》曰：'见龙在田，利见大人'，君德也。"这个爻是在中位，说的这种人就是具有龙的品德，具有君子之德而且立身持中的人。这样的人平时说话讲信用，平常的行为非常的谨慎。改善社会、改善世俗而不夸耀，德行广播而且能够正化别人。《易》曰："见龙在田，利见大人"，讲的就是君主之德。这里面两个要点：一是庸言之信，庸行之谨。强调君子日常言行的准则，就是说话要守信，做事要谨慎。二是闲邪存其诚，善世而不伐，德博而化。在这里强调的是君子的修养和社会责任问题，防止邪恶，保持纯心，改善社会的不正之风，感化天下。

九三曰"君子终日乾乾，夕惕若，厉无咎"，何谓也？子曰："君子进德修业。忠信，所以进德也；修辞立其诚，所以居业也。知至至之，可与言几也；知终终之，可与存义也。是故居上位而不骄，在下位而不忧。故乾乾因其时而惕，虽危无咎矣。"首先提出的是君子最看重的两件事情：一个是进德，增进品德；第二是修业，修志通业。尊称守信，是进德的一个方法。修习文辞，确立诚心，就是居业。居业就是修业。了解要达到什么目的就一定要达到它，只有这样的人才可以与他谈预测未来；知道什么时候终止就可以终止，这样的人才可以和他存义。因此一个君子处于很好的地位也不骄傲，处于很低下的地位也不忧愁。所以九三爻里面讲努力工作，不懈怠，即使有危险也可以不出错。主要讲君子修业不骄不忧。

九四曰："或跃在渊，无咎"，何谓也？子曰："上下无常，非为邪也；进退无恒，非离群也。君子进德修业，欲及时也，故无咎。"九四和九五就差一个位置，可还是处于可上可下的位置，所以说"上下无常"。就是说一个人他的上升就是上，下降，无常。没有一定的常规，但是不管上也好还是下也好，都是有一个规律"非为邪也"，就是不能够以邪恶作为目的。一个人的进退也是无常的，进取、退守没有什么不变的规律，但是绝不能够脱离群众自立，只是考虑自己的利益，而不去考虑这个群里面别人的利益。君子增进品德，修志功业。一定要把握有利的时机，这样才会无咎。

九五曰"飞龙在天，利见大人"，何谓也？子曰："同声相应，同气相求；水流湿，火就燥，云从龙，风从虎；圣人作而万物睹。本乎天者亲上，本乎地者亲下，则各从其类也。"九五是一个君位。孔子说：声音相同的生物，它们是相互应和的，气息相同的生物，它们是互相求和的。自然现象，水最早流向潮湿的地方，火最早烧到干燥的地方，云随从龙飘动，风随从虎升起；圣明的人、伟大的人一旦出现，万物就是老百姓瞻仰、崇拜。以天为本的动物（古人把动物视为以天为本者）头向上，动物的头总是向着天上，根源于大地的植物总是向下的，天下的万事万物都是依从其同类而存在的。这个爻是这个卦里面最尊贵的位置。

上九曰"亢龙有悔"，何谓也？子曰："贵而无位，高而无民，贤人在下位而无辅，是以动而有悔也。"上九爻要变了，阳极而阴生。孔子解释说："虽然高贵但是没有实权的地位，虽然地位很高但是却没有老百姓拥护他，贤人指的是九五，在下位而不辅助他，因此一旦乱动就会有悔恨。"这个爻是乾卦的最高位置，所以以亢龙为象。这一则文言指出，地位越高就越有可能孤立。一味地抗衡就会产生危险。这是对居于高位者的劝解，功成身退。

"潜龙勿用，下也；见龙在田，时舍也；终日乾乾，行事也；或跃在渊，自试也；飞龙在天，上治也；亢龙有悔，穷之灾也；乾元用九，天下治也。"这一段还是文言，刚才我们学的那些都是对应着一个爻的爻辞，现在这里是对爻辞的总说。下面还说一变，文言是反反复复从不同的角度来解释卦的卦象和卦辞，所以生出了不同的意义。下面也都是解释乾卦的爻辞的。为什么说"潜龙勿用"是因为他在本卦的最下面；九二爻为什么说"见龙在田"

是因为局势已经舒展了，所以要在田野上出现了；九三为什么“终日乾乾”说的是行事，要努力做事；九四为什么是“或跃在渊”是说自己要谨慎地试一试；九五为什么说“飞龙在天”是说居于君上之位，治理天下；上九为什么说“亢龙有悔”是穷的灾难，是因为没有路走了，困窘所导致的灾难。“乾元用九，乃见天则”能够做到群龙无首，天下就可以做到太平。这是两段总体的解说乾卦的六个爻。

《乾》元者，始而亨者也；利贞者，性情也。《乾》始能以美利利天下，不言所利，大矣哉！大哉《乾》乎！刚健中正，纯粹精也；六爻发挥，旁通情也；时乘六龙，以御天也；云行雨施，天下平也。所谓乾元说的是乾卦代表的阳刚就是始，就是亨，就是让万物顺利生长的东西。卦辞里面讲的利贞，是阳刚的性、阳刚的情，本性就是能让万物和谐相处，持续不减地生长。用它的力量使万物顺利地生长，这就是一个美，美好的利益，它给了万物这么好的东西却从不说，只是这样的去做，这就是它的伟大之处。乾卦阳刚、刚健、持中、守正，有纯粹的不杂的德行（在古代“纯”和“粹”是有区别的，丝精叫作“纯”；米精叫作“粹”，纯粹就是不杂），阳刚借助于乾卦的六个爻位，就是初、二、三、五、上，曲折完全地表达万物发展的情理；就好像它按时乘着六条龙驾驭着大自然；使自然界云彩飘行，雨水降下，于是天下获得太平。这是再一次赞美乾卦创造万事万物，使万物和谐生长的伟大德行。

文言第二次讲完乾卦的卦辞以后，又依次地讲爻辞，下面这一段就是讲初爻的：君子以成德为行，日可见（音现）之行也。潜之为言也，隐而未见（音现），行而未成，是以君子弗用也。为什么潜龙勿用？这里又做了一个解释，君子把成就德业作为自己行动的一个目标，这是每天都可以表现出来的一种行为。初九爻辞所讲的“潜”字就是讲还处于潜隐的状态，还没有显现出来，做事情还不能成功，因此在一个时段里面君子就不要有所作为。下面一段解释九二爻的：君子学以聚之，问以辩之，宽以居之，仁以行之。《易》曰：“见龙在田，利见大人”，君德也。君子通过学习来积累知识，通过询问来辨明疑难，用宽厚的态度来处理事务，以仁爱的胸怀去做事情。《易经》里面讲的“见龙在天，利见大人”就是讲的君主之德。这一段里面提出了君子的四种美德：学习、问辨、宽厚、仁爱。就是君子要有广博的知识，要多问勤思，有较高辨别事物真伪的能力，待人要宽厚有好的邻居，有和谐的人际关系，更重要的是有仁爱之心，要爱护别人，仁慈地对待人、对待事，这就是君子的四种美德。具备了这四种美德也就具备了做君子的资质。

再看下面一段是解释九三爻的：九三重刚而不中，上不在天，下不在田，故乾乾因其时而惕，虽危无咎矣。是从爻位的角度来讲的，九三是阳爻又居于阳位，阳刚上面再加阳刚就是重刚，阳刚很重但是“不中”是因为没有处于中位，它的上面是飞龙在天，下面是见龙在田，在这样一个尴尬、艰难的位置上爻辞告诫：在这个阶段就要勤奋工作，而且还要随时谨慎，虽然危险却没有错误。这又是对爻辞进行的一个解释，就是儒家那种“战战兢兢，如履薄冰，如临深渊”的精神，和“生于忧患死于安乐”这种精神是一脉相承的。九四重刚而不中，上不在天，下不在田，中不在人，故或之。或之者，疑之也，故无咎。这里的解释又是从爻位分析的，九四的阳刚也很重，因为是从九三发展到的九四，也是有所偏执，“上不在天，下不在田”也是一样的，加了一个“中不在人”。本来是在人位，但是九三挨着九二，九二是地。九三挨着地，人是站在地上。四虽然是人位，但是中间隔了一个九三，没有脚踏实地，这样更危险，所以用“或”“疑”来警告九四，如果谨慎地对待就不会有危害。总而言之九四处于一个很危险的爻位。夫大人者，与天地合其德，与日月合其明，与四时合其序，与鬼神合其吉凶，先天而天弗违，后天而奉天时。天且弗违，而况于人乎？况于鬼神乎？抓住了九五爻的那两个字“大人”来解释，九五爻是君位，但是这个“大人”这指的是什么人？爻辞里面讲的“大人”就是圣人。大人圣明在什么地方？这里讲到了四个方面。一个与天地合德，地承载着人，天覆盖着人；第二个与日月合明，明是明察，日月普照，这个大人的明察秋毫和日月的明察一样什么都能看透；大人施政的顺序是和四时相合的，他政治的颁布是和春夏秋冬四季的顺序是相合的，不会乱；第四点与鬼神相合，鬼神对于我们人类来说是保佑那些善良的人，惩罚那些邪恶的人，让善良的人吉，邪恶的人凶，其实就是一个吉凶的问题，圣人的赏罚与鬼神的惩罚福善、祸恶在这一点上是相契合的。做到了这些天不会违背他（大人），他也可以遵循天时，天地、日月、四时、鬼神都不违背他，这就是领袖。亢之为言也，知进而不知退，知存而不知亡，知得而不知丧。其唯圣人乎！知进退存亡，而不失其正者，其唯圣人乎！“亢”就是只知道进取不知道退却，不知道事物有两个方面，有进取的时候就一定有退却的时候，只知道存在却不知道灭亡，只知道获得却不知道丧失。这些都是只知道事物的一个方面，不知道事物的另外一个方面，这就是“亢”的意思。“其唯圣人乎”是揣测的语气，大概只有圣人吧！懂得进退存亡之道，懂得事物有进必有退，有存必有亡这样的道理又不失正确道路的人大概只有圣人。只有圣人知道事物的两面性，这就是亢龙有悔给我们的一个启示。

到这里整个乾卦我们就都讲完了，包括卦象、卦辞、爻辞和用九之辞，然后还有《彖传》的部分，《大象传》《小象传》《文言》我们全都涉及了，相信大家读了以后能有所启示。接下来我们讲坤卦，坤卦是配合乾卦的，是六十四卦里面最重要的两个卦之一，重要地位仅次于乾卦。

坤，元、亨。利牝马之贞。君子有攸往，先迷，后得主，利。西南得朋，东北丧朋。安贞，吉。

首先我们看卦象䷁，二体的角度来看我们叫作“下坤上坤”是一个纯阴之卦，没有一个纯阳的卦爻。紧跟在卦象后面的这一段文辞叫作卦辞。坤，是卦名。元、亨这两个字在乾卦里面也有，就是说坤卦同样是开创万物的一个本源，同样是可以使万物顺利生长的一个动力。但是坤卦的元、亨是从配合的角度来起作用的，配合阳刚开创万物的，并且使万物顺利生长，它的配合之德是以配合、辅助为主的。“利牝马之贞”这里有“利”也有“贞”，“牝马”母马。就是说如果你像雌马温顺地跟随在公马后面，那样你就能够获得利益，可以保持“贞”；假如不是这样，不是保持温顺、谦逊的态度，那么你的利、贞就没有了。“君子有攸往”表示君子有所行动，要做什么事。“先迷”要是走在君主前面就会迷失；“后得主，利”走在君主的后面就能够得到利益。“西南得朋，东北丧朋”向西南能够得到朋友，向东北就会丧失朋友。西南是热，代表的是阳刚。坤卦是阴，向西南能得到朋友，就是因为阴遇到阳；东北是寒冷，代表着阴，坤卦向东北就是阴遇阴，就会丧失朋友。“安贞，吉”，会获得吉祥。这整个卦辞强调的就是温顺、辅助，整个坤卦强调的就是情调的辅助，要有一种谦虚的态度。

彖曰：至哉坤元，万物资生，乃顺承天。坤厚载物，德合无疆。含弘光大，品物咸亨。牝马地类，行地无疆，柔顺利贞。君子攸行，先迷失道，后顺得常。西南得朋，乃与类行；东北丧朋，乃终有庆。安贞之吉，应地无疆。

坤卦代表着阴柔，也是开创万物的一个本源，天地万物依靠它生长，它柔顺地秉承着天道。坤卦就像大地的宽厚承载着万物，它伟大的美德合于天道，而且是无边无尽的。含有宏大、光明的品性，使天下各种事物全都能够通畅地生长。

接下来开始解释卦辞。牝马就是母马，和大地有类似的秉性，就是温顺，在广大无边的大地上行走，温柔、顺从从而有利、贞正。君子有所行动，先于君主就容易迷失，后于君主、顺从君主就能够得到恒久的吉祥。西南得朋来于品类，这里指的是阳刚；东北丧失朋友，最终也有喜庆，这是因为大地的特性所决定的。安顺，政治达到吉祥，这是与无边的大地相适应的。这就是彖传对坤卦的一个解释。

象曰：地势坤，君子以厚德载物。

这是《大象传》，“坤”就是和顺的意思，大地的形态是非常和顺的，所以君子应该效法大地的这种特点来增厚自己的美德，然后去承载天地万物，就是要有宽厚的胸怀来承载天地万物。

初六，履霜，坚冰至。象曰：履霜坚冰，阴始凝也；驯致其道，至坚冰也。

上面这一条属于《周易》的“经”，下面这一条属于“传”。经、传分开的六十四卦里只有乾卦。从坤卦开始经、传合在一起。“履霜”就是踩在霜上。大概是深秋时节或者中秋以后才有霜。当我们踩在霜上的时候，离冬天就不远了，离结坚冰的时候就不远了。这是坤卦最下面的一个爻，说明阴柔刚刚开始，但是阴柔慢慢地积累离坚冰就不远了，终有一天会到来的。用霜、冰跟着季节依次地出现来说明阴气刚刚凝结，慢慢静长的一个条件，所以下面“小象”解释说，初六爻讲履霜、坚冰，阴柔刚刚开始凝结，假如顺着这条道路发展，一定会到达结成坚冰的结果。

六二，直、方、大，不习，无不利。象曰：六二之动，直以方也。不习无不利，地道光也。

直：端直、正直；方：方正；大：广大、博大，即使不去学习也没有什么不利。六二爻得中、得正。其实作为一个辅助的主体，或者说女性不在于她的位，而在于她的性。六二爻阴柔发展到一定的程度了。直、方、大是大地的特点，即四方、广阔。由大地的特点引申到品德方面就是端直、方正、广大。这样，一个人的德行，到了六二爻已经发展得饱满一些了，所以能够充分体现大地的特质。后面紧跟着的是“不习无不利”，是因为它的本性能做到这一点，人的本性如此，做到六二这样得中、得正、温顺、直、方、大，那做什么事情都会很顺利。《小象》是怎么解释六二的呢？“直以方”，就是直而方，就是六二的时候，阴柔的运动已经有所发展了，足以体现大地直而方的特点。“不习无不利”，爻辞里说不学习也没有什么不利，是因为大地的力量，大地的本性就是很广阔的。

六三，含章，可贞，或从王事，无成有终。象曰：含章可贞，以时发也。或从王事，知光大也。

“章”就是华美的文采。到六三，阴柔发展得已经很好了，已经有了很美的文采。但是即使很有文采，也是会含着，就是收敛。即使蕴含着很好的美德，也要收敛、含着。这样才可以固守贞道，这叫作“可贞”。“或从王事”就表示不是绝对的从王事，而是选择有利的时间、有利的机会去辅助君王的事业。辅助完了之后不要据为己有，就一定有善终，有好的结果。在这里讲的是辅助君王，“功成而弗居”的意思。这就是为臣、为副手的道理。卦辞里“含章可贞”，说的就是以时发，要根据时机发挥、表现。“或从王事，知光大也”，是说它的智慧能够广博远大。

六四，括囊，无咎无誉。象曰：“括囊无咎”，慎不害也。

囊：口袋，括：扎起来。括囊就是束紧口袋，谨慎。阴柔发展到六四时已经到了中位，已经接近六五了。我们经常讲，三、四两爻是很艰难的，在这样的一个位置上是很危险的，应该扎紧口袋，谨慎小心，这样才能做到无咎无誉。咎：灾祸，誉：称誉、荣誉。虽然没有荣誉但是也没有灾难。象曰：“括囊无咎”，讲的就是小心谨慎就可以没有祸害。

六五，黄裳，元吉。象曰：黄裳元吉，文在中也。

形象说理。先把这一条文辞的意义搞清楚，然后再从里面悟出道理来。“裳”就是衣裳，古代的衣服是上衣下裳。黄裳，黄色的裳。黄是中央的颜色，“土”的颜色，所以黄是尊贵的颜色。这个爻是第五爻，第五位是个君位，虽然不得正，但它是个君位。坤卦是辅卦，不能为君，只能为臣，为宰相，或者为皇后。这就是辅助。黄色又是红色和白色的中和色，所以本身又包含着中和的意思在里面。虽然贵为帝后或者是宰相，仍然要守中和之道，还要守谦下之名，这样就可以获得吉祥。元吉，就是大吉。黄裳，即使地位尊贵，也要保持谦下的道理。元吉是黄裳的结果。象曰：黄裳元吉，文在中也。“文”，温文尔雅，与威武相对。是因为文在中位，出于中位。温文、谦逊这样的美德在其中就是六五爻。

上六，龙战于野，其血玄黄。象曰：龙战于野，其道穷也。

战，不是战斗，是交接、交合。就是龙在原野上交配，它们的血玄黄相杂。玄，是深青色，有点带黑；黄，黄色。深青色是天的颜色，黄色是地之色。到了上六的时候，纯阴卦发展到顶点，阴极阳生，要变了。所以在爻辞里面就出现了一个龙，龙是在乾卦里面，出现在这里就代表着阴极阳生，就出现了龙，代表的是阳，等于是阴阳交合。这个爻完全从象征的角度来讲。“其道穷也”，道，就是阴柔之道，已经走到尽头了；穷，不是没有钱，而是没有路走了。

用六，利永贞。象曰：用六永贞，以大终也。

保持永久的贞正将是有利的。“用六”是三遍为一爻，十八遍如果都是这个卦象，六个老阴，老阴要变，变成阳，就是由坤卦变成乾卦。但是这个乾卦不是一般的乾卦，所以不能用乾卦的卦辞，也不能用坤卦的卦辞，要用“用六”占筮。象曰：用六永贞，以大终也。大，就是指阳刚；以，就是于；终，就是为旨归、为目的。乾卦用六这个数，阴阳相继，得到用九的贞正。小象说用六，阴柔的发展应该与阳刚的相合作为一个目的，一个归宿。

以上我们讲的是坤卦的卦象、卦辞、爻辞、彖传、大象、小象。温顺、谦逊是这个卦所强调的。

3 月 24 日下午：

刚才讲了乾卦和坤卦的主体部分，剩下的是文言部分。

“文言”曰：坤至柔而动也刚，至静而德方，后得主而有常，含万物而化光。坤道其顺乎！承天而时行。

这段文言是对整个坤卦的一个概括性的解释，坤卦的卦象征的是阴柔，是大地。阴柔也好，大地也好，它的性质是阴柔的，极其柔顺的，但是它变动的时候却显得刚劲；它的形态是极安静的，但是他的品德却布于天下四方；他追随在君主的后面，所以能得到君主的赏识，从而保有长久的积力。包含万物、化育万物，它的德泽非常光大。坤道的性质是多么的柔顺啊，它顺承天其实就是顺承乾卦，顺行天的规律，随着四时运行。这是对坤卦的一个整体性的解释。这里要强调“至柔而动刚、至静而德方”，说的是性格非常的柔顺，变动的时候显得刚健，形态非常安静，柔中有刚，德泽布于天下，这是封建社会对皇后的最高要求。古代封建王朝最好的皇后就是这样。当然这也是做宰相和大臣的目标。其实人的修养也是这样，在一种不太招摇的情况下，在安安静静的情况下，可以造福于百姓，不图回报，那就是大境界了。完美女性的要求就是“至柔而动刚、至静而德方”，女人，主要还是内在，我觉得在中国这片土壤上的女性不一定要太强烈，女性最大的力量在于她的柔、静，张牙舞爪反而没有力量。

这是对乾卦的总体解释。下面是对乾卦的每一个卦辞的解释。

积善之家，必有余庆，积不善之家，必有余殃。臣弑其君，子弑其父，非一朝一夕之故，其所由来者渐矣，由辩之不早辩也。《易》曰：“履霜，坚冰至。”盖言顺也。

这一条文言是对初六爻的解释。“积善之家”，积累了许多善行的家族，一定会有多余的喜庆，即有很多的喜庆、喜事。反过来，积累了许多不善的家族，即积累了许多恶行的家族一定会有很多的灾难。下面讲的就是这种悲剧。臣子杀害了君主（下杀上），儿子杀害了父亲（小杀大），这是大悲剧。这个大悲剧的发生不是一下子的缘故。“一朝一夕”，形容时间很短，不是一下子造成的，它发展到这样的一个结局，其由来是逐渐形成的，是经过了一段很长的时间才造成的，是从“辩之不早辩”开始的，“辩”通分辨的“辨”，这是不及早加以分辨的结果，即不及早对这个事情加以预防而造成了这样的悲剧。坤卦的初六爻辞讲“履霜，坚冰至”，踩在霜上，结成坚冰的日子就要来临。它大概说的是：事物总是遵循一定的顺序、方向出发的，有霜，就会到冰，作恶，就会带来灾难；行善，就会带来喜庆。这是一个因果关系。

这在社会上流传非常广，很多普通老百姓的家里都知道，因为它和佛教的果报是一致的，种一个因，得一个果，做了恶就会得到惩罚。有的人说现实生活中不见得有的人做了恶就会受到惩罚，行了善就有余庆。这确实很难说，我们看到社会上有的作恶的人没有受到惩罚，做好事的人反而得到了报应，好多这种情况。在中国古代文学里面也有许多这样的反映，比如说窦娥冤，窦娥其实是一个好人，但她受到冤枉说她杀了人，你说她怎么办，一个那么善良的妇女？所以在她的唱词里面骂天骂地：天也，你错勘贤愚枉做天；地也，你不分好歹何为地？骂天骂地，这在中国的文献里是很少的。所以最后要杀她的时候，她许了三个愿。第一个愿：如果我是冤枉的，那么砍我头的时候，我的血要溅到一丈八尺高的绸子上；第二个愿：六月下大雪；第三个愿：楚州地界大旱三年。结果杀了她之后她许的三个愿望都实现了。所以这个剧叫“感天动地窦娥冤”。冤，这种情况是存在的。80 年代中国诗人北岛写了一句诗：卑劣是卑劣者的通行证，高尚是高尚者的墓志铭。说的就是：卑劣，通行无阻；高尚，死路一条。这是一个不正常的社会才有的。但社会最终还是善有善报，恶有恶报，只是在某一个特定的时间没有到而已。“积善之家，必有余庆；积不善之家，必有余殃”这是一种劝世的学说，劝解世界上的人都做好事，别做坏事。这是非常有意义、影响很大的一段话。

直其正也，方其义也。君子敬以直内，义以方外，敬义立而德不孤。直、方、大，不习无不利。则不疑其所行也。

这是解释六二爻的。六二所说的直，是说大地的品质是正直的，所谓的方，指的是大地是有义的。义：道义，宜也，适宜，合理、合适。不合理、不合适的就是不义。方正是地的一种特性，它能够使万物都合适。正因为这样，所以君子就应该敬义直内，用恭敬的态度去直内，内，就是人的心。用恭敬的心让自己的内心保持正直，然后用义去方外。外是行为，内是心，方就是规范，就是用道义去规范自己外在的行为。一旦恭敬和道义确定了，一个人的品德就不会褊狭了。孤，就是狭窄。所以“直、方、大，不习无不利。则不疑其所行也”，为什么对自己的所作所为不要怀疑呢？你去做就是了，因为你的本质是好的。因为你有了内在的敬和外在的义，那么你的行为都会好，做事情自然就会好，不需要疑惑。这段话里很重要的一点就是“敬以直内，义以方外”。这八个字极为重要。这八个字还可以理解为：内，敬而直，外，义而方。内心要正直，做事要规范。心怎么样，做事就怎么样。一个内、一个外，一个是心，一个是行。内外结合，心行皆善，这就是君子。其实我们现在面临的也有这样的问题，就是里面的心和外面的行是不是能够统一、吻合。这与前面讲的“乐则行之，忧则为之”是密切联系在一起的。现在我们面临的问题是做的那个事情心里过不过得去。大家都知道魏晋时候的嵇康，后被杀了（鲁迅最敬佩嵇康，竹林七贤之一），他讲了八个字：内不愧心，外不悖俗。也与这个是紧密相连的。不愧对内心，外不违背世俗，违背世俗就会吃大亏。这挺难做到，但要坚持那个度，坚持那个底线就是不愧于心的，但不要与世俗对着干，世俗的东西力量太强大。所以外和内之间、心和行之间是相互矛盾的，在这里当然是一个很高的要求。

阴虽有美，含之以从王事，弗敢成也。地道也，妻道也，臣道也。地道无成而代有终也。

这是解释六三爻的。六三爻的爻辞是:“含章可贞，或从王事，无成有终。”阴柔虽然有美，这个美，在卦辞里面就是“章”，阴有美有章，但必须要含之，要收敛它，然后去从事君王的事业，辅佐君王的事业，不敢把成功归为己有。这就是地顺从天的道理，这也是妻子服从丈夫、大臣服从君主的道理。这就是一个地道、一个妻道、一个臣道，也就是一个辅佐之道。地顺天的道理就是无成，无成就是功成而弗居，不把成功作为己有，然后替天做事，替天服务。有终，就是有善终，一定会有好结果。

天地变化，草木蕃；天地闭，贤人隐。《易》曰：“括囊，无咎无誉。”盖言谨也。

我们回顾一下坤卦的六四爻：“括囊，无咎无誉。”所谓天地变化，就是指天地沟通。假如天和地能够顺利地沟通，草木就长得茂盛；如果天地闭塞，即天地不沟通，贤人就会隐藏起来。天地变化在这里指政治清明，天地闭就代表政治黑暗，天下混乱。坤卦里讲的就是做人做事要谨慎。“天地闭，贤人隐”是古代人的一种处事的智慧，也就是当时世不利于施展才华的时候，当政治混乱的时候，就要隐居。这种退避，一方面是要在乱中求得生存和平安，另一方面从积极方面来说是暗中积蓄力量，等待有利时机的到来。在中国历史上，天地闭、贤人隐的情况很多，最典型的就是姜尚（姜子牙），他隐藏在渭水之滨钓鱼，一直等到周文王。诸葛亮隐居在卧龙岗，也是贤人隐。所以这是一种智慧，也是古代崇尚的一种君子之道。括囊，就是隐藏自己的才能。

君子黄中通理，正位居体，美在其中，而畅于四支，发于事业，美之至也。

这是解释六五爻的。六五爻辞是"黄裳元吉"，地位尊贵而能够保持谦下的品格，就能够获得大的吉祥。这一段是进一步来论述这个问题。"君子黄中通理"，黄，代表了一种尊贵的意思；中：因为六五处于上卦之中，是一种很好的原则，不偏执。君子地位尊贵，做事能够守中，能够通理（通达而有纹理），从爻位上看，它"正位居体"，其实是体居中位，它是居于上卦中位的一个爻。"美在其中"，美德蕴含在内心；"而畅于四支"：畅，舒展；支，通"肢"，手脚四肢。心里美就能舒展到四肢；"发于事业"：表现在事业上；"美之至也"：真是美到了极点啊！在这里讲到了一个最重要的问题："美在其中，而畅于四支，发于事业"，这是一个修养的作用问题。人的内心有美德，肯定会表现在内心上，表现在行为上，也要表现在事业上。荀子在《劝学篇》里讲过一句话："玉在山而草木润，渊生珠而崖不枯。为善不积邪，安有不闻者乎？"其实可以用它来解释这一句话。山上有玉的话，山上的草木就会长得很滋润；水里有宝珠的话，水边的悬崖绝对不会枯竭。这里的玉、珠就是一个比喻，比喻美德，就是文言里面的"美"，只要美存在，就一定会表现出来。中国现在很多人认为个人修养不重要，个人修养不关事业，专业好就行，能赚钱就行，其实这是一个很片面的认识。现在大家学的国学，就是玉、就是珠，也许现在不能马上让你得到利益，但是这个东西是存在的，将来在你的工作里面它会自然而然地表现出来，就是"畅于四支，发于事业"，它能够促使你的事业向前发展，这种美在其中的作用虽然是潜在的，但却是必然的。这在你要做某个决策的时候可能有一定潜在的影响，比如说君子四德：体仁足以长人，嘉会足以合体，利物足以和义，贞国足以干事。仁爱的东西，利他的东西，都会对你产生影响的。现在提倡儒商、道商。商人都是趋利的，他们在中国古代其实是没有好名声的，从汉武帝开始一直打击商人，商人就是商农。中国古代社会的商人主要就是屯粮。秋天时低价收购，春天时高价出售，所以他剥削农民。从汉武帝开始一直打击商人，杀了很多大商人，那时候商人的儿女是不能够做官的，而且不能够和有身份的人家通婚，因为商人趋利，而儒家的本质是趋义不趋利，重义不重利，因为重利的就是小人，所以古代的儒家不看重经商这件事情，现当代以来，商贸成为了一个重要的方面。但是商人到底是什么？什么是儒商？我们说无商不奸。怎么处理利和义之间的关系？其实这就是儒商和普通商人的区别。道商也好，儒商也好，都是有内涵的商人，有内涵的商人要有什么？就是我们刚才讲的君子的四种美德。我们说美是集于内心、行于四肢、发于誓言，这是一个很重要的一个区别。美，就是修养、品德。这就是君子美的问题。

阴疑（音凝）于阳必战。为其嫌于无阳也，故称龙焉；犹未离其类也，故称血焉。夫玄黄者，天地之杂也，天玄而地黄。

上六爻文言的解释，阴气凝结在阳气之中，也就是阴柔凝结在阳刚之中就一定会交接。因为上六的时候阴要发生变化，所以用龙。上六的时候阴气非常的重，遗憾没有阳气，所以爻辞中就用龙来象征阴极阳生的一个转型。因为仍然没有离开跟它相配的那个东西——阳气、阳刚，所以爻辞里面就用血来象征阴阳的交合。爻辞里面讲的玄黄是天地相混杂的颜色，天是玄色，深青色；地是黄色。天玄地黄其实就是讲的天地的开辟，阴阳相交，就是阴阳交战，开创天地。这往往使人联想到古代开天辟地的艰难，甚至会想到中华民族发展的艰辛、沉重和悲壮，人生生死的无奈，当然也包含着汉民族文化的沉重、厚重这样的东西。所以人类的历史就是沉重的。

到这里为止坤卦也学完了。下面我们总结一下乾坤两卦。在《周易》的体系里面这两卦具有非常重要的地位。就这两个卦的关系而言，其实是一对正对卦，是同位之爻，阴阳互变，所以这两者的关系也是联系在一起的。乾卦的初九“潜龙勿用”、九二“见龙在田”、九三“终日乾乾，夕惕若”、九四爻“或跃在渊”、九五爻“飞龙在天”、上九爻“亢龙有悔”，到这个时候，六个爻都是以龙来比喻，由下而上慢慢地升，到上九的时候，达到了最高点、极点。这个时候说明就要变了，阳极而阴生，到了这个时候用了一个用九“见群龙无首，吉”，群龙都不去争首领的这个位置就预示着将会出现阴来介入，因为按照筮法，卦得全阳，全得老阳，就要变成坤；

卦得全阴，全是老阴就要变成阳。所以用九就是在乾卦的阳刚到达极点的时候就变成坤，坤卦就是这么来的，到了坤卦都是围绕着辅助来进行说理的。初六是“履霜，坚冰至”，六二“直、方、大，不习，无不利”，六三“含章，可贞，或从王事，无成有终”，六四“括囊，无咎无誉”，六五“黄裳，元吉”，到上六又是阴达到极点，就要变。于是出现了龙，上六“龙战于野，其血玄黄”，这个时候出现了阳刚的东西，就是龙。于是又设了一个用六“利永贞”这个卦变成了乾卦，把它画成一个圆圈就是一个周期，通过用九、用六使这个圆圈得以完成。用九的时候就是乾卦达到的极点，变成坤。到坤卦达到极点的时候，用上六就变成了乾卦。乾极用九变坤，坤极用六又变乾，它们不断地变化，阳刚和阴柔不断交叉，复往不断地循环。乾坤是八卦里面的父母，震、艮、坎、离、兑、巽是它们生出的孩子。乾坤在六十四卦里面又是居于最前面的，那么这样说起来《周易》的作者有这样的一个设想：乾坤不断地交错、变化，生出后面很多很多的卦，就是六十二个卦。因为六十四卦代表的是世间的万事万物，都由乾坤的阴阳关系而产生，而且乾坤在不断地变，就不断地产生新的东西，永无止境。这是我们对乾坤两个卦做的一个整体理解。

3 月 25 日：

现在再学四个卦：剥卦、复卦、既济卦和未济卦。我想通过这六个卦的学习，同时自己去阅读，就能进入到卦里面了。我们先看剥卦的卦象。下卦为坤，上卦为艮，这是从二体的角度去看的。我们把它作为整体来看的话，就发现这个卦很特殊，下面五个阴爻，上面一个阳爻，很显然，阴的力量远远超过了阳的力量。而《易经》里是阳大而阴小的，是重阳刚的。所以从这个卦象可以看到对于阳刚来说是非常不利的，五阴剥一阳，就是五个阴爻一起去剥、损害这个阳刚，阳刚的、正义的力量受到邪恶的损害、轻视，处于不利的局面。这就是卦象给我们的启示。下面看卦辞，卦辞是剥，不利有所往，剥是这个卦的卦名，剥本身就是剥落，侵蚀损害，这个剥卦整体如此。所以，它的卦辞就解释出这个问题，叫作不利攸所往。倒过来讲，攸所往是不利的，攸所往就是有所行动，在这样特定卦式的情况下，采取大的行动是没有好处的。在阳刚遭到剥落，小人猖狂，正义的力量受到压抑的这样一个不利的局面，事业受到一个低潮期的时候，君子不要有所行动，要小心，要收敛。这是卦辞，很简短，鏄传是去解释这个卦的卦象、卦辞爻辞，其中往往还指出了主爻。

下面我们看剥卦的彖传。彖曰：剥，剥也，柔变刚也。不利有攸往，小人长也。顺而止也，观象也；君子尚消息盈虚，天行也。它首先解释什么叫作“剥”。剥：剥落，是阴柔剥落改变阳刚，这是解释卦名的。“不利有攸往，小人长也”，这是解释卦辞的。为什么卦辞里说不利有攸往？因为此时小人的势力正在增长，很强大。“顺而止也，观象也。”顺而止之怎么来的？从卦象来看，下卦为坤，顺，大地是温顺的；上卦为艮为山，不动的，也是代表止的意思。所谓顺而止之就是君子应当顺应适时，停止行动；观象也，你去观察卦象就知道为什么顺而止之。“君子尚消息盈虚，天行也。”这就从卦上引申出君子应该怎么做才合适。君子崇尚一个事物的消失或者成长、盈满或者亏虚这样的一种转化规律，因为这是天运行的规律，也就是世界上事物的根本规律，即要尊重事物发展的规律，正确判断当下所面临的局面，在这个局面中我们是发展还是调整，应该做出一个正确的决策。

象曰：山附于地，剥；上以厚下安宅。前面说的是自强不息、厚德载物，这一条是厚德安宅。“山附于地”，下卦为地，上卦为山。这个卦象没有用山雄踞于大地之上，而是说山颓附于地之上，正常来说山是高居于大地之上的。山已经下来了，这就是剥落的象征。君子要受到启发，君主就要厚下，厚待百姓，厚待你治理的那些人，要安宅，安稳基础。住宅比喻事业的基础。“大象传”有很深刻的道理，跟自强不息、厚德载物一样非常深刻，山本来是高居大地之上，现在却颓附于大地，是因为它遭到了剥落，遭到了轻视，所以引申出低潮之时不可妄动，要厚下安宅稳固基业，以待转机。任何事业，大也好，小也好，处于挫折期，处于不利局面的时候，最有效的对策就是安宅。厚下也是安宅的一个方面，安宅就是安稳基层、打好基础度过这个时期，这是很有见地的。

下面我们看六条爻辞。整个爻辞都用到了形象。乾卦用到了哪个象？龙，六爻接龙。坤卦用的不是统一的形象，主要围绕的是辅助形象，如双兵、黄沙、含章等。剥卦又是床，主要是坐具，累了可以打瞌睡，但不是用来正式睡觉的，这个床有点像日本榻榻米，下面有脚，上面有床面，整个用了床的形象。

“初六，剥床以足，蔑；贞凶。”这个时候剥床，就是剥落器具、床足，毁灭了床足，守贞以防凶。为什么用“足”为象？这个爻是出爻，用剥阴柔去剥落、侵蚀阳刚，所以以足为象，从毁坏下部基础开始。蔑下就是毁灭、损坏下部基础。

六二爻：“剥床以辨，蔑，贞凶。”其实是完全一样的，只是换了剥的对象。辨，是床杆，是床脚和床身结合的地方，床足已经剥完了，再剥到床杆，毁灭进一步加剧，继续守贞以防凶。“剥床以辨，未有与也。”未有与，与是想与、给予，没有与就没有相配合的人。从卦象角度看，二爻跟五相配，二是阴，卦里第五爻，还是阴，没有相配，所以剥就进行不下去。

“六三，剥之，无咎”，继续剥落，但是没有什么迫害。为什么六三“剥之无咎”，没有关系、没有祸害，而六二都是凶？从爻位考虑，有什么不同？在下卦三个爻里有什么特殊之说？因为只有它有阴，上九，整个卦唯一一个阳，五个阴爻都去剥那个阳爻，事情就很复杂。五个阴爻里，六三不是真心剥阳爻，俗话说，身在曹营心在汉，它虽然处于阵营面，跟上九却是暗度陈仓。还有一个特殊的是六五爻，紧挨着上九，所以六三爻剥之无咎，爻位还是有一定道理。剥之无咎，失上下，上是六四，下是六二，脱离了上下，脱离了阵营，脱离了六二、六四剥阳的队伍，所以才能无咎，独与上九相应，这是六三。

六四：“剥床以肤，凶。”剥足、剥辨，剥完了用来坐的器具后，剥到了人的皮肤。这个凶几乎是无法化解了，因为剥到人了，切近灾也。

六五：“贯鱼，以宫人宠，无不利。”贯穿在一起的鱼，就是五个阴爻，鱼是阴物，用鱼为象。宠是宠爱。六五爻本来是剥卦中最重要的爻，具体分析，这个爻在六五位置上，卦象就像带领着一串鱼，带着一串阴爻，用宫人的身份和态度，去求取君主的宠爱。所谓君主就是上九，根据《易经》的基本原则，剥卦剥到五的时候会怎样？达到极点就转了。乾卦、坤卦都是这样。剥卦到了这个地方也要变了，开始向反的方向走了。

接着，象曰：以宫人宠，终无尤也。上九：“硕果不食，君子得舆，小人剥庐”。上九变了，是阳爻，开始转变。硕果不食：硕大的果实没有被吃掉，硕果是留下来的一个复出的资本，如果没有硕果不食，就没有后面的，所以保留硕果很重要。即使保留下来，也有两种可能性。一种是君子当道，现在熬过艰难期了，就好像得到了鱼一样（鱼是车子），得到了车辆，就会发展得很快；假如是小人当道，那就会剥庐，庐是房屋，是住的地方，是人的容身之处，不但把床剥掉，房子都会剥掉，那就什么都没了。这一爻非常重要，这一爻是主爻，是剥卦里最重要的一爻，没有被吃食，硕果仅存，为未来正义的复兴，为事业发展留下了种子，奠定了基础，正义不会被邪恶灭绝的。君子居于上位，就好像得到了飞快的车子，假如小人居于上位，那么连安身之所都将失去，那就一无所有了。这是这个爻的深刻含义。下面的："君子得舆，民所载也；小人剥庐，终不可用也。"君子得舆，人民就爱戴他；小人剥庐，终究是不可重用的。这是剥卦。

下面看与之有着密切关联的另外一个卦——复卦。剥卦和复卦，是一对反对卦。剥完了，从六五开始变到上九。硕果为食，到复卦开始复兴，卦象下卦为震，震养鱼，上挂为坤，下震上坤，从二体看卦象，很重要。卦辞："复：亨。出入无疾，朋来无咎；反复其道，七日来复。利有攸往。"复卦，也就是复兴，是恢复。复，亨，虽未复，但却非常的畅通、顺利。此时出入都没有什么问题。出入无疾：出是外面，入是里面，阳刚内生外长，不管是外面还是里面，恢复得很顺利，没有什么毛病，叫作出入无疾。朋来无咎：朋指的是上面五个阴爻不再剥那个阳爻了，而是都来辅助这个阳爻，即朋友前来没有祸害。反复其道：反转复归于阳刚的正道，七天就会完全恢复（七日指的时间段，周期）。简单点讲，就是剥卦剥到上九爻已经穷尽了，开始恢复了，七日是一个周期（指七个爻位），经过七个爻位又恢复到复卦的出爻（我们把七日看成是不确定的周期），被剥以后反转然后复归于阳刚的正道，要过相当长的一段时间，此时，采取行动必将有利。这是卦辞。

下面看彖传。彖曰：复，亨。卦辞里讲阳刚恢复非常顺畅，阳刚正气开始归来，动而以顺行，是以"出入无疾，朋来无咎"。这是上下卦，下卦是震，震为雷为动，上面是坤卦是顺，动而以顺行就是这么来的。阳刚运动向上，顺利地发展，因此，在卦辞里是出入无疾，朋来无咎。注意逻辑关系，出入无疾，朋来无咎是因为阳刚的运动，顺利地向前发展。“反复其道，七日来复，天行也。”卦辞里面说，反转复归，过段时间，利有所往，采取行动是对的。“复，其见天地之心乎。”阳刚恢复，体现天地之心，天地生生不已的用心，这是彖传。

再看，大象曰：雷在地中，复；先王以至日闭关。《大象传》的六十四卦象都是从上下卦中引申来的。下卦为震，上卦为坤，非常形象。雷在大地之中，其实是雷还没发出，春雷一声震天响，春雷要爆发出来还需要时间。七日，雷在地中，隐伏于大地之中。所以，古代的贤君根据雷在地中的情况，冬至至日时，嘉峪关关掉，不活动了，商人旅人不出行，君主不去考察各个地方。《大象传》非常深刻，直接给出了四条深刻道理，第一，自强不息；第二，厚德载物；第三，厚下安宅；第四，后不省方。这对于治国者都是有重要的启示意义的。西汉初年，秦始皇灭掉六国，儿子继承位置，这时天下大乱。陈胜、吴广起来，枭雄项羽、刘邦起来，打了几年仗，才消灭张涵秦军的主力，灭掉了秦王朝。后楚汉战争打了五年，刘项又争夺天下，天下满目疮痍，人口不足此前昌盛期的 20%，80% 的人死了。这就是雷在地中，战争刚刚结束，经济亟待恢复。汉王朝在窦太后的倡导之下，与民休息，调动老百姓的积极性，用了三四十年的时间，就恢复了经济，所以要养民力。汉朝后来出现了文景之治，这是中国社会几千年来真正的最大的太平盛世。汉文帝汉景帝是怎么做帝王的？汉文帝拥有那么大的疆域，但他出门时坐的是牛车，甚至到他临死前，还规定吊丧的黑纱不能宽于两寸，宫廷里的妃嫔宫女，没有封号的、没有子嗣的遣送回家让其去民间结婚。这是政治行为，他是担心留下的妃嫔会加重政府的负担，所以遣散。如此，帝王怎能治理不好国家呢？文景之治经过不到一百年的努力，国库堆积起来的粮食多得都坏了，一直到汉武帝。汉武帝好大喜功，打了高丽三次，征讨西域，开发边疆，导致后期国库亏空。这些都给我们以深刻的启示。这是复卦的《彖传》和《大象传》。

再看六个爻。初九爻：不远复，无祈悔，元吉。这都是恢复，以恢复为象，围绕“复”来展开的。“不远复”，是说起步不远就开始恢复阳刚之道；“无祈悔”，又做“只悔”，“只”就是毛病，无只悔就是没有毛病、没有遗憾；“元吉”，大吉。这个爻为什么说不远就复？这是处于复卦最下面的爻，是恢复期的开始，所以说起步不远，就开始恢复，这样当然没有毛病，所以大吉。初九爻是全卦唯一一个阳爻，它是整个卦的希望。前面讲剥卦是一个阳爻，但剥卦的阳爻在最上面，没有余地了；复卦也是一个阳爻，但它下面的阳爻是在初位，是充满希望的有着巨大发展空间的阳爻。举一个例子：剥卦上九阳爻等于是垂死的老人，留下一个种而已，复卦初九阳爻在下面是早晨八九点的太阳，是十几岁的少年，它充满着希望。所以阳爻的位置不一样，意义就不一样。《小象传》解释是：“不远之复以修身也”。修身，修美自身，提高自己的修养，善于修美自己。

六二爻：“休复，吉。”休，美好，吉祥。这是爻的特点，得中，得震。六二爻是很好的爻，坤卦六二爻辞：“直方大，不习，无不利。”这是很重要的爻，一个是得中的震，第二个是紧挨着初九，一般情况下是凌驾于阳刚之上，但这里很特殊，不是劣位，而是优势。它是唯一一个阳爻挨得很近，但不是去凌驾它而是接近它，俯就它。所以六二爻，就好像是亲近初九，趋向正义，趋向美丽、美善、修复、吉。小象解释说：“修复之吉，以下仁也。”“下仁”，俯就是仁，仁就是初九，能够修复，能够元吉，俯就是仁爱君子。

“六三，频复。”学者认为“频”通东施效颦的“颦”，是皱眉。西施心口疼皱眉都是那么美，东施效仿却难看，说明勉强，不是出自内心。皱着眉头硬着头皮，勉强做恢复的工作，这样做有危险，但是没有什么祸害，最终是无咎，不中不正，上下接应，所以有频复的说法。“频复之厉，义无咎也。”这应该也是没有什么祸害的。

“六四，中行独复。”中行，就是居中行正。为什么说中行呢？反复思考，发现六四爻居于五个阴爻的正中间，所以叫作中行，而且得位，得中得正的意味。更重要的，六四爻有个特殊之处。在讲剥卦的时候，已经讲到六三爻很特殊，剥之无咎，为什么只有它无咎、独特？其实这里也一样，六四和六二爻好，一个是修复一个是美好。六四是独复，它居于五个阴爻之中，跟初九互相配合，叫作中行独复，只有这个爻辞里没有下吉凶。初九有元吉，六二有吉，六五有无悔，上六有凶，唯独六四没有说吉凶与否，但是结果自然是很好的，不需要下判断，因为它中行独复。《小象传》说：

“中行独复，以从道也。”从道，遵从阳刚正道。

“六五，敦复，无悔”，为人敦厚，虔诚地恢复善道，恢复到阳刚的正道上去，没有悔恨。六五居中。象曰：敦复无悔，中以自考也。处于卦的中位，自我考省，居中不偏，所以无悔。上六，出现变，复卦讲究阳刚恢复后，最上面的卦就要变了，就要出问题了。上六爻辞说：“迷复，凶，有灾眚，用行师，终有大败，以其国君凶，至于十年不克征。”“迷复”，向正道恢复过程之中，陷入迷途，即在恢复的过程中走偏了，迷失了道路。“凶，有灾眚”，有祸害，后果很严重。“用行师”，师，是以前军队的单位，就是行兵作战。假如用这种态度，用这种方式去指挥、发动战争，最终会获得大败，不仅仅是这样一个后果，甚至还要“以其国君凶”，连及它的国君遭遇凶险，以致过了十年还不能够去征讨别的国家，即国力损伤得非常严重。这个爻是阴爻不得位，特别是处于复卦的最高位置，走到没路走的情况，不利于恢复，不仅仅是不利于恢复，而且假如用这样的态度去打仗，肯定是大败，后果会很严重。《小象传》说：“迷复之凶，反君道也。”上六爻在恢复的过程中迷失道路，所带来的凶险是因为它违反了国君之道，违反了作为国君的原则。因此不应违背基本原则，恢复的过程要谨慎，要与民休息。这是复卦六爻以及它的解释。

我们比较详细地讲解了剥卦和复卦，总结一下，剥卦、复卦是一对反对卦，这对卦最典型的表现就是《周易》《周传》变异的情况，揭示了阳刚正义的事业被逐渐剥落侵蚀，最后留下一点没有剥完，逐渐恢复，最后又被剥，这是一个阳刚衰极而盛，又盛极而衰的周期。回顾一下，剥卦最初是以剥床为御，初六剥床以足；六二是剥床以辨，床杆；六三剥，无咎；六四剥床以肤，从床足到床杆一直剥到人的身体，由下而上，上九达到最高点，已然留下了硕果，为未来留下了复兴的基因。有个学者曾说，硕果是和、是人、是深深之根，留下了一个种，正因为有这个果，所以才有后面的复。接下来，复卦描述阳刚被剥到了极点以后慢慢地恢复，最后又被剥的过程。初九是复的初始，所以说不远复，六二是修复，六三是频复，阳刚恢复是比较顺畅的。尽管六三很勉强，发展上去上六，到了极点，又归于剥，以肤凶，这就是整个剥卦、复卦的发展过程。剥卦复卦给我们很多的启示，有指导意义。第一，无论个人的命运还是集体的事业甚至国家，总会有挫折的时候，总会有发展不利的时候，这时处于剥的时候要坚定信心，黑暗过去就是黎明，只要硕果存在，就保存着一颗种子。第二，在挫折的背景下万万不能急躁，一步一步做，才能转变形势。第三，经历挫折以后，复兴是艰难的过程，要有韧性。

接下来我们看最后两个卦，也是《易经》六十四卦的最后两个：既济卦、未济卦。先看既济卦的卦象。卦象分二体，下卦为离中虚，上面是坎卦，坎中满。离为火，坎为水，水在火上。卦辞："既济亨小"，既，已经完成，作为动词；济，河。渡河为既，两个字合在一起，渡过河去了，说明事情已经成功了。既济卦的卦辞是已经成功了。亨，亨通；亨小，小小的亨通，稍微有一点亨通。对于一个人来说，碰上事业已经成功的时候，你的个人作为是很有限的。这里讲到，已经成功了，有小小的亨通，利贞守贞将会有利，做事行得正将会有利，否则，就会"触及中乱"，起初吉祥、好，最终混乱、不好，出现麻烦。这是既济卦的卦辞。

下面看既济卦的《彖传》。"既济，亨，小者亨也"，这一句基本上是重复。接下来，"利贞，刚柔正而位当也"，为什么说利贞、守贞走正路会有利呢？是因为刚柔正而位当也。刚是阳爻，柔是阴爻，在这个卦里所有的阳爻和阴爻都得位。初九得位，六二得位，九三得位，六四得位，九五得位，少六得位，这一个卦里三个阳爻三个阴爻全部得位，得位就是得正，所以说利贞，这完全是从卦象来的。为什么说起初吉祥呢？柔得中也。还是卦象，柔得中是指卦象里重要的一个爻六二爻温柔持中。为什么说终止则乱，其道穷也？其道就是既济之道，指上六爻。所以我们注意，《彖传》里面大部分的解释都源自卦象，不懂卦象就没法解释。象曰：水在火上，既济；君子以思患而豫防之。从卦象来看，上面是坎卦为水，下面是离卦为火，水在火上，这就讲到炊煮食物的一个方式。古代炊煮食物的方法，是水在火上，不是水直接浇在火上，人有吃的了，就成功了。人一旦物质生活得到了保障，就有进一步的需求，就贪图享受奢华。面对人的本性就要思考，预防之，这是个非常深刻的思想。再分析一下，既济卦三个阳爻居奇位，三个阴爻居偶位，六爻得正，还有一个爻与爻之间的关系可能没有注意到，初和四、二和五、三和上构成三对阴阳配，就是说六爻皆正，六爻皆有应，这样的卦象接近于完美，所以它的名字是既济。既济卦讲的道理，都跟成功的背景有关系，当然，事物过于完美就不能有再大的发展和作为，所以说亨小，要告诫防止终极中乱的情况出现。六则爻辞都含有告诫警戒的味道。所以，福兮祸之所伏，祸兮福之所倚，祸和福的转化真的是很难讲的，完美当中潜藏着危机。这正是《易经》的作者一个深刻的见解。孟子讲“生于忧患死于安乐”，没有达到目的的时候一般人做得到这一点，一旦事业成功了达到辉煌了，就很难做到了。历代很多的帝王打下江山以后就很奢侈，政治如此，企业也是这样，做得最好的时候往往最会出问题，辉煌背后的危机往往最容易被忽略。真正的企业家不会被繁荣弄得头昏脑涨，而是时刻保持一种高度的警戒，保持忧患意识，这样做就是防止触及中乱。所以既济卦的六个爻很有告诫的作用，它从不同的角度给了一个深刻的解释。

“曳其轮，濡其尾，无咎”。曳：拖住，拖住它的车轮。濡其尾：粘住它的尾巴。其是代词，代小狐狸。乾卦用的象是龙，剥卦用的象是床，既济卦和未济卦里用的象是小狐狸，通过小狐狸渡河这样一个形象来说明成功不成功的道理。这里初九就出现了，拖住车轮，沾湿狐狸的尾巴，要走得慢一点，不要太急。这个爻是既济卦的初爻，刚刚成功，但居于最下位，告诫事成之初要能谨慎。

接下来看六二。“六二：妇丧其茀，勿逐，七日得。”妇女丢掉了她的茀，茀是什么？头饰。丢掉了头饰，对于女子来说是大事，因为不能显示她的美丽了。六二告诉你丢掉头饰不要去找，那么七日你就会获得它。复卦“反复其道，七日来复”，《易经》是形象说理的，讲的是在成功以后六二所代表的那些臣子们、将领们，想要得到茀（预期中的奖赏），这个对于成功的君主来说是件大事。一个事业成功了，他的臣子部下希望得到某种奖励，结果却没有得到，这个时候爻辞讲不要过分看重，过了七天你自然会获得。六二爻都是很好的，修复都非常好，这个爻阴柔中正，得中得正，上面跟九五有应，跟君位有应，事业成功君主踌躇满志，暂时没有顾及下面的大臣，以致这些大臣们像妇女一样不能打扮显露才华，但是六二爻能够持中，所以七天以后复得。事业成功，领袖也好企业老板也好，都要论功行赏，奖赏总有跟自己期望不相符合的情况，当你不满足的时候怎么办？参考意见就是不要追逐，追逐就是一个悲剧，不欢而散，你不去追反而能得到，这就是辩证法。

九三爻：高宗伐鬼方，三年克之，小人勿用。殷高宗武丁征伐地处西北的鬼方国，经过三年的连续战斗才获得胜利，不可任用急躁冒进的小人。象曰：三年克之，惫也。三年的连续战斗，使国家的实力已经很疲惫了。“六四，繻有衣袽，终日戒。”繻，有花纹的丝绸，漂亮、贵重的衣服；袽，破棉絮，很便宜、破旧的衣服。家里有漂亮的时装，但是我却穿着破旧的衣服整天都小心谨慎。六四爻居上卦的初位得正，事业成功了，即使有美服却穿着破衣服时刻警醒，守正防患，提倡一种节俭的风气，在事业成功的鼎盛时期尤其值得提倡。这是六四所提供的成功以后怎么做的一个侧面。

九五反映了若干个侧面，其中包括整体的刚刚成功时谨慎的问题、成功后预期的目标问题、结果产生以后的问题、成功后不要奢侈的问题等等。九五是既济卦里最重要的一个爻，因为它是君位，九五得中得正。九五：东邻杀牛，不如西郊之禴祭，实受其福。中国古代政权中，祭祀是必须要做的事情，不能节省，但祭祀也有个能不能合度的问题，如果杀牛的话就显得很隆重了，所以杀牛就代表很隆重的祭祀。东边的邻国杀牛举行非常隆重的祭祀活动，还不如西边邻国的薄祭。禴：相当于薄，与厚祭是相反的。就是相对比较简单的祭祀，还能够更加实在地受到上天的保佑。受其福就是受到上天赐给你的福，其实就是上天的保佑。为什么以祭祀来讲呢？因为一个国家的主祭者是君主（九五是这个卦的君位），所以在这个卦里交代，国君举行祭祀的时候不要奢侈，不要铺张，反而能得到上天的眷顾，杀牛而举行盛大的盛典不如简朴而举行的薄典更能受到鬼神之福，这是提倡一种简朴之风。象曰：东邻杀牛，不如西邻之时也。时：适时而祭，有节度节制地去祭，根据需要而安排祭祀以及决定祭祀的规模。爻辞里面讲“实受其福”，意思是如果这样做那么就能得到很大的吉祥。这是小象的解释。上六这个时候又到节点了，到了变的节点了，实际上就是既济这个卦到了上六的时候，这个成功要转了，既济要变成未济了。其实任何一个事情都是这样，不能老成功，不能永远维持这样的局面。经济繁荣一直这样下去？

绝对不可能的。上六爻辞说“濡其道，厉”。既济、未济两卦都是用小狐狸渡河作为一个象来讲道理的，沾湿尾巴可以让它慢一点走，沾湿头部就是很危险的事情，就是走得太快，不谨慎。厉：非常危险。这里没有说真厉，也没有说厉无咎，就是厉，很难破解的厉。象曰：濡其道，厉，何可久也！就这种既济的状态怎么可能长久地维持呢？必然要变，这是用厉来加以告诫，事业成功后很容易爆发危机。

下面看未济卦。这个卦象就颠倒过来了，下卦为坎中满，上卦为离中虚，下坎上离，就是火在水上。这六个爻一个都没有得位的，全部都是正。未济就是没有渡过河去，也就是尚未成功的时候要努力奋斗的一种状态。我们看卦辞：“未济，亨”，没有成功反而能够发展得很通畅，发展的空间反而更大，可以亨通。在未济卦的卦辞里面，小狐就出来了，就像小狐狸即将要渡过河的时候沾湿了尾巴，那它就慢下来了，没有什么利益。这是一条卦辞，未济卦三个阳爻居偶位，三个阴爻居奇位，都不得正，与既济卦正好相反，所以卦名就是未济，本卦以及这个卦里的每个爻总体情况和背景就是事业未成，却潜藏着发展的可能，所以说亨。然而要想把这种可能变成事实，就必须进行切实的审慎的努力，否则就像小狐狸渡河即将成功的时候就沾湿了尾巴。

下面看彖辞第六条。彖曰：未济亨，柔得中也。这是解释卦辞的前三个字的，为什么卦辞里说未济亨呢？是因为柔得中也，柔得中指六五爻，这是《彖传》的解释。为什么说未济却能够亨呢，六五爻温柔、柔顺而且能够得到中位，能够处世不偏颇不偏执，这是《彖传》的解释。

接下来看：“小狐汔济，濡其尾，无攸利。”小狐即将渡过河岸，是因为未出中也。未出中是指哪个爻？那个爻还未跳出来。这里面说下卦为坎，坎象征着水和险，还没有跳出坎险之中，是九二爻。九二爻就似乎处于这个坎的中间，为什么小狐还没有渡过河去？是因为九二爻还没有跳出坎险之中。从卦象解释，“濡其尾，无攸利”，就像沾湿了狐狸的尾巴，没有什么好处，是因为它没有续终，续终就是继续努力坚持到底，它的努力不能一直坚持到底，所以才造成濡其尾，无攸利，跳不出坎险。最后两句，是对整个卦象的概括，“虽不当位，刚柔应也”。虽然这六个爻都不当位，但是，它三对组合，初和四，二和五、三和上构成三对阴阳配，阳刚和阴柔相配合。《彖传》基本是从卦象来讲的，是从卦象引申出来的道理。

下面看《大象传》。象曰：火在水上，未济；君子以慎辨物居方。《大象传》是最值得我们关注的一个部分。水在火上既济，水在火上就可以把饭菜煮熟，现在倒过来了，火在上面，水在下面，能煮熟饭菜吗？按传统方式肯定是煮不熟的。给人的启示就是君子应该根据这个教训谨慎分辨物类，分辨事物的属性，然后居方，就是让这些物处在最适合它们的地方，使它们各尽其所，各尽所能。既然火在水上煮不成饭菜，那么君子就应该调整这个位置，让水在火上，那饭菜就煮成了，这就叫作辨物居方。辨物居方就是改变水火刚柔居位不当的情况，让其恢复正常，促使事情成功这样一个道理。

“辨物居方”四个字看上去简单，其实这里蕴含着非常重要的管理学原则。任何一个单位、任何一个功臣，他的管理最基本的目标就是辨别各要素的属性和特点，包括人和事。作为公司领导首先要弄清楚手下的人各有什么性格、能力、特长、缺陷和不足，同时要弄清楚所管的事情哪些重要、难做，哪些容易。人和事弄清楚了，其实就是辨物了。辨物以后还要居方，居方就是按照最合理、最有效的方式把这些人组合起来，让相关的人处于他最适合的位置上，让相关的事情在最适当的时间里得到处理，这样就可以把一个单位、一个功臣调整成一个有序的整体，只有具备这样的基本构架，才能有效地展开其他工作。到这里就学了六条大象传，六个原则，自强不息，厚德载物，为厚下安宅打好基础，后不省方。第五个既济卦讲的是“思患而预防之”，要有忧患意识，看到百姓吃饱了，要考虑到吃饱以后的问题。这都是一些非常重要的原则，每一条都是可以指导我们工作和生活的。

接下来看初六。“濡其尾，吝。”濡其尾，沾湿狐狸的尾巴，吝，有点遗憾，当然没有凶，后果不是那么严重。这个爻是阴爻，是事业刚刚起步。上面是九四有应，在未成功的时候，应该努力去做事情，但这个爻是个阴爻，位卑在最下面，体弱阴柔，就好像狐狸沾湿尾巴最终没有渡过河去，所以说吝。我们现在回顾一下既济卦的出爻，也是濡其尾，但是无咎，为什么在既济卦是濡其尾，无咎呢？其实，这就是不同的情况。既济是成功的时候要以谨慎为主，小心为主，在未济时要以进取努力为主，所以要让狐狸沾湿尾巴慢点走，但有遗憾。《小象传》里面讲“濡其尾，亦不知极也”。极是原则，说它简直是不懂得在未济之时应该努力的原则。这是初六爻。

九二爻，“曳其轮，贞吉。”曳其轮，拖住它的车轮，就是让它慢一点走。守贞会有吉祥，这是在中位，九二爻上面六五有应，本来也是很迫切地上去，但是到了九二它能够守中，所以能够贞吉。这个爻跟初六是不同的，它是个阳爻，本来就阳刚，又有容易激进的倾向，加上有六五的应助，它会增加无所顾忌的心理，同时又处于坎省之中，所以告诫步子慢一点，谨慎一点。初六是则其独咎，九二是慢一点，这是有区别的。象曰：“九二贞吉，中以行正也。”是指九二居于下卦的中位，它并不正。《小象传》有很多让人难以解释的，中是对的，正是不对的。

六三爻，“未济，征凶，利涉大川。”六三是争论最多的一条爻辞。征是行动，采取行动将会有凶险；而涉大川渡过大河，又将有利，渡大河其实就是有大的行动。按照字面上解释的话，六三爻辞就显得逻辑混乱，因为征凶和利涉完全是相反的。所以有些学者认为在利涉大川的前面丢掉了一个字，应该是不利涉大川，那样逻辑上就通了。但问题是这样的一个文本能够随便地去字或减字吗？又有第二种解释，说未济现在没有成功，如果采取大的行动就会有凶险，但是在即将跳出坎险的时候（六三指在坎的边沿），冒这个凶险涉大川也许还会有利。六三爻是个阴爻，但它居于阳位，有阳刚的特点，而且跟上九有应，所以有阳刚进取的因素。更重要的是它的位置在跳出坎险的关键时刻，所以，虽然向前走是有凶险的，但却是值得一搏的，所以说利涉大川。至于哪种解释合理一些，大家自己去思考。讲冒险赌命在《易经》里没有先例，《易经》的体系里不主张冒险，而是主张去玩味，每一个人根据自己的经历、自己的思维去理解。小象说“未济征凶，位不当也。”小象的解释就很含混，说因为它不当位。

九四，“贞吉，悔亡；震用伐鬼方，三年有赏于大国。”贞吉出现很多次了，守贞而德吉，悔恨消亡没了。震：果敢的行为，勇武的行为。用果敢勇武的行为去讨伐鬼方。前面已经出现一次鬼方了：“高宗伐鬼方，三年，克制，小人勿用。”在既济卦里面，采用果敢勇武的行为去讨伐鬼方其实就是用军事行为去讨伐鬼方，少数民族的部落用的是三年克制。三年克制有赏于大国，就等于是大国赏之。经过三年讨伐鬼方取得胜利，那就立下了大功，事业就成了，国君就在自己的国土上割了一块土地封给担任将领的这个人，叫作三年有赏于大国。三年以后大国来封赏他，这是中国古代很重要的事情，中国古代的人做官重要，但比做官更重要的是封侯，封爵位太重要了，你即使做官做宰相也只能管你这一辈，儿子孙子也就不能继承了，但如果封了一个爵位那就完全不一样了，封了爵位就有一块土地了，所以封侯是最让人看重的，因为它是可以世袭的。比如说你为国家立了大功，封你一个昌平侯，你就拥有了昌平县这块土地，你可以收取这块土地所有的赋税。同时，只要不犯大罪，昌平侯这个位子你就可以传给儿子，儿子再传给孙子，所以这是非常重要的。九四是个阳爻，处于六五的下面，等于是个大将、元帅的身份。以一个元帅的身份去讨伐鬼方，获得成功，然后得到大国一样的封赏，当然就吉祥了。象曰："贞吉悔亡，志行也。"志行就是他的志向、心智可以得到实行，也就是可以走向成功。

再看六五爻，"贞吉，无悔，君子之光，有孚，吉。"光，光辉。这个爻处于上离的中间，不但守中而且有光明。离为明为火，所以说是君子之光，而且下应九二。九四得阳刚之助，所以能够有孚，孚是诚信，我们说一个人深孚众望，就是说他能够得到大家的信任。有孚就是以诚信待人，所以吉祥。我们要特别注意它居于中位的优势和特点以及它是中间的那个地位，有光明，所以他才能够诚信，才能够吉祥。象辞曰：君子之光，其晖吉也。晖就是光辉，光辉照耀一定获得吉祥。上九，又到了一个节点，既济卦未济卦都是到了节点就又要变了。有孚于饮酒，无咎；濡其首，有孚失是。"有孚于饮酒"：心怀诚信而喝酒，不会有怨咎。假如不心怀诚信，假如饮酒过度，就像狐狸渡河沾湿了尾巴一样，那就失去诚信之道了。有孚失是典型的古汉语的句式，后面的"失"是结构助词，没有意义，用现在汉语表述其实就是失有孚，就是失去了他的诚信之道了。到上九，本来是可以由未济的状态逐渐向既济发展，因为这个爻阳刚，居于未济卦的最高位，未济就将要转为既济，所以他能够诚信待人，心无烦扰，安然饮酒，无咎。但假如喝酒过度其实也就是易乐过度，就好像狐狸渡河沾湿头部一样，那就失去有孚这样的一个正道，让事物就再回到未济的状态中去了。所以这是在爻辞里加以告诫，濡其首是一个很严重的后果。小象说："饮酒濡首，亦不知节也。"节，节制，是说不懂得节制的一个结果。以上就是未济卦的整个六条爻辞以及相应的《小象传》。

既济卦和未济卦是一对反对卦，前者讲事已成功的情景，既济卦讲的是事情没有成功的情况，成功和不成功这两个又是紧密联系在一起的。既济卦初九是濡其尾，象征着初十，刚刚成功，然后到上六是濡其首，由尾到首表示既济已经达到了极点，未济之道即将兴起，事物将向未济方向转变。接下来到未济卦，未济卦的初六又是濡其尾，上九又是濡其首，表示未济之道逐渐达到极点，又将要回到既济的情况去，这两个爻的初爻和上爻，用的形象是一样的。这不是偶然，我想是作者的有意安排，是共同构成一个完整的循环。未济卦和既济卦虽然是两个卦，但它们也是一个整体，它解释了成功和不成功相互转化时人应该怎样去处理的一个道理。我们已经学了三对卦，乾坤一对，剥复一对，既济未济一对，在《周易》的六十四卦里乾坤是最初的一对，既济未济是最后的一对。我们再从整体看一下，周易从乾坤开始到既济未济卦终结，好像是给我们一种暗示。《周易》里好多这样两两排列的组卦，三十二对、六十四个，其中有八个、四对属于正对卦，还有二十八对、五十六个是属于反对卦，这两两排列的对卦也可以说是组卦，各自在发生着变化，同时每对之间又是相互关联的，从乾到坤，从剥到复，从既济到未济，都在发生着变化，而且整个六十四卦，整个易经作为一个更大的系列，也在发生着变化。乾坤创造万物，然后经过很多很多的变化到成功，最后到不成功，那不成功怎么办，再来到乾坤中去开创。《周易》这六十四个卦以未济为最终的一个卦，包含了一个很深刻的道理，即任何事物的发展都不会终结。为何不把未济放在前面，把既济放在最后呢？中国人都喜欢大团圆的结局，但它不让你大团圆，所以不以既济卦终结而以未济卦终结，因为世界就是这样的，它从不会终结，所以我选择这六个卦来给大家讲，也就是让大家从整体上了解六十四个卦的大结构，可以有思考的空间。

六个卦学完了。再给大家选一些《系辞》里我认为值得讲的东西。《系辞》又叫《易大传》，是《易传》里最重要的一块。《系辞》分为上、下篇两篇。《系辞》

上传十二章，下传也分为十二章，每一章分得比较随意，每一则都是独立的，彼此并不相关联。

先看《系辞》上传的第一章。第一则非常重要，是总论，概括性很强。“天尊地卑，乾坤定矣。卑高以陈，贵贱位矣。动静有常，刚柔断矣。方以类聚，物以群分，吉凶生矣。在天成象，在地成形，变化见矣。”语言非常整齐，非常有文采，甚至可以作为文学作品去读，它与《易经》的卦爻辞风格完全不一样。天是在上而尊，地在下而卑，乾为天，坤为地，那么乾尊坤卑的地位就确定了。这是根据天地确定的，这是两个最基本的位置，事物的卑贱也就各据其位了。天尊地卑是不能变的，由此延伸到社会政治领域，天就是君就是父，地就是臣就是子，也不能变。社会就是这样，天尊地卑确立了，相对应的社会等级也就确定了，这很深刻，社会就是由等级构成的，社会没有等级就乱套了，所以说天尊地卑决定着社会的层次。很多人都说大家是平等的，人格上平等，但实际上似乎很难平等，社会就是如此。贵贱位矣：社会有贵贱。动静有常：天是动的，地是静的，都有它们各自的一个常态。天动地静有它的常态，那么刚柔就断了，刚柔就是阳刚和阴柔，断就是阳刚和阴柔就区分得很清楚了。动的就是阳刚，安静的就是阴柔。方以类聚：方是道，就是信仰的原则。这一句讲的是人，人是根据类别来识别的，就是后来讲的人以类聚、物以群分。方，就是每一个人信仰、爱好的道、原则。人是根据自己的信仰、原则按照类别去进行汇合、聚到一起的。动物不一样，动物是根据群体来区分的，一个种一个群聚在一块，就形成了牛群羊群，而人是超越了动物的，人在一起是因为他们有共同的信仰和原则。这很深刻，事物的吉祥和凶险就在这个关系里面产生，在天上体现为象，日月星辰，晦明、夜、白天等，大地就构成山川、草木、鸟兽等形态，事物的种种变化就在这天象形态中表现出来，社会中的吉凶也都是在这样的关系里面产生的。

第二段：“故刚柔相摩，八卦相荡，鼓之以雷霆，润之以风雨；日月运行，一寒一暑。乾道成男，坤道成女。乾知大始，坤作成物。”这还是总论。故刚柔相摩：因此阳刚和阴柔互相摩擦、互相作用。八卦所代表的八种物质（这里讲的八卦是伏羲八卦，乾坤离坎艮巽兑，八卦所代表的八种基本物质）互相激荡、互相推移。鼓之以雷霆，润之以风雨：用打雷来鼓动它，用风雨去滋润它。日月运行，一寒一暑：日月的运动和推移构成寒来暑往的变化，一寒一暑，就构成一年。乾道成男，坤道成女：乾道象征着男性，坤卦象征着女性。乾知大始，坤作成物：乾阳的作为体现在大始就是太始，就是最早的开始，体现为开始创造万物；坤卦的作为是承物，就是孕育生成万物。这是从整体上讲的。乾坤生出八卦，八卦是八种最基本的物质，它们之间的交感和碰撞就构成各种自然现象，构成了春夏秋冬的四季，并且生成了男人女人，世界就是这么来的。

第四章的第二段："与天地相似，故不违；知周乎万物，而道济天下，故不过；旁行而不流，乐天知命，故不忧；安土敦乎仁，故能爱。范围天地之化而不过，曲成万物而不遗，通乎昼夜之道而知，故神无方而《易》无体。"这是讲《易经》的道理。与天地相似，故不违：《易经》的道理跟天地的道理差不多，它与天地是相似的，所以它就不会违背天地之道。知周乎万物，而道济天下，故不过：周就是周遍，普遍，能够了解《易经》涵盖万物普遍的道理，而且又能够用这个道理去匡计、帮助、治理天下的话，那么他的行为就不会过分。旁行而不流，乐天知命，故不忧：旁行，普遍的推行，旁，指范围很大，能够普遍地推行于天下；而不流，就是不随意、不流荡。如果把已有的道理普遍推行于天下而又不随意流荡，那就会乐意去服从于天道，能够知自己的命。所谓知命就是守本分，那么就不会忧愁。你要是不守本分，不知道自己的命，老是对自己提出太高的要求，太高的期望，那怎么会不忧呢？安土敦乎仁：安土，安于所处的环境，土就是指环境；敦乎仁，敦厚地去实行仁义、仁爱，所以就能够爱。爱就是博爱天下之人。范围天地之化而不过，曲成万物而不遗，通乎昼夜之道而知，故神无方而《易》无体：范围天地就是包罗天地，能够包罗天地的化育而不过分，能够曲折地成就万物而不遗漏。可以通达昼夜阴阳的道理，了解所有的事物，无所不知，所以神无方。《易经》的道理是神妙而无方的，无方是不局限于某一个方面，它是大范围的、全面的。所以《易经》的道理非常神妙，其变化也是无体的，无体就是不固定于某一个形体，它是涵盖很多方面的。这段话很重要，它讲易理广大，还提出几个很重要的命题。第一，旁行不流。什么都要做到旁行而不流，政策、原则、道理要不断地推行，重要的事不流，不流于随意，所谓流、随意就是今天推行明天不推行，这里推行那里不推行，有些人推行有些人不推行，就是缺乏政策的普遍性和意义，易理是反对这样的。第二，乐天知命而不忧。这是个人修养的问题、个人认识的问题，乐天知命、谨守本分才是不忧的根本，我们常常说生活的质量差，主要就是来源于心中的欲望，只要把欲望去掉了，生活就安宁了。但是人没有欲望就没有动力，怎样让自己的欲望比较实在？就是不能有太多的欲望、太高的期望值，这样才能保持一种愉悦的心境，这个对于当代人来说具有重要意义。第三，神无方而《易》无体。这是对《易经》的总体性认识，《易经》的道理不是局限于某一个方面的，也不是局限于某一种形态的，它是具有普遍意义的一种道理，所以要用《易经》的道理去解决某一个问题的思路是错误的。

再看第五章的第一段。“一阴一阳之谓道。继之者善也，成之者性也。仁者见之谓之仁，知者见之谓之知，百姓日用而不知，故君子之道鲜矣。”鲜，就是很少的意思。《易经》里一阴一阳互相对立互相作用就是阴阳之道。继承这个道，去开创外物的善，最重要的善就是创造生命，所以乾卦里面讲道：“元者，善之长也。亨者，嘉之会也。”继承这个道去开创万物就叫善。成之者性也：顺成这种性质去成就化育万物叫作性。这三个东西，一阴一阳之谓道，继之者善也，成之者性也，仁者看见它就是仁，有智慧的人看到就是智，普通的老百姓每天都在运用它，却不知道它的存在，所以君子之道鲜矣，就很少有人懂得了。有一个成语叫作“仁者见仁智者见智”就是从这里来的。阴阳是《易经》的核心，乾坤是阴阳最直接的体现，《易经》里阴阳变化的内在规律争议很多，仁者见仁智者见智，众说纷纭难以完全一致，其实阴阳之道在生活中是不断地发生作用的，老百姓不知道这个道理。

《系辞》上传第五章的第二段，“显诸仁，藏诸用，鼓万物而不与圣人同忧，盛德大业至矣哉！富有之谓大业，日新之谓盛德。生生之谓易，成象之谓乾，效法之谓坤，极数知来之谓占，通变之谓事，阴阳不测之谓神。”这也是个总论，讲到了《周易》里经常使用的几个概念。显诸仁，藏诸用，鼓万物而不与圣人同忧，盛德大业至矣哉：易理阴阳之道这个大道理是显现在仁上面的。所谓仁德，就是化育万物的仁德。阴阳之道显现在化育万物的仁德上面，潜藏在生成万物的功用之中。阴阳之道鼓舞万物、催生出万物，它不跟圣人有一样的忧虑，它只知道创造，它是客观的。它圣美的德行、伟大的功业达到了最高的境界，这就是阴阳之道。富有之谓大业，日新之谓盛德：富有就叫作大业，指反复地生有、反复地创造生命、物类，阴阳之道就是大量地创造出生命。日新：每天都有新的创造，那就叫盛德。生生之谓易，成象之谓乾，效法之谓坤，极数知来之谓占，通变之谓事，阴阳不测之谓神：生了又生，生生不止就叫作变易，形成天象就叫乾，仿效大地的法则那就叫作坤，竭尽《易经》里面六、九、七、八这样的数，极尽数去预知未来，通达变化之道那就叫作了解事态。阴阳变化不可测定是《易经》的神妙。这里解释了乾坤、占噬、神等的概念，而且在这里提出了最核心的观点就是富有即为大业，日新即为圣德，生生之谓易，强调创造精神，强调事业的开创性，而这种创造总是通过变化来进行的。日新、生生之谓易都来自《易经》，这是一个很重要的思想。

下面讲第八章，孔子解易的例子。同人：先号啕而后笑。号啕就是大哭，这个卦是先哭后笑。怎么解释先哭后笑和同人？孔子抓住了一个点去展开。这个句子是解释跟人和谐相处的。能够和谐相处就是做到先悲后喜，即使经历了曲折最后也会得到善终，得到福分。子曰：“君子之道，或出或处，或默或语。二人同心，其利断金。同心之言，其臭如兰。”君子的立身处世之道、君子的原则，是要么出去做官，要么隐居在家，要么沉默不言，要么发表自己的看法。两个人心意相通，即人和人心意相同，那么他们团结起来的力量就像锋利的宝剑可以切断金属一样。心里相通的话，他们的气味就像兰草一样芬芳。孔子是抓住同心来解这一句话的。心里相通时人和人有一种关系，就会产生巨大的力量。其实这是对《易经》有了很大的发挥，它讲到了几个很重要的问题。一是出处问题。中国古代知识分子在这个问题上到底是出还是处是一个艰难的选择，出去做官有凶险，在家为民虽然自由但不能实现自己的志向，所以出处问题纠缠了知识分子几千年。二是二人同心的问题。“其利断金”这句话在社会上影响很大，讲的是人和人之间、同伴之间、朋友之间的一种相知同心，能够产生巨大的力量，它体现了现代商业社会一加一大于二的道理，强调的是一种团结协作，互惠双赢。孔子解易对我们有借鉴的意义。

第八章最后一段：“作《易》者，其知盗乎？《易》曰：负且乘，致寇至。”这一句话是从解卦里面来的。解卦的六三爻辞说，负就是背着东西，乘就是去坐车，背着东西去坐车，就会导致盗寇前来抢劫。孔子是怎么解释的呢？作《易经》的人应该懂得盗寇的事情，懂得打劫这类事。“负也者，小人之事也。”背负很重的东西是小人应该做的事情。“乘也者，君子之器也。盗思夺之矣。”车辆是君子乘坐的器具，小人是不能坐的。过去等级很严，背着东西是小人的事，坐着车子是君子的事，现在你以小人的身份去坐君子的车，强盗就要来抢了。所以说“上慢下暴，盗思伐之矣。”上层的领导人物讲轻慢的话（慢，随意），下面的百姓就会爆裂，这时强盗盗寇就想着攻打这个国家。“慢藏诲盗，冶容诲淫。”藏，收藏财务；慢，随意；诲盗，偷盗。一个人收藏自己的钱财、珍贵的东西很随意的话，就会招致别人来偷你的东西；一个女子打扮得非常妖艳的话，就会导致淫乱。孔子解释这句话时，引申为背着东西坐车，然后再引申到社会上去。孔子在政治上是保守者，严格地维护西周的礼制，他认为社会一定要分层次，一定要稳定。背东西的人就是背东西的人，坐车的人就是坐车的人，身份不能乱，等级不能乱，社会结构不能乱，社会结构一旦乱了盗寇就会出来了，社会就没法治理了。

《系辞》上传第十二章，“是故形而上者谓之道，形而下者谓之器。化而裁之谓之变，推而行之谓之通，举而错之天下之民谓之事业。”解释这段话，形而上者谓之道，形而下者谓之器：形而上者就是道。超越了具体的物理形态的东西，叫作形而上者，没有超越物理形态的东西，就叫作形而下者。举个例子，这杯水有具体的物理形态，有颜色、容量、构造，是可以描述的，这是形而下者。房子有多大、多高，多宽，内部什么构造，这些都是可以描述的，是形而下者。看得见的、摸得着的、可以描述的都是形而下者。形而上者是没法描述的，情感、信仰、原则、理智、意志等。形而上者超越了具体物理形态的东西，就是道。形而上学是一种孤立的、静止的、一成不变的观点，形而上是相对形而下而言的。化而裁之谓之变，推而行之谓之通，举而错之天下之民谓之事业：化育万物然后加以制裁叫作变，推广变化之道，推行于天下叫作通，然后把这些道理应用于天下的百姓就叫作事业。中国传统看重的是形而上，不看重形而下，古代的读书人学的、用的、考的都是形而上的东西，治国家、治百姓也都是用的这些东西，所以对科技不重视，因为科技主要是做形而下的。中国几千年来都是不看重器和术的，看重的是计和易，是大的学问，即道。而中国现在却相反，看重的恰恰就是技术、科技。

《系辞》下传第一章的最后一节，“天地之大德曰生，圣人之大宝曰位。何以守位？曰仁。何以聚人？曰财。理财正辞、禁民为非曰义。”这一节讲得干净、孑然、简洁，所以影响很大。天地之大德曰生，圣人之大宝曰位：天地就是乾坤，天地最伟大的德行就是生出万物，圣人最宝贵的东西就是崇高的地位。何以守位？曰仁：既然如此的话，靠什么守住崇高的地位？只有靠仁爱、仁德才能守住。何以聚人？曰财：用什么来聚集人心、得到人民的挚爱呢？只有财。这句话讲得很实在，守位靠的是忍耐、仁德，但是要收买人心、让老百姓拥护，就得靠钱。简单地理解就是老百姓要有吃有穿才能够活下去，他们不管高深的道理和学问。理财正辞、禁民为非曰义：理好财务、端正言辞，禁止老百姓去做不好的事情，就叫作义。其实人和财是两个东西，君子敬德修业，所以要把仁和财结合起来，假如只重财不重仁，就是奸商，有财又讲仁，才是儒商。

第二章第一则非常重要，它强调了卦的重要意义以及卦的起源：“古者包牺氏之王天下也，仰则观象于天，俯则观法于地，观鸟兽之文与地之宜，近取诸身，远取诸物，于是始作八卦，以通神明之德，以类万物之情。作结绳而为网罟，以佃以渔，盖取诸离。”这段讲到了八卦的起源，伏羲八卦的依据就在这里。古者包牺氏之王天下也，仰则观象于天，俯则观法于地，观鸟兽之文与地之宜：古代伏羲氏统治天下的时候，他仰头向上观察天、天象、日月星辰，低头观察大地的高下生降这样的法则，然后再观察飞禽走兽身上的纹理、鸟兽的皮毛，还去观察适宜生长在大地上的植物。近取诸身，远取诸物，于是始作八卦，以通神明之德，以类万物之情：即就近取人身，远处取法外物、物象，在这基础上创造出八卦，用八卦的符号来贯通神妙光明的德行，用八卦按类区分万物的形状，这就是创造八卦的传说。中国远古时候重要的物品都是在卦形符号的启发下创造出来的，卦形符号对于中国人具有重要意义，几乎所有重要的东西都是八卦符号的再现。

作结绳而为网罟，以佃以渔，盖取诸离：伏羲氏做成罗网，用这个网来打猎、捕鱼。这取自于离卦。离卦中间有两个缺口，离很像网孔，中国之所以发明网，就是受离卦的卦形符号的影响创造出来的。

“伏羲没，神农氏作”，伏羲氏死了，神农氏出来了。神农氏是传说人物，是龙颜之身。“斫木为耜，揉木为耒”，用火烧木头搞弯。耒，是手握的犁柄。“耒耨之利，以教天下”，取自于易卦，根据易卦创造了犁。“日中为市，致天下之民，聚天下之货，交易而退，各得其所，盖取诸《噬嗑》。”日中就是中午，中午开办的集市，招致天下的百姓，聚集天下的财物，交相贸易再回家去，各自得到他们想要的物品。古代的交易是以货易货，这里讲的是商业、市场。这里就将古代市场的基本特性讲出来了，开市的时间是中午，参加市场的人有天下的百姓，货物有天下各种各样的货财。市场、交易、贸易的发明也是受到《易经》卦形的启示，“交易”这个词就出自这个地方。“神农氏没”，神农氏死了，“黄帝、尧、舜氏作”，又出来三个著名的君主，即黄帝、尧、舜。“通其变，使民不倦”，汇通事物和前人种种变化的规律，治理百姓，让天下的百姓不至于懈怠，“神而化之”，随着时代发生变化，“使民宜之”，让老百姓都能适应这一切的变化。“易穷则变，变则通，通则久。”《易经》最根本的道理就是这几个字，即事物一旦没有路走了、穷尽了，就一定要发生变化，只有变化了才能发展畅通，只有畅通了才能够持久，有个成语叫作“穷则思变”就是从这里来的。穷，穷尽，没有路走。这里没有任何的政治色彩，所有的事物都是这样。“自天佑之，吉无不利”，因此才能得到上天的保佑，从而吉祥有利，所以黄帝、尧、舜这些古代著名的君主“垂衣裳而天下治”，非常容易和轻松地就让天下太平了。这个事取自于乾坤卦，乾坤的道理就是讲天地和治国的。

“刳木为舟，剡木为楫，舟楫之利，以济不通，致远以利天下，盖取诸涣。”挖木头做一个独木舟，砍树木做楫，舟桨的好处是渡过江河。长江是天险，有了船就可以渡过不同的江河，然后到达远方，使天下的人民得到好处。“服牛乘马，引重致远，以利天下，盖取诸随。”用牛来驾车或骑着马去旅行，拉着很重的东西，到达遥远的地方，从而使天下得利。“重门击柝，以待暴客，盖取诸豫。”为了防备强盗，设置一层一层的防盗门，敲打着梆子。

这取自于豫卦。“断木为杵，掘地为臼，杵臼之利，万民以济，盖取诸小过。弦木为弧，剡木为矢，弧矢之利，以威天下，盖取诸睽。取自于睽卦，上古穴居而野处，后世圣人易之以宫室，上栋下宇，以待风雨，盖取诸大壮。”这是讲远古的文明史。远古的时候人们是怎么住的？住在洞穴里、野外。后来圣人用公室、房屋改变了这种居住状态，上面有栋梁下面有屋梁，用来防备风雨的侵蚀。这个取自于大壮卦。“古之葬者，厚衣之以薪，葬之中野，不封不树，丧期无数。后世圣人易之以棺椁，盖取诸大过。”古代死了人要埋葬的时候，用柴草把他厚厚地包裹起来，葬在原野之中，既不堆土堆也不种松柏树。中国的传统就是死了人堆土堆、种松柏树，有钱的种两棵，富贵人家种一大片松柏林。丧葬制度在中国非常重要，对于人民的生活影响很大。“不封不树，丧期无数。”守丧的日期没有一定的数目。战国以后守丧的规定就很严格了，父母亲的丧，是正丧，守三年；妻子去世，偏丧一年，这是坚定不移的，一直执行了两千多年。“后世圣人易之以棺椁，盖取诸大过。”后世圣人用棺材来埋葬。“上古结绳而治”，上古的时候拿绳子打个结来治理国家，打一个大结就是大事，打一个小结就是小事。“后世圣人易之以书契，百官以治，万民以察，盖取诸夬。”最重要的东西都是从《易经》里的卦象出来的，特别是文化方面的丧葬制度、文字的发明，都受到了它的影响。丧葬制度是古代最核心的内容，文字发明就更加重要了，因为它使人类知识文明的积累成为现实。没有文字的时候，用一辈子积累的东西，让儿子来继承也需要花一辈子；有了文字后，可以将一辈子积累的东西写在一本书上，儿子只需花一年两年就了解了，余下的几十年就可以去创造、学习新的东西了，所以文字极为重要。以上都是从《易经》里来的，可见《易经》在人们心目中的重要地位。

根据郭建勋教授2012年4月20日在三智道商企业家国学高研班九期班讲课录音整理

意思就是烧掉经书，拆毁佛寺改建民居，让僧侣还俗成为劳动者。可是韩愈的建议没有得到唐宪宗的采纳，反而被贬到潮州去了。韩愈之所以反对佛教是为了使儒学被遮蔽、被压制的东西回到思想的前台，所以韩愈为了反对佛教做了一篇文章《原道》，在文章的一开始就说："仁与义为定名，道与德为虚位。"意思是说仁和义是一个确定的名称，比如说："博爱之谓仁，行而宜之谓义。"（意为：仁就是广博的爱人，义就是选择正确的价值去施行。）道和德是一个概念、一个名称，各家各派的学说都可以装到这个概念和名称里，道家有道家之道，佛家有佛家之道，儒家有儒家之道。韩愈就是要用儒家之道将佛教推下去，使儒学从新回到思想史的前台，所以韩愈要表彰《大学》。

韩愈认为《大学》全面地代表了儒学的核心价值观念和修养方法。就是说在儒学里面找一本既简明扼要，又内容丰富的书，韩愈认为《大学》是最合适的，因为《大学》讲到了"三纲领，八条目"，代表了儒家的核心价值观、修养方法以及儒家全部的思想内容。另外，韩愈还推尊《孟子》，孟子在先秦的时候只是一个名人，只是将他当作诸子里面特别著名的人物，并未将它上升为经书。当时的经书就是《六经》即《诗》《书》《礼》《乐》《易》《春秋》，其中《乐经》遗失，只余五经，所以在汉武帝时立"五经博士"（博士在这里是官职），每一名博士都给予很高的待遇，但是不让他议论国家的正事，只是要他们传授经书、教育弟子及注释经书。《孟子》在当时作为子书当中的一本。到韩愈时，他认为要特别表彰《孟子》，因为"孟子拒杨墨（即杨朱和墨翟）"，韩愈认为这种精神很伟大，所以韩愈要以"孟子拒杨墨"的精神来反对佛教，因此韩愈大力地表彰《孟子》。

另外《中庸》这本书也是《礼记》里面的一篇，在唐朝以前只有六朝的梁武帝为《中庸》做过注，也没有引起特别的重视，可是到中唐以后，韩愈的弟子李翱大力地表彰《中庸》。到宋代二程开始表彰《四书》，《论语》和《孟子》本来就很出名，再把《大学》和《中庸》加进去这样就形成了《四书》。而朱熹这位"宋程理学"的集大成者，他给予《四书》以特别关注，他认为学《五经》"费力多而得效少"，学《四书》则是"费力少而得效多"。《五经》是非常庞大的，里面的名故、度数、制度具体的概念非常的繁杂，按照朱熹的说法《五经》就是为了给人指示修身的方向，他说：“与其读《五经》，那么不如读《四书》。”《四书》更加鲜明、更加切近地提出人的修养目标和修养方法，朱熹举了一个例子：读《五经》就像大禾做饭，读《四书》就像吃现成饭。因此朱熹有一句话：“《四书》者，《五经》之阶梯也。”朱熹认为《四书》最简明扼要地把《五经》的内容概括起来，所以朱熹花了一辈子的精力来注释《四书》，最有名的就是《四书章句集注》。在朱熹活着的时候，因为得罪政敌，他的学术遭到压制，到宋理宗时才开始表彰朱熹的学说。到元朝时，蒙古人仿用宋代的科举制度，而科举的标准教科书就是这本《四书章句集注》，考官出题以及考生答题都不能超出或违背这本书的内容，所以当时有很多人为了科举终生研究《四书》，不但要背诵《四书》本文，甚至有些朱熹的注也要背诵下来，因为这在答题时非常有用。然后明、清两代都沿用了这种科举制度。因此这本书随着科举考试的制度逐渐被确立、推广，《四书》以前所未有的广度和深度推展到中国社会的各个层面。

《四书》取代《五经》这是中国学术史上的一件大事，这标志着儒家学说向着下层社会推进。在先秦的时候有文化的人不是很多，在孔子之前还没有开私人讲学之风，那时候有文化知识的人更少。当时有文化的人多是官吏，因为有文化的人才可以做官，这些人掌握着所做官职管辖范围之内的知识，别的人是不可能知道的。自从孔子开私人讲学之风，开始大量地招收弟子，当时有“弟子三千，贤人七十二”的说法，这就是文化的一个下移（下移：向下推展）。随着中国文化逐渐向前发展，到宋代以后又是一个下移，这个下移就是以《四书》为标志。《四书》创立以后，人们逐渐把《五经》放在一边，开始研习《四书》，《五经》只是专家之业，就是少数文化特别高的知识分子，为了解释经书，为了传承经书，为了发挥他自己解释经书的心得来研究经书。一般的读书人则把经书放到一边，大量地读《四书》。到元朝以后《四书》的分量和《五经》基本是并重的。到了明朝以后就已经向《四书》倾斜了，科举考试第一场就是考《四书》，如果《四书》的卷子答得好，后面的如《五经》和策论的卷子，考官再继续看，反之考官根本用不着看，因此《四书》在当时是最重要的。

到明代王阳明时，王阳明的学说极度平民化，前面朱熹是为“学者立法”，是为了教导学者，王阳明学说则主要是为了教导一般人，黄童白叟甚至不认识字的人都可以听王阳明的学说。随着阳明弟子向各地传播阳明学说，《四书》的影响越来越大。阳明学说主要讲“孝、悌、慈”都是下层平民感兴趣的，他们对《五经》里的高深内容则不感兴趣。下层平民最感兴趣的还是最切近的问题，所以《大学》里面讲的“孝、悌、慈”这三者到明代中期以后得到极大的推展，因为明代中期以后，科举又得到发展，当时从事科举的人很多，但是考中的人很少，大部分考不中的人怎么办？有的到家族的私塾去讲学，有的到民间或者是民间书院去讲学。当时书院林立，例如王阳明的大弟子杨龙溪，他是王阳明最得意的弟子，曾中过进士，但是他没有去做官，而是到处去讲学，根据史料记载：王龙溪无日不讲学，家庭就像旅社一样，因为王龙溪是王阳明晚年的弟子，人们都以为他得到王阳明的真传，所以到处去请他讲学。到了明代中后期随着科举考试的扩大以及民间讲学的扩大，《四书》又一步向民间渗透，如果说在宋朝向民间渗透主要是知识分子层面，那么到了明朝中后期以后，《四书》向民间渗透就主要是以普通百姓为主。王阳明的学说是极其平民化的，他曾说：我的这个学问公卿大夫可以学，山村里的卖柴汉也可以学。所以我们说《四书》它是一个随着中国文化的不断下移，不断向各界渗透的一个过程。从中也可以看出《四书》的影响之大，正因为《四书》影响之大，所以才成为后世人人必读之书。

而《大学》《论语》在古代都是开蒙读物，就是说过去小学生 7 岁入私塾就开始学的东西。但是在先秦时，《大学》学的比较晚。《大学》为什么叫“大学”？它是相对于“小学”来说。在先秦时，7 岁小孩入开始小学，先学洒扫、应对、进退之学，再学识字和算术等课程，到 14 岁开始进入大学。进入大学学什么？学习治国、平天下的学问，所以“大学”有两个意思：一个是对于年龄来说，一个是从内容来说。开始学习《大学》要先学朱熹的《大学章句序》，朱熹的意思是《大学》是“古人入德之门”，现在能看到古人的教学内容全赖这本书。另外，朱熹除了以终生力量为《四书》做注以外，还为读《四书》排了一个顺序，这个顺序可以说是《四书》的逻辑结构，这个逻辑是：“先学《大学》定其规模，次读《论语》立其根本，次读《孟子》观其发越，次读《中庸》见古人之微妙处。”意思就是《大学》可以作为整个儒家的学术规模，规模就是表示一套学问的范围和最重要的学说宗旨纲领。《大学》的核心内容是三纲领：明明德、亲民、止于至善；八条目：格物、致知、诚意、正心、修身、齐家、治国、平天下。三纲领是儒家学说的纲领，八条目是达到这三个纲领的八个步骤。《大学》浓缩地概括了儒家学术的主要内容。

接下来次读《论语》，为什么次读《论语》？因为仅仅概括地掌握一个学术的内容是不够的，还要往下深入地学，所以要用《论语》打基础，因为《论语》是具体地教做人做事，孔子的《论语》是在不同时间、不同地点来教授弟子该如何做，不同的学生有不同的回答，不同的时间地点有不同的回答，少则几个字多则几十个字，没有长篇大论但是非常具体。例如《论语》开篇："学而时习之，不亦悦乎？有朋自远方来，不亦乐乎？人不知而不愠，不亦君子乎？"还有"吾日三省吾身：为人谋而不忠乎？与朋友交而不信乎？传不习乎？"以及孔子讲到什么是仁？孔子说："恭、宽、信、敏、惠。"恭就是对别人要恭敬；宽就是宽厚待人，心胸宽大；信就是信实，诚信；敏就是做事要敏捷，不要懒惰；惠就是做事要求效率，不要空口说白话。

掌握《论语》如何做人做事以后，接下来要读《孟子》，因为《孟子》是对于《论语》的发挥，孔子讲的比较具体的，孟子把它上升到比较高的高度，比如《论语》里面一句比较有名的话，子贡曰："夫子之文章，可得而闻也，夫子之言性与天道，不可得而闻也。"意思是孔子讲给我们《五经》里面的文章，我们可以听得到；但是像人性和天道这样比较深奥、比较形象学的问题呢？我们没有听到孔子讲过。而这些孔子没有讲过的问题，到了孟子做了很多发挥，比如人性问题，孟子大讲"性善论"；孔子讲性是"性相近，习相远"。孟子讲性善，而且做了很多发挥，典型的发挥就是："今人乍见孺子入井，必有怵惕恻隐之心。"说见到小孩子一步步掉进了井里，人们都有怵惕恻隐之心，说人们有这种心情并不是想结交这个小孩的父母，也不是为了在乡党朋友之间获得一个见义勇为的名声，也不是厌恶小孩掉进水里难听的哭声，这完全出自于人的本性的当下一念。当然也有转念，如要救这个小孩，突然想到自己也有生命危险，于是他就不去救人了，这属于转念。人只要看到小孩掉到井里，必然有怵惕恻隐之心，这是人的本心、是人的本念，至于以后牵扯到利益和各种各样的想法，这属于转念。孟子抓住人当下具体的本心，认为这就是性善的根据，所以孟子讲“性善论”。

还有天道，天在孔子这里是不可以亵渎的，但要远离的东西，孔子对于天和鬼神都抱着敬而远之的态度，孔子非常喜欢的子产有一句话：“天道远，人道尔，非所及也。”因此孔子非常注重当下的人的修养问题，像比较玄远的“天、道、性”孔子不讲。但是孟子则大力的发挥，比如说孟子一句有名的话：“尽心，知性，知天。”在孟子眼里天道原则与人道原则是一致的，这直接影响到《中庸》和《易传》，比如《易传》里面有一句话：“天地之大德曰生，生生之谓易，日新谓之生德。”意思是说：天地最大的德行是生生不息，生而又生，如果天地生命活动停止了，天地就死寂了，所以天地最大的德行是它有无限的生命力。儒家抓住这点，认为这就是天地的德行，天地的德行和人的德行是一致的，天人合一。从这里就可以看出孟子对孔子没讲的东西进行了大力的发挥，我们说一个学问必须突破具体，必须要进入一般的层面，这样的学问才是有深度的，才是可以管辖很广的范围的。就像古希腊哲学家柏拉图的“洞穴之喻”一样，从洞穴里跳出来才可以看到广大的天空。也就是说人必须掌握理论，必须掌握一般，必须超脱具体。那么我们说孟子的学说是对孔子学说的扩大，对孔子讲的很具体的东西进行了发挥。

读了《孟子》，对儒家的道理有了较为深广的掌握以后，最后要了解儒家最微妙的地方，读《中庸》就可以“见古人微妙处”。《中庸》的第一句：“天命之谓性，率性之谓道，修道之谓教。”讲的是：天命与人性，如何修道以及如何对人教化，不断地提升自己。再往下讲“慎独”，“慎独”就是在自己独自一人可以知道的情况下要更加地谨慎，在这个自己为所欲为的情况下要自律，要约束自己，所以儒家是讲自律的学问，因此非常重视慎独。再往下讲的是“中和”：“喜怒哀乐之未发谓之中，发而皆中节谓之和。中也者天下之大本也，和也者天下之达道也。”就是说“中”与“和”是天下最本质的东西，天地就是最大的和谐体，正因为和谐它是一个中道。另外，《中庸》讲“诚”，“诚者，天之道也。诚之者，人之道也。”天地是最大的诚体，诚本来是描述人的行为方式，而儒家则把“诚”字当作核心哲学概念的对待，这是一个哲学范畴，诚表示宇宙有它的规律，每一个事物都有它自己的规律，整个宇宙就是最大的诚，每一个具体事物都在诚中运行，人的行为要效法这个诚，所以诚者是天道本身，诚之者就是像诚学习使人达到诚。

《中庸》讲的这些都是对儒学体会最深的人的独特体验，这个顺序就像读建筑学院，要先学习《建筑学概论》知道建筑学是怎么一回事以及它的范围和内容，这是《大学》做的工作；再往下就是打基础，学习力学、结构学等使你打好基础，这是《论语》的工作；再往下就是《孟子》的工作，在打好的基础上进行扩充，类似于学习工业建筑、民用建筑等突破最一般的东西；最后讲一下大师的建筑案例，这是《中庸》做的工作，像将贝聿铭等建筑大师的作品进行分析，分析它的妙处在什么地方？任何学问都是这样：有最概括的东西、有最基础的东西、有发挥的东西、有微妙的东西，儒学也是这样有一个循序渐进的过程，因此朱熹的这个读《四书》的顺序非常好。朱熹是一个学问大家，《五经》都做了注释，即使有些没有注释，也由他的弟子来完成，例如《书经》朱熹只是做了一个题例，由他的弟子蔡沈来完成；还有《春秋》，朱熹没有做，最后由他的弟子完成。

下面我们精讲《大学》，《大学》比较短，按照朱熹的说法前面是“经”共两百多字，后面是“传”共一千五百多字，一共一千七百多字，但是包含非常重要的内容。《大学》开篇就讲：“大学之道，在明明德，在亲民，在止于至善。”这是《大学》的三纲领，意思是：大学的全部要点在于明明德、亲民、止于至善。第一步是“明明德”，第一个“明”字是动词，发挥的意思；第二个“明”字是形容词，光明的意思，合起来就是发挥光明的德行，在这里儒家确定人都有一个光明的德行。而道家和法家不这么认为，老子讲：“天道不仁，以万物为刍狗，圣人不仁，以百姓为刍狗。”刍狗：草扎的狗，加以装饰后，用于祭祀。就是说没有祭祀的时候，它显得很尊贵，祭祀完后，它的使命完成了，就被扔在地下任人践踏，变成很轻贱的东西。按照老子的说法，天地并没有仁德，它对待万物都是普遍的爱心，就像刍狗一样，万物都没有价值，因为“天道自然”，所以并不特别偏爱，也不特别憎恶。在儒家眼里圣人是有最大的爱心的，与天地万物为一体，不但爱人还普爱万物，对天地间的一切充满爱心；而在道家眼里圣人就是和自然为一的人，自然就是自然而然，这就是老子一句有名的话："人法地，地法天，天法道，道法自然。"在儒家看来人是血肉之躯，是由"气"构成的，中国古代的物质构成论就是"气"的学说，在古人看来天地万物多是由"气"构成的，人也不例外，由于"气"有好战、有好争夺的性质，反映在人性上使荀子认为"人性恶"，因此才有了："人之性恶，其善伪也。"到《大学》这里朱熹解释明明德，首先他承认孟子的学说：人都有一个光明的德行。另外他也承认人因为有欲望而遮盖蒙蔽了人本有的德行，人后天的全部努力就是将遮盖住的光明德性发挥出来。所以儒家都主张复性说，而复性说在儒家是比较广泛地被人接受的。

这是第一步，接下来第二步是"亲民"，而后世在究竟是"亲"民还是"新"民有争论，例如二程认为是新民，因为后面引用《诗经》的话都贴近"新"字。而另外一些学者则认为是亲民，讲亲民是因为不能自己明明德，要到百姓当中通过做具体的事来明德，所以要亲民，亲民就是亲近百姓，王阳明就持这个观点。究竟是亲民还是新民，学者们各执一词，正执不下。其实这两种说法都有道理，讲新民是注重教化百姓，讲亲民是注重亲近百姓。

第三步"止于至善"，止是停止的意思，至善就是儒家认同的最高价值标准，意思是说：儒家式的君子要进行自我修养，要不断地提升自己，最后不达到你能达到的高点不停止。德行到哪一点算最高是没法规定的，因此它只是指明一个方向，不断地提升自己、不断地进步，以求达到最高点，这就是止于至善。"知止而后有定"就是知道了止于至善你就确定了方向，你就以至善的目标去追求。"定而后能静"就是你确定了方向，你的心就安静下来了。"静而后能安"意思是你的心里安静下来了，你才能安然地去做，不会疑惑彷徨。"安而后能虑"意思是只有你安然了，才能去正确的思考。"虑而后能得"就是只有你正确的去思虑以后，才能得到正确的结论。《大学》在这里讲了一个很重的方面，就是人要有一个确定的方向。接下来"物有本末，事有终始。知所先后，则近道矣。"意思是说：任何事物都有本有末（本：重要的方面，根本的方面，末：次要的反方面，枝节的方面），任何事情都是一个发展过程，既然是发展过程就有始有终，研究一个事物要抓住它的根本，就离道不远了（道：《大学》之道）。

“古之欲明明德于天下者，先治其国；欲治其国者，先齐其家；欲齐其家者，先修其身；欲修其身者，先正其心；欲正其心者，先诚其意；欲诚其意者，先致其知；格致在格物。”意思是说：古代那些想要发挥自己光明德行的人，要先治理好一个诸侯国；要想治理好一个诸侯国，就要先处理好自己家族的事情（家：指家族，在古代课税和徭役都是以家族进行的，同时处理好家族的冠婚丧假是非常不容易的，因此古人认为在家里做事，就是为了出去做官进行实习）；要想将家族的事情治理得井井有条，首先就要修好自身；要想先修好身，就要先端正自己的心；想要端正自己的心，就要先使自己的意念真诚；想要使自己的意念真诚，就先要使自己获得知识；要想获得知识就要先广博地研究事物的道理（格：比量一个事物，格物就是广泛地研究事物，得到它的道理）。从这里可以看出古代教育和现代教育的不同，古人是把知识和修身联系在一起的，修身第一，知识第二。而现代教育则是知识第一，修身第二，因此古人要更加注重德育。

“物格而后知至，知至而后意诚，意诚而后心正，心正而后修身，身修而后家齐，家齐而后国治，国治而后天下平。”意思是：已经完成了格物就能获得知识；获得知识以后意念才能真诚；意念真诚以后心思才能端正；心思端正以后才能修身品性；修身品性之后才能将家族治理得井井有条；将家族治理得井井有条之后才能治理好诸侯国；治理好诸侯国，天下才能太平。这里从古时候就有一个疑问：“格物、致知、修身、齐家、诚意、正心”是每一个人都可以做的，而“治国、平天下”都是世袭的天子和诸侯王的事情，为什么还要学？朱熹对此有一个回答：学习治国平、天下的人虽然没有机会做天子或是诸侯王，但是必须懂得治国平天下的这套知识，因为治国、平天下是大家的事，即使没有机会做诸侯王或者天子，也要懂这套知识。因此朱熹认为，《大学》不仅仅是天子或是诸侯王要学，作为公卿、大夫、后备军的天下读书人也要学。

“自天子以至于庶人，壹是皆以修身为本。其本乱，而末治者否矣。其所厚者薄，其所薄者厚，未之有也。”意思是说：上至君王下至百姓，所有人都以修身为根本。若是根本都没有修好，则枝节的事情要做好是没有可能的。将应该重视的事情忽略了，本应忽略的事情却加以重视，想要达到目的，这也是从来没有的事。

此章朱本称“经一章”。我们知道以前《大学》是不分经和传的，但是朱熹在做学问的时候有一个倾向性，喜欢分经和传，经就是最核心的部分，传则是对于核心部分的解释。写文章就是这样的做法，开始有一个论点，后来的东西多是围绕着这个论点来论证，按照朱熹的说法，经就是论点，传就是对于经的解释，所以他把《大学》也做了分章，分为“经一章”和“传十章”。传一共有十章，经的每一个条目都对应传的一章，所以传一共有十章。传是曾子的意思，由曾子的门人记载下来，朱熹说“旧本颇有错简”，这里的“旧本”就是指《礼记·大学》的那一篇。我们现在看到的都是根据朱熹的《大学章句集注》整理的，称为新本。朱熹认为《礼记》里面那一篇有很多的错简，错简就是次序倒乱，因为过去的书是竹简，由丝绳或者是皮绳串联起来，而长期的磨损，使丝绳或是皮绳磨断了，导致竹简散乱，次序就倒乱了，这就是错简。朱熹根据程子（程颐）的意思，还有别的经文的次序，重新规定了一次次序，一共1546个字。在中国古代，对于文字有一种崇拜的心情，特别是对于经书，觉得能把经书里面的文字和自己所说的话对应起来，不做发挥就已经很有说服力了，所以“引用”在古代是一种加强说服力的修辞手法。

传之首章，释明明德。首章都是引用，《康诰》（《康诰》是《尚书·周书》里面的一篇）曰：“克明德。”（克：能够）意思是能够发挥光明的品德，《大甲》（《大甲》也是《尚书》里面的一篇）曰：“顾諟（shì）天之明命。”（顾：经常照看；諟：是）意思是人要时时照看天给予的光明的德行。《帝典》（《帝典》即《尚书·尧典》）曰：“克明峻德。”（克：能够，峻：高大、伟大光明）意思是能够将伟大光明的德行发挥出来。“皆自明也”，发挥光明伟大的德行最后要靠自己。老师的教诲和朋友的切磋，这些都是对于你自明明德的帮助，不能代替你。儒学是一套修身的学问，所学的也不仅仅是知识，还有修身，它是知行合一的一套学问，所以学习全部都要靠自己的领悟。以上是释明明德。

传之二章，释新民，还是引用。汤（指商朝的开国皇帝成汤，是儒家经常称道的圣王之一，儒家称道的圣王还有尧、舜、禹、周文王和周武王，以及周公、孔子）之《盘铭》（指刻在器物上用来警醒自己的箴言）曰：“苟日新，日日新，又日新。”（苟：假如）假如你能够做到日新，那么就不会停止日新、又新，就是不断提升自己的眼界、境界等，是一个逐渐进步的过程。《康诰》曰：“作新民。”（作：激励）意思是激励人们达到新的风貌。《诗》曰：“周虽旧邦，其命惟新。”意思是周朝虽然是旧的国家，但却接受新的使命。“是故君子无所不用其极”，就是说有品德的人无时不追求最完美的道德境界。

传之三章，释止于至善，这章除了引用还有发挥。《诗》云：“邦畿千里，惟民所止。”国都近郊广阔的田地，是百姓最好的居住的地方。《诗》云：“缗蛮黄鸟，止于丘隅。”缗蛮是鸟叫声，绵绵蛮叫着的黄鸟，停留在山丘的一个角落。子曰：“于止，知其所止，可以人而不如鸟乎！”孔子说：对于止这件事情，人怎么能够不如鸟呢。《诗》云：“穆穆文王，于缉熙敬止！”庄严肃穆的文王身上不断散发着光明美德。“为人君，止于仁；为人臣，止于敬；为人子，止于孝；为人父，止于慈；与国人交，止于信。”做国君的，以仁为最高目标；为臣子的，以恭敬为最高；做子女的，以孝顺为最高；做父亲的，以慈爱为最高；与国中的一般人交往，以诚信为最高。这几句包含了我们后来说的五伦，五伦在《孟子》里面表述得最广泛，即为“父子有亲；君臣有义；长幼有序；夫妇有别；朋友有信。”和《大学》中讲得基本一致。也就是说《孟子》和《大学》都很重视五伦，中国社会是一个非常重视伦常的社会，在中国不抽象地讲自由、民主、平等，讲的重点是伦常，认为人既然都在社会关系中生活就不能逃脱伦常，同时认为社会等级是客观存在的，处在这个社会等级当中的人要按社会等级去做，整个社会是和谐的。而自由、民主、平等则是西方的一个价值观念，西方倡导自由、民主、平等是因为西方文化的根底古希腊的理性哲学、古罗马的法制以及希伯来的宗教精神，和在基督教兴盛起来时政教合一对于平民百姓的压迫，特别是经过宗教改革和文艺复兴以后，自由、民主、平等成为了普遍的价值观念。在中国古代有一句话：“朝为田舍郎，暮登天子堂。”表示在中国古代可以经过科举考试进入上层社会，上层社会和下层社会没有天然的障碍，但是西方社会在过去是有障碍的，身份很低的人即使再有才华也根本进入不了上层社会。在中国古代彰显的是等级，例如齐景公问孔子说要想治理好一个国家先要怎么做，孔子回答：“必也正名乎。”就是首先要正名。又问正名的具体内容是什么，孔子说：“君君臣臣父父子子。”孔子讲这话的意思是“君、臣、父、子”要恪守自己的规范标准，因为在孔子生活的春秋时代是一个礼坏乐崩的时期，那个时候“君不君、臣不臣、父不父、子不子”的事情太多了，当时有一句话是“弑君三十六，弑父七十二”，说明了当时的混乱。因此《大学》才提出“君、臣、父、子”以及和一般人的交往方式。

下面又引用《诗经》的话：“瞻彼淇奥，绿竹猗猗。有匪君子，如切如磋，如琢如磨。瑟兮僩（xiàn）兮，赫兮喧兮。有匪君子，终不可喧（xuān）兮！”大意为：看那河水弯曲的地方，翠绿的竹子郁郁葱葱，那些文采斐然的君子研究学问，如加工骨器不断切磋，如加工美玉反复琢磨。他的内心很严谨、刚毅，他的外表光明正大。这样的君子，是令人难以忘怀的。“如切如磋者，道学也”，如切如磋是指做学问的态度；“如琢如磨者，自修也”，如琢如磨是指君子修养的精神；“瑟兮僩兮者，恂栗（xúnlì）也”，瑟兮僩兮是指君子时刻警惕自己；“赫兮喧兮者，威仪也”，赫兮喧兮指君子的外表光明正大；“有匪君子，终不可喧兮者，道盛德至善，民之不能忘也”，文采斐然的君子有至善的大德，百姓是不会忘记他的。《大学》引的这段话就说明，儒家对君子的修养是全面的。《大学》讲治国平天下不是仅仅要求一个方面，要求有很多方面：道德要高、境界要大、眼界要深入、知识要广泛，另外还要时刻注重自己的修养，对治国平天下的人要求是从道德到学问，从内心到外表有一个综合全面的要求，只有达到这样才是一般人的榜样。

接下来又引用《诗经》的话：“于戏（wūhū）！前王不忘。”啊！前朝的周文王和周武王是不会被后世忘记的。“君子贤其贤而亲其亲，小人亲其亲而利其利”，这里的君子和小人有两类：1. 有地位的人和市井小民。2. 有德行的人和德行败坏的人。意思是有地位的人能够以前代的君王为榜样，尊重贤人和亲近亲人；一般平民百姓也受到恩泽，享受安乐获得利益。“此以没世不忘也”，所以前代君王已经去世，但是人们还是永远不会忘记他们。前面明明德和亲民都没有过多地解释，只有在止于至善做了些发挥。

传之四章，释本末。子曰：“听讼，吾犹人也，必也使无讼乎！”这段话出自《论语·颜渊》，意思是审理案子，我的水平和别人差不多，假如让我来治理的话，我的目标就是没有案件发生。发生案件断得清、判得明这是次要的，没有案件发生才是主要的。在中国古代人们重视“礼”，“法”虽然也很重视，但是“法”只是在犯罪之后的惩戒，在古代大量的事情是在“礼”里面处理的，只有在“礼”处理不了，才动用法律去处理，因此在古代评价一个官员用“政平讼清”，“政平”就是政治措施做得比较好，政治上不出乱子、税收合理、老百姓生活平稳。“讼清”就是教化得好，使百姓不胡作非为，没有案件发生，这就表示官员做得好，所以在古代没有案件发生是最好的。《大学》引用《论语》的话来说明“本末”，（本：没有案子发生，末：发生案件判得好）。“无情者不得尽其辞”，假如没有案子发生，那些告刁状的、作伪证的人是没有开口的机会的。“大畏民治，此谓知本”，老百姓都服从你，这就是知道根本。这段引自《论语》的话说得很清楚，就是解释知本。

传之五章，释格物致知。“‘所谓致知在格物者，言语致吾之知，在即物而穷其理也。盖人心之灵莫不有知，而天下之物莫不有理，惟于理有未穷，故其知有不尽也。是以《大学》始教，必使学者即凡天下之物，莫不因其已知之理而益穷之，以求至乎其极。至于用力之久，而一旦豁然贯通焉，则众物之表里精粗无不到，而吾心之全体大用无不明矣。此谓格物。’此谓知之至也。”这一段一般称为“补《大学》格物传”，这一章传是补传，在《礼记·大学》是没有这一篇的，朱熹认为这一章丢失了，所以根据二程的意思将这一章补齐。明朝的王阳明不承认这一点，他认为《大学》没有必要补，《礼记·大学》篇就已经很完全了。朱熹认为“格物”是“八条目”中最基础的，所以他补了这段话，意思是要想获得知识，就必须认识、研究事物，就必须接触事物而彻底穷尽它的道理。人的心是灵动的，都有认知能力，而天下所有事物都有一定的道理，只不过这些道理还没有彻底被认识，所以是人的知识很有限的。因此《大学》一开始就叫人接触天下万事万物，用自己已有的知识去进一步探究，来彻底认识万事万物的道理。经过长期用功，总有一天会豁然贯通，到那时万事万物的里外精髓都被认识得清清楚楚，而自己内心的一切道理都得到呈现，再没有不明白的，这就叫格物致知，这就叫知识达到了顶点。

传之六章，释诚意。“所谓诚其意者：毋自欺也”，所谓诚意，首先不要自己欺骗自己。“如恶恶臭，如好好色，此之谓自谦（qiè，通慊，满足的意思）”，就像厌恶腐臭的气味，喜爱美丽的女子，这些都是发自内心的真实，使自己心满意足。“故君子必慎其独也”，所以君子要慎独，慎：谨慎，独：独处，只有自己知道的时候。儒家非常重视慎独，认为四德（即仁、义、礼、智、信）是要靠自己的约束力来约束的，同时认为四德是天生的。“小人闲居为不善，无所不至，见君子而后厌然，掩其不善，而著其善。”闲居：私底下的、不是正式的场合，意思是说：小人私底下什么坏事情都可以做出来，但是见了君子以后便遮遮掩掩，掩盖自己不好的一面，显露好的一面让人看。《大学》就发表议论：“人之视己，如见其肺肝然，则何益矣。”意识是说：别人看你，就像看透了你的五脏六腑一样，这样做假有什么好处？“此谓诚于中，形于外，故君子必慎其独也。”内心的真实总要表现到外面，所以君子在一个人的时候也要慎独。人本来就是要身心合为一体，人的学识、修养、境界等都要表现在外在的行为、语言上，甚至是具体的形貌上。例如曾国藩的《冰鉴》，鉴就是鉴别人物，意思是正确地鉴别人物，曾国藩从人的各个方面，如从长相、体态、目光、口型、走路姿势等窥测人的内心。曾子曰：“十目所视，十手所指，其严乎！”曾子（孔子的弟子）说：“每一个人都像在别人的指指点点下一样，每一个人都在盯着你，所以人一定要严正。”下面：“富润屋，德润身，心宽体胖（pán，朱熹注：胖，安舒也）”财富可以修饰你的房屋，人的德行可以滋润人的身体，心胸宽广，身体安适舒泰。“故君子诚其意”，所以君子一定要意念真诚。真诚才能做到“心宽体胖”，要不然不安、焦虑伴随着你。因此古人非常重视修德对身体的作用。

传之七章，释正心修身。“所谓修身在正其心者，身有所忿懥（zhì，愤怒）则不得其正；有所恐惧，则不得其正；有所好乐，则不得其正；有所忧患，则不得其正。心不在焉，视而不见，听而不闻，食而不知其味。此为修身在正其心。”《大学》认为要想修身，先正其心，什么叫“正心”？是因为心里有愤怒，心就不能够端正；心有畏惧或者是恐惧，心就不能端正；心里偏好、有所沉溺心就不能端正。《大学》认为如果对某些东西过分的喜好，过分的沉溺于其中不能自拔，这时候心就不在正当处；对未来的事忧患重重，心就不能够端正。心被不端正的念头所困扰，就会心不在焉；虽然在看，但却看不明；虽然在听，但却像没有听见一样；虽然在吃东西，但却不知道食物滋味。这就是说，修身必须要先端正自心。《大学》认为心要端正，不要为外物夺走心神，处在正常的状态。儒、释、道三家都强调心正，比如道家，老子特别讲心要静，道家的名言“道法自然”，万物都是自然而然的，心不要沉迷于什么，一切自然而然，心也就无所留滞。所谓留滞就是心阻滞在一个地方，不能流通，不能正常地思维。宋朝著名的理学家二程中的程颢与张横渠有一篇《论定性书》的书信讨论心如何安定，这封信说道：“心要做到动亦定静亦定，无将迎，无内外。”意思是人的心理活动任何时候都不会停止，包括睡梦中也一样。弗洛伊德曾经说过：“梦境才是人的心理的正确反映，在清醒的时候人的欲望被人的理性压抑住了，在睡觉的时候理性关闭，人心底最真实最隐秘的东西就会出来，冲破理性的闸门占据主动，所以人在睡梦中反映的东西，才是人最真实的东西。”《周易》中讲：“寂然不动，感而遂通。”程颢认为不应该让外物牵动你的心，思绪不要被事情来回地困扰，人的心应当“鉴空衡平”，事物来了就加以合理地反应，反应之后就不留痕迹，也不滞留在心中，这就是《论定性书》的核心，也就是定心。佛教非常讲定心，佛教所讲的一切归结在一起就是要定心，程颢曾经说：“看一部《华严经》不如看一个艮卦。”《华严经》讲的全部意思就是心里要有止，心不要被外物牵引，要静如止水，儒家讲的艮卦也就是这个意思（艮卦：艮者直也，象征山，山非常平静壮大，屹立不动）。佛教全部指向空，佛教讲空是为使世人看破世间万物，不要起执着，就可以保持心的空、静，这就是佛教的全部目的。

道家也是这样，它看到人类进程当中的弊病。近现代的思想家章太炎（章炳麟）有一个观点叫俱分进化论，就是一切事物都在进化，善也进化，恶也进化，人的心灵在最初是淳朴的，随着文明不断进步、知识不断扩大，善也进化、恶也进化。所以道家是看到了人类进程中恶的东西，它想摆脱这些东西，因此它对儒家是持批评态度的。儒家认为创造的一切政治制度、经济制度、法律制度是对原始淳朴人性的伤害，认为应该返回到人性的淳朴重去，到那时候人的心就很平静，也就是老子讲的："虚其心，实其腹。"人类是一个有意志、有欲望、有思虑的高级发达的动物，正因为高级、发达，所以人的思想很复杂，复杂里面有善的东西、有恶的东西，《大学》希望人的心要安静、公平、公正，所以正心要有正确的思想方法，不要被人各种各样的情感、欲望所左右，这就是它所讲的正心。

传之八章，释修身齐家。"所谓齐其家在修其身者，人之其所亲爱而辟焉，之其所贱恶（wù）而辟焉，之其所畏敬而辟焉，之其所哀矜而辟焉，之其所敖惰而辟焉。"辟是偏颇、偏斜的意思，《大学》这句话的意思是：要想齐家就要先对个人进行修身，人的身上有很多的毛病，每一个人都会对所亲所爱的人有偏爱，给予更多的关照；对于自己厌恶和轻贱的人会有所偏颇，往往会更加的轻贱厌恶；对于自己畏惧的人会有所偏颇，往往会更加敬畏；对于自己同情的人会有所偏颇，往往会过分地同情；对于自己轻视和怠慢的人会有所偏颇，往往会过分地轻视和怠慢。《大学》在这里提出五种典型的情况：亲爱、贱恶、畏敬、哀矜以及敖惰都会发生偏辟，因此《大学》下面说："故好而知其恶，恶而知其美者，天下鲜矣。"因此，喜爱一个人的时候知道他的缺点，厌恶一个人的时候知道他的优点，能够做到这点的人天下少见。《大学》在这里反复向人们提醒在思想方法上一定要全面，一定不能因人废言，也不能因言废人，要处在符合事物本来面目的状态，不能被个人的情绪所左右，这是修身最基本的东西，同时又引用当时的谚语："人莫知其子之恶，莫知其苗之硕。"就是人都看不到自己孩子身上的弱点，人都不知道自己的庄稼长得好。朱熹在这里有一个注释："溺爱者不明，贪得者无厌。"意思是：人溺爱自己的孩子，因此蒙蔽了你的双眼；想得到的东西太多了，贪欲就会蒙蔽你。这是战国时代的谚语，因此可以看出古代人和现代人思想感情是差不多的，哲学家提出的问题虽然是古代的，仍然能解决现代性的问题，因为人就是人，人的情感、欲望以及各种各样的才能几千年来是没有太大的变化的。不过人所面对的问题不同，人的智力古今差异并不大，所以《大学》告诫人们要想"齐家"先要"修身"，要想"修身"首先要正、要公以及思想方法要平正，不能被其他的东西夺走，这是《大学》对于修身反复强调的。

传之九章，释齐家治国。"齐家"这部分内容《大学》说了很多，"所谓治国必先齐其家者，其家不可教而能教人者，无之。故君子不出家而成教于国。孝者，所以事君也；弟（tì，同悌）者，所以事长也；慈者，所以使众也。”想要想治理好诸侯国，首先要把家族治理好，家族都没治理好那么想教导好国人，是没有可能的。君子可以把家族治理好就等于可以把国家事情办理好。第一要孝，在家能够孝顺父母，出门办事就能侍奉好你的君主。在这里中国人有一个根深蒂固的观念：忠臣必出于孝子之门，对国家尽忠首先要在家里尽孝，从小对家里尽孝就是培养对国家尽忠，所以关于孝儒家非常注重，孔子讲孝就讲得比较多，例如孔子对孝的认知就是对父母有一种爱心，是对父母的敬，《礼记》里面有句话：“大孝尊亲，中孝勿辱，其下能养。”就是大孝的人能把父母奉养起来，中等的孝是不侮辱父母，最下的是孝供养父母的饮食；《论语》有句话最能表现孝：“父母唯其疾之忧。”后来根据孔子和孟子讲孝就有一本书叫《孝经》，《孝经》对中国社会影响很大，《孝经》成书于战国末期，在西汉就非常受人推崇，开篇就讲：“身体发肤受之父母，不敢毁伤，孝之始也。立身行道，扬名于后世，以显父母，孝之终也。”儒家也有句话说：“父母全而生之，子女全而归之。”意思是说没有特别的缘故，不能轻易损伤你父母给予的身体。第二要悌，在家能够尊敬兄长，出门办事就能侍奉尊长；第三要慈，在家能够慈爱子女，出门办事就能爱护百姓。《大学》认为人首先在家里要养成慈爱幼者、慈爱弱者的风气，出门办事才能合理的衣食百姓，才能将百姓当作你的子民，才能真正地爱护百姓，才能做好父母官，所以《大学》认为在家族里的行为就是为出门为国家做事的实习。在家里就是孝、悌、慈，所以引《康诰》里面的话：“如保赤子”意思就是说：爱百姓如同爱护婴儿一样。“心诚求之，虽不中不远矣。”内心有这种仁爱的追求，即使达不到目标，也不会相差太远。“未有学养子而后嫁者也”，没有人先学会了如何养护孩子再去嫁人的。

“一家仁，一国兴仁；一家让，一国兴让；一人贪戾，一国作乱。”在家里做事的时候是礼让、仁爱的作风，那么在为国家办事的时候就会把仁爱的作风带到工作中，并兴起仁爱；在家里做事的时候能够忍让、谦虚，在出门办事的时候就会兴起忍让之风；在家族做事的时候就贪婪暴戾，在为国家做事时把这种作风带进去，就会使国家动乱。“其机如此”，其关联就是这样紧密。“此谓一言偾事，一言定国。”这就叫作一句话可以败坏大事，一个人可以安定国家。“尧舜帅天下以仁，而民从之”，尧和舜用仁统率天下，百姓就跟随着学仁爱。“桀纣帅天下以暴，而民从之”，夏桀和商纣用残暴统率天下，百姓就跟随着学残暴。这两句话的意思是有什么样的领导人，就会形成什么样的民风。“其所令反其所好，而民不从”，国君的命令与自己实际的做法相反，百姓是不会依从的。《大学》这里强调的是管理国家的作风是会影响到百姓的，因此管理国家的人的一言一行是非常重要的，要想治理好国家先在家族里锻炼好自己。“是故有诸己而后求诸人，无诸己而后非诸人”，所以有品德的君子总是自己先做到，再要求别人做到；自己先不这样做，然后才要求别人不这样做。“所藏乎身不恕，而能喻诸人者，未之有也。”如果自己首先做不到宽容大度的品格，你想叫别人做到这样，那是未曾有过的。“故治国在齐其家”，所以要治理好国家先要治理好自己的家族。

《大学》的三纲领、八条目中的八条目是一环扣一环的，要求一步比一步高，步步推进，所以《大学》讲治国、平天下是从最基本的做起，对人是全方位的一个要求。“《诗》云：桃之夭夭，其叶蓁蓁。之子（子：女子的意思）于归，宜其家人。”桃花美艳艳，桃叶绿蓁蓁；此女嫁来了，和睦一家人。先讲桃树，再讲家里的事，是《诗经》的一种修辞方法。《诗经》的修辞方法最重要的有三种：赋、比、兴，赋是铺陈开来，各个方面都颂扬到了；比就是打比方；兴就是直接讲事情太突兀，先提其他的事情，脑子里有一个臆想，再提这件事。兴的手法在《诗经》里大量存在，后来影响了诗歌创作，特别是民间诗歌创作用的十分广泛，最典型的就是陕北的信天游，几乎每一句里面都有一个兴，这句诗就是这样，讲孝先讲桃树的茂盛，来提起家里的孩子很好。“宜其家人，而后可以教国人”，让家人都和睦，才能教一国的人都和睦。又说：“宜兄宜弟”，就是说在家里面和兄弟的关系相处得都很好、很和睦。“宜兄宜弟，而后可以教国人”，和兄弟的关系和睦，才能教导一国的人和兄弟都和睦。下面又说：“其仪不忒（tè），正是四国”，仪是仪表，忒是差错，就是在家里做事，从内心到外在的仪表都没有差错，这样就可以做四方国的榜样。“其为父子兄弟足法，而后民法之也。”只有当一个人无论是作为父亲、儿子，还是兄长、弟弟都值得人效法时，老百姓才会去效法他。“此谓治国在齐其家”，这就是要治理好国家先要治理好自己家庭的道理。中国的儒家思想是宗法制度的代言，中国过去是典型的农业宗法社会，家族制度一直延续下来，直到现在在广大的农村里面家族制度的影响还是很大。

传之十章，释治国平天下。“所谓平天下在治其国者”，所谓平定天下在于治理好自己的国家，“天下”指所有的地方，我们知道中国文化发源比较早，在中国文化里认为自己所在地方就是天下。在《大学》这个时代对于地理知识比较欠缺，在当时交通不便，主要与四邻相交，当时中国文化是比较发达的，所以中国文化有天下文化的概念，因此认为天下是比较大的国家。在中国古代实行分封制，也就是诸侯，也叫作封侯建藩，封侯就是对于同姓子弟或者帮助君王打天下的功臣封给一块土地，比如说周武王打下天下以后，首先大封同姓，像周武王的弟弟周公封在鲁国，召公封在燕国，还有当时的功臣姜子牙封在齐国，这些都可以说是封侯；藩本来的意思是篱笆墙，过去天子封侯的目的是像篱笆墙一样保卫天子，这就是建藩，封侯建藩简称封建，现在所说的封建制度的起源就是从这来的。封建最后的意思很大了，现在形容一个人保守就说他封建，这都是从封侯建藩引申过来，当时的人就认为周天子是管理国家的人，他把土地封给同姓子弟是为了保卫中央，历史上都会出现地方不听中央的话，所以就出现削藩，其中比较有名的有汉朝削藩引起七国之乱和明朝削藩引起“靖难之役”。《大学》非常讲究治国平天下，天子是天下的共主，其他的诸侯都是天子分封的用以保卫天子的，所以说诸侯不是现在意义上的国家，过去的国和现在所说的国家是不一样的。现在的国家是具有主权的，是具有法律概念和政治概念的，而过去的国是一个地域概念，所以诸侯国严格来说不算国家，天下才是当时最高的一个概念，诸侯不算有主权意义上的国家，只是分封下的地理概念，但是分封的诸侯要管理好诸侯国的百姓。

“上老老而民兴孝，上长长而民兴弟，上恤孤而民不倍”，在上位的人尊敬老人，百姓才会兴起孝顺的风气；在上位的人友爱兄弟，百姓就会兴起友爱兄弟的风气；在上位的人怜恤孤幼，百姓就不会背弃你到别的诸侯国去。刚才说了诸侯国在过去不是严格意义上的国家，同时中国历来是一个大一统的国家，所以当时老百姓的流动是很自由的，如果国家的政策不好，百姓就会逃亡，所以《大学》中说要想百姓不逃亡，首先上位者的措施要好，要靠措施来吸引百姓，不是像现在这样有户籍或者是国籍将你管死。能不能使一个国家富强，也就是国家面积要大、人口要多，所以当时的诸侯千方百计不让自己的百姓流离或是逃亡。“是以君子有絜矩之道也”，所以君子总是实行以身作则、将心比心的“絜（xié）矩之道”（絜：度量，矩：画直角或方形用的尺子，引申为法度、规则，在《大学》里指比量人心，也就是将心比心。就是说言行要有规矩准绳，要有示范作用）。“所恶于上，毋以使下；所恶于下，毋以事上；所恶于前，毋以先后；所恶于后，毋以从前；所恶于右，毋以交于左；所恶于左，毋以交于右；此之谓絜矩之道。”厌恶你的上级怎么对待你，你就不要用同样的方法去对待你的下级；厌恶你的下级怎么对待你，你就不要用同样的方法对待你的上级；若是你厌恶前面的人的作为，就不要用同样的方法对待后面的人；若是你厌恶后面的人某种做法，就不要用同样的方法对待前面的人；若是你厌恶右边的人的某种做法，就不要用同样的做法对待左面的人；若是你厌恶左面的人的某种做法，就不要用同样的做法对待右面的人，这就叫作将心比心的“絜矩之道”，就是说要先比量下自己的心。

“《诗》云：‘乐只君子，民之父母。’民之所好好之，民之所恶恶之，此之谓民之父母。”《诗经·小雅》说：“快乐的君子，是民的父母。”对于快乐的君子，才能做民的父母，老百姓喜好的你也去喜好，老百姓厌恶的你也去厌恶，这才称得上是百姓的父母官。儒家喜欢讲：“君子坦荡荡，小人长戚戚。”意思君子有宽广的胸怀，没有那么多的阴暗心理，所以经常快乐，这样的人才能做百姓的父母官。在明清之际有一个思想家叫王夫之，王夫之解释《尚书》中“天视自我民视，天听自我民听”时加以补充，认为不加以补充就会产生偏颇，一切以老百姓的意志为转移也会产生偏颇，认为老百姓会有一些明显的趋向，就是老百姓喜欢将严肃的东西娱乐化，喜欢一哄而上、一哄而散，所以他认为尊重民意和体现天理要结合起来，就是“上体天理下合民情”。“《诗》云：‘节彼南山，维石岩岩。赫赫师尹，民具尔瞻。’

有国者不可以不慎。辟，则为天下僇矣。”《诗经·小雅》说：高大的南山，岩石巍峨耸立。显赫的尹太师，百姓都看着你。握有国家大权的人不可以不谨慎，邪僻失道就会被天下人诛戮。“《诗》云：‘殷之未丧师，克配上帝。仪鉴于殷，峻命不易。’”商朝在没有丧失百姓的拥护之前，可以和上帝的天命相配。后来的人应该以商朝做鉴戒，保持上帝的天命是不容易的一件事。《大学》为这句话做了一个引申“道得众则得国，失众则失国”，得到民心就能得到国家，失去民心就会失去国家。“是故君子先慎乎德。有德此有人，有人此有土，有土此有财，有财此有用。”所以君子首先要注重修养德行，有道德才会被有才能的人拥护，被人拥护才能有土地，有土地才能有财富，有财富才能供你使用。总之国君先要讲德行，儒家是以德治国，以德治国有多方面的内容：首先，最高统治者要特别讲究自己的德行；其次，采用德政。“德者本也，财者末也。”德是统治者最根本的，财富和德比较是次要的。“外本内末，争民施夺。”将枝节的东西当作根本，这就是和老百姓争夺财富。“是故财聚则民散，财散则民聚。”所以君王聚敛财富在自己手里，那么民心就会失散；君王将财富散财于民，民心就会聚在一起。财富是一个国家的立国根本，没有财富什么事情都办不成，但是财富如何分配？过去很多的暴君污吏将财富积累在个人手里，发生民变推翻暴君污吏的事情有很多，《大学》是讲要使老百姓都要合理地得到财富。“是故言悖而出者，亦悖而入；货悖而入者，亦悖而出。”这句话非常精彩，意思是作为管理国家的人说话悖逆道理，就会有悖逆道理的话回报；财富通过悖逆情理而来，也会悖逆情理而去。

《康诰》曰：“惟命不于常。”这是《尚书·康诰》中的话，即“惟命不于常，惟德是福”，意思是天命是不会常保的，只有自身的道德修养才是福。“道善则得之，不善则失之矣。”行善便会得到天命并得到一个国家，不行善就会失去天命并失去一个国家。《大学》最后是对于治国平天下来讲的，都是治国平天下的根本道理。下面引用《楚书》的话，《楚书》是《国语》里面的《楚语》，《国语》是中国古代两部有名的史书之一，另外一本是《左传》。《左传》是记叙春秋时代发生的事的本末，《国语》是记述各个国君与臣下的对话，主要是对话体，因为分国别记载，所以叫国语，《国语·楚语》就是楚国君臣的对话。“《楚书》曰：‘楚国无以为宝，惟善以为宝。’”意思是我们楚国没有什么宝贝，就是以遵守善道为宝贝。下面引的是晋文公的舅舅狐偃（字子犯）的话，简称舅犯。晋文公是春秋时期的大名人，在春秋五霸中排名第二，晋文公因为和后娘的关系不好，被父亲赶出去了，在国外流亡了十几年，当时只有一些亲戚和忠臣跟着他，其中就有他的舅舅狐偃，狐偃对晋文公说：“亡人无以为宝，仁亲以为宝。”意思是流亡在外的人没有什么宝，只是把仁爱亲人当作宝。《大学》引舅犯的话就是说明仁、亲是两样宝贝，治国者一定要注意。

下面引用的是《尚书·秦誓》里面的话：“《秦誓》曰：‘如有一介臣，断断兮无他技，其心休休焉，其如有容焉。人之有技，若己有之；人之彦圣，其心好之，不啻若自其口出。实能容之，以能保我子孙黎民，尚亦有利哉！人之有技，媢嫉以恶之；人之彦圣，而违之，俾不通。实不能容，以不能保我子孙黎民，亦曰殆哉！’”《秦誓》里面说：如果有这样一位大臣，忠诚老实，虽然没有什么特别的本领，但他心胸宽广，有容人的肚量，别人有本领，就如同他自己有一样；别人德才兼备，他心悦诚服，不只是在口头上表示，而是打心眼里赞赏。用这种人，是可以保护我的子孙和百姓的，是可以为他们造福的。相反，如果别人有本领，他就妒忌、厌恶；别人德才兼备，他便想方设法压制，排挤，无论如何容忍不得。用这种人，不仅不能保护我的子孙和百姓，而且可以说是危险得很。“唯仁人放流之，迸诸四夷，不与同中国。”因此，有仁德的人会把这种容不得人的人流放，把他们驱逐到边远的四夷之地去，不让他们同住在国中。“此谓唯仁人为能爱人，能恶人。”这就表示仁人君子既能爱人，也能厌恶人。爱什么人？爱心胸宽广的人、光明正大的人。恶什么人？厌恶心胸狭窄、小肚鸡肠的人。强调这句话意思就是说儒家所讲君子并不是一个老好人，而是一个爱憎分明的人。“见贤而不能举，举而不能先，命也；见不善而不能退，退而不能远，过也。”发现贤才而不能选拔，选拔了而不能重用，这是轻慢；发现恶人而不能驱逐，驱逐了而不能把他驱逐得远远的，这是过错。“好人之所恶，恶人之所好，是谓拂人之性，灾必逮夫身。”喜欢众人所厌恶的，厌恶众人所喜欢的，这是违背人的本性，灾难必定要落到自己身上。这些都是《大学》讲人要心地光明，不要做嫉妒小人，同时做事要符合一般人的好恶，不要独立特性，否则灾祸就降临到你的头上。

“是故君子有大道，必忠信以得之，骄泰以失之。”所以，做君子的人有正确的途径：忠诚信义，便会获得一切；骄奢放纵，便会失去一切。“生财有大道，生之者众，食之者寡，为之者疾，用之者舒，则财恒足矣。”生产财富也有正确的途径：生产的人多，消费的人少；生产的人勤奋，消费的人节省。这样，财富便会经常充足。从这里就可以看出中国人自古重视节俭、重视教育，并将这一条定为生财的根本原则。“仁者以财发身，不仁者以身发财。”仁爱的人仗义疏财以修养自身的德行，不仁的人不惜以生命为代价去敛钱发财。前一句说的是财富只是人生辉煌的凭借，而不是根本目的，根本目的是将人生的潜力发挥出来，人生得到最高的辉煌，这是发身。我觉得《大学》是教导人们要做心里有仁德的人、胸怀天下的人，要有这样大的器量。后一句说的是有的人以身家性命去发财，就像马克思说的：“资本如果有百分之六七十的利润，有些人就会铤而走险；资本如果有百分之一百的利润，很多人就会奋不顾身；资本如果有百分之二百的利润，很多人就会冒着上断头台的危险。”这就是以身发财。《大学》认为这不是一个仁者的作为，仁者的作为应该只是把财富当作一个凭借。

“未有上好仁而下不好义者也，未有好义其事不终者也，未有府库财非其财者也。”没有在上位的人喜爱仁德，而在下位的人却不喜爱忠义的；没有喜爱忠义而做事却半途而废的；没有国库里的财物不是属于国君的。孟献子曰：“畜马乘不察于鸡豚，伐冰之家不畜牛羊，百乘之家不畜聚敛之臣。与其有聚敛之臣，宁有盗臣。”下面引鲁国有名的大夫孟献子的话说：养了四匹马拉车的士大夫之家，就不需再去查看养鸡养猪生多少利；在夏天祭祀用得起冰的人家，就不要再去蓄养牛羊生利；拥有一百辆兵车的诸侯采邑，就不要去收养搜刮民财的家臣。与其有搜刮民财的家臣，不如有偷盗自家东西的家臣。孔子有一个得意弟子叫冉求，他的行政能力比较强，在孔门的四科：德行、言语、政事以及文学中擅长政事，当时在季孙氏家里做家臣，就是控制鲁国国政的三桓之一，帮助当时势力最大的季孙搜刮百姓、增加赋税，弄得百姓叫苦连天。因为冉求不听孔子的劝解，使得孔子号召他的弟子鸣鼓而攻之，孔子非常痛恨聚敛之臣。《大学》也是这样痛恨聚敛之臣，宁肯有监守自盗的臣子，因为聚敛之臣巧立名目搜刮百姓是非常隐秘、非常坏的事情，而监守自盗则是公开明显的恶行，因此才这样说。《大学》告诫统治国家的人，手下不要有聚敛之臣，要使百姓同享财富。“此谓国不以利为利，以义为利也。长国家而务财用者，必自小人矣。彼为善之，小人之使为国家，灾害并至。虽有善者，亦无如之何矣！此谓国不以利为利，以义为利也。”这意思是说，一个国家不应该以财货为利益，而应该以仁义为利益。做了国君却还一心想着聚敛财货，这必然是有小人在诱导，而国君还以为这些小人是好人，让他们去处理国家大事，结果是天灾人祸一齐降临。这时虽有贤能的人，却也没有办法挽救了。所以，一个国家不应该以财货为利益，而应该以仁义为利益。

以上就是《大学》的全文，朱熹在《大学》完了之后做了一个总结：以上十章讲的是治国平天下，前四章讲的是纲领，后六章讲的是条目，其第五章是明善之要，第六章是成身之本，在初学尤为当务之急，读者不可急进而忽之也。

根据张学智教授2011年7月15日在三智道商企业家国学高研班九期班讲课录音整理

作者简介：

张学智，生于1952年10月。北京大学哲学学士、硕士，日本东京大学文学博士。现为北京大学哲学系教授，博士生导师。曾在日本东京大学文学部任教两年，美国夏威夷大学做访问学者一年。社会兼职有：国际儒学联合会学术委员会主任，中华孔子学会副会长，《中国哲学史》杂志副主编。

主要研究领域为中国哲学史、儒家哲学、宋明理学、中国现代哲学等。主要著作有《明代哲学史》《心学论集》《中国儒学史·明代卷》《贺麟》《缁门警训注译》；合著有《中华文明史》《中国文化导读》；译著有《莱布尼兹与儒学》；发表学术论文逾百篇。

《易经》是人类思想的进化

赵知易

认知自然的思想进步

谈起《易经》，人们往往就想到算卦和算命，《易经》给人的第一印象好像就是用来占卜的，这是因为《易经》离我们年代久远，以至于大家已经不了解它的本质。实际上，《易经》是一套人对自然、对万事万物的认知方法的归纳与总结。

《易传·系辞下》记载："古者，包牺氏之王天下也，仰则观象于天，俯则观法于地，观鸟兽之文，与地之宜，近取诸身，远取诸物，于是始作八卦，以通神明之德，以类万物之情。"伏羲氏最早创卦的基础是上观天文，下观地理，也就是说，是人对自然的一种认知，也是一种对自然认知的思想进步。

在《周易》之前，传说中有《连山易》与《归藏易》。从汉易的一些记载来看，这些都是以象数为主，但是现在已然没有文本，只有各种记载与传说。就《易经》而言，什么是"周"？什么是"易"？也有几种不同的说法。

什么是"周"？一般认为《易经》是在周代形成故而得此名，我个人不太同意这种说法。之所以称为"易经"，虽然其中也包含有形成于周代的意思，但其本意更应该是周而复始，万物的循环。那么，“易”又当何解？很多人翻译成“日月”，或者从蜥易之变，《说文》中就有“易，蜥易……象形”，又说“日月为易”。

我个人认为，易字上日下勿，勿字通物，即万事万物的意思。易即是表达了以太阳为坐标参照下的事物规律，而易道也是伏羲氏观察日影所创建的。首先，我们要知道我们文化建立的根本是什么，易的本源是从伏羲氏用圭表测量太阳的视运动变化开始，不断去认知周围事物的现象和规律，也就是说，日字表示太阳，易学是由测量太阳的视运动建立的学术思想，物，是万物之意，表示以太阳系为坐标的理论体系架构下的万事万物的规律。以太阳为核心，伏羲氏这种通过用圭表测量太阳视运动的变化，确定了时空的循环周期。虽然在伏羲氏测量之前，这个周期已经存在，但是我们对这个周期是不认知的。

伏羲氏用圭表测量太阳视运动，是人类对自然的认知迈出的重要一步，即寻找自然的节律性。用什么方法去认知？《易经》说“一阴一阳谓之道”，也就是阴阳的方法。阴阳是我们认知、表现道的符号、方法，阴阳不是道，阴阳也在道中。

伏羲氏首先通过木杆观影的方法确定了太阴太阳两极，即二十四节气中夏至与冬至。两个点的确定使我们对时间的混沌认识发展到清晰认知。知道了这个回归周期有 365 天，12 个月，冬至到夏至及夏至到冬至之间各有 6 个月。这就是太极生两仪，太阴太阳两个极点的确定是认识周期的开始。两仪生四象，则是通过阴阳运动的圭表现象把两个阶段的过程进行分类，出现少阴、少阳，这就完全对应了二十四节气的夏至、冬至、春分、秋分。四象确定后，伏羲氏在四象的基础上对每一象进行分类，出现了二十四节气中的四立：立春、立夏、立秋、立冬。

人类对自然周期的划分、分类，也是对阴阳量与阴阳性的划分。我们可以发现，古人从原本的混沌的时间概念到一个清晰的年、月、日、时的认知，认知过程中体现的完全是阴消阳长或阳消阴长的量和性的变化，阴阳处在你退我长，消长之间。这就可以很好地理解《道德经》中的“道生一，一生二，二生三，三生万物。万物负阴而抱阳，冲气以为和。”老子这段话是对阴阳运动和阴阳对万物作用的描述。道生的“一”是万事万物已有未有之兆、之机。一个事物可能还未被我们发现，但是其机兆已在天地万物之间存在。例如手机，这是近些年科技发展的产物，但是生产手机的原材料和条件却是在天地诞生的一刹那就已经存在了，这是不能违反的规律；“二”就是机缘，一定是在某一个时空条件下有一个人得到外在启示的机缘；“三”则是需要一个实证的过程。这三步才能形成一个事物。爱迪生发明灯泡，一是说明生产灯泡的材料与灯泡的功能是天地本来具有的；二就是爱迪生的创造思维，有了这种思维还需要去验证；三就是爱迪生的实验过程，经过一千多次的实验，最后得到钨丝是最好的材质。可是距离爱迪生的发明一百多年过去了，人类在爱迪生的肩膀上继续提高，我们又发明了很多种灯泡材质与灯泡产品。任何事物都要经历格物、致知的过程，这个过程是永远不能缺少的。

万事万物从根本现象来说只有两种，负阴抱阳或负阳抱阴。“冲”实际上就是阴消阳长或阳消阴长的过程，当阴气消退，阳气生长就是阳冲阴，反之则是阴冲阳。阴阳定性以后，当量和性质达到事物需要的时候，事物就会自然化生。就像梅花到了腊月，一阳复始后，梅花顶雪而放，必然化生一样，万事万物都是得到其量、得到其性而发展变化的。只要是事物所处在的时空达到了事物需要的阴阳量性，事物就会自然发生。

《易经》通过这样阴阳运动的性和量对天下事物进行定性和定量，对万事万物作出归类，因此 8 象即是 8 类，12 个月即是 12 类，二十四节气即是 24 类。易是人对自然认知、对万事万物归类的一种归纳的学术。中国人常说“触类旁通”，通过阴阳运动分类，在时间和空间的运动过程中去定类和分类，看似复杂纷纷的世界完全可达到分类而旁通，通过类去认知要容易得多，也成为学习的方法，即纲举目张。

《易经》不是迷信

《易经》是对我们生活的空间，天地之间存在事物的归类。那么，《易经》是迷信吗？只要我们真正去了解《易经》，不难得出答案。

我认为《易经》的学术可以分为4个部分。首先是物理学，即格物致知的过程。其次是数学，用数学的逻辑和数学的方式来表现天下事物。然后是哲学。人在天地之间要实现更好的生活，只有顺应自然、与自然相处和谐。64卦的核心是围绕进德修善，以德行为根本。首先要有爱，爱人，也爱万物，具有厚德载物的精神。由进德修善而达到一种人生最高理想，从而掌握进退之机，达到无豫无忧，乐天知命的人生最高境界。最后是玄学。《易经》在思维方式上是有感应学说的。“易无思也，无为也，寂然不动，感而遂通天下之故。”很多人认为感而遂通就是迷信，其实不是，用我们现在的科学完全可以解释。感而遂通其实是一种波、一种磁场对应。人作为无线的信息接收体与宇宙事物的波、波段、频率进行沟通，每个人的先天禀赋不一样，所达到的结果也未必一样，所以会仁者见仁，智者见智，同样的问题有不同的看法。

实际上，《易经》是把天下万物做一个定性和定量的象，当事物违反了名象的时候，也就是事物的根本起因发生了变化。如北宋神宗年间的传奇人物邵康节一次与友人游玩，听到杜鹃由南向北飞叫就说：近年来将由南方人主政，天下将大变。他从杜鹃鸟从南向北飞的现象，察觉南方地气将变，因为杜鹃为南地之鸟，现在从南向北飞，说明南方地气有变，通过现象发现了本质。果然，几年后南人治理天下，王安石入中枢宰相开始变法。

易首先是通过对事物的现象的认识，研究背后的道，达到认知本质。为什么把象放在前头，因为研究事物是通过象的研究得到，数则是表达认识象的结果。易的所有这些认识方式、结果都是对人而言，最后才是占卜。好多人把占卜当成迷信，实际上，占卜是通过现象的变化推导出事物将来发展的方向。

八卦已经表示了立体的双重时空，也就是它既表示时间的存在，也表示了空间的存在。在一个空间内，时间会有8种现象，反之亦然。八八六十四卦表达的是天下事物的最大象数，事物都是在64种现象之间来回游荡穿梭。当我们某一刹那间大脑想到某一事物时，大脑的频率和波段与事物的频率、波段进行了一次沟通，从而得到一个卦象。得到卦象的前提是对天下事物的归类，通过感应学说也好，心灵沟通也好，磁场呼唤也罢，得到一种信息的交流。

象数与义理互相印证

《易经》产生年代没有准确的考证，伏羲氏传说活动在八千到一万年之间。不过，伏羲氏作为炎黄子孙的人文始祖的地位是已经确定的。根据先秦史料，伏羲氏创造了易学体系的雏形。

人类在上古时期面临生存问题，在渔猎之外还需要种植，这就需要掌握节律，知道什么时候种，什么时候收。所以，易学最早产生是人类生活生产必须了解节律，易学其实是中国历法的原始启蒙的开始，因此有太极、两仪、四象、二十四节气、七十二候，都是对自然的认知，通过这个节律去生活、生产，顺应自然，掌握自然，提高生产率。

伏羲氏之后，相传文王做卦辞，周公做爻辞，相信他们是对很多圣贤的总结进行了归纳、删批。孔子做十易，是对《易经》进一步的阐释。

春秋以前，《易经》的发展以象数为主，一直延续到汉代。在汉代，易学作为一些官员，如钦天监、史官来指导朝廷的行为标准，但经东汉党锢之乱，《易经》退出了政治舞台。

魏晋时期玄学大家王弼提出“得意忘象”，被很多人尊为是易学义理派的创始人，我个人认为，王弼并不是否定象数，得意而忘象不是不要那个“象”，而是当我们了解事物的核心之时就不再拘泥于它的现象，而且现象相同不一定内里本质相同，就像中医，头疼是共象，但原因就各不相同了。王弼告诉了我们一个思维方式，就是不要被现象所蒙蔽，而是去追寻现象之后的真理。

从这个时期开始，易学开始分为象数派和义理派。儒家发展《易经》的义理派，也就是思想与哲学，道家则更多保留了象数应用。在《易经》产生的早年，直至春秋战国，术数，比如奇门遁甲、太乙神数、堪舆学、大六壬、金口诀等，都是象数的应用方法，通过这些方法推到事物发展的规律，虽然是以天干地支作为符号去推演，但与六十四卦表现的内容和形式是同宗的。

到了宋代，易学发展到了最旺盛的时期。代表人物有陈抟、邵康节等，宋明理学家中的周敦颐、二程、张载，直至后来的朱熹，都是推广义理，在研究义理的同时并不是完全否定象数。每一个时期都会有很多易学家，包括汉代的荀彧、田何，宋代的苏东坡、清代的王夫之等。

在今天看来，义理和象数作为两个流派发展源远流长，但只有两者结合才是完整的易学。象数作为《易经》的现象，义理作为《易经》的内容，二者相互印证。如果只谈象数不谈义理，就是华而不实，如果只谈义理不谈象数，则是有内容而没有形式。

《易经》的生存之道

杨振宁曾经指出，中国之所以科学不发达是因为易学，我不能认同这个说法。中国古代科技并不落后，这从我们的四大发明、《天工开物》都可以看出来，直到郑和下西洋的明朝初期，我们的科学技术并没有落后。

汉代魏伯阳所著的《周易参同契》从内丹和外丹两个方面论述道家养生的方法，其中内丹是道家呼吸吐纳之术，外丹则是炼丹术，属于化学范畴。从考古来看，从石器到铜器，再到铁器时代，中国的铸造业发展并不比西方落后。

如果将《易经》的思想和方法正确地运用在科技和生活之中，可以给我们另一个角度认识问题和发现问题。只是《易经》和近代学术脱钩，以致晦涩难懂，很多精华反而被弃之不顾。

《易经》对现代生活仍然具有指导意义。不管历史怎么演变，人们总是生活在物质和精神的世界之中。《易经》六十四卦中的哲学思想为人们提供人生观、价值观、世界观，更好的处事方法。

《易经》教导我们不管富贵还是贫贱，都要自强不息、厚德载物。自强不息就是要与时俱进，厚德载物则是要爱社会，既是民族精神的要义，也是个人胸怀的修养。《易经》64种现象告诉我们，困境中莫气馁，得意时莫骄傲，居安思危，进退有度。

例如，旅卦就是困境中的处世方法，要换个环境，改正错误，塑造全新的自我；晋卦是想要晋职必须脚踏实地，实事求是；颐卦，颐养之道，养生不是共性的，是个性而不是范例，因材、因人、因地等差异性很大，要观颐，自求口实；家人卦是家庭内部建设和内部的教化，虽然时代不同了，中国文化中男主外女主内的思想还是根深蒂固，现在很多家庭伦理为题材的电视剧都在反映解决家庭内部问题，一个优秀的女人要有持家之道。虽然《易经》诞生时间很久远，但易学的哲学思想还是能指导人们，乐天知命故不忧！

易经的核心思想、最高境界就是天人合一。天地万物各得其位，各行其是，井然有序。不需要特殊强调的管理，需要的是自性的发挥，达到乾卦的最高境界——群龙无首，吉。大家的思想、行为高度和谐，与天道暗合，也就可以得到天地自然的庇佑。自天佑之，吉无不利！

根据赵知易导师2010年6月28日访谈录整理

作者简介：

赵知易，易学家、阴阳易术家、企业发展顾问，太易中国易学研究院院长、中国文化书院三智道商国学院特聘导师。

主要著述有《知易生命时空学》《知易生命环境学》《知易六爻讲义》《命理精华索隐》《易海辑钥》《冰鉴的智慧》《易传中的道》《六十四卦中的道》《开启数术之门》等。

领导力的三要素“仁、明、武”

张国刚

学国学，学历史，是要学会管理和治理国家和企业的。我们以《资治通鉴》为例，通过此书来学习如何做领导从而经邦济世。

司马光，《资治通鉴》作者，给宋神宗的信里说：“我毕生所学所得为：修心之药有三，曰：仁、明、武；治国之要有三，曰：用人、信赏、必罚。”

何谓“仁”？

仁是指人的素质，“非妪煦姑息之谓”。不是老妇人那样对什么事情都不苛严，姑息以对。仁具体表现为“修政治，兴教化，育万物，养百姓，此人君之任也”。仁主要体现在仁君对他人的影响力。关中王刘邦能战胜楚霸王，夺取最后的江山，主要原因是刘邦真正地做到了仁。

刘邦曾经问韩信：“韩将军，我也是大将出身，你说我能带多少军队？”韩信说：“陛下最多能带10万军队。”刘邦笑问原因。韩信说：“陛下不适于将兵，善于将将。”意思是说刘邦不适合带兵，适合管理领导干部。项羽不一样，项羽是率领40万大军浩浩荡荡打进咸阳城的。据统计，从公元前206年到公元前202年的四五年间，刘邦经历了大战七十多场，小战五十多场，可是这些战斗，刘邦从来没赢过，项羽就从来没输过。项羽灭了秦朝以后，决定重新划分封地。他把六国旧贵族和有功的将领一共封了十八个王，自称为西楚霸王。分封诸侯以后，各国诸侯就都分别带兵回自己的封国去，项羽也回到他的封国西楚的都城彭城（今江苏徐州市）。在十八个诸侯中，项羽最忌的是刘邦。他把刘邦封在偏远的巴蜀和汉中，称为汉王；又把关中地区封给秦国的三名降将章邯等人，让他们挡住刘邦，不让刘邦出来。汉王刘邦对他的封地很不满意，但是自己兵力弱小，没法跟项羽计较，只好带着人马到封国的都城南郑（今陕西汉中东）去。汉王到了南郑，拜萧何为丞相，养精蓄锐，准备再和项羽争夺天下。但是他手下的兵士们都是东方人，都想回老家，差不多每天有人开小差逃走，得不到刘邦重用的韩信也跑了。萧何得到韩信逃走的消息，立即亲自骑上快马追赶上去，追了两天，才把韩信找了回来。汉王听说萧何追的是韩信，生气地骂萧何说："逃走的将军有十来个，没听说你追过谁，单单去追韩信，是什么道理？"萧何说："一般的将军有的是，像韩信那样的人才，简直是举世无双。大王要是准备在汉中待一辈子，那就用不到韩信；要是准备打天下，就非用他不可。"结果刘邦听从了萧何的建议，设坛拜韩信为大将军。设坛拜将，将韩信在军中的威信提到极高，这也是刘邦"修政治"的表现。

韩信确实是人才，他向汉王详详细细分析了楚（项羽）汉双方的条件，认为汉王发兵东征，一定能战胜项羽。韩信问刘邦"大王你自己想想，勇悍仁强，孰与项王？"刘邦仔细想想，觉得武勇和仁慈都没有项羽强。刘邦曾经在逃跑的路上，为了自己逃命，连自己的儿子都可以丢掉；当项羽抓住刘邦的父亲，以要杀刘邦之父要挟刘邦投降，刘邦却嘻嘻哈哈地告诉项羽，把父亲的肉分给自己一点。刘邦的这些行为无疑不是大丈夫所为，也为士兵多诟病。项羽军中士兵生病，项羽自己亲自慰问，从表面上看，项羽的举止足够仁义。但洞察力强悍的韩信深知项羽的四个致命弱点：

第一，匹夫之勇，妇人之仁。

"项王见人，恭敬慈爱，言语呕呕人有疾病，涕泣分食饮；至使人有功，当封爵者，印玩敝，忍不能予，此所谓妇人之仁也。"士兵生了病他亲自去送饭，还一把鼻涕一把泪的；当有人立了战功，该封官加爵的时候，他却置之不理。韩信和张良就灰心而走。项羽的仁是妇人之仁，成不了大器。

第二，有勇无谋，言而无信。

秦始皇强悍彪勇，灭六国统一天下。但是秦二世上台，不问政事，只是搜刮民脂民膏供自己享乐。刘邦项羽起兵，最后斩灭了昏聩的秦朝。项羽原为楚国贵族，灭秦后自立为西楚霸王，为了遮人耳目，立楚怀王之孙为义帝，可是最终项羽又杀死义帝，分封诸侯这是失信于天下。对于诸侯也是随意分封。盟军共主楚义帝曾言明先攻入咸阳者即为关中王，但项羽由于不满刘邦以逸待劳先进入咸阳，所以片面毁约，故意将其分封到当时较为蛮荒的汉中、巴蜀一带为汉中王，统治汉中郡、蜀郡与巴郡一带，这就失信于一起打江山的战友。

第三，残暴不仁，民心尽失。

秦始皇统一中国后，在龙首原西侧修建阿房宫，于公元前 212 年开始建造的天下朝宫，意在建成后，成为秦朝的政治中心。阿房宫与万里长城、秦始皇陵、秦直道并称为“秦始皇的四大工程”，它们是中国首次统一的标志性建筑，也是华夏民族开始形成的实物标识。项羽占咸阳后，一把火连烧三月，将阿房宫变为废墟。杀掉已经投降的秦王子婴，采用欺诈手段在新安活埋了二十万秦兵。

第四，优柔寡断，沽名钓誉。

公元前 206 年，刘邦率领大军攻入关中，到达离秦都咸阳只有几十里路的霸上。子婴在仅当了 46 天的秦王后，向刘邦投降。刘邦进咸阳后，下令封闭王宫，并留下少数士兵保护王宫和藏有大量财宝的库房，随即还军霸上。为了取得民心，刘邦把关中各县父老、豪杰召集起来，郑重地向他们宣布：“秦朝的严刑苛法，把众位害苦了，应该全部废除。现在我和众位约定，不论是谁，都要遵守三条法律。这三条是：杀人者要处死，伤人者要抵罪，盗窃者也要判罪！”父老、豪杰们都表示拥护约法三章。接着，刘邦又派出大批人员，到各县各乡去宣传约法三章。百姓们听了，都热烈拥护，纷纷取了牛羊酒食来慰劳刘邦的军队。沛公左司马曹无伤使人言于项羽曰：“沛公欲王关中，使子婴为相，珍宝尽有之。”项羽怒气冲天，准备发兵攻打刘邦。项羽季父项伯和张良素有交情，半夜跑到刘邦军中私见张良，要求张良和他一起逃走。张良对刘邦忠诚不贰，不但没有逃走，反而邀请项伯和刘邦商量如何应对，最后商定刘邦第二天一大早见项羽请罪。刘邦第二天到鸿门见到项羽就说，我侥幸先进了关中，但是，到这里以后，我一针一线都不敢动，专门等着大王的到来。项羽高兴地设宴招待刘邦。项羽的谋士范增是个明白人，他布置项庄在宴会上舞剑助兴，见机杀了沛公刘邦。但是项伯也舞剑保护着刘邦。沛公的护卫樊哙也冲到宴会大厅保护刘邦，最后护送刘邦返回自己霸上的军营。项羽原本残暴，不杀沛公实际上是不想背负不仁不义之罪名，所以在范增要拔剑斩杀刘邦时优柔寡断，错失良机，这纯粹是沽名钓誉之举。

真正的仁义，实际上要满足人性的需要，从而得到民众的拥护。治理国家者，首先要做到的就是让老百姓丰衣足食，而且要保护老百姓的利益，给予他们适度的安全感。我们通常说的“敬天保民”也是这个道理。敬天就是要讲正道；保民，就是要养民富民。在企业中，老板的仁义也是这样体现的，高级管理人员事业心强，除了给他们相应的物质财富外，还要给他们开创事业的平台。对于普通员工，要给予他们实实在在的利益。这也是日本企业家稻盛和夫说的“敬天爱人”。

何谓“明”？

“明者，非烦苛伺察之谓也。”烦苛，烦扰；伺察，琐碎之事。“明”是知道义所在，识别安危所在，能够辨别贤愚，能够辨别是非，概括地讲，是指一个人要有如下的判断能力：辨别正义与邪恶的能力、觉察安危的能力、识别人才贤愚忠奸的能力、判断是非对错的能力。

公元前269年，秦始皇在外视察之际暴死河北。秦始皇死后，赵高和李斯专政，他们为保住自己权势，假传“圣旨”，令本应继承皇位的秦始皇大儿子扶苏自杀身亡。扶苏是秦朝统治者中具有政治远见的人物。他认为天下未定，百姓未安，反对实行“焚书坑儒”“重法绳之臣”等政策，因而被秦始皇贬到上郡监督蒙恬军队。秦始皇死后，赵高等人害怕扶苏即位执政，便伪造诏书，指责扶苏在边疆和蒙恬屯兵期间，“为人不孝”“士卒多耗，无尺寸之功”“上书直言诽谤”，逼其自杀。秦王的次子胡亥即位成了秦二世，赵高做了宰相高职，掌管皇帝玺印。秦二世胡亥是秦始皇最小的儿子，他个性比较直率莽撞，得到了始皇帝格外的喜爱。他本来是没有政治抱负也没有政治野心的青年，他认为做皇帝就是万人之上，人生如白驹过隙，应该好好享乐。胡亥即位以后，在赵高和李斯的怂恿下，杀害亲近扶苏的大将蒙恬和他的弟弟蒙毅，随后又杀掉了与他同父异母甚至同父同母具有直系血缘关系的兄弟姐妹几十个人。李斯写了一篇文章《行督责之术》，向胡亥献出了独断专权、酷法治民的治国方法。即用督察与治罪的方式来巩固中央集权，镇压百姓的反抗与违法。有了李斯的主意，胡亥便肆意放纵自己的欲望。他大量征发全国的农夫修造阿房宫和骊山墓地，调发五万士卒来京城咸阳守卫，同时让各地向咸阳供给粮草，而且禁止运粮草的人在路上吃咸阳周围三百里以内的粮食，必须自己带粮食。除了常年的无偿劳役外，农民的赋税负担也日益加重，最终导致了陈胜、吴广起义的爆发。

秦二世胡亥是典型的没有辨别是非忠奸的能力的昏君，注定要亡国。如何做到“明”？这也和个人的价值观有很大关系，也和工作经验中锻炼出来的洞察力有关。

何谓“武”？

“武者，非强亢暴戾之谓也，惟道所在，断之不疑，奸不能惑，佞不能移，此人君之武也。”武不是粗暴残忍，而是别人不能改变你的主意，也就是有决策能力和付诸实践的能力。是非忠奸判断清楚之后，能够不受外在影响而做出正确的决策，并且采取果断的措施。

贞观十四年，高昌王麴文泰依附西突厥，阻遏西域各国通过其境向唐入贡，并发兵袭扰内附的伊吾（都今新疆哈密）、焉耆（都员渠，今新疆焉耆西南）等国。我们知道，中国东南是大海，西南是高山，北边是沙漠，西边是内陆的重要通道，也是东西交流的要道，更属于军事安危之地。高昌位于唐王朝通往西域各国的交通要道，地理位置重要，唐太宗决心除掉这个障碍，派兵攻打高昌。唐军灭亡高昌后，太宗在高昌故地设置西州和安西都护府。面对太宗此举，魏征表示反对，谏曰：“陛下初即位，文泰夫妇首来朝，其后稍骄倨，故王诛加之。罪止文泰可矣，宜抚其百姓，存其社稷，复立其子，则威德被于遐荒，四夷皆悦服矣。今若利其土地以为州县，则常须千余人镇守，数年一易，往来死者什有三四，供办衣资，违离亲戚，十年之后，陇右虚耗矣。陛下终不得高昌撮粟尺帛以佐中国，所谓散有用以事无用，臣未见其可。”魏征并没有理解太宗出兵灭高昌，进而设置西州的意图。太宗并非如魏征所说，贪图高昌的土地财富，而是想建立唐朝经营西域的前沿基地，因此，魏征“宜抚其百姓，存其社稷，复立其子”的建议未能说服太宗。

魏征是唐太宗的亲密的战友，魏征的谏言唐太宗很是信任并积极采纳，他认为魏征是他的一面镜子。但是，在设置西州和安西都护府的问题上，唐太宗坚持了自己的决策并付诸实践。通过这一系列的措施，唐打通了去西域各国的通道，促进了和西方诸国的联系，同时也起到遏制西突厥的作用。

唐太宗高瞻远瞩的判断力和决断力，今日之人也未必能及。

一个优秀的领导者应该具有“仁、明、武”的领导力，就是要“修政治，兴教化，育万物，养百姓”。“人、明、武”“三者兼备，则国治疆，阙一焉则衰，阙二焉则危，三者无一焉则亡”。

根据张国刚教授2011年5月在三智道商国学院中国历史高研班首期班授课录音整理

作者简介：

张国刚，1956年生人，1988年毕业于南开大学历史系，获历史学博士学位。历任南开大学历史系教授、主任，教育部历史教学指导委员会委员、中国唐史学会会长、清华大学历史系主任等职。现任清华大学历史系教授、博士生导师，中国中外关系学会副会长。入选国家人事部“百千万人才工程”（1997）和清华大学“985百人计划”（2003）、“长江学者”特聘教授（2006）。张国刚教授主要致力于中国古代史、中西文化交流史及史学理论的研究，特别是在隋唐佛教、中古社会与制度史、中西文化交流史方面造诣颇深，成就斐然。

著有《唐代藩镇研究》《唐代政治制度研究论集》《佛学与隋唐社会》《从中西初识到礼仪之争——明清传教士与中外文化交流》《启蒙时代欧洲的中国观》《中国家庭史》等。

从世界看中国文明和中华文化

张国刚

中国风刮遍17世纪的欧洲

雅斯贝尔斯说过："人类的每一次进步都是文化轴心时代重新燃起的火焰。"

17世纪是资本主义汹涌发展，封建制度余音袅袅之际，那时的中国是康熙执政，一派繁荣；法国是路易十四执政，危机重重。欧洲文艺复兴如火如荼，启蒙运动刚有萌芽。欧洲社会盛行改革，在吸收文艺复兴精华的同时，学习中国文化和阿拉伯文化。利玛窦，天主教在中国传教的开拓者，第一位阅读中国文学并对中国典籍进行钻研的西方学者，在1587年把《中庸》翻译成法文，献给了路易十四。元朝杂剧《赵氏孤儿》在17世纪的欧洲翩然上演。到18世纪，启蒙运动的旗手伏尔泰把它改编成《中国孤儿》在伦敦、巴黎上演。希腊国王独出心裁，送了一套中国别墅给母后，自己穿着中国衣服在门口恭迎母后。母后感动得热泪盈眶，认为是她一辈子最值得纪念的事情。中国热浪像海潮一样侵袭着欧洲家庭和皇宫。法国贵妇人的沙龙中，如果没有中国的家具和瓷器，请人来家做客是极其没有面子的事情。宣德、成化年间的瓷器遍布欧洲各大拍卖行。几百块钱就淘到的成化年间的瓷器在香港和欧洲会卖到几千万元。在法国大革命之前，法国人犹豫不决，是仿效英国君主专制还是复制中国搞开明专制？孟德斯鸠（18 世纪法国启蒙时代的著名思想家，也是近代欧洲国家比较早地系统研究古代东方社会与法律文化的学者）和伏尔泰（18 世纪法国资产阶级启蒙运动的旗手，被誉为“法兰西思想之王”、“法兰西最优秀的诗人”“欧洲的良心”）各执一词，频频碰撞发出激烈之火花。我们不得不说，在欧洲走向现代化的资本主义发展道路上，中国文化起了重要的促进作用。实际上，从文艺复兴到启蒙运动五百年间，欧洲流行的是“东方主义”，当时的欧洲知识分子“对东方的一切都着迷”（这时的东方主要指阿拉伯、土耳其、波斯、印度和中国），歌颂东方、赞美东方和崇尚东方的言词见于该时期许多著名学者的论述中。

中国国学和文化几经变迁

国学在中国古代，指的是国家一级的学校，与汉代的“太学”相当。此后朝代更替，“国学”的性质和作用也有所变化。

自清末民国初至今，经过几代学者的努力坚守，“中国固有的或传统的学术文化”成为国学的通常定义。我国传统的学术文化，包括哲学、历史学、考古学、文学、语言学等。

中国国学一词最早在欧洲出现时，是在《中国哲学家孔子》一书的扉页上，此处的国学自然是指国学经典书籍。这本书于 1687 年在巴黎出版，是由比利时传教士柏应理完成的，全书由导言以及《大学》《中庸》《论语》三部书的拉丁文全译本和一些附录组成。

西方科学技术自 19 世纪传入中国，从中叶开始，“师夷之长技”和“求强求富”的自强运动轰轰烈烈地开始了。五四运动之后，西学更加汹涌澎湃。陈独秀被聘请到北大当教授，主编《新青年》杂志。杂志每一期封面人物都是外国人，像屠格涅夫、富兰克林等，但是没有中国人在封面上出现过。陈独秀说，谁都可以做他的爸爸，就不要中国人自己的爸爸。鲁迅说“汉字不灭，中国必亡”，他还说“通过两千年的历史就看见两个字——吃人！”他临死前多次重申：“汉字是中国文化和社会的毒瘤，必先割之，才能救国。”瞿秋白也说：“汉字真正是世界上最龌龊、最恶劣、最混蛋的中世纪的茅坑。”这汉字被这些文人仇恨上了，并且在他们眼里，变成了国运衰弱的罪魁祸首。其实，汉字是中国文化的符号和重要的载体。

新文化运动时的激进民主主义者甚至提出“打倒孔家店”，全面否定了中国的传统文化。当时的一批仁人志士，包括清华国学院的先驱，提出国学的概念，在圆明园废墟上建立了清华国学院。大批的优秀老师走进学校，给学生教授国学。国学院第一届毕业生中著名的导师就有梁启超、赵元任、王国维等，主任是清华大学出国留学学习西洋哲学和文学的吴宓，莎士比亚戏剧和《荷马史诗》的翻译者。他说：“宓曾间接乘继西洋道统，而吸收其中心精神。宓持此所得区区以归，故更能了解中国文化之优点与孔子崇高中正。”他是学贯中西后，方知中华文化之伟大。吴宓还说：“须融会新旧道理，取证中西历史，以批判之态度，思辨之功夫，博考详察，深心领会，造成一贯之学说，阐明全部之真理，然后孔子之价值自见，孔教之精义乃明。”他认为，中国新文化之建设，“宜博采东西，并览古今，然后折衷而归一之。”

中国国学经过了漫长的曲折，到今日也有了新的景象。从庙堂之上到乡野之间都把国学作为哲学看待，掀起了学国学的热潮。天安门东侧数百米外，一座总高达 9.5 米的孔子青铜塑像在中国国家博物馆门前落成。这标志着，在社会转型时期，需要建立一种文化丰碑，传承以孔子为核心代表的中国传统文化。中国也已在全世界一百多个国家建立共四百多家孔子学院，向全世界传递中国的国学和文化。

全球视野下国学的价值

如果不在全球化的视野中看国学的价值，会有失偏颇，容易成为井底之蛙。只有在对世界各国有了解的情况下，我们对国学的认识才会更客观和冷静。

拿破仑在当皇帝的时候，大量阅读传教士的记载、使节的报告以及有关中国的游记等。在他的要求下，第一部《法汉词典》出版，还下令在法兰西公学院设立中国学科，这是中国汉学在西方历史上第一次进入大学科目。当八国联军在中国横行霸道的时候，《大唐西域记》（研究中古时期中亚、南亚诸国的历史、地理、宗教、文化和中西交通的珍贵资料，也是研究佛教史学、佛教遗迹的重要文献）已经翻译成法文。

拿破仑说过："中国是一头睡狮，醒来后她会震惊世界。"拿破仑对中国的认识并不是信口胡说。拿破仑发现印度梵文与巴利文居然和英文与德文的前缀、后缀、词尾、语法是一样的，所以，他相信《圣经》里说建造诺亚方舟的诺亚的第三个儿子把文明带到了印度和中国的说法是正确的。当时的印度是英国人的殖民地，虽然不重视历史记载，但是有悠久的文明。释迦牟尼传教49年没留下一个字，佛经的第一句话就是"如是我闻"，那就意味着，佛经的经典都是学生根据记忆复述的。印度的历史差不多都记载在中国的《史记》和《大唐西域记》里面，所以要研究印度就必须要研究中国。而印度文明和欧洲文明联系在一起，都是雅利安人种和欧亚语系，所以陈寅恪、季羡林、周一良等学者到欧洲去学印度学。当时的印度在自然科学和人文科学方面发展很好，可以和西方比肩，因为没有历史记载，所以要学习印度文明还得研究中国文献。当时法兰西大学、牛津大学、伦敦大学、剑桥大学、莱顿大学、柏林大学、莱比锡大学、法兰克福大学都设有研究中国学的机构，美国就更不用说了。在那个时代，那些学贯中西的学子们，占据了世界的视野，看清中国历史文化的价值并设法珍惜和推进中国文化。那些没有走出国门，或者只在东邻日本盘旋的中国人，眼里只有日本和英国的富裕，对比中国的贫穷，就指责和归罪于列祖列宗，要把自己过继给外国人做儿子。

孔子像的矗立和国学学习热的兴起，无非是要求我们中国人要有开放的胸襟和宽阔的视野，重构新时代的国学，造就更加充满活力的中华文化，探索中华文化在世界范围内的普遍意义和普世价值，从而为中华民族的伟大复兴贡献力量。

中华文明的世界视野

国学怎么学？我们可以这样总结“照着讲”和“接着讲”。照着讲就是古人怎么讲，我们也怎么讲，这是要求我们研究国学。研究国学，十三亿人中有十三个人就够了。接着讲是在研究国学的基础上，还要将国学文化引向当代和未来，赋予中国文化和国学更旺盛的生命力，这就要求十三亿中国人参与和实践。西方文艺复兴奉行的方法就是接着讲，所以有亚当·斯密、孟德斯鸠、伏尔泰、卢梭，一直到康德、黑格尔出现。

接着讲的最终目标是要求国人在治国、企业管理和生活实践中去升华总结，最后变成文字和思想。西方从文艺复兴到“二战”以后价值观完全确立用了500年，中国的国学文化体系也不可能一蹴而就。胡锦涛主席说：“中华文明是世界古代文明中始终没有中断，连续五千多年发展至今的文明。中华民族在漫长的历史发展中形成的独具特色的文化传统，深深影响了古代中国，也深深影响着当代中国。”公元前800年至公元前200年之间是人类文明形成的轴心时代，这个区域基本处于北纬30度上下。这些文明包括埃及文明、两河文明［主要由苏美尔（Sumerian）、阿卡德、巴比伦、亚述等文明组成］、印度文明、希腊文明和中华文明。宋健在访问埃及时看到古代埃及的王朝世系特别清晰，回国后启动了夏商周断代工程。但是埃及文明中断了，今天的穆巴拉克和创造金字塔的埃及人没有任何关系，人种和文字都没关系。巴比伦文明在今天伊拉克以南50公里，有被今天德国考古学家证实的世界七大奇观之一的空中花园。公元前4000年到公元前2250年之间，巴比伦有了镌刻在汉谟拉比石柱上最早的成文法。不过，今天的伊拉克人与巴比伦人已经没有关系，巴比伦文明中断和灭亡、断子绝孙了。很多国家在两河流域兴衰，最有名的是以色列。以色列例外的是，在灭亡一千多年后又复国了，这个国家用一千多年前使用的希伯来文印刷报纸，因为《圣经》最早是用希伯来文写的。两千年以色列人居住的地方，巴勒斯坦人也已经住了一千多年，于是两个民族陷入争夺土地归属权的无休止的纷争中。印度文明大约发端于公元前 3500 年，比中华文明还早，代表文化是佛教。印度佛教有北传佛教和南传佛教两支。北传佛教主要传播到中国、朝鲜和日本等地区，称为大乘佛教；南传佛教到泰国、斯里兰卡、柬埔寨等地区，称为小乘佛教。今天的佛教主要分布在以中国为主的东南亚地区，印度已经没有佛教，主要是印度教，所以说印度文明是残缺的。古希腊文明是在公元前 8 世纪形成，是灭亡的埃及文明、克利特文明（西亚、中亚文明融合）和迈锡尼文明融合的产物，所以古希腊文明刚一出现就呈高度发达之势。中华文明在公元前八世纪春秋时代就已经繁荣昌盛，直到今天还是生生不息。17 世纪《四书》已经传到西方，还有中国的诗歌和小说，虽然翻译得很少。德国文化符号的大诗人歌德（《少年维特之烦恼》的作者）说："中国人写小说真好，我们的祖先还在树林里生活的时候，中国人已经开始写小说了。"英国到公元 8 世纪才真正建立民族国家，西方和中国相比，先天较为不足。"五四"新文化运动时期的激进分子要消灭中国文化，这不但对不起自己的祖先，而且是对世界人民的犯罪。中华民族的血液里，流淌着古中国的文化，我们怎么能够抽血换髓呢？

关于中华文明的现代意义，胡锦涛有定义："中华文化是中华民族的根基和灵魂，是中华民族生生不息、团结奋进的不竭动力，是海内外无数中华儿女的精神家园。"温家宝在 2009 年马德里大学的讲话中说："中国传统文化塑造了中华民族醇厚中和、刚健自强的人文品格和道德标准，不仅对中国的经济和社会发展发挥着巨大影响，也为中国人的世界观和行为方式的形成奠定了基础。它的影响一直延续至今。"

中国国学是治国之术

清华大学思想文化所创所所长张岱年教授说："国学是中国学术的简称。"我认为国学就是关于怎样治国的学问。

众所周知，"四书"是国学的精粹之一。《论语》的"学而优则仕，仕而优则学"；《大学》的"修身、齐家、治国、平天下"；《孟子》的"穷则独善其身，达则兼济天下"；《中庸》的"唯天下之至诚，为能经纶天下之大经"，字字珠玑，无不彰显着治国济世平天下的道理。

我们再来比较世界古文明的特点，更能说明中国国学强调的是治国之学。古文明主要有以希腊为源头，以欧洲文明为代表的西方文明；以中国为代表的东亚文明；埃及两河流域的西亚、南亚、北非文明。这些不同文明有什么特点呢？

西方文明重视自然科学，西亚、南亚、北非重视宗教学和神学，中国人最关注的是人和社会这一现实问题。

我们先从人类的知识体系的三个方面说起：自然的知识——科学；超自然的知识——宗教神学；人与社会的知识——伦理学。

希腊文明（西方文明）是关注科学知识和哲学知识的典型范例。柏拉图讲学的地方叫作 Accademia，就是法文、英文、德文中的科学院的原型，中文翻译成科学院。西方逻辑学的奠基人亚里士多德，是马其顿国王的儿子亚历山大的老师。亚历山大从小跟亚里士多德学习，16 岁跟随父亲东征西讨，24 岁时父亲去世后继承王位。亚历山大用 10 年时间建立了一个横跨欧、亚、非的大帝国，最东到达喜马拉雅山脉的印度。在战场上发现新的动植物时，亚历山大都送到家乡雅典交给老师做研究。自古以来，希腊人对自然科学关注的传统一直延续不绝。所以，直到今天西方的科学还是最发达的，诺贝尔奖获得者多数都是西方人。

北非、西亚和南亚地区，产生了世界上几乎所有的宗教。佛教故乡是印度，基督教故乡耶路撒冷，其他地区则是伊斯兰教的世界。

当学生问及孔子死后的情形时，他说："未知生，焉知死。"孔子一点也没有说“怪力乱神”之类的。战国时期的诸子百家争鸣，争的就是治国平天下的话语权。可见中华文明是以治国平天下为核心的。中国人为什么重视人与社会的知识?

我们先从国家的概念来谈这个问题。由一个民族为主、有中央政府和管理地方事务的官吏系统、有国家组建的军队作为保卫政府的力量、有赋税征收体系保证国家财政的运作，这样的一个庞大组织才能构成国家。西方的罗马帝国只是由具有不同的语言、政治、经济、民族组合而成的松散的军事联盟，根本不能算真正意义上的国家。西方15世纪才形成真正意义上的国家。公元9世纪查理大帝灭亡罗马帝国后建立的东法兰克福王国即今天的德意志；西法兰克福王国即今天的法兰西，这两个国家也是直到15世纪才形成真正的民族国家。欧洲在15世纪前叫作“Feudalism”，日人本最早翻译成封建社会。

我认为我国的封建社会这个词主要是指西周时期。我们后来把中国春秋战国到鸦片战争前这一历史时期叫作封建社会，是沿用苏联的说法。这段时期的封建社会反而是没有封建制的，封建社会这个词的真正含义主要体现在西周。周武王姬发把商纣王灭了以后，他说周家不姓周，而姓姬。分裂以后他以当地的姬姓家为主分封各国，还将有功之臣分封各国。比如北京封给召公，为燕国；鲁国封给周公的儿子，周公在朝中辅佐成王；姜太公帮着周武王打天下，封到齐国；还有晋国，在山西、河南、河北这一带。商纣王灭亡了以后不能把他家族彻底消灭，武王将纣王的儿子武庚安放在商朝的首都殷，称为宋国。成语“守株待兔”“削足适履”都是嘲讽宋国人的。据记载，周初总计分封了71个诸侯国。即把全国分成若干个侯国，由周天子分封给在灭商大业中做出了贡献的姬姓亲族和有功之臣；各诸侯可以拥兵，但必须随时听从天子调遣，定期向天子纳贡、朝贺；允许封侯世代承袭，并可在封国内分封卿、大夫；天子对诸侯有赏罚予夺之权，对封国中分封卿、大夫也有权过问。这就是古代的建国立家。举例子来说明天子和诸侯国的关系。周幽王是西周最后的国王，有个王妃叫褒姒。褒姒姑娘模样俊俏，但是不会笑，这让国王很遗憾。为了让美人有笑容，周幽王就在烽火台上点烽火。因为周幽王是天子，在天子遇到危险的时候，各诸侯国有救驾的责任。诸侯看见烽火台上狼烟四起，火急火燎赶来救援。这褒姒姑娘看见诸侯的着急样，忍不住笑了起来。这就是历史上有名的“烽火戏诸侯”的故事。这样的恶作剧发生几次之后，诸侯见烽火也不来了。最后外敌真的入侵，狼真的来了，西周就这样灭亡了。

公元前770年前，周幽王的儿子带着家属东迁洛邑，从此开始了中国历史上的春秋战国时代。秦始皇灭六国废封建，建立了中央集权制的国家。从秦朝以后，中国的社会制度和欧洲完全不一样。秦朝开始后的2800多年的时间里，中国都是世界上最发达的国家。中国经济总量占世界比例都超过50%以上。中国的知识注重社会治理，一直到15世纪后，西方人学习英国的制度，而英国学习中国制度。但是，今天的中国人都是在学习西方的制度。去年亚洲五百知名企业论坛上，一个美国诺贝尔学家讲“中国的MBA教育太西方化了”。这也是挺搞笑的一件事。

当然，世界文明视野当中的中国文化是需要坚持传统，海纳百川。清朝数学大师、历法专家梅文鼎曾经说过：“法有可采，何论东西；理所当明，何分新旧。”

史学是国学的一部分，我们从历史的角度来分析，更能清晰地认识到中国国学是治国之学。秦始皇以来的中国历史，真正一百年以上的王朝并不多，加起来也就1000多年。最长的是唐朝290年，明清也都200多年，其他的王朝都比较短。历史可以告诉我们王朝兴衰的真相和原因。

曾国藩说：“读书有两条门径：修身不外读经；经济不外读史。”经书主要是儒家经典，教人修炼内心；经济不外读史，这里的经济不是我们现在讲的经济（economic），而是经邦济世，也就是现在讲的管理、治理。要管理、治国就要读史，因为史书上把古今得失都展现在我们面前。曾国藩和毛泽东都是文人，但却善于打仗用兵，那是因为他们攻读《资治通鉴》。曾国藩说：“窃以为先哲经世之书，莫善于司马温公《资治通鉴》。”毛泽东对吴晗说：“《资治通鉴》这部书写得好。叙事有章法，历代兴衰治乱，本末毕具，读这部书，可以熟悉历史事件，从中吸取经验教训。”历史上的好书浩如烟海，值得认真研读。《大学》《中庸》《论语》《资治通鉴》，这些书，特别是《资治通鉴》能给我们带来历史的智慧，而这种智慧是中国特有的。

《历史研究》作者汤恩伯说："中华文化将是21世纪人类走向全球一体化，文化多元化的凝合剂。如果中国文明不能取代西方文明成为人类的主宰和生活指南，那么人类的前途将是可悲的！"我们中国民族伟大之复兴，要从传统文化里吸取养分，我们要脚踏实地去研究国学并在实际生活中践行。西方从文艺复兴到真正崛起，花了几百年。我们中国人要想实现民族复兴，就不能不复兴国学，这也需要我们几代人的努力。

国学之路，实在任重而道远！

根据张国刚教授2011年5月在三智道商国学院中国历史高研班首期班授课录音整理

领导艺术之知人用人

张国刚

领导艺术是领导者个人素质的综合反映，因人而异。那些具有超凡魅力的领导者之所以能够成就非凡，是因为他们能够成功把握他人人心、思想甚至灵魂。

最英明的领导是运用他人智慧，激励他人取得成功，从而让自己成功。正如韩非子所说“下君尽己之能，中君尽人之力，上君尽人之智”。领导者要成为“上君”，就要“独运方寸之心”，资众力以成功，还必须明职审贤，择材分禄。

汉高祖刘邦在谈自己成败得失时有一个非常精彩的论述，“夫运筹策帷帐之中，决胜于千里之外，吾不如子房（张良）。镇国家，抚百姓，给馈饷，不绝粮道，吾不如萧何。连百万之军，战必胜，攻必取，吾不如韩信。此三者，皆人杰也，吾能用之，此吾所以取天下也。”

如何能像汉高祖那样借人之智成就自己，笔者有以下几个方面的体会：

选人之道：知人善任

用人首先要知人。诚如司马光所言："为治之要，莫先于用人，而知人之道，圣贤所难也。"如果根据名声来选拔人才，就会出现竞相博取声名而善恶混淆的状况；如果根据档案上的政绩来选拔干部，则巧诈横生而真伪相冒。说到底，最根本的解决办法在于领导者"至公至明而已矣"。领导者只要出以公心，明察是非优劣，不以亲疏贵贱或个人喜怒好恶改变自己的判断，就一定能选拔到合适的人才。

魏征提出知人要"六观"：贵则观其所举、富则观其所养、居则观其所好、习则观其所言、穷则观其所不受、贱则观其所不为。此段话大体意思是说，在地位、处境的变化中，观察他人的举止、言谈、兴趣、修养和追求，探察人的本质。具体来说，就是对出身显贵之人（多指那些名门之后、大臣之子），要看他的行为举止是不是轻浮的纨绔子弟；对出身富裕之家、殷实之家的人，要考察他的修养，是平和从容还是粗鲁无理；处于某个位置上，要看他的喜好，是否干一行爱一行；对学习的成果，要看他的言谈，是否能反映出其真实学到的知识；穷困的人要看他的道德底线是什么，是否因为穷困就不顾尊严食嗟来之食；处于社会底层潦倒之人，要看他的行为底线是什么，是否因为潦倒就去当盗贼。

托名曾国藩《冰鉴》的书，就有关于识人的论述：神骨鉴，刚柔鉴，容貌鉴，情态鉴，须眉鉴，声音鉴，气色鉴。此书虽非曾国藩所作，但曾国藩从不盲目选人，而是遵循"看透人之后再用人"的方法，该避则避、该提则提，显示出卓越的领导才能和管理才智。

选人之法：用长容短

君闲臣忙国必兴，君忙臣闲国必衰。领导人要让自己的事业蒸蒸日上，关键是用好人。怎么用人呢？唐太宗讲了四个字“使人如器”。贞观二年，太宗谓右仆射封德彝曰：“致安之本，惟在得人。比来命卿举贤，未尝有所推荐。天下事重，卿宜分朕忧劳，卿既不言，朕将安寄？”对曰：“臣愚岂敢不尽情，但今未见有奇才异能。”太宗曰：“前代明王使人如器，皆取士于当时，不借才于异代……且何代无贤，但患遗而不知耳！”德彝惭赧而退（《贞观政要·择官第七》）。用人就像用工具一样，锤子、剪刀、布等各有其用，生活中一点都不能少。就像君主使用人才，各种人才都要具备。优秀的个人在一起造就优秀的团队。用人才要尊重人才，用人之长、容人所短。东方朔曾经对汉武帝讲：水至清则无鱼，人至察则无徒。劝告人们待人少苛求、多宽容。用人才还要遵循“疑人要用，用人要疑”的原则。“疑人”就是有毛病的人；用人要疑，就是用人要管理、约束，不能放任自流。人至察则无徒、疑人要用、用人要疑这是用人的三个层次。

如何用人，有古人的经验也有今人的认识。现代人说的“懒蚂蚁效应”是西方的用人思想。即企业在用人时，既要选择脚踏实地、任劳任怨的“勤蚂蚁”，也要任用运筹帷幄，对大事大方向有清晰头脑的“懒蚂蚁”。这些“懒蚂蚁”不被杂务缠身而长于辨别方向和指挥前进，能想大事、想全局、想未来。西方人的历史比较短，都是用一些动物来说明问题，如蝴蝶效应、鲶鱼效应等。中国有很丰富的历史经验，在人才应用上事例很多。战国时人才争夺非常激烈，秦始皇成功的决定因素就是善用人才，当然他失败的原因也是忽视了人才的作用。战国时有“四大公子”，齐国的公子叫孟尝君颇为有名。他有三千门客，其中一个叫冯谖。冯谖最初到孟尝君家时并没有被重视。一次，孟尝君让冯谖去薛城要一笔很久的欠债，冯谖欣然同意。临走的时候，他问孟尝君：“债收了以后，要买点什么回来吗？”孟尝君并没有指望冯谖能把债要回来，于是孟尝君随意地说：“你看我家缺什么就买什么吧。”冯谖把欠债的人召集到一起，把所有债务字据都烧了。孟尝君非常生气，冯谖笑着说：“我看您家什么都不缺，就缺德，所以什么都没买，帮你买德回来了。”孟尝君一怒之下赶走了冯谖。后来，齐国国君废除了孟尝君相位，他只好退居薛地生活。薛地百姓听说孟尝君来此，扶老携幼走出数十里路夹道欢迎他。此时的孟尝君才如梦初醒，懂得了冯谖为他买来的仁义价值所在。冯谖游说国君，使孟尝君重获齐君之信任；还通过“薛国市义”、营造“三窟”等手段，为孟尝君树立威名。冯谖为孟尝君的东山再起立下了汗马之功劳。所以用人之长，关键是你能不能看到这人的长处，并放在合适的岗位上。

用人之法：人尽其才

国家之所以昌盛，是因为天下人才皆为君王所用。企业之所以发达，是因为团队合作。团队建设里，特别要做到人尽其才。

唐太宗曾写了一篇讨论如何用人的文章：明主之任人，如巧匠之制木：直者以为辕，曲者以为轮，长者以为栋梁，短者以为栱角。无曲直长短，各有所施。明主之任人，亦由是也。智者取其谋，愚者取其力，勇者取其威，怯者取其慎，无智、愚、勇、怯，兼而用之。故良匠无弃材，明主无弃士。房玄龄聪明取其智，尉迟敬德勇敢取其威，胆怯的人做事谨慎，愚者的力可以用。《西游记》团队里面人才济济：孙悟空能腾云驾雾、降妖除魔，唐僧的最强保镖；猪八戒贪吃恋食，信息灵通，能快速解决温饱；沙和尚忠诚不贰、任劳任怨，能协调团队矛盾。这些人组合在一起才能力保唐僧西天取经。正所谓不以一恶忘其善；勿以小瑕掩其功。

团队建设还讲究“割政分机，尽其所有”。有一个人养了两匹马，两马老是踢来踢去，于是这个人找了伯乐先生来看。伯乐看了说一个能走千里，一个能载千金，都是良马，但要分槽养。还是这两匹马，一分槽就可以了。释迦牟尼掌管香火，韦陀掌管一个庙，弥勒掌管另一个庙。弥勒笑迎八方客，香火不断，财源滚滚，但他丢三落四，丢得多，进得也多。韦陀呢，心细、严格管理开支，但是他老是黑脸，谁也不敢来，进得少。释迦牟尼看后说合署办公：弥勒佛在前笑迎宾客，财源滚滚；韦陀在后严格管账，进得多出得少。分槽养马、合署办公都是团队建设中领导要采用的艺术。

在现代企业中建立完美的团队也有章可循。电视剧《乔家大院》充分展示了乔致庸的用人之道——“知人善用”。知遇马荀，让其担任“复字号”大掌柜；看中卖花生米的孙茂才，高薪聘任为“市场总监”。这两个人在乔氏企业里功不可没，无人能比。现代企业里，实业部门要找一些实实在在、脚踏实地的人；公关部门要找应对敏捷的“智多星”；合资项目要找有凝聚力、善于协调各方利益的人；监督者找有节气、追求完美的人；财务部门找刻板、精明的执行者；研发部门找头脑灵活、善于创新的人。

驾驭人才：跅弛可用

企业用人，大家都会想到要用德才能兼备之人。但是，古今中外奇人建奇功，伟人成伟业的事情屡有发生，所以，采用有缺点的特殊之人为己所用是最具挑战性的。汉武帝曾说过：“盖有非常之功，必待非常之人。故马或奔踶而致千里，士或有负俗之累而立功名。夫泛驾之马，跅弛之士，亦在御之而已。” 汉武帝在位期间，启用私生子出身的卫青为将军攻打匈奴。卫青果不负所望，在剿灭匈奴战争中建立了功勋。

曹操用人最看中人的能力，他对人才的要求在《举贤勿拘品行令》是这样体现的：负污辱之名，见笑之行；或不仁不孝而有治国用兵之术；其各举所知，勿有所遗。曹操的人才观可以总结为十六个字：实事求是、唯才是举、不拘一格、来者不拒。曹操手下有一个很重要的谋士郭嘉，郭嘉行为不太检点，多次被纪律检查官员陈群当众指责。郭嘉依然故我，曹操也信任如故，但是同时曹操又奖励陈群。曹操不处分郭嘉和指责郭嘉，因为他明白一个道理：人无完人。

有这样的一个录用选择题：

L君：生活不够检点，好色嗜烟酒，有两个情妇；身体还有残疾。

Q君：小学时最顽皮、最贪吃、成绩最差的学生之一，经常遭到老师的体罚，后来不得不转学到另一所学校，成绩仍然不佳。生活不严谨，吸毒嗜睡，贪酒成性。

X 君：曾是国家级战斗英雄，一直保持素食习惯，从不吸烟，偶尔喝点啤酒，年轻时没有做过什么违法的事。

L 君、Q 君和 X 君都是历史上真实人物。很多人会选择 X 君，他们认为 X 君是一个优点显著的人才。可是，此君是发起第二次世界大战的千古罪人希特勒。L 君是罗斯福总统，Q 君是丘吉尔首相，这两位对世界和平的贡献不用赘述。他们有很多缺点，但这些缺点不影响他们成就伟业。

培养人才：因需激励

西方有一个理论“马蝇效应(Horse Flies effect)”,很有名。它的意思是说，再懒惰的马，只要身上有马蝇叮咬，它也会精神抖擞，飞快奔跑。

“马蝇效应”，来源于美国前总统林肯的一段有趣的经历。林肯少年时和他的兄弟在肯塔基老家的一个农场里犁玉米地，林肯吆马，他兄弟扶犁，而那匹马很懒，慢慢腾腾、走走停停。可是有一段时间马却走得飞快，林肯感到奇怪，到了地头，发现有一只很大的马蝇叮在马身上，就把马蝇打落了。他兄弟抱怨说：“哎呀，你为什么要打掉它，正是那家伙使马跑起来的嘛！”没有马蝇叮咬，马慢慢腾腾、走走停停；有马蝇叮咬，马不敢怠慢，跑得飞快，这就是“马蝇效应”。这个小故事对管理者用人很有启发。越是有能力的员工越不好管理，因为他们有很强烈的占有欲，或既得利益，或权势，或金钱。如果他们得不到想要的东西，他们要么会跳槽，要么会捣乱。要想让他们安心、卖力地工作，就一定要有能激励他的东西。这就意味着企业管理中要有激励作用。每个企业的情况不一样，要因需激励。这个需要是变化的，这也是马斯洛的层次需求理论，激励的手段也要有所变化，尤其是高级人才，需求不一样。有的人比较理想，可能更看重精神上的东西，比如荣誉、尊重；有的人比较功利，可能更看重物质上的东西，比如金钱。针对不同的人，要用不同的方式去激励。总之，要让这匹马儿欢快地跑起来。

“世界上没有完全相同的两片叶子”，同样也没有完全相同的两个人，这也就意味着没有完全相同的领导者和领导模式。但是，不管领导者的模式和魅力有多么的千差万别，知人用人都是事业成功的基础，也是事业成功的关键。

根据张国刚教授2011年5月在三智道商国学院中国历史高研班首期班授课录音整理

守先待后——史学在中国的地位与演变

罗志田

很高兴能有时间来和大家分享一下历史研究的一些心得和体会。中国自古就喜欢研究历史，但现在情况有些不尽如人意，一些人认为历史是不挣钱的学问。历史学或者史学在中文中是很晚出现的词，中国更早叫作史。到现在历史也是一个模糊的词，包括历史学者自己也有点搞不清楚。究竟是过去发生的事情是历史；还是被说出来或者专业的人记录下的是历史，这是有争议的。一些学中文的创造出一个说法：大写的历史和小写的历史。用意其实就是要区别刚才我说两种情况。我认为这是比较典型的数典忘祖，中文中没有大写和小写之分，只有西洋拼音文字才分大小写。二者其实不是那么太容易区分清楚，也不太需要去严格界定。大学中研究历史的大部分叫历史系，北京大学却比较特别，叫作历史学系。

在中国，史其实最早是一种官职，有一位思想家把中国的文化说成是史官文化，然后将其批判了一顿，并且那个说法流传非常广，不过看过那本书的人都知道，因为那个思想家独居没有什么书可看，所以就写了对史官文化的不满。意大利马克思主义学者葛兰西，在监狱中写了很著名的《狱中杂记》，里面有个重要思想。他对霸权有很形象的解释，其最主要的一个贡献到现在对历史学和许多社会科学还有重大影响，即用权力观念来思考世界、思考社会。上层社会的成功人士可能比较注重权力，而老百姓则不必有太多的权力意识。史官到底做什么工作呢？中国古代的史书是有选择地记录的，其中对日食、月食、地震等灾害都记得很详细。这和最早的一种文化传统有关：古人相信天人是相通的，也就是后来董仲舒提出的天人感应学说，认为人的所作所为直接反映天的意志，假如你做得不好，天就会降下警告或者惩罚，你说这是想象也好，真实也好，至少有好多东西今天科学还解释不清楚。在这样的一个社会文化背景中，与天沟通的史官就非常重要，他记录天象变化的同时也记录朝廷中事情。这也是为什么中国历史或者史学比较发达的原因所在，不好说中国有文字记载的历史是世界上最早的，但至少是延续最长的。从公元前八百多年的东周共和元年到现在一直没有中断，之前还有西周、商代、夏代、五帝、三皇，有非常长的一个过程。后人特别喜欢科学，所以凡是没有经过科学证明的，一般都不把它算成可信的历史。实际上商代被司马迁写得很清楚，那些商王世系大部分已经被甲骨文证明确实存在。西方学者相当一部分认为我们的历史从商代开始，再往前的夏代就不太相信了。现在有一个夏商周断代工程，力图把三代都做一个精确断代，这在学术界争议比较大，但是有重要作用。我个人认为，夏代不必非要给它一个很确切的纪年，在古代往往越不精确越可靠。现在有一些学者说黄帝是中国近代才创造出来的民族始祖。依据是黄帝的画像到很晚才出现。我说："孔子的画像到汉代才出现的，难道说孔子就不是周人吗？古代往往立个牌位就行了，不必要非得画像。"现在大部分科学家都不相信是上帝或者某一个人创造了人类智慧和人类文明，因此商代成熟的甲骨文应该有一个很长的形成历史。不能因为没有找到甲骨文形成的历史，就说甲骨文是伪造的。反过来，不能说因为夏代没有像甲骨文那样的文字记载就认为没有夏代，历史科学应该是一个比较开放的学科。如果把时间往前推就会发现在古代中国，历史的作用比较大。史官既要观天象、又要记录朝廷的大事、还要到各地去采风，即把老百姓发表的议论收集汇编后，呈送给皇帝参考，让皇帝知道自己统治得好不好，这么一个任务也是一个非常重要的事情。

古人在很长一段时间内，把皇帝作为天的儿子，天子要代替天执行天道，这个观念直到近代还有。古书中有一句话："天视自我民视，天听自我民听。"

就是说天的耳目反映在老百姓身上，老百姓说你好就好，说你不好就不好。一个君主统治的正当性很大方面体现在老百姓的反应上，而老百姓的反应要有史官去收集编撰，然后呈给皇帝看。皇帝的所作所为也要被史官记载，史官按照他看到、听到和了解的事实去记载，君主自己是不能看的。到唐代之后有些皇帝就亲自看了，比如唐太宗就曾经把记载他的实录拿来看。汉武帝曾要求司马迁把记载他的史料拿来看，看后大怒，认为记载和他本人不符。总之，史官的记录在理论上至少是独立的，不受君主权力的监督和制约。历史上曾有某史官记载了一个什么事情，君主就把他杀了。然后他的弟弟接着再如此记录，又被杀；然后再找一个人来还是这样记录，皇帝就不好意思再杀人，只能接受这一历史记载。这从侧面反映出史官不是一般文人随便就能做的，他既要有官府之学，又要有家学。上古没有文字的时候，靠的是结绳记事。这一方法过去解释的不是很清楚，有人推测其方法是：小事结一个小疙瘩，大事结一个大疙瘩。我就很怀疑，他是怎么看绳子的结就知道是哪件事呢？那是没办法知道的，实际上还有另一部分人做一个事情。

古代史官有很多种，有一种是直接做记录，但早期的文字书写条件很困难，需要刻在骨头、金属或者石头上，往往只刻一两个字，这就和结绳记事差不多，按照傅斯年先生的说法，其书写规律和电报语法类似。史官还有另外一个部分，就是一大批盲人。如果一个人某一个官能如果不行的话，往往另一个官能会更强，一般认为看不见的人的记忆力比看得见的人好，因此盲人史官就擅长背诵和讲述很多东西。所以史官主要分为两部分：一部分是记录者，一部分是说唱者，也就是分为史部史书和瞢部史书。据记载，古代对盲人有非常清晰的分类，在朝廷中正式担任职务的盲人有三百种，可见史官的阵容有多大，也可以看出中国古人对记录过去的事情有多么重视。现在人心不古，喜欢用坏蛋的标准看人，于是有所谓最新的学术说出现，认为中国文化残酷得不得了，这二百种瞎了 定是被统治者刺瞎的，但这是没有历史证据的猜测。现在的佧佤族还保留着结绳记事的传统：逢年过节，就把已经结好的绳子拿出来，由盲人或者老者把全部故事说一遍，通过口传和背诵来解释绳结的意义。必须两者配合，纪录才是完整的。后来文字原来越完备，口传历史也就越来越淡化，朝廷中盲人史官也就越来越少，等礼崩乐坏后就几乎没有了。书写和口述分道扬镳，这个是历史被中断的变化，对历史影响非常大。现在学者拿到这些类似电报语法记下来的史料时，往往并没有很清楚了解其意义。后来出现一些被误认为是伪书的史料，其实很多可能不见得就是伪书，很可能是口述记录下来了历史。这种口传的资料其实是很重要的，据说秦始皇曾焚书坑儒，到汉代时，一些经书典籍就是靠一些老书生背诵记录下来的。你会发现史官统治的重要性在于：君主统治的正当性在很大程度上落在史官的手上。他怎么记录、收集来的资料怎么整理，然后把它流传下来，因此史官和史学在中国文化中的作用远远超过相信上帝的西方国家。在中国既敬天，又不相信唯一的神，同时还祭祖。祖先在古时候一方面是智慧的来源，另一方面也是认同的依据。现在人有户口和身份证，民国早期之前没什么身份证，考科举时写上自己的祖上三代的履历就够了，没有人愿意冒认别人做自己的父亲，因为这是一件非常吃亏的事情。在重要场合体现个人认同的时候，可以靠你祖上三代，民族的认同和国家的认同也是类似的。历史对中国之所以重要在于中国没有唯一的上帝信仰。近代西方科学传进来之后，被认为是很先进很的东西。因为智慧不是来自上帝，所以真理也不来自上帝，而是来自对过去的记载和回忆。

秦汉时期中国历史一个很大和根本的变化就是所谓大一统国家的出现。秦代时间虽然不长，但第一次把中国全部统一。这次统一和以前的统一还不一样，夏商周三代也有共同的君主，但更多的是一种象征性的服从，共主在经济上并不十分依靠诸侯国。秦汉时期的君主不但是全国最高首领，而且还要治理国家，中央集权的程度越来越严重。在这个过程中间出现了另外一个重大变化，即汉武帝将儒家思想从诸子百家中推选出来并确立为官方意识形态。以前的社会是贵族社会，读书人不是很重要。孔子一个很重要贡献就是把原先贵族享受的待遇让读书人也能享受，但主要是在精神上的享受，受到全民尊敬，是大众的楷模。但他们没有领地、也不直接占有国家赋税。读经和解释经典的士人成为士、农、工、商四民之首。古人比较了解市场经济的利与害，深知商人的价值准则就是最大程度地追求利益，一旦大家都去追逐利益，社会将变成一个坏蛋的社会。于是古人把各种类型的人进行区分：做官的可以掌权，读书人可以得名，商人可以赢利，但不能做官。一直到清代，商人的后代是不能直接考科举成为国家栋梁，必须转变身份，先从商人变成一般的农民或者地主，这样后代才可以去参加考试。当时商科进士全国只有几十个，因为政府不需要地方提供太多的赋税就可以运作，这样一个政策基本上贯彻到民国前期。

历史书上曾报道：四川税收预收到五十多年，被作为社会黑暗的标志。预收五十年，而四川人都不造反。说明即使四川人再没胆量，可还要维持最低生活，既然他还能维持最低的生存，可见一年赋税额其实很小。在全世界历史上很少有能在短期内征收五十倍的赋税的地区。因为中国是一个无为而治的小政府，他会就仅有的资源进行分配：让读书人得名，商人获利，官员掌权。在这样的分配体制下，读书人大部分是只能得名的，生活可能不是很富足，但是相对清闲。因为可以不用向国家缴纳赋税，并且一直到明代，只要考中秀才，到衙门就不会被打屁股。在那个面子很重要的时代，被脱了裤子打屁股就不仅是疼痛，而且是极为丢脸的事，这种情况一直到科举被废除才结束。经学成了很重要的一门学问，史学的地位开始下降。史学之所以重要，是因为中国没有上帝信仰，可是经学在中国享受到半上帝的尊荣，成为相当于西方上帝的存在。西方人到《圣经》中去找智慧和真理，中国则从经典中找。经学地位的上升，使史学的地位相对下降。但经学有一个历史形成过程，不是原来就有或从上帝那里来的，经学的主体地位到汉武帝才确立。到后来，孔子最早编撰的六经全都成为历史典籍，所谓“六经皆史”。中国人认为中国政治的黄金时代是在夏商周三代，所有的优秀典范都从这个地方找，固定的经学不能完全解释历史，因此史学地位虽然退了一步，但还用来解释历史，同时记录朝廷的行为。每一个朝代都要为前朝修史，就是当朝的人把自己经历的事情记下来，留给下一朝去解释，下一朝的人必须要把前 朝的历史修出来，人家都有一种责任和信任。这是中国历史一个非常重要的观念。我演讲的题目中“守先待后”一词也是这个意思。

举例说明：地跨欧亚大陆的蒙元帝国对欧洲的征服对其历史造成了一个断裂，形成过去的欧洲称为黑暗的时代的中世纪。按照科林伍德的观念：所谓黑暗时代，就是指后人无法了解和解释。历史假如不中断就能被认识，在我们中国历史就很清楚。可见这种“守先待后”的原则多么重要。

中国史学的“守先待后”还有一个重要的原则，用现代的话来说就是以人为本。中国史书主要是由传记组成两三千年的不间断的记载。他不光是为皇帝、大臣，也为各类成功的人留有记载，这里的成功不一定是世俗观念上成功的人，只要参与历史并影响历史都能获得记载。司马迁写《史记》就很清楚地贯彻这一原则。例如一般情况下，只有君主才能进入“本纪”，但项羽也被列在“本纪”中，就因为他在秦汉转变时期参与和创造了历史，作用等同于君主。他还给没有太多文化的农民起义领袖陈胜以“世家”的地位，“世家”原指三代特别有名的诸侯。中国历史记载不太以政治的胜负作为记录的最终取舍和原则，也不以世俗的功名和事业作为最重要的衡量标准。不一定要政治上取胜，事业上有很大作为，只要有历史意义即可。例如“列传”中排在第一位的是伯夷和叔齐两弟兄，他们作为道义的代表被写入历史。

有一种说法叫作以史为鉴。很多人误会是指是让皇帝看后明白什么事情做得好，可以照着做；什么事情做得不好，不能照着做。主要是为了提高读史者的道德修养。因为你的道德修养好，这个世道就自然变好。不以成败论英雄的历史叙述原则是非常重要的，尤其是当修史变成一种制度化的记录。后朝要为前朝修史本身是一件很困难的事，既要为当朝说好话，还要表彰前朝的忠烈。但这个原则后来淡化了，前些年文学作品中国民党被描述的都是笨蛋，而日本鬼子则常常都是被我们戏弄。那为什么抗战和内战还要打这么久？关羽、岳飞、诸葛亮在历史上虽然有功劳，但从事功的角度考虑三人都是失败者，但都被推崇为半神半人的地位，在民间文化历史记忆中被正式崇拜的。因此不以成败论英雄的传统，不光在正统的历史中有，在民间文化中也非常清楚。我个人认为这一传统比较好，同时“守先待后”的原则也非常重要，保证了书写的历史能不中断。过去人认为，即使遇到乱世，还要有少部分人来坚持记载历史，等比我们智慧好的后人来解释这些遗留问题，从而使历史和记忆不中断，这对于我们本身非常重要。电影中经常出现这样的一个场景：一个人在车祸中失去记忆后，他就不知道自己是谁，别人也不知道他是谁。同样的，如果失去历史记忆就会不知道自己的身份，无法界定与周围人的关系，这是非常可怕的事情。只有坚持“守先待后”

的原则，才可能保证我们清晰的历史记忆。

近代有所谓西学东渐，中国有很多东西发生了根本性的改变。外国人最初进来时确实是想做生意，而且也曾经梦想中国的市场有多么大。例如19世纪末20世纪初，美国的棉花行业认为：中国有四亿人，只要每个人穿一件T恤，就是四亿件T恤，多大的市场啊！于是他们要求中国门户开放，后来却发现：中国人不喜欢穿T恤，并且老百姓没有钱买。于是他就开始转变中国人的思想，到今天我们在座的人穿的衣服百分之九十都是一百年前没有人穿的西装，这就是资本主义和帝国主义厉害所在。马克思和恩格斯早就说过："资产主义者最主要的一个特点就是按照自己的面貌来塑造和改变整个世界。"西方人改变了我们的思想观念之后，我们才觉得穿T恤是很正常的事情。但是因为我们思想的改变，我们对历史的看法也发生相当大的转变。过去的历史要有文化的才好，现在的历史要有科学才好。过去，外国的真理从上帝那来，中国则从经典来，后来科学兴起，我们被西方改变思想观念之后，经典逐渐退出。近代很多人提出很尖刻的问题："你说中国经典好，为什么我们老打不过日本人？"现在一些外国人做了新的研究，认为道光时期中国GDP仍占世界的百分之四十，却被那些占世界百分之几的外国人打得很惨，可见光有GDP不行。于是中国开始改变国家目标，开始追求富强。以前是追求均衡的分配，不过度开发自然，也不过度地去获取利益。当有人提出要保存中国的国粹的时候，反对者提出一个很有力的诘难："你说这些很有用，哪一条可以帮助我们打败英国人？"当中国历史上富强第一次成了国家目标的时候，经典就开始退出，史学则一度上升。

中国在近代思想被改变之后发生了一个很大变化：和世界上其他的殖民地国家珍视自己的传统不同，中国则是主动抛弃自己的传统。中国当时主权还在，并且外国人发现中国这么大，要征服、占领和管理的成本太高。于是转而改变中国人的思想方式。在这种情况下，中国寻求的东西就变得不一样，而帮助实现这一目的手段也不一样。因此史学一度被提到很高的地位。那时民族主义也进来了，民族一定要讲认同，而认同则从历史中来。其他的外国殖民地都是向历史中间去寻找美好的东西，但中国在清末民初后却开始反传统，认为史学也不能帮助国家富强，只有科学可以，于是科学就成了真理的象征，并且中国的科学往往都向技术上靠。为什么中国老不出诺贝尔奖？因为我们老是关注技术层面。日本原来也没有，现在越来越多是因为他们技术做得差不多了，又开始回到基础科学的研究领域。科学和历史一样，你要从它那要什么，它就给你什么。你把它视为技术，它就是技术；你把它视为学问，它就是学问；你把它视为思想，它就是思想。中国近代的重大转变是富强第一次成了国家的奋斗目标，这样的一个历史其实是一个被改变的历史。于是经学推出，史学在兴旺了一段时间之后也退出。历史的任务也发生变化，以前的历史是要证明国家的悠久和文明的高度，现在则要证明我们也曾经科学过。

2008年北京奥运会开幕式曾被称为“史诗”，其主要的精神信仰就是所谓的四大发明，意图在于证明中国曾经科学过。在一百年前的中国没有人讲四大发明，君子要追求“道”，《周易》说：“君子以多识前言往行，以畜其德。”四大发明只是技术上的小事。19世纪末20世纪初流行一个说法：“假如整个自然的历史是一天，那么人类的历史只是五分钟。如果人类的历史是一天的话，有文字的时代只是五分钟。而20世纪只是其中的几秒。”把四大发明作为自己文化的主要成就或标志去展示给外国人观摩的历史最多只有五六十年，这是因为真理的源泉在西方从上帝变为科学，中国则由经典变为科学。这样的一个变化，还被说成是有中国特色的，其实这样的历史是有西方特色的历史。这一变化过程中可以看到史学本身也有某种衰落的迹象，虽然这是一个缓慢的过程。以前，科学院一个学科一般只有一个研究所，光历史专业就有三个研究所，还不包括和历史有关的考古研究所。当年历史研究所在社科院是老大，社科院院长郭沫若就是历史研究所的研究员，可见那个时候是多么崇尚史学，当然这其中有历史惯性的原因。可是到现在，社科院中虽然历史研究所还是那么多，但经济研究所却更多。大学里的历史系也觉到危机，担心学历史专业找不到工作，其实这都是不够富裕的中国才有的特色。美国情况就不一样，历史专业主要由两种人念：一种是退休后的清闲人员，一种是很有钱的人。例如在普林斯顿贵族学校中，差不多三分之一的本科生是历史系，他们是入学两年后才选专业，他们找工作不是看你念哪个专业，而是看你的素质高低，真正专门的东西要到研究生阶段才去学。当今是一个乱世，并不是指一般社会治安的层面。例如以前的人一般不做断子绝孙的事情，至少不会规模性地做，偶尔有个别人做一些假药、伪劣食品还可以容忍，但现在出现一家人甚至几十个工厂都做假药、假奶粉等现象，这在中国历史上绝对不可能有。以前的人是相信因果报应的，因果报应学说曾经帮助我们之前的社会保持了安定团结，他们不敢去做这些典型的断子绝孙的事情，现在竟然可以规模性地操作，这比表面的社会治安问题可怕得多。现在不讲规矩的事情越来越多，并且潜规则也在滋生蔓延。在这样的一个乱世，“我是谁”这个问题又变得重要。因为在世界的所有地方和历史时期，每到乱世的时候就会出现认同的问题：即到底我是干什么的？为什么会成为今天的样子？这样的一个问题，曾经受到社会的关注。我认识一些出版社的朋友对我说：“据专门的统计调查，多年来销售最好的就是历史类的书籍。”这至少说明这个社会和大众其实是很关注历史的，我觉得还是卖得不够好，因为历史其实有很强的故事性。

总之，在一个动乱的时期，不是指政治动乱，而是整个思想界和社会对自己的位置不清楚的时候，历史开始变得比较重要。这么一种重要到底对史学提出什么样的要求？或者有什么帮助或损害？这要靠历史来证明。哈佛大学已故学者亨廷顿著有《文明的冲突》，他有一个很重要的见解：经济发展会帮助本土文化的复兴。他观察过大量的非西方的国家，发现当他们还在想变得富强的时候，就拼命地去西方找富强的秘诀。等他们真的富强时，就会宣扬他们是靠着自己的传统文化而富强的。亚洲四小龙经济起飞的时候认为儒家是阻碍中国现代化的负担，后来又宣称儒家思想是他们经济起飞的动力和精神支柱。我们过去反传统反得太厉害，当这一社会需求出现的时候，即本土文化要复兴的时候，你会发现国学或者传统会重新获得认识，重新绽放其内在的光芒！

根据罗志田教授2011年1月14在第三届“三智论坛”主题演讲整理

作者简介：

罗志田教授，1977年毕业于四川大学，新墨西哥大学硕士、普林斯顿大学博士，四川大学历史文化学院杰出教授、北京大学历史系教授。

商圣范蠡解读

孙立群

范蠡是中国历史上的一代奇人，司马迁说“范蠡三迁皆有荣名”。史书中有语概括其平生：“与时逐而不责于人。”世人誉之：“忠以为国；智以保身；商以致富，成名天下。”他的人生之路，经商之道值得我们重新审视。结合春秋战国的历史进程，南开大学孙立群教授为我们解读了范蠡丰富多彩的人生和他的人格精神。

春秋到战国的巨变

从春秋到战国，由于生产力的提高，生产效率、生产果实明显增加。经济发展，社会变化，造成社会制度的不平衡。动荡、变革，贵族制向平民社会发展，传统制度如宗法制、世卿世禄、井田制、工商食官、学在官府在动摇，依附性减弱，社会活化。

春秋讲“尊王”，战国无人讲；春秋贵族“世卿世禄”制，战国开布衣卿相之局；“田里不鬻”变成土地可以买卖；从“工商食官”到私人商业、手工业出现；从“学在官府”到学问下移，新兴士阶层出现。春秋时代，生产力得到发展——铁器的产生，牛耕、水利事业、施肥的推广，青铜制造、手工业的发展。铁器是当时最实用的工具。农业和手工业的发展带来经济的发展。经济的发展主要表现在商人活跃，城市发展，商人的自由度提高，不限制在一个地方从商。

到了战国，变法与改革促进了封建制度的确立和完善；变法与改革充满了曲折与反复，促进了社会的发展与进步。封建君主专制制度和官僚制度在各国相继建立，出现了地主制度经济和活跃的士阶层，社会结构出现新格局。

铁器的普遍使用，生产力水平提高，社会经济得到新发展。战国是一个战争时代，兼并战争激烈，合纵连横，同时也是中国思想文化的黄金时代，诸子蜂起，百家争鸣，思想文化科技取得新成就。

井田制的破坏使农民对自耕份地的占有关系加强，出现自耕农小土地所有制；贵族阶级的分化，也使一部分贵族下降为自耕农。战国初期，军功贵族通过赐予和买卖取得土地；同时，商人、货币持有人也通过买卖取得土地，他们和军功贵族一起成为新兴大土地所有者。春秋末期，农奴大量出现，其称呼隐民、私属徒、宾萌、族属等。

原属官府的工商，春秋末期已有很多人成为拥有不同生产资料和资金的个体工商业者，其中还有少数人成了大手工业作坊主和大商人。此时独立的商人也出现了。如弦高、范蠡、子贡等。司马迁认为，由于子贡的经商足迹遍布天下，孔子的名扬天下有子贡经商宣传相得益彰的影响。

随着农业、手工业生产的发展，社会分工的扩大，农夫要“以粟易械器”，手工业工人要“以械器易粟”，都要通过市场进行交换。贵族、官僚、地主的剥削所得主要是农副产品，他们也要通过商人的手换取大量的奢侈品。由于商品交换的需要，于是，民间商业冲破官营商业的藩篱而发展起来。当时到处都有不合法的市场，为了增加财政收入，列国也承认私商的合法存在而征收商税，商人纳过税就可以在城里的市场上进行贸易了。

孟子曾追叙商业生产的历史：“古之为市也，以其所有易其所无者，有司者治之耳。有贱丈夫焉，必求垄断而登之，以左右望而罔市利。人皆以为贱，故从而征之。征商自此贱丈夫始矣。”

春秋战国的商业交换活动有两大类，一类是远距离的货物运输——行商，一类是某个区域内货物的聚散——坐贾。战国有的富有大商贾拥有雄厚的资本和劳动力，动辄用几百辆大车转运货物。如魏国大商人白圭采取“人弃我取，人取我予”的方法，获取其利。吕不韦是战国后期的大商人，他经营可以获利百倍的珠宝，与各国贵族、官僚打交道，后来竟爬到了秦国丞相的位置。

从春秋到战国的社会变化，由贵族到平民，人的变化非常重要。战国的社会结构，使人拥有流动的自由、从商的自由、思考的自由。这就是范蠡生活的时代。

奇才范蠡

范蠡，子少伯。楚国宛城三户（今河南南阳）人。约生于公元前536年，约卒于公元前448年。杰出的政治家、军事家，中国古代商人的鼻祖，中国最早的慈善家。“忠以为国，智以保身。商以致富，成名天下。”（李斯语）

范蠡，越国大夫，上将军，春秋末期著名的政治家、军事家和商业家。范蠡扶助越王勾践，卧薪尝胆，十年教训，十年生聚，终于完成复国大业。“飞鸟尽，良弓藏；狡兔死，走狗烹。”范蠡深知越王为人长颈鸟啄，可以共患难，不可共安乐，审时度势，急流勇退，弃官从商，避开了政治旋涡。

但是，范蠡的历史评价并不高。班固《汉书古今人表》将他列为“智人”；刘劭《人物志》说：思通道化，策谋奇妙，是谓术家，范蠡、张良是也。我认为，这种评价贬低了范蠡的价值，范蠡是中国历史上为数不多的从政坛退下来之后“二次创业”的人，可能范蠡不是“忠臣”，他离开了勾践，历代君主不会表扬这样的人，范蠡的名声远不如诸葛亮、岳飞等有名的忠臣。

范蠡出身贫寒，但聪敏睿智、胸藏韬略，少年有志，时人未知。《越绝书》里说他“一痴一醒，时人尽以为狂。然独有圣贤之明。人莫可与语。”“被发佯狂不与于世”。《史记·越王勾践世家》中说他“佯狂倜傥负俗”——

假装疯癫，很洒脱，与一般人的行为不一样。

时任宛县县令的文种，有政治抱负，希望能找到志同道合者，共同干一番大事业。他对范蠡早有耳闻，觉得此人不俗，很想请他出山，派小吏前去联系。小吏回来说："范蠡本国狂人，生有此病。"文种却独具慧眼，听后哈哈大笑："吾闻士有贤俊之资，必有佯狂之讥，内怀独见明，外有不知之毁，此固非二三子之所知也。"（《史记·越王勾践世家》）。文种还认为"狂夫多贤士，众贼有君子"（《越绝书》），所以亲自去找范蠡。在第一次遭到范蠡恶作剧后，文种再次上门表示了诚意。两人"抵掌而谈""终日而语""疾陈霸王之道""志合意同，胡越相从"。由此可得知，人才的出现，必须有伯乐的发现。而一个人才必备两个条件，一是才华，二是身体。

大约在公元前511年，范蠡25岁左右，和文种离开楚国，先向吴国进发。将到吴国的时候，发现吴国已有两位名人——伍子胥和孙武。我们知道，过多的顶级人才集中在一个单位，未必是什么幸事。而相对力量较弱的越国，对人才的需求更为迫切。当时的越王勾践，吸纳了范蠡与文种。

范蠡从政

范蠡从政，是他人生的转折。他的行为举止放荡不羁，人性率真，颇有道家风范，但他并非颓废，不是悲观主义者，在内心，范蠡还是有治国平天下的宏大志向的。他的思想特征，可称儒道互补或外道内儒。

公元前496年，吴王阖闾攻打越国，然而在槜李（浙江嘉兴）之战中大败，被击中脚趾，因伤势过重，不久死去。吴王阖闾且死，告其子夫差曰："必毋忘越！"（《史记·越王勾践世家》）

公元前494年，勾践听说吴国日夜演练士兵，准备向越国报仇，打算先发制人，再来个槜李大捷。范蠡力谏：天道要求我们盈满而不过分，气盛而不骄傲，辛劳而不自夸有功。勾践不听范蠡劝谏，执意出兵。范蠡预料此战凶多吉少。

果然，越国遭遇会稽山大败。范蠡劝勾践答应吴国的任何条件以求保全性命，“卑辞厚礼以遗之，不许，而身与之市。”而吴王没有听伍子胥“今不灭越，后必悔之”的进言，罢兵而归。

按照吴越双方议和的条件，越国战败过了两年，越王勾践将要带着妻子到吴国当奴仆，他想带文种。范蠡愿随勾践同行，说：“四封之内，百姓之事……蠡不如种也。四封之外，敌国之制，立断之事……种亦不如蠡也。”可以看出，范蠡对自己有清醒的认识，且具有敢于担当的高贵品格。

吴王夫差想劝范蠡离开勾践，到吴国帮助夫差，而范蠡毫不动摇，很坦然说道：“臣闻亡国之臣，不敢语政，败军之将，不敢语勇。臣在越不忠不信，今越王不奉大王命号，用兵与大王相持，至令获罪，君臣俱降，蒙大王鸿恩，得君臣相保，愿得入备扫除，出给趋走，臣之愿也！”

在夫差病时，范蠡还指使勾践尝夫差之粪便，迷惑夫差。这是范蠡导演、勾践出演的一出荒诞剧，演出成功对勾践的前途起了至关重要的变化。经过此事，吴王被深深地感动，对勾践动了恻隐之心。而在政治当中，掺入了个人私情，注定夫差的结果是悲惨的。

战争之后，越国几乎跌到谷底，且其在复兴之时，要慎之又慎，切不能让吴国有所察觉。范蠡建议勾践劝农桑，务积谷，不乱民功，不逆天时。先抓经济，继而亲民，稳定社会。施民所善，去民所恶。协调内部关系，内亲群臣，下义百姓。有人生病，勾践亲自去慰问。有人去世，就亲自去办丧事。对家里有变故的免除徭役。一系列的措施，使百姓得到安定。

为了提高军事力量，范蠡重建国都城。在建城的过程中，范蠡建了两座城，一座小城，一座大城。小城是建给吴国看的，而大城建得残缺不全，面对吴国的方向，不筑城墙。这样就迷惑了夫差。重视军队训练，提高士气，增加战斗力，组织了敢死队，以最高金额奖励。为了进一步迷惑夫差，范蠡又投其所好，派人送给他最喜好的东西，以讨夫差的欢心。还向夫差进献美女，消磨夫差的意志。

公元前 476 年，伐吴的条件终于成熟了，此时夫差倾全国之力，北上中原争霸，使国力严重消耗，后方空虚，唯独老弱与太子留守。越国经过近 20 年的精心准备，国力强大，范蠡建议勾践立即兴兵伐吴。公元前 473 年，吴军全线崩溃，吴王夫差逃到姑苏台上固守，同时派出使者向勾践乞和，祈望勾践也能像20年前自己对他那样宽容，允许保留吴国社稷，而自己也会像当年的勾践一样倒过来为之服役。勾践动摇了，这时范蠡站出来，陈述利弊，平复了勾践动摇的心态。夫差自杀的时候，想念起伍子胥，认为自己愧对伍子胥，以至于造成如今的结果，遂蒙面自杀。

儒商鼻祖

灭吴后，范蠡向勾践提出了自己隐退的想法。勾践极力挽留，并威胁他说，如果坚持要走的话，就会杀掉范蠡及其妻子。但范蠡并不动摇，决然地走了。

范蠡还告诫文种要知退，说高鸟已散，良弓将藏，狡兔已死，良犬就烹。越王为人，可共患难，不可共富贵。然而文种不听。果然，后来勾践赐文种一剑："子教寡人伐吴七术，寡人用其三而败吴，其四在子，子为我从先王试之。"文种遂自杀。

范蠡辗转来到齐国，变姓名为鸱夷子皮，带领儿子和门徒在海边结庐而居。戮力垦荒耕作，兼营副业并经商，没有几年，就积累了数千万家产。范蠡仗义疏财，施善乡梓，他的贤明能干被齐人赏识，齐王把他请进国都临淄，拜为主持政务的相国。他喟然感叹："居官致于卿相，治家能致千金；对于一个白手起家的布衣来讲，已经到了极点。久受尊名，恐怕不是吉祥的征兆。"于是，才三年，他再次急流勇退，向齐王归还了相印，散尽家财给知交和老乡。

一身布衣，范蠡第三次迁徙至陶（今山东肥城陶山，或山东定陶），在这个居于"天下之中"（陶地东邻齐、鲁；西接秦、郑；北通晋、燕；南连楚、越）的最佳经商之地，操计然之术（根据时节、气候、民情、风俗等，人弃我取、人取我予，顺其自然、待机而动）以治产，没出几年，经商积资又成巨富，遂自号陶朱公，当地民众皆尊陶朱公为财神，乃我国道德经商——儒商之鼻祖。史学家司马迁称："范蠡三迁皆有荣名。"史书中有语概括其平生："与时逐而不责于人。"

范蠡丰富的经营思想，都值得我们重新认识。注意选择经商环境，把握有利时机，运用市场规律，做事有准备，不盲目。据时而动，得失均衡。范蠡关于把握时机的全面论述很有现代价值。他的待乏原则实际上是要求经营者站在时机的面前，超时以待，就像以网张鱼须迎之方能获猎。

"知斗则修备，时用则知物，二者形则万货之情可得而观已。"知道要打仗，所以要从各方面做好准备，知道货物何时需用，才懂得货物的价值。只有把时和用这两者的关系搞清楚了，那么各种货物的供需情况和行情才能看得清楚。

抓住现时得时无怠，因为时不再来，天予不取，反为之灾。其三是从时而追。处于这种境况要讲究一个快字，指出从时者，犹救火，追亡人。

销售理论，贵出贱取。贵出如粪土，当商品价格涨到最高点时，要果断出手。贵上极则反贱。贱取如珠玉，当商品价格跌落到最低点，要像珠玉一样买进，贱下极则反贵。

三八价格，农末俱利。范蠡以为"夫粜，二十病农，九十病末，末病则财不出，农病则草不辟矣。上不过八十，下不减三十，则农末俱利"。商人的利益受到损害，就不会经营粮食商品；农民的利益受到损害，就不会去发展农业生产。商人与农民同时受害，就会影响国家的财政收入。最好的办法就是由政府把粮食价格控制在八十和三十之间，这样农民和商人就可以同时获利。

积着理论。"积着之理，务完物，无息币。以物相贸易，腐败而食之货勿留，无敢居贵。"要合理地贮存商品，加速资金周转，保证货物质量。

待乏论。范蠡主张把握商机，候时转物。他遵循经济丰欠循环论经商，提出"待乏论"，不要人等货，应让货等人。要准备别人没有的或想不到的货物，这样才能在市场上占据优势。

薄利多销。范蠡主张逐十一之利，薄利多销，不求暴利，这种非常人性化的主张，符合中国传统思想中经商求诚信、求义的原则。

范蠡"富好行其德"，是因为他意识到物聚必散，天道使然。《老子》

有云："圣人不积，既以为人已愈有，既以与人已愈多。"范蠡从人有盛衰、泰终必否的道理中隐约感觉到久受尊名，不祥的道理，可以说与老子的思想有异曲同工之妙。

从范蠡丰富的人生经历，我们可以把握到他的精神，我想应该包括：不断进取的奋斗精神；健全的人格精神；脚踏实地的务实精神；真诚经商、智慧经商的精神；回报社会的无私精神。

根据孙立群教授2010年10月在三智道商企业家国学高研班三期班授课录音整理

作者简介：

孙立群教授，1975年毕业于南开大学历史系，博士学位。现任南开大学历史系中国古代史教研室副主任、中国社会史学会理事。他主要从事中国古代史的教学与研究工作。所开课程有《中国古代史》《魏晋南北朝史》《中国古代士人史》等。曾参与编写教材及专著十多部，发表论文二十余篇。

明清晋商文化五百年

刘建生

大家早上好，首先欢迎大家来到山西、来到平遥、来到晋商故里。常言道“行万里路，读万卷书”，大家在商界弄潮多年，再来体味中国传统文化，尤其是商业经营文化。我们经常讲胜有胜因，衰有衰道。在明清时期总共有十大商帮，像徽商、晋商、陕西商帮等不一一列举，在学术界大家公认的最具代表性的是晋商和徽商。而大家来到平遥前，我想主要是通过文学作品来了解的晋商，比如说通过《乔家大院》《走西口》《一把酸枣》等文学、文艺作品对晋商有所认知。过去的晋商在中国的商界北上西向，东渐南向，驰骋于全国各大商界，乃至于整个市场。然而历史中的晋商究竟是怎样一种情况？就我研究快 30 年的晋商文化，今天谈一下我的体会，不到之处请大家品评指正。

首先看一下社会各界对山西商人是怎么评价的。

大家都看过张国立主演的《康熙微服私访记》，但那都是戏说。在正史里的确康熙当年曾经到江苏、浙江这一带，去考察市场。当时很感慨地说了这一段话：“今朕行历吴越州郡，察其市肆贸迁多系晋省之人，而土著者盖寡。”（我来到江苏、浙江考察当地的市场，无论是开商店的还是长途货运的绝大部分都是山西人，而当地人非常少。）大家知道江苏、浙江是繁华甲天下，但是当地商品经济的发展是由山西商人进行市场化运作的。曾经山西巡抚刘于义在奏折里写道：“山右积习，重利之念，甚于重名，子弟之俊秀者，多入贸易一途，其次宁为胥吏，至中材以下方使之读书应试。”山西的风俗习惯、人们的择业观、人们的价值观、人们的价值取向首选的是经商，而不是去读书。当官子弟聪明的有才华的，都去经商去了，走入商界。大家都知道雍正王朝，雍正帝朱批：“山右大约商贾居首，其次者犹肯力农，再次者谋入营伍，最下者方令读书应试，朕所悉知。”人们选择的职业，首先是经商，其次种地，再次去当兵，一般讲山西民风强悍，最不成器的才去读书、当官科举去。这样一种社会风气是一个非常罕见的现象，在中国传统文化里面，士、农、工、商四个排序，商是最后一位的。中国作为一个农本社会，统治者一般讲求重农抑商政策。甚至有的朝代规定，商人不得“衣丝乘车”，也就是说由于是贱商，尽管商人有钱，却不可以坐牛车，不能穿丝绸衣裳。像有的朝代规定，商人必须一只脚穿黑鞋，一只脚穿白鞋，以示区别，别人一眼就能看出你是经商的。我们试想一下由于国家的政策导向，商人的地位不高。别人以经商为耻，而山西人恰恰下海。《中国经济全书》记载：格兰顿将军周游世界，人问将军以何者为最奇。将军答：“……莫如中国之小商人与犹太人为激烈之竞争，而能驱逐之者，是也。”这里讲的小商人就是中国戴着小瓜皮帽的商人，主要指的就是晋商。而在中国的贸易市场上有120多家商号，其中百分之九十五以上都是山西人。刘大鹏《退想斋日记》记载：“近来吾乡风气大坏，视读书甚轻，视为商甚重，才华秀美之子弟，率皆出门为商，而读书者寥寥无几，甚且有既游庠序，竟弃儒而就商者。亦谓读书之士，多受饥寒，曷若为商之多得银钱，俾家道之丰裕也。当此之时，为商者十八九，读书者十一二。”整个太原市的风气都去经商了，像清人郭嵩焘，大家知道郭嵩焘是清朝最早派去欧洲的公使。在他的著作中曾经说道：“中国商贾夙称山陕，山陕人制智术不能望江浙，其推算不能及江西湖广，而世守商贾之业，唯其心朴而心实也。”就是说中国最著名的商人往往是山西、陕西的商人，但是山陕商人赶不上江浙人，江浙人聪明伶俐，在明清两朝开科举，开考201科，总共就有201位状元，光江苏就占了60多个。山陕人赶不上江苏人搞计算又赶不上湖广人。但是山西商人有一个优点，就是“世守商贾之业”，祖祖辈辈都经商，一脉传承，他们靠的是朴实、诚信、实实在在。这是郭嵩焘对山西商人的评价。

《清朝文献通考》对山西票号评价：“山右巨商，所立票号，法至精密，人尤敦朴，信用最著。”山西人建的票号，如日升昌票号，这种中国土生土长的最早的乡下银行，内部管理规章制度、经营方略非常精到；而且商人非常敦厚、诚信。有一家票号的遗老李宏龄在《山西票商成败记·序》中说：“数百年来，中国商业之盛，莫盛于西帮票商。”中国商业最繁华、最鼎盛的时候是山西票号商业的时期，是中国封建社会商业经济的绝唱，一直到一九二几年山西票号最终退出历史舞台。大家都知道汇丰银行1864年在中国设立，这是外资银行金融大本营设在中国的第一家外资银行。在鸦片战争以后外资银行在中国市场纷纷抢滩登陆，在中国设立分支机构。汇丰银行的总部在中国，最早叫香港上海银行，1864年设立后，汇丰银行的总经理向伦敦写了一封信这样说：“我不知道我能相信世界上任何地方的人像我相信中国商人或钱庄经营人那样快……这25年来，汇丰银行与上海的中国人做了大宗交易，数目达几亿两之巨，但我们从没有遇到一个骗人的中国人。”这里的经营业商人主要指的就是山西票号商人。

当时金融业有这么几种形式：典当、钱庄、账局，还有一种是票号，而最具代表性的是钱庄和票号。两者的差异在于：钱庄是规模小，资本少。限于一地一业，只经营存放款，不经营异地汇率；而票号的特点是资本雄厚，规模大，分支机构遍设全国。既经营存款、放款，也经营异地汇率，而且是以异地汇率为主业。因此在封建社会，经营业主要是票号独占鳌头。汇丰银行经理对中国经营业商人的评价主要指的是山西商人。

1875年，格林大学校长李希霍芬多次来中国，来到了山西，考察中国的市场。在他的著作中这样写道：“山西人具有卓越的商才和大企业精神，有无比优越的计算智能，有发达的数量意识和金融才华。”因此“中国人好比犹太人，而山西人更像犹太人”。对于山西人也进行了高度评价。马克思对以山西商人为主的恰克图贸易也予以高度地关注，他说：“恰克图一带的边境贸易，事实上根据条约都是物物交换，银子在其中不过是价值尺度。俄国人在海上无法与英、法、美、德等国进行贸易竞争，但是恰克图贸易弥补了俄国在海上贸易的严重不足。”作为一个大政治家、经济学家，马克思对中国经济十分关注，大量的篇幅论述了恰克图贸易在中俄经济中的重要地位和作用。

大家对著名政治家龚自珍都是有所了解的，尤其他写那首诗：“九州生气恃风雷，万马齐喑究可哀。我劝天公重抖擞，不拘一格降人才。”大家都把他当成一个政治改革家。其实不然，他对经济问题也是异常关注，他曾经向皇帝上了一封奏折《西域置行省议》，当时西域也就是新疆的控制是陕甘总督，行政管理机构设在西安。西安距新疆遥远，且新疆又地广人稀，控制西安鞭长莫及。尤其是到了工业社会末期，亡国势力逐渐扩张向东，形成了对西域地区的蚕食。龚自珍感觉到这是一个国家的大问题，因此向皇帝上奏折提出在新疆设立行省，直接派官员管理新疆。因为新疆地广人稀，全国各地往新疆移民充实新疆。然而有两个省的人不适宜移民，一个是江苏，因为江苏人身体孱弱；一个是山西，因为山西是海路最富有的省份，“土著者不愿徙”，不愿意迁徙，也表明了当时山西的富足。

通过这些资料，上至皇帝，下至官吏，乃至于古人、今人、国人和外国人，对山西商人的评价都是比较高的。这都是正史里面有详细记载的。

第二方面我向大家介绍一下晋商的基本情况。

山西商人概括起来讲有这几大特点：活跃时间长、辐射范围广、资本实力强、从业人数众、经营品种多，这些在中国封建社会都是一个非常罕见的现象。形象地说，从活跃时间讲，从明朝初年一直到一九二几年乃至于一九三几年山西商人彻底退出历史的舞台，在中国商界弄潮整整500年，可以称之为商业之盛，莫之与山西商人。辐射范围广：形象地说东起日本，西到莫斯科，北到西伯利亚，南到印度都有山西商人，为数众多，各地的史料都有大量记载。从业人数众：在山西的祁县、平遥、太谷，半数以上的子弟都在外经商。资本实力之强，据资料记载，乔家、曹家、王家、何家等著名的商业大家族资产至少有四五万两白银乃至于上千万两。经营项目多：可以说只要是不违法，什么有利山西商人就会做什么，山西商人涉猎到各行各业，概括起来主营业务主要有：盐商、布商、粮商、茶商、票商、典当。

（一）盐商：对企业家来说，在经营企业方面应该密切注意国家政策经济走势和市场的细分，国家政策是财富也是资源，关键看你能不能领悟国家的大趋势、大走势。当年山西商人对于国家的走势分析得十分到位。乾隆年间，河东盐池由山西商人运销的盐引达 60 万道之多，合 0.7 亿多斤，销往晋、陕、豫三省近 120 个州县。山西盐商在两淮盐场和长芦盐场的经营中也占有很大的份额，甚至是处于垄断地位。1371 年（洪武四年）施行“开中法”，所谓开中法就是号召商人运送粮食到边关去，运多少粮食，就可以贩卖多少盐。国家划定一个范围，价格自己管理，政府不予管理，得来的钱全部自己管理。这一项政策一下调动起山西人的积极性。这个政策是普适性的，号召了所有商人都可以经营食盐，只要你向边关运送粮食。山西粮食的产量是有限的，这样山西人纷纷到南方去，进上粮食送到边关。其他商人纷纷效仿，大量的粮食运到边关，但士兵吃不了坏掉。粮食依然运进，兑换成大量的盐票，而河东的产量是有限的，这就导致政府兑现的盐票成了“白条”，引起社会的不满。此时国家迅速调整政策，之后收回了盐业的权力。这样使得山西商人挣得了第一桶金。这种国家政策的改变对任何商家都是一视同仁的，主要是谁抓住了关键时期。山西运城就是因盐得名。运城过去叫凤凰城，清人郭书俊云：“居人艳说凤凰城，百货纷纭闹市声。向晚葡萄有酒熟，醉乡有梦不分明。”我们的运城，因盐得名，因盐得兴。由于大量的山西人到这个地方取盐，因此发展起来形成城市。

（二）茶商：也有人称之为驼帮。康熙二十八年（1689 年）中俄签订了《尼布楚条约》，主要是中国和俄国东北地区的边境线确定下来了。但是在这个条约里有一条是人们所不注意的：“嗣后往来行旅，如有路票，听其交易。”“一应货物不令纳税，犯禁之物不准交易。”涉及商务中，双方商民互相往来也是人之常情。那么只要政府允许，有路票就可以互相往来，可以进行交易，这是免税的，对于商家都是一视同仁的。山西人纷纷进入黑龙江进行交易，这都是有史料证明的。山西人肯吃苦，跨越沙漠来到恰克图，最开始在恰克图交易的是杭州的府绸、南京的紫花布还有瓷器，但是瓷器是非常易碎的，所以并不是大宗商品。山西人千里迢迢把商品运到恰克图和俄国人交易，但是市场有替代，商品也有替代。欧洲工业革命之后出现了机器纺织机，纺织品成本下降，效率大大提高，我们的土布不再具有竞争优势。在这种情况下，山西商人找到了茶叶替换了纺织品贸易。山西商人懂得分析市场，引导消费。他们分析俄国人性格豪爽，饮食腥膻，而茶叶有提神克食的功效，从而引导俄国人消费，获得极大成功。在道光朝，恰克图贸易已占到俄国对外贸易总额的40%~60%，恰克图是山西商人抓住的第二个好的机遇。

（三）山西票号：山西票号是晋商经营的重要支柱，是中国乡下银行的老祖宗，专门从事存款、放款、异地存款的机构。当时商品经济的发展随着商品流通总量的增加而迅速加快，经济的发展使得商品需要贩运，这需要武艺高强的人押运，保证经营业的安全，因此中国的镖局也盛行不衰。但是镖局也是承担风险的，不适应于商品经济的发展。这就要求找到一种既安全又稳妥又便捷的方式，于是山西票号产生了。从1823年左右第一家票号“日升昌”产生到20世纪初，山西票号已在各地设立了35处分号，分布在23个不同商业城市里。“日升昌”的与众不同是因为它经营的商品不是一般货物，而是金融票据、存款、货款和汇款这些业务，它是中国历史上第一家做这样生意的商号。雷履泰虽然只开办了“日升昌”这一家票号，但他实际上是开创了一个全新的行业。在此后的一百多年时间里，别人仿效“日昇昌”的模式，先后开设了三十多家类似的商号。因为它们都以经营汇票为主，而且又都是由山西人开办，所以当时的人们和后来的研究学者都把它们统称为“山西票号”。票号鼎盛时在全国总分号的数量达475家，一纸过去，马上几万两银子就可以兑现，适应了商家的需求，提升了利润空间。办票号有几个着重的特点：第一，山西商人在明清时期树立了很好的信誉；第二，要有遍设全国的分支机构；第三，要有雄厚的资本，大量的流动资金；第四，要有前提条件，民信事业要大发展。

（四）典当业：在钱业方面，晋商经营放贷的票号、账局、典当三个行业号称经营业里的三大支柱，大家都关注票号，实际上是典当业在山西商人里也是规模宏大的，蔚为壮观。典当业与其他经营业不同，它是以日押为主的，面向的是社会贫下阶层和中小企业。它的特点是门槛低、手续简便、资金流转快。我记得20世纪30年代有一幅漫画，画了三个人是蒋介石、冯玉祥、阎锡山。蒋介石穿着一身笔挺的西装，一手拿着枪，一手拿着面包，高喊顺我者昌逆我者亡；旁边站的是冯玉祥，五大三粗，穿着补丁又补丁的一身军装，背后背着大砍刀，手里拿着窝窝头，一介武夫形象；第三个人就是阎锡山，穿着长袍马褂，手拿算盘。画得非常形象，画出山西典当商人的形象。在今天看来，典当业实际上适宜于中小企业融资、抵押、质押资金、盘活资产、盘活存量问题，因此改革开放又恢复了典当业。过去资料记载："典肆，江以南皆徽人，曰徽商。江以北皆晋人，曰晋商。"长江以南经营典当业的主要是安徽人；长江以北的主要是山西人。根据我们的统计，乾隆十八年也就是 1753 年，全国共有当铺 18075 家，而山西人开设了 5175 家，占全国典当总数的 28.6%。也就是说全国 30% 的典当业是由山西人开的，数量可观。到了 19 世纪 50 年代，光北京市就有当铺 159 家，其中山西人开设的有 109 家，占到了北京典当业的 68.55%，可见山西商人做得非常大。

（五）账局：账局也是山西人开设的，最早的账局是山西人在乾隆元年开始干起了存款、放款的经营机构。最早的账局叫祥发永，山西汾阳商人王庭荣出资 4 万两在张家口开设。在《清户部档案》有记录的 52 家账局中，由山西商人出资开设的有 34 家，占 65.3%，有一些不是山西人开设的，但是由山西人当经理经营的。这两种加起来有 49 家，占当时的 94.25%。到了 1853 年，北京共有 268 家账局，其中山西晋商独占 210 家，其中仅介休一个县的商人所开账局就多达 118 家，可以说几乎是介休人控制着中国的账局。这是帐局这一块儿，我们讲得简单一些。

（六）钱庄：钱庄也是经营存款、放款业务的。光苏州一地就有山西商人开设的钱庄 81 家，甚至有的钱庄开设 40 多家分店。1914 年，山西境内钱庄竟多达 561 家，都是经营存款、放款的。在北京有"四大恒"（恒利、恒和、恒兴、恒源四大钱庄），势力很大。山西人和四大恒竞争市场，每天拿着银锭子换四大恒的银子，换到最后四大恒吃不消了。这样山西商人逐渐挤入北京市场，最后趋于垄断地位。

从 1823 年左右，第一家票号日升昌产生，到 20 世纪初，山西票号已在各地设立了 35 处分号，分布在 23 个不同商业城市里。平遥城中一个叫雷履泰的商人开始尝试用金融票据往来的方式代替施行了几千年的商业往来必须用金、银作支付和结算手段的老办法。为此，他开办了这间叫"日升昌"

的特殊商号。“日升昌”的与众不同是因为它经营的商品不是一般货物，而是金融票据、存款、货款和汇款这些业务，它是中国历史上第一家做这样生意的商号。雷履泰虽然只开办了“日升昌”这一家票号，但他实际上是开创了一个全新的行业。在此后的一百多年时间里，别人仿效“日升昌”的模式，先后开设了三十多家类似的商号。因为它们都以经营汇票为主，而且又都是由山西人开办，所以当时的人们和后来的研究学者都把它们统称为“山西票号”。票号鼎盛时在全国总分号的数量达475家。一纸过去，马上几万两银子就可以兑现。适应了商家的需求，扩大了利润空间。办票号有几个着重的特点：第一、山西商人在明清时期树立了很好的信誉；第二、要有遍设全国的分支机构；第三、要有雄厚的资本，大量的流动资金；第四、要有前提条件，民信事业要大发展。

下面我们谈一下第三个大方面：商人早期资本运营制度及其变迁。独资制的优势在于产权清晰，目标明确，权责一致，效率较高，想怎么干就怎么干，执行力是比较强的；规模较小，成本较低，管理成本少；资产通用，经营灵活。但它的弊端在于：规模较小，有大的商机的时候容易失商机；两权合一，一旦失误就满盘皆输；无限责任，风险较大。这样，山西商人觉得难以适应大的发展，于是就探索另一种形式，用别人的钱挣自己的钱，实行贷金制。贷金制有两种形式：个人贷金制；社会贷金制。它的利在于经营理念创新，不是完全地靠自己的钱，而是用借别人的钱挣自己的钱，还本付息，融资渠道拓宽，这是债务约束的激励。山西商人的这种方法在当时是非常盛行的，但是也有弊端，道德风险屡现，诚信也出问题。摩擦成本越来越大，利息负担较重。在这样的情况下山西商人就思索如何克服困难，克服达到融资又要避免道德风险。这样就产生了股份合伙，人资联合，资源整合，利于竞争，风险共担。但是这种形式也有弊端：分配不均，效率降低，随着利润的大小，心态发生微妙的变化，合作博弈，易于决裂。

山西人把人分成四个层次，第一个层次是有德有才；第二个层次是有德无才；第三个层次是有才无德；第四个层次是无才无德。第一个层次的人比较少，求不到退而求其次就是有德无才的，很有德行但是能力差一些的。山西商人总结出来的伙计制，也就是后来所说的雇佣关系。我雇佣你，但是产权是明晰的，利于分配；两权灵活，决策自主；忠实可靠，利于监督。但是这种形式也有弊端，在于贡献回报两相失衡，激励不足难以长效，无限责任，风险逐渐加大。

我们的股份制和西方的股份制有很大的差异，晋商股份制有利也有弊，利在于明晰企业产权，激励、约束并用；承认利己动机，协调劳资关系；融通社会资金，壮大资本实力；解除后顾之忧，稳定员工队伍。这是晋商股份制的利，但晋商股份制也有弊。除了外部原因，内部也有原因。经过几百年的运行，它的产权出问题了。原来效率非常的高，随着企业越来越大，由几十个人经营，到了后期上万名职工，分散在全国各地的分支机构。晋商股份制实施的后期，产权模糊，权责不对等，从而失去了效率性。晋商股份制采取的是无限责任制，未能适时地调整为有限责任制。晋商股份制高度集权，经营者的利己性动机到后期与企业利润最大化目标错位。百年不变，抱残守缺，以致屡失创新时机。

本文为刘建生教授2012年5月10日在三智道商中国文化地标游学班授课录音整理

作者简介：

刘建生，1956年1月生，山西省右玉县杀虎口镇人，中共党员，教授、博士生导师，山西省教学名师，省政协委员。1982年毕业于山西大学历史系，曾先后在厦门大学、西北大学研修。现任山西大学晋商学研究所所长、兼中国商业史学会副会长、中国经济史学会常务理事、近代经济史专业委员会副会长、当代山西研究会常务理事、山西省高级经济师评审委员会副主任委员、山西省研究系列高级职称评审委员会委员、山西省学位委员会社科评审组成员，山西省教育厅高级职称评审委员会经济管理学科评审组成员。

后　记

“为天地立心，为生民立命，为往圣继绝学，为万世开太平。”这是北宋张载的传世经典名句，也是三智道商国学院的办学宗旨。正是秉承着这样的宗旨，三智道商国学院通过对中国传统文化的研究和教学活动，继承和发扬着中国优秀的传统文化。

三智道商国学院隶属于北京三智文化书院。自2009年8月18日成立以来，三智道商国学院已经走过了五年历程。五年来，三智道商国学院始终担负着对社会、历史的责任，走在传统文化培训业的前沿，推动着中国传统文化的健康发展，为中华民族的复兴、民族传统文化的复兴积极地做着贡献。

先哲智慧，今师体明，旧邦新命，众友德馨。五年来，三智道商国学院依托中国文化书院深厚的学术背景，汇聚了北京大学、清华大学、中国人民大学、复旦大学、南京大学、山东大学、浙江大学、湖南大学、中山大学、四川大学、西北大学、兰州大学、中国社会科学院、香港城市大学、台湾大学等单位及港、澳、台和海外的著名教授、学者担任导师，致力于弘扬传统文化。这些传道授业的解惑者和传统文化的研究者们，以非凡的智慧和创造力，构筑了三智道商国学院辉煌的文化殿堂。他们心忧天下、胸怀世界、思虑国是、指点当下的襟怀与关切，显示了今天的国学研究和我们所处时代之不可或离的紧密关系。

值此之际，能够把五年来为学院辛勤付出的老师们的授课内容、历次论坛的演讲稿做以细心地整理，这是对先生们的思想和研究成果的崇高的敬意。相信，随着该系列图书的出版，先生们的学术思想，会对更多的读者有所帮助，同时也希望借此机会能让更多的人了解中国的传统文化。

需要说明的是，由于水平等原因，整理的文章难免有不当或疏漏之处，敬请老师、读者谅解并提出指导意见。

本书编委会